胎教

实用百科

SHI YONG BAI KE

戴　玄　王赫男/编著

中国人口出版社

图书在版编目（CIP）数据

胎教实用百科 / 戴玄，王赫男编著 .—北京：中国人口出版社，2012.4
ISBN 978-7-5101-1148-8

I. ①胎… II. ①戴… ②王… III. ①胎教－基本知识 IV. ① G61

中国版本图书馆 CIP 数据核字（2012）第 056631 号

胎教实用百科

戴 玄 王赫男 编著

出版发行 中国人口出版社
印　　刷 北京市燕旭开拓印务有限公司
开　　本 720 毫米 ×1000 毫米 1/16
印　　张 30
字　　数 360 千
版　　次 2012 年 5 月第 1 版
印　　次 2012 年 5 月第 1 次印刷
书　　号 ISBN 978-7-5101-1148-8
定　　价 29.80 元（赠送 CD）

社　　长 陶庆军
网　　址 www.rkcbs.net
电子信箱 rkcbs@126.com
电　　话 (010) 83534662
传　　真 (010) 83515922
地　　址 北京市西城区广安门南街 80 号中加大厦
邮　　编 100054

“幸福 2+1”专家团队

总顾问　吴阶平　原全国人大常委会副委员长

严仁英　北京大学第一临床医学院妇产科教授
　　　　中国关心下一代工作委员会专家委员会主任
　　　　世界卫生组织母婴保健合作中心主任

胡亚美　中国工程院院士
　　　　中华医学会副会长
　　　　北京儿童医院名誉院长
　　　　国务院学位委员会委员

杨魁孚　中国计划生育协会常务副会长
　　　　中国人民大学兼职教授

黄醒华　首都医科大学北京妇产医院教授、主任医师
　　　　首都医科大学硕士生导师
　　　　中华预防医学会妇女保健学会主任委员
　　　　中华医学会围产医学分会常委

区慕洁　中国优生科学协会理事
　　　　“万婴跟踪”首席专家

戴淑凤　北京大学第一临床医学院妇产儿童医院教授
　　　　中国优生科学协会
　　　　中国优生优育协会理事

张湖德　中央人民广播电台医学顾问
　　　　北京中医药大学教授

特别为您精心打造

经过5年的读者考验，结合读者的反馈和新的孕育理念的发展，编委会集合各方力量重新打造了“孕育实用百科”系列丛书，希望给您的孕育生活送去科学、带来轻松。

特点 1

这是一套物超所值的图书——

厚重的图书、实惠的定价，您花5分钱就能读1页书，每页1~3个知识点，个个都精彩、个个都实用。

特点 2

这是一套权威可信的图书——

中国人口出版社是国家级孕育类专业出版社，依托人口计生委的专业资源，出版孕育类图书累计2000余种，编委会由多位孕育专家组成，做的就是精品。

特点 3

这是一套呵护有加的图书——

孕育既是一件快乐的事情，也是一件辛苦的事情，在书中除了常见的孕育知识，还有生活中其他常见问题的解决建议，比如如何维护好一个家庭、如何提高生活的品质等。

特点 4

这是一套从生活中来的图书——

博尔乐孕育热线开通6年了，数十万读者打来了咨询的电话、感谢的电话，有的家庭从妈妈怀孕到宝宝上幼儿园都伴随着热线的指导，因此这套书的问题都从生活中来，解决读者的实际之需。

本套图书经过了编委会的不懈努力、倾注了编辑的满腔热情，但仍有不足之处请读者指正，知识是在不断更新的，只有不断的完善才能紧随读者的需求，解决您的孕育问题是我们的责任，我们会继续努力。

目录 Contents

第一章 聪明宝宝从胎教开始

目录 Contents

Contents 目录

目录 Contents

Contents 目录

目录 Contents

Contents 目录

目录 Contents

Contents 目录

Contents 目录

目录 Contents

Contents 目录

目录 Contents

第三章 早教是胎教的延续

目录 Contents

Contents 目录

目录 Contents

Contents 目录

目录 Contents

胎教可强化胎宝宝的大脑功能，促进胎宝宝的智能发育，拓宽胎宝宝出生后的智力发展空间。最好的胎教源自准爸妈的生活，大到环境的改善、情绪的调节，小到听音乐、散步、和宝宝说悄悄话都是胎教的内容。所以，孕妈妈要想为胎宝宝提供一个良好的胎教，就从关注自己的生活开始吧！

第一节

胎宝宝也能听懂你的话

一、宝宝在妈妈肚子里的发育环境

1. 羊膜囊——胎宝宝的护身袋

羊膜，是胎膜的内层，是一层半透明的薄膜，与覆盖胎盘、脐带的羊膜层相连接。在受精后7～12天的女性胚胎中可以见到很小的羊膜腔。至妊娠12周末，羊膜与绒毛膜的胚外中胚层相连接而封闭胚外体腔。正常羊膜厚0.02～0.5毫米。

羊膜囊包着胎宝宝和羊水。它有三大功能：

保护胎宝宝：囊内羊水恒温、恒压，胎宝宝可在羊水中自由活动，以减少因外力所致的胎宝宝损伤。临产后，子宫收缩时，压力均匀地分布在羊膜囊上，有效地保护着胎宝宝，避免局部受压，有护身袋之功效。

保护母体：羊膜囊可以减少因为胎动引起的不适感，临产时胎囊可以凭借水压扩张软产道，避免胎体直接压迫母体组织时间过长引起子宫颈、阴道及盆底肌肉的损伤。破膜时羊水还有冲洗阴道的作用，可以减少感染。

产前诊断：通过羊膜腔穿刺，取囊内少量羊水进行检查，可诊断某些遗传性疾病、了解胎宝宝发育是否正常，以及测定胎宝宝的成熟度等。

2. 羊水——胎宝宝生活的海洋

羊水，是指羊膜腔内所含的液体。胎宝宝在羊水里，就像鱼在海洋里一样。一方面羊水可以保护胎宝宝，防止羊膜与胎宝宝体表发生粘连，使胎宝宝在子宫里可以有一定的活动度。另一方面，羊水可以保护胎宝宝不受震荡。分娩时，羊水还能够传导子宫壁的压力，促使子宫颈口扩张，有利于胎宝宝顺利娩出。

妊娠的不同时期，羊水的来源及羊水量也有变化。

妊娠早期：羊水主要是由母体血清通过胎膜进入羊膜腔的透析液。这种透析也可以通过脐带表面的羊膜、华尔通氏胶进行。胎宝宝的呼吸道黏膜及皮肤也有类似的作用。妊娠12周时羊水量约为50毫升，其中90%以上由羊膜分泌。

妊娠中期：胎宝宝的尿液是羊水的重要来源。胎宝宝的肾大约从孕12周开始参与羊水形成。孕14周时胎宝宝的膀胱内已有尿液。孕16周后胎宝宝的呼吸道可见有羊水出入。孕20周时，羊水量约为400毫升。胎宝宝的胃肠道吸收及排泄羊水。因此，医学上可通过分析羊水中的成分来了解胎宝宝的情况。

妊娠晚期：孕36～38周时羊水量最多，约1000～1500毫升。

3. 胎盘——胎宝宝营养的大本营

足月妊娠的胎盘为一个扁圆或椭圆形的盘状器官，重500～600克，约为初生宝宝体重的1／6。直径16～20厘米，厚约2.5厘米，中间厚，边缘薄。胎盘分为子面与母面。子面有羊膜覆盖，脐带位于近中央处；母面有18～20个胎盘小叶。

胎盘有胎宝宝营养的大本营之称，其中包括气体交换、供应营养、排泄废物、防御及内分泌作用等五大功能。

足月胎盘约有100支小动脉向胎盘供应血液。血液借助其动脉压在绒毛间隙中流动，在与胎宝宝完成物质交换后，血液经子宫内膜小静脉送回母体。接近分娩时，胎盘绒毛的总面积可达到12平方米，约为人体皮肤总面积的10倍，以保障胎宝宝供血。

4. 脐带——母子生命的纽带

脐带，是母子生命的纽带。它一端与胎宝宝腹壁的脐轮相连，另一端附着于胎盘胎宝宝面的中央或稍偏一侧。胎宝宝通过脐带悬浮于羊水中。

足月胎宝宝的脐带长约50～60厘米，表面被羊膜遮盖，呈灰白色，横切面直径1.5～2厘米。脐带中央有一条管腔较大、管壁较薄的脐静脉，两边各有一条管腔较小、管壁较厚的脐动脉。在靠近胎宝宝一端的脐带横断面中，除3条血管外，还有两个小孔，是胚胎时尿囊与卵黄囊的遗迹。脐带基质称为“华尔通氏胶”，有保护血管的作用。

胎宝宝通过脐带和胎盘与母体相连接，并进行营养与代谢废物的交换。由于脐血管较长，故脐带呈螺旋状扭曲。如果脐带受压可使血液循环受阻从而危及到胎宝宝的生命。脐带异常是危及胎宝宝的产科并发症，主要有脐带形态异常、脐带绕颈、脐带打结、脐带先露等几种情况。脐带短于30厘米称为脐带过短；脐带长于70厘米称为脐带过长。

二、宝宝出生前的大脑发育和意识产生

做父母的都想有一个聪明伶俐、活泼可爱的好宝宝。然而，聪明宝宝的前提却取决于胎宝宝时期大脑的发育情况。

人的大脑是逐渐发育成熟的，早在胚胎时期大脑便开始发育。那么在胎宝宝大脑逐渐发育成熟的过程中，脑细胞发育的关键阶段是在什么时候呢？实验表明，宝宝的大脑细胞增殖旺盛期是在宝宝出生前3个月到出生后半年之间，这期间大脑体积增大与脑细胞增殖是同步进行的，而且增殖数量也一次完成。

1. 早在受孕后的第20天左右，胚胎中已有大脑原基存在。
2. 妊娠第2个月时，大脑里沟回的轮廓已经很明显。
3. 到了第3个月，脑细胞的发育进入了第一个高峰时期。
4. 妊娠第4～5个月时，胎宝宝的脑细胞仍处于迅速发育的高峰阶段，并且偶尔出现记忆痕迹。
5. 从第6个月起，胎宝宝大脑表面开始出现沟回，大脑皮质的层次结构也已经基本定型。
6. 第7个月的胎宝宝大脑中主持知觉和运动的神经已经比较发达，开始具有思维和记忆的能力。
7. 第8个月时，胎宝宝的大脑皮质更为发达，大脑表面的主要沟回也已经完全形成。

据有关研究显示，胎宝宝的脑从妊娠6个月起就已具有140亿个脑细胞，也就是说已经基本具备了一生中所有的脑细胞数量。其后的任务只是在于如何提高大脑细胞的质量，若想再增加一些脑细胞，恐怕是回天无力了。由此可见，胎宝宝时期脑的发育是十

分关键的时期。因此，这一阶段孕妈妈或者哺乳妈妈要多注意食用优质蛋白质，并科学地进行胎教、幼教，才能使宝宝更加聪明健康。

当然，胎宝宝脑的发育还不够成熟，尤其起重要作用的脑神经鞘尚未完全形成，大概要到出生后10岁左右才能全部发育完成。准爸妈在胎教过程中应注意到这一问题，切不可急于求成，否则只能是欲速则不达。

三、胎宝宝的听觉发育

胎宝宝的听觉早在发育过程中经不断完善便很快发挥作用。早在受孕后第4周，胎宝宝的听觉器官便已经开始发育，第8周时耳廓已经形成，这时胎宝宝的听觉神经中枢的发育尚不完善，所以还不能听到来自外界的声音。到了第25周，也就是第5个月的后期，胎宝宝的传音系统基本发育完成。到第28周时，即第7个月的中旬，胎宝宝的传音系统已充分完成并可以发生听觉反应，至此，胎宝宝就已经具备了能够听到声音的所有条件。孕妈妈和准爸爸们应及时抓住怀孕26周以后的有利时机，每天有计划地对胎宝宝进行听觉训练，以培养胎宝宝灵敏的听力和对外界事物的反应能力。

在胎宝宝的几种感觉器官中，最为发达的就是听觉系统了。在妊娠的前半期，由于其听觉器官尚未发育完善，胎宝宝宛如生活在一个几乎没有任何声音干扰的平静世界中，“两耳不闻宫外事”，过着平静安闲舒适的生活。终于有一天，原本恬静安宁的小天地经常被一些奇妙的声响所干扰。最初只是模模糊糊的感觉。终于有一天清晨，胎宝宝在甜美的酣睡中渐渐地被种种新奇的声响所唤醒，惊奇又欣喜地发现能听清声音了，从此外来的声音开始闯入了胎宝宝的耳膜。其间，除低音能被过滤外，妈妈子宫的血流声、心脏的搏动声、淋浴的水流声、爸爸的说话声以及来自外

界的收音机、电视机的声音，统统都被胎宝宝的耳朵所接收。这时胎宝宝已经能对传入耳中的强音产生身体紧张的对应反应，引起胎动和心率的变化，并能对声音的强弱、音调的高低产生不同的反应。

胎宝宝能听到声音之后，父母就可因势利导地把胎教的内容安排得丰富而有趣了。首先，爸爸妈妈应为宝宝起个乳名，让这亲昵的呼唤每天伴随胎宝宝。宝宝出生后，会在很短时间内就能对爸爸妈妈呼唤他的名字作出明确的反应，比起那些出生后才起名字的宝宝要显得聪明很多。

此外，给胎宝宝以特别深刻感受的是美妙的音乐。音乐会让宝宝的大脑细胞活跃，心情轻松愉快，身躯四肢活动敏捷。

胎教小贴士

妈妈的心跳是宝宝最熟悉的声音

从有听觉开始，胎宝宝每时每刻都有妈妈的心跳声伴随着，心理上对它产生了很强的依赖性，以至在他出世之后，每当遇到惊恐、不安、寒冷、疲劳等恶性刺激时，如果妈妈把宝宝抱近她的胸口，让这熟悉的心跳声传入宝宝的耳膜，就可以立即让他感到温暖的安全感，从而平静下来。可以说，妈妈的心跳声是伴随胎宝宝长大的安乐曲和背景音乐。

四、胎宝宝的视觉发育

人们以为，胎宝宝生活在子宫内，即使到后期眼睛已发育成功，但两眼还是一抹黑，什么也看不见。因为胎宝宝生活在羊水的海洋里，外面的世界层层设防，除了羊水、羊膜外，还有绒毛膜，最后又加上子宫。如此“深宅大院”，一般光线自然很难透过。因此，子宫世界充满了黑暗。胎宝宝在这黑暗的条件下没有看东西的需要，也不可能看见什么东西。然而，事实并非如此，胎宝宝的眼睛并不是完全看不见东西。

在妊娠第2个月时，胎宝宝的眼睛就已开始发育，到了第4个月时，对光线已经非常敏感。为了证实这一点，有人曾用手电筒的光线有节奏地照射孕妈妈的腹部，发现胎宝宝会睁开双眼，把脸转向光亮的地方，胎宝宝的心率也随之发生有规律地变化。

而且，胎宝宝出生后不到10分钟就能发挥视觉的作用，不但能看见妈妈的脸，并且还具有认识模型和判断图形的能力。有人用强光照射30名妊娠34～41周孕妈妈的胎宝宝，结果显示，胎宝宝的脐动脉、脑动脉血流量增加。实验证明，新生宝宝的视力只关心30～40厘米以内的东西，这恰好与他在子宫内位置的长度相等，说明新生宝宝还保留着子宫内生活的习惯。

同时，这个距离也相当于新生宝宝吃奶时眼睛看到妈妈面庞的距离。因此，新生宝宝其稚嫩的视力基础在胎宝宝时期已经打好，当然，新生宝宝的视神经系统还不够发达，大概要到出生后7岁左右才能发育完全。所以说胎宝宝的视觉功能还很不完善，但并不等于没有。

胎教小贴士

光照胎教

在黑暗的环境中，用有着较强光亮的手电照射孕妈妈的腹部，并有规律地缓慢移动，以锻炼胎宝宝睁眼辨别光线来源的能力；也可配合与胎宝宝的说话同时进行。

五、胎宝宝的记忆力

胎宝宝的记忆能力并不是一开始就被人们所承认的，许多人还觉得不可思议。记忆是思维活动的一种形式，有人认为，从妊娠第4个月开始，胎宝宝的大脑中已经偶尔会出现记忆痕迹；也有人认为8个月以前的胎宝宝有可能具备记忆功能，同时又认为记忆能力从胎宝宝期就已经开始萌芽。目前医学界多数人认为，胎宝宝具有记忆能力，而且这种能力还将随着胎龄的增加而逐渐增强。

有一个有趣的例子：钢琴家鲁宾斯堤、小提琴家梅纽因及乐团指挥罗特等人对一些从未接触过的曲子“似曾相识”，即使不看乐谱，乐曲的旋律也会不由自主地在脑海中源源不断涌现。究其原因，原来是他们的妈妈在怀孕时曾经反复弹奏过这些乐曲。这说明了胎宝宝具有一定的记忆能力。

在出生前数月内，胎宝宝的行为渐趋复杂、成熟。这是因为，迅速增大的记忆储存促进了自我形成，并开始引导胎宝宝行为的发展。在某一阶段，人的对立情绪皆起源于记忆，不管这一记忆是有意识还是无意识。每个人都有自己所忘却的记忆，而且这种记忆正在无意识地对人们的一生产生着巨大影响。

有人做过这样的实验：在医院产科的宝宝室播放妈妈子宫血流及心脏搏动声音的录音，发现正在哭泣的新生宝宝很快就安静下来，情绪稳定，饮食、睡眠情况好，而且体重增加迅速。这是因为胎宝宝在妈妈的子宫中早已熟悉妈妈的心音，一听到这种音响就感到安全亲切。

胎宝宝既然有记忆能力，那么孕妈妈就应设法开发胎宝宝的记忆力，把良好的、积极的、有用的、真善美的信息及时传递给胎宝宝，让他输入脑子里，受用一生。

六、胎宝宝的理解能力

科学家曾经做过这样两个实验，一个孕妈妈每个月都利用超声波同胎宝宝见面，并以此为乐趣。她怀孕17周时，护士骗她说是羊水破了，其实羊水还很充分，根本用不着担心。这位妈妈惊慌失措地哭了起来，并说："不，不，连胎宝宝的脸都见过了，名字也起好了，可别让他流掉……医生，请您想想办法吧！"医生告诉她："这是假羊水，没关系！"并且花费了很长时间进行说服工作。

其间一直利用仪器监视胎宝宝的动静。从映像来看，胎宝宝活动发生了戏剧性的变化：开始时，动作比较缓慢，接着是吃惊般的动作，后来动作越来越奇怪了，头部、胸部和腹部抽动着，出现了奇怪的动作，也曾出现了轻微的痉挛，最后全身抽搐起来。动作是突发性的，没有连贯性，各部分还有微小的活动。

另一位孕妈妈是一位37岁的妇女，一直想要宝宝，经过10年，好不容易怀了孕。当她利用超声波装置第一次看到胎宝宝活动的情景时，高兴得哭了起来。这时，胎宝宝总是缓慢而不停地活动着，脉搏跳动也逐步加速，却没有出现痉挛或其他特殊的动作，一直是比较舒畅的大动作。

由此可见，妈妈接受了惊恐的刺激，胎宝宝也会出现受惊反应，而妈妈高兴则胎宝宝定心，真是母惊儿担忧，母安儿舒畅啊！

据观察，妈妈哭泣后心跳加速，他虽和横膈膜摇荡状态相同，但是，胎宝宝活动状态却有着戏剧性的不同。

关于连接妈妈与胎宝宝的复杂神经激素的“通路”问题，人们现已获得大量的有关知识。

妈妈与胎宝宝在生理上并非只有一个大脑和自主神经机构，而是分别有其独自的神经系统和血液循环功能。所以，这些神经激素的通路，是妈妈与胎宝宝交流情感的一种不可多得的手段，它具有极其重要的作用。

对于行为和思维的指令机构，那当然是人的大脑。但其下达指令的过程却是在大脑的表层——大脑皮质内进行的。而且值得注意的是，大脑中所感觉所思考的事情，在与大脑皮质直接相连的下丘脑本身的作用下，在下丘脑内转化为情感，继而转化为躯体的感觉。

关于胎宝宝的神经系统在何种情况下最容易接受妈妈应激反应时分泌出的剩余神经激素问题，目前尚不清楚，而且由这些神经激素引起的变化也未查明。但是，从最近的研究结果中获知，胎宝宝的下丘脑以及受此控制的内分泌系统和自主神经系统最易受到影响。

七、肚子里的宝宝会喝水、哭、做梦

1. 胎宝宝能喝水

许多人以为胎宝宝所需要的氧气及营养物质是由孕妈妈通过胎盘和脐带供应的，自己既不用费劲吃东西，也不必劳神呼吸，当然也更用不着喝水。其实，这种说法并不符合事实，胎宝宝每天除了“舞拳踢腿”锻炼肌肉骨骼、练习呼吸动作，同时也在积极地锻炼喝水的能力。可以这样说，人类喝水的本领从胎宝宝期间就已经开始锻炼并形成了。

据医学科学研究人员介绍，胎龄满3个月时，胎宝宝就能够饮水。当然，他所喝的水是就地取材，饮用羊水。他所饮人的羊水蛋白质通过肾脏分解，排泄到羊水中；而饮人的羊水中混杂的脱落上皮组织等物质，则形成胎粪。有人会惊讶地问：羊水不是很脏吗？宝宝喝了会不会生病？其实，人们根本用不着担心羊水的污染，羊水大约每隔3小时就要更换一次，既无细菌也没有灰尘。

至于胎宝宝每天喝水的量，目前还不能做出精确的估计，有人说1天可能达500毫升。

那么，胎宝宝为什么要喝水呢？追根溯源，恐怕是一种生存本能：为了训练自己的生活本领，对口腔吸吮能力进行锻炼，为出生后使用口唇吃奶做好准备。同时喝水以后，一方面水分可经胃肠道吸收，锻炼胃肠道的消化吸收能力；另一方面，通过胃肠道的吸收，水分可进人血液循环，废物变成小便和胎粪，推动肠道的蠕动。所以，新生宝宝生下不久就能吸吮母乳，并在胃肠道内顺利吸收，这种功能早在胎宝宝期间就已“久经锻炼”了。

2. 胎宝宝会做梦

科学家观察100组左右孕妈妈睡眠时胎宝宝的情况，发现妈妈开始做梦的同时，已经有8个月的胎宝宝身体停止活动，眼珠迅速转动，这说明胎宝宝也在做梦。胎宝宝做梦说明，他在睡眠过程中大脑并不是完全休息的，也有一部分在继续活动，这种大脑皮质兴奋和抑制的交替活动，促进了大脑的发育。

一些科学家认为，胎宝宝的做梦再次说明，孕妈妈在怀孕过程中能把她所想、所闻、所梦到的一些事情，变成思维信息，通过一定的途径不知不觉地传给胎宝宝，对胎宝宝进行影响和教育，这是有一定科学道理的。这种教育和影响对于胎宝宝的成长也是很有必要的。反过来也告诉我们，孕妈妈在整个孕期应该保持乐观开朗的情绪，不要有消极情绪，更不要去观看那些暴力、枪战、恐怖、色情、悲剧等文艺作品（特别是影视），以免在大脑皮层中留下那些恐怖、紧张、血腥的画面，给胎宝宝带来不利影响。

胎宝宝做梦的能力是大脑皮层逐步发育完善的必然结果，大脑的兴奋和抑制始终在交替活动中，只是我们还无法了解胎宝宝做梦的内容罢了。

3. 胎宝宝会啼哭之谜

成人的哭是悲伤、委屈情绪的宣泄，新生宝宝的哭则较复杂，是多种刺激的反应，是向妈妈传递一种引人注意的信号。那么，胎宝宝会啼哭吗？曾有报道说，一位孕妈妈怀孕7个半月时，从自己耳朵里传出体内胎宝宝的微弱哭声，时长时短，持续了1～2分钟。医生为了验证此事，还收她入院，结果值班的医务人员从孕妈妈右耳听到了胎宝宝的哭声；科研人员还将孕妈妈宫内的胎宝宝哭声用仪器记录下，并拍了照片，这则消息轰动一时。

某孕妈妈双胎的第二个胎宝宝，在第一个胎宝宝娩出后不久即在宫内啼哭，哭声同正常宝宝哭声无异，持续两分钟。医生立即对孕妈妈做阴道检查，

结果发现胎膜已破，于是做臀牵引术娩出胎宝宝，宝宝已呈苍白窒息状态，急救后宝宝恢复正常。

我们知道胎宝宝可以用很多方式与妈妈进行交流，但胎宝宝宫内啼哭却是一个现代医学无法解释的现象。因为胎宝宝生活在妈妈羊膜腔的羊水内，肺内充满液体，不能进行自主呼吸，胎宝宝呼吸是依靠胎盘进行气体交换的，不可能哭出声来。那么孕妈妈为什么能听到哭声呢？有专家解释说，可能是这些孕妈妈曾患过中耳炎或耳鸣等耳疾，造成鼓膜松弛，听骨链松动，是鼓膜震动发出某种音响造成的错觉。胎宝宝宫内啼哭和耳朵认字一样不可信，但面对证人和录音，专家又有何高见呢？这种“荒谬”的事例确实并不鲜见。

胎宝宝在宫内会啼哭吗？胎宝宝宫内啼哭到底预示着什么？对胎宝宝有害还是无害？大千世界充满问号，诱惑着我们对生命时刻保持着一颗探究、惊奇与感动的心，随着医学的进步，这个谜一定会被揭开的。

第二节 经历胎教的宝宝更聪明

一、什么是胎教

胎教，一方面是胎，一方面是教，它是胎与教相结合的学问。胎是受教育的实体，教是指胎宝宝在母体内能受到各方面的感化并接受教育、教养之意。胎教是指孕妈妈在各方面有意识地、主动地采取一些相应的措施，对胎宝宝进行良好影响的方法。

胎教专家宋维炳教授认为，胎教有广义和狭义之分。

❶ 广义的胎教，是指为了促进胎宝宝生理和心理健康发育成长，同时确保孕妈妈能够顺利度过孕产期，所采取的精神、饮食、环境、劳逸等各方面的保健措施。因为没有健康的妈妈，就不能生育出健壮的宝宝。

❷ 狭义的胎教，是指妊娠期间，在加强孕妈妈的精神、品德修养和教育的同时，重点通过母体，利用一定的方法和手段，刺激胎宝宝的感觉器官，以激发胎宝宝大脑和神经系统的有益活动，从而促进身心健康发育。通常所说的胎教，一般是指狭义的胎教。然而，广义和狭义的胎教是统一的，不可偏废，通过孕妈妈保健和对胎宝宝感官有益的刺激是胎教的两个方面，是不可分开的。故本书从这两方面加以论述。

欧美一些国家纷纷成立了胎教研究机构和胎教中心，致力于对胎宝宝智力、体力的全面开发，取得了令人瞩目的成绩。

而今，专家们一致认为，胎教就是对胎

胎教小贴士

无心插柳柳成荫的无意胎教

有些妈妈在怀孕的时候也没刻意做什么胎教，但是生下的宝宝一样聪明健康，主要是因为孕妈妈在怀孕期间营养、心情、环境等方面在无意当中已经做得很好了，宝宝也从中受益。起到了无心插柳柳成荫的效果。当然，如果能把无意胎教转化成有意胎教的话，效果就会更好了。

宝宝的感官教育，这种教育是通过母体对胎宝宝的综合影响来实施的。它是通过有意识地控制、调整母体内外环境，避免各种不良刺激对胚胎和胎宝宝的影响，使胎宝宝智力、行为的形成和发展有一个良好的基础。

有意胎教是指有心思、有目的和有计划地在怀孕期间，采用某些方法，创造某些条件，让孕妈妈和胎宝宝的身心都得到调养。无意胎教是说没有特意采取某些方法，创造某些条件，但某些日常生活中的情况也能够使孕妈妈和胎宝宝的身心得到调养，在无意中产生了有意的效果。事实上还是无意胎教所占的比例大。

二、胎宝宝在子宫内的学习是怎样发生的

胎儿借由子宫内外环境进行学习。

内环境，包括母亲的精神状态、母亲的自身品格和修养、思想意识活动、母亲自身营养状况以及母亲的内脏器官、内分泌系统等。内环境直接作用于胎宝宝。

外环境是指母体之外的能够对母体产生影响，引起母体内环境发生变化，进而对胎宝宝产生影响的自然和社会环境。外界环境，正是通过孕妈妈的眼、耳、口、鼻等感觉器官，以及大脑的思维活动，间接地对胎宝宝发生影响。积极的、高尚的、乐观的事物有有利的影响，消极的、低级的、悲观的事物有不利的影响。

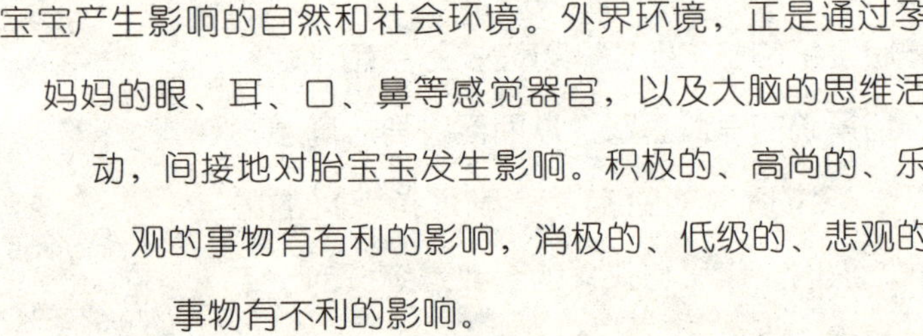

孕妈妈与胎宝宝之间虽无直接的神经联系，但胎宝宝可通过母体中化学物质的变化来感受母亲的情感和意图。母亲的情绪会直接影响胎儿神经系统的发育和性格的形成，这正是优境养胎的原理。

三、胎教可以让宝宝更聪明，但不是“神童灵药”

常常听到一些父母埋怨：“我们当初积极胎教，又是唱歌又是听音乐，忙活了半天也没生出个神童来。”有不少人有一种误解，认为胎教的目的是为了培育小天才，创造奇迹。这些言语和想法都对胎教产生了不切实际的奢望。那么应该怎样看待这个问题呢？

胎教的真谛在于激发胎宝宝内部的潜力，是为了宝宝一生的幸福，并不是追求培养神童或天才。胎教虽然能够有效地改善胎宝宝的素质，提高人口质量，但不能够使胎宝宝出生后都成为智慧超常的儿童或小天才。

儿童成为小天才或神童的因素很多，除了胎教，还有遗传因素，出生后继续教育和环境影响的因素，以及个人的兴趣、意志、品德等非智力因素。因此，经过胎教出生的宝宝，有可能成为小天才，也可能成不了小天才。但有一点可以肯定，胎教有利于胎宝宝在智慧、个性、感情、能力等方面的发育，有利于个体出生后在人生道路上的发展。

胎教能不能使宝宝真正在宝宝阶段得到良好的教育，并在以后的成长过程中有所表现，只要与那些未系统受过胎教的宝宝作比较即可得出结论。这就好比中长距离赛跑一样，开始运动员的成绩没有多大差别，可是越到后来差距越大。当宝宝还是胚胎时，几乎个个都一样，出生以后对外界环境的适应能力，接受教育的能力及表现则越往后差别越明显，那些受过系统胎教的宝宝悟性强，接受新事物快，学习成绩好。

世上任何父母都对自己的宝宝寄予一定的希望，这是很正常的。但是有些父母对胎教抱有不切实际的奢望。要知道，胎教的目的只是使未出世的胎宝宝具有良好的遗传素质，为出生提供良好

胎教小贴士

小心胎教过度

有些“望子成龙”的父母甚至在胎教的时候就已经迫不及待了，听说听音乐好，就让孕妈妈每天听好几个小时，专门找人不断给胎宝宝讲故事。这样做只会造成孕妈妈的焦虑疲劳，对胎宝宝的健康反而有害。

的条件。胎教不是孤立的，而是受诸多因素的影响和控制，每个人的遗传基因、身体素质、先天条件、自身文化修养的水平、环境因素以及父母对胎教实施的程度，都将导致胎教的不同结果。大家不妨仔细看看那些胎教成功者所生的宝宝，他那可爱的小脸、动人的表情、机灵的神态，处处显示出夫妇的长处。实际上，只要未来的宝宝继承了夫妻双方的优点，并且以后能青出于蓝而胜于蓝，就完全能够说明你们的胎教是成功的，你们的宝宝是优秀的。

四、妈妈和宝宝之间天然的“心有灵犀”

1. 胎宝宝借由母亲获取精神营养

过去人们认为胎宝宝处于被动状态，没有任何精神和感情活动。而最近的心理学研究证明，胎宝宝有看、听和感觉的能力，能够理解妈妈的思想和感情。

甚至在妊娠4个月前，胎宝宝就产生了自我意识的萌芽。当孕妈妈极度不安时，胎宝宝感到与周围环境保持联系的整体感遭到破坏，处于一个孤立无援的境地。孕妈妈的不安使胎儿紧张、恐慌、困惑，他会蹬腿、扭动身体、想摆脱不安，这就是在建立一种原始的自我防卫机制。

几个月后，胎宝宝应付不安的体验日益丰富，他不仅能很快理解母亲，还知道他该怎么对待。所有孕妈妈的不舒适、不愉快、异常的、出乎意料的变动，都会带给胎宝宝一定的刺激，给他留下记忆的痕迹。

经过实验可以发现，妊娠6个月以前的胎宝宝的反应，大部分是躯体上的，这时的大脑尚未成熟到将母亲的情感转换为情绪的程度。

妊娠6个月以后，胎宝宝开始能把感觉转换为情绪。这时，胎宝宝的性格逐渐根据母亲的情感信息得以形成。最初，他只能接受极简单的成分，但是随着记忆和体验的加深，胎宝宝变得越来越复杂，逐渐形成自己独特的精神世界。

2. 母子之间生理信息的传递

母胎本为一体，胎宝宝在妈妈的子宫中孕育长大，并经常发送信息给妈妈，使孕妈妈的生理心理产生相应的变化；孕妈妈则把胎宝宝所需养料、氧气通过血液循环及时供给他，并把胎教信息传送给他。因此，孕妈妈与胎宝宝在十月怀胎期间血肉相连、息息相关，他们之间不仅有着肉体的联系，而且还存在着各种诸如生理信息、行为信息、情感信息的传递和沟通。那么其中的生理信息是如何传递的呢？

胎宝宝的存在和发育促进孕妈妈分泌维持妊娠所需要的各种激素，并使母体发生孕育胎宝宝所必需的生理上的变化，如子宫增大、变软，乳腺增殖、乳房增大，基础代谢加快，激素活动增加，以及全身各器官的生理功能增强等，胎盘分泌的一系列激素可以维护妊娠的正常进行。总而言之，胎宝宝在积极地促使身体分泌一些物质，协助妈妈维持自己的生命，就是说，胎宝宝已经能够对自己的生命产生一定的影响。

同时，母体也在积极地向胎宝宝传递生理信息。当孕妈妈遭受精神刺激，情绪不安时，分泌出来的激素使血液中化学成分发生变化，从而通过胎盘对胎宝宝的生长发育产生影响。当孕妈妈有嗜烟、酗酒、滥用药物、暴饮暴食以及遭受外伤等情况时，可使胎宝宝的生长环境发生有害的变化，进而使胎宝宝产生恐惧心理，表现为胎动异常、心动过速等。

就这样，从胎宝宝到妈妈，又从妈妈到胎宝宝，彼此间完全对等地传递交流着生理信息，相互影响，相互作用。例如，当一个孕妈妈生活在极为恶劣的环境中，怀孕显得十分困难时，身体分泌的有害激素通过生理途径传递给胎宝宝，而胎宝宝接收到这种有害的信息后，意识到生命安全受到影响，从而反过来停止促进母体分泌维持妊娠所必需的激素。这种有害信息使胎宝宝发生身心障碍，甚至终止生命。胎宝宝如强行活下去，定会发育成“不够格的残次胎宝宝”，因此，与其如此，不如告诉妈妈“丢儿保母”，这是符合“适者生存，不适者被淘汰”的自然优生规律的。

3. 母子之间行为信息的传递

行为是一种心理现象，也是一种语言，是一种不说话的语言。由于胎宝宝尚不具备语言表达的能力，所以发生在孕妈妈与胎宝宝之间的这种行为信息的传递就显得十分重要，成为互相提示、通告情况的途径之一。

通过观察发现，每当胎宝宝感到不适、不安或意识到危险临近时，就会拳打脚踢，向妈妈报警。据报道，一位妊娠7个月的孕妈妈突然感到腹中的胎宝宝猛烈地冲撞自己，并且持续时间较长。经医生仔细检查诊断，结果是属于前置胎盘。这是一种很可能导致胎盘与子宫分离，引起大出血的妊娠。可见，胎宝宝已感到即将降临的危险，于是不得不竭尽全力通知他的妈妈。

另一方面，当孕妈妈因重体力劳动，跌打损伤，或者因种种原因造成巨大的烦恼、气愤和不安时，也会自然而然地传递给胎宝宝，使胎宝宝得到妈妈行为的暗示，从而波及胎宝宝的健康和发育。此外，孕妈妈吸烟、酗酒、通宵打麻将等不良的行为方式也会影响胎宝宝的健康，严重时甚至使胎宝宝感到无法忍受，从而发生流产、死产等意外事故。因此，孕妈妈应重视孕期保健，注意分析来自胎宝宝的行为信息，以保证胎宝宝健康成长。同时也要注意自己的行为应端庄温和，以良好的行为方式影响胎宝宝。

4. 母子之间情感信息的传递

人非草木，孰能无情，外界的各类事件和信息会使人的情绪产生多种变化。人类情感的产生除了要接受有关的外界刺激外，大量的研究结果表明，早在胎宝宝时期，母子之间不但有血脉相连的关系，而且还具有心灵情感相通的关系，孕妈妈与胎宝宝分别通过不同的途径彼此传递情感信息。

胎宝宝能够通过梦向妈妈传递信息。这种说法看上去似乎荒诞可笑，但是在大量的医学文献中都曾记载过孕妈妈的梦成为事实的例子。虽然这种现象并不一定带有普遍性，有些也许只是巧合，但是其中的道理是否有理，尚待研究加以验证。然而有些孕妈妈的梦恰恰是她在清醒状态下的情绪和思维的反映，所谓“日有所思，夜有所梦”，这种“思”与“梦”之间的联系通过何种途径实现的，值得进一步研究。

孕妈妈的情感诸如怜爱胎宝宝，欢迎胎宝宝，拒绝胎宝宝，以及恐惧、不安等信息也将通过有关途径传递给胎宝宝，进而发生潜移默化的影响。比如说，当妈妈在绿树成荫的小路上散步，心情愉快舒畅时，这种信息便很快地传递给胎宝宝，使他体察妈妈恬静的心情，随之安静下来；而正当妈妈盛怒之时，胎宝宝则迅速捕捉来自妈妈的情感信息，变得躁动不安。据报道，一些毫无医学原因的自然流产正是由于妈妈极度恐惧和不安造成的。

总之，孕妈妈与胎宝宝之间是存在情感沟通渠道的。至于这条渠道是怎样建立的，这些影响又是如何发生的，目前还是一个令人费解的谜。但是充分的事实已经证明，凡是生活幸福美满、心情愉快的妈妈所生的宝宝大都聪明伶俐，性格外向；而生活不幸福，心情躁郁的妈妈，生的宝宝却往往反应迟钝，存在自卑、怯弱等心理缺陷。

在我国古代的《内经》上曾经这样记载："人生而有癫疾者，病名曰何？曰名为胎病。此得之在母腹中时，其母有所大惊，气上而不下，精气并居，故令子发为癫疾也。"这种观察妈妈受到惊恐的刺激而生下的宝宝会得癫痫的结果是十分科学的。可见，孕妈妈所传递的情感信息对胎宝宝是至关重要的，影响也是极其深远的。因此，请不要忽视孕妈妈与胎宝宝之间这条情感传递途径，要随时想到腹中的小生命是个善解人意的宝宝，多给他一些温暖，多给他一些爱，使他对妈妈及外面的世界充满美好的愿望，让他在爱的情感氛围中健康成长。

五、胎教促进宝宝的智力发展

1. 胎教与智商的关系

科学研究表明，大脑细胞分裂增殖主要是在胎宝宝期完成的，它有两个高峰期。第一个高峰期是怀孕的2～3个月，第二个高峰期是怀孕的7～8个月。如果在脑细胞分裂增殖的分裂便可趋于顶峰，为宝宝具有高智商奠定了基础。调查表明，受过胎教（包括音响胎教和运动胎教）的宝宝比没有受过胎教的宝宝，其智商和情商有明显的优势。

胎宝宝并非人们原先认为的母亲腹中没有感觉，而是具有奇异的潜在能力。第4个月时，胎宝宝能够皱眉、眯眼，有了脸部表情。5个月左右开始有听觉，能听到母亲器官的嘈杂声。实验报告指出，胎龄在4～5个月以上的正常胎宝宝，已经具备了人的一些感知能力，特别是听觉、视觉和触觉开始建立。当7～8个月时，便萌发出意识，具有记忆能力。胎宝宝的这种感觉、思维和记忆能力，使胎宝宝有可能与母体进行感情信息的传递，建立具有导致暗示作用的情绪联系，这在宝宝出生长大后，仍能发挥很大作用。这些都充分说明实施胎教是有科学根据的。

2. 胎宝宝的感知和学习能力

多少年来，人们一直认为，胎宝宝处在一个混沌的黑暗中，整天处于沉睡状态，对奇异的大千世界一无所知。果真是这样吗？不，众多的实验和观察证实这一认识不正确，其实，胎宝宝也具有一些能力，胎宝宝除了有听觉能力之外，还具有感知和学习的能力；胎宝宝除了听力之外，在怀孕10周左右就已形成压觉、触觉等感受器，并开始具有各自的功能，因而还具有触觉、情感、领悟和记忆的能力。这一切都足以说明，胎宝宝在“宫中”已有感知和学习的才能。

胎宝宝能分辨母亲的心跳声。有学者研究发现，当一个新生宝宝大哭时，如果立即播放预先录制好的妈妈的心跳声，小宝贝便会立即停止哭闹，变得异常安宁。

处于母体的子宫中的胎宝宝竟然也能进行“思考”，作出“决定”。成人进行思考

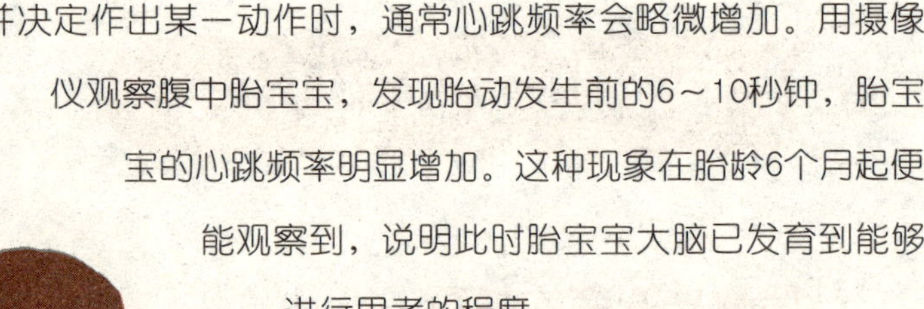

并决定作出某一动作时，通常心跳频率会略微增加。用摄像仪观察腹中胎宝宝，发现胎动发生前的6～10秒钟，胎宝宝的心跳频率明显增加。这种现象在胎龄6个月起便能观察到，说明此时胎宝宝大脑已发育到能够进行思考的程度。

胎宝宝不但有听觉、感知、记忆能力，还具备一定程度的思考和决定能力。为此我们应该不失时机地做些有利于胎宝宝大脑发育的工作，从而使胎宝宝在大脑发育的关键时期受到良好的早期训练，以促进宝宝先天智力素质或者说潜在能力更好地发育。

3. 胎宝宝运动能促使大脑和肢体发展

让胎宝宝运动，可有力地促使胎宝宝大脑及肢体的发展。方法有抚摩胎宝宝、帮胎宝宝“做操”等。

经常抚摩胎宝宝，可以激发胎宝宝运动的积极性，你也许不会明显感到胎宝宝发回的信号，这种信号缓慢而有节奏，只有实践和坚持不懈，才可能有明晰的感觉。而且孕妈妈子宫内胎宝宝活动的差异，能预示胎宝宝出生后活动能力的强弱。在正常情况下，胎宝宝时期活动能力强的宝宝，出生6个月后，要比胎宝宝时期活动能力差的宝宝动作发展更快些。

胎宝宝一般在怀孕后的第7周开始活动。胎宝宝活动是丰富的，有吞吐羊水、眯眼、吮拇指、握拳头、伸展四肢、转身、翻筋斗等。大约在16周以后孕妈妈就可以感到胎动。

这时，孕妈妈不仅是通过抚摩胎宝宝和他沟通信息、交流感情，还应当帮助胎宝宝做“体操”。在母腹中就进行过体操锻炼的胎宝宝，出生后动作的发展，如翻身、抓、握、爬、坐等，要比一般宝宝早些。特别是小肌肉的发育更加明显。另一方面，手巧与心灵有密切关系，动作的发育间接表明大脑的发育状况。

给胎宝宝“做操”时间，应该选择在胎宝宝精神良好的时候进行。至于什么时间胎宝宝精神状态良好，一般认为是早晚，而且每次时间不要太长，以5～10分钟为宜。坚持给胎宝宝做操的孕妈妈，有时会有意料不到的效果，例如：一位孕妈妈难产，胎宝宝心律不齐，医护人员准备给她剖腹时，孕妈妈突然想起已到了“做操”时间，她立刻抚摩胎宝宝，胎宝宝很快安定下来了，而后自然分娩，胎宝宝平安出生。

> **胎教小贴士**
>
> **准爸爸怎样给胎宝宝做操**
>
> 准爸爸可用手轻抚孕妈妈的腹部同宝宝细语，告诉宝宝这是爸爸在抚摩，并同妻子交换感受，这样有助于准爸爸更早地与未见面的小宝宝建立联系，加深感情。

4. 光能促进胎宝宝大脑发育

妊娠初期到中期，子宫里漆黑一团。这是因为被肚皮和羊水挡着，外面的光照进不去。有人做过试验，即使用手术室里的手电筒那样的强光照射，子宫里也只能透进模模糊糊的一点光。在子宫里用肉眼看东西根本是不可能的。

但是，胎宝宝的眼睛的最基本部分在妊娠1个月时就开始形成，到妊娠7个月时就已经能感到光了。这实际上不是在用眼，而是在用脑感觉明暗。

到了妊娠第9个月，情况就有了变化，如果从外面用强光照射孕妈妈的腹壁，就会刺激腹内胎宝宝，他就会做出躲避强光、把脸扭到一边去、闭上眼睛等动作。此时由于胎宝宝的视神经、视网膜还未成熟，光线太强，就会给他带来不舒服的刺激。但如果是弱光，胎宝宝就显出逃走的样子，眨着眼睛盯着光亮的地方。不刺眼的温柔的光，能增强胎宝宝大脑对明暗反应的节奏性，这样就能促进大脑的发育和成熟。

不过，我们的意思并不是说只是用光来刺激腹内的胎宝宝，他的脑子就一定聪明。对于胎宝宝来讲，令人舒畅的、透过母亲腹壁照射进来的弱光就足够了。天气晴朗的时候，出去走走，到公园里慢慢地散步，而且，边散步边把手轻轻放在肚子上，对宝宝温柔的说话，对即将出生的宝宝来说，一定是令人愉悦的、美妙的刺激。

5. 胎宝宝记忆训练

对于胎宝宝是否有记忆这一问题曾经引起了不少国内外学者、专家们的许多争议，并对此进行了长期地深入研究。科学家对“腹中胎宝宝的大脑功能会被强化吗”这一课题进行了研究，结果表明胎宝宝对外界有意识的激励行为的感知体验，将会长期保留在记忆中直到出生后。而且对宝宝的智力、能力、个性等均有很大的影响，有关研究表明胎教是教育的启蒙。由于胎宝宝在子宫内通过胎盘接受母体供给的营养和母体神经反射传递的信息，使胎宝宝脑细胞在分化、成熟过程中不断接受母体神经信息的调节与训练。因此，妊娠期母体“七情”的调节与子女才干的发展有很大的关系。

加拿大哈密尔顿乐团的著名交响乐指挥家鲍里斯·布罗特在回答记者问中有这样一段描述：“也许听起来有些奇怪，但的确在我出生前音乐就已经是我的一部分了。”“噢，那是在我年轻的时候，当我发觉自己有异常的天才时，我感到疑惑不解，初次登台就可以不看乐谱指挥，大提琴的旋律不断地浮现在脑海里。而且不翻乐谱就能准确地知道下面的旋律。有一天，当母亲正在演奏大提琴的时候，我向她说了此事，由于脑海里总是清晰地浮现大提琴的旋律。所以，引起了母亲的兴趣，当母亲问我脑海里浮现什么曲子时，谜被解开了。原来我初次指挥的那支曲子，就是我还在母亲腹内时她经常拉奏的那支曲子。”

其实在生活中类似的情况很多，不知年轻的母亲你们是否有过这样的体会，当你刚出生的宝宝哭闹不止时，如果您马上将宝宝的头转向您的左侧胸部，宝宝的耳朵贴近您的心脏。那么您的心脏跳动的声音传到宝宝的耳朵里时，他会立即停止哭闹或安静地入睡。这是什么原因呢？原来胎宝宝在母体内生活已经习惯了那里的声音包括心脏的跳动声音。胎宝宝虽然出生，但记忆犹新，当他来到一个他完全陌生，而且听不到他所熟悉的声音时就会产生不安和恐惧，因此出现哭闹，可当他一旦又听到了他所熟悉的心脏跳动声音时，马上又产生一种安全感，认为自己仍然生活在自己的小天地里，故而停止了哭闹，安静人睡。

> **胎教小贴士**
>
> **胎宝宝的记忆**
>
> 新生宝宝哭闹的时候，给他听妈妈的心跳或者胎教时候放的音乐，宝宝很快就会安静下来。所以说，宝宝的记忆是从胎儿时期就开始的，胎教的宝宝比别人在起跑线上就早了一步。

以上事实告诉人们，胎宝宝并不是无知的生命。宝宝聪明才干的启蒙孕育在胎宝宝期。因此根据胎宝宝的这一能力进行及时合理的训练使其进一步地发展与完善是非常必要的。

6. 胎宝宝听力训练

胚胎学研究证明，胚胎从第8周开始神经系统初步形成，听神经开始发育。当胎宝宝发育进入5～7个月时听力完全形成，还能分辨出各种声音，并在母体内作出相应的反应。

有人曾做过这样的实验，让新生宝宝吸吮一个与录音机相连的奶嘴，宝宝以某种方式（长吸或短吸）吸吮就可听到自己母亲的声音，而且他们通过辨别声响，表示出对自己母亲的声音特别的敏感。

还有人选择在怀孕的最后5～6周时让孕妈妈给胎宝宝朗读“戴帽子的猫”，历时5个多小时，当胎宝宝出生后进行吸吮试验。先准备两篇韵律完全不同的儿童读物，一篇是宝宝在母亲体内听到过的“戴帽子的猫”，另一篇是宝宝从未听到过的“国王、小耗子与奶酪”。宝宝通过不同的吸吮方法才能听到这两篇不同的儿童读物。结果发生了让人非常惊喜的事情，这些新生宝宝完全选择了他们出生之前学过的“戴帽子的猫”。

胎宝宝在未出生前已经具备了听力。此外科学家们还发现，如果胎宝宝在母体内患有先天性耳聋，通过听力训练可以做出初步的诊断，当胎宝宝出生就可以采取相应的措施。

7. 胎宝宝意识诱导

有一个4岁的宝宝，平时不爱说话，怎样开导也不起作用，他的爸爸妈妈都以为他患了孤独症，只好送到医院求助心理医生。

一开始医生和宝宝交谈，宝宝一点反应也没有，经过一段时间的治疗和观察，偶尔发现了一个奇怪的现象：每当有人同这位宝宝讲英语时，她的兴趣就出现了，表示出既爱听又喜欢开口和别人交谈，每当这时病就好了。

医生发现了这一现象后找来了她的父母了解他们在家里是否经常讲英语，可他们的回答是在家里几乎不讲英语，教授又问他们曾经什么时候讲过英语。这时宝宝的母亲突然回忆起自己在怀孕期间曾在一家外国公司工作，因为那里只允许用英语讲话，所以她在怀孕时一直是讲英语，医生这时才恍然大悟说：“胎宝宝意识的萌芽时期是怀孕后7～8个月，这时胎宝宝的脑神经已十分发达！”

针对性治疗了两个月以后，宝宝不仅治好了病，还很快掌握了两种语言。

以上这段真实的故事告诉我们由于胎宝宝意识的存在，因此，孕妈妈自身的言语、感情、行为均能影响胎宝宝，直到出生后。

有少数孕妈妈为了一点暂时的身体不适而出现对胎宝宝怨恨心理，这时胎宝宝在母体内就会意识到母亲的这种不良情感，而引起精神上的异常反应。专家认为，这样的胎宝宝出生后大多数出现感情障碍、神经质、感觉迟钝、情绪不稳，易患胃肠疾病、疲乏无力、体质差等。因此，孕妈妈在妊娠期间应排除这些不良的意识，应将善良、温柔的母爱充分体现出来，通过各方面的爱护关心胎宝宝的成长。

六、胎教培养宝宝的好性格

1. 胎教与胎宝宝的性格关系

人的性格不一，其个体差异早在胎宝宝时期就已表露出来：有的安详文静，有的活泼好动，有的“淘气”调皮。这既和先天神经类型有关，也和怀孕时胎宝宝所处的内外环境有关。人的性格的形成有着先天和后天两种因素。就先天而言，与父母性格的遗传基因有关，同时也与出生前胎宝宝在子宫内所受的影响有关；后天因素则是在其出生后的社会实践过程中逐步形成的。然而，胎宝宝在子宫内，即“人之初”的心理体验为日后的性格形成打下基础的事实，还没被人们广泛重视。

孕妈妈的子宫是胎宝宝所接触的第一个环境，小生命在这个环境里的感受将直接影响到胎宝宝性格的形成和发展。如果妈妈怀孕期间充满和谐、温暖、慈爱的气氛，那么胎宝宝幼小的心灵将受到同化，意识到等待自己的那个世界是美好的，进而可逐步形成热爱生活、果断自信、活泼外向等优良性格的基础。反之，倘若夫妻生活不和谐，不美满，经常吵架、打骂，甚至充满了敌意的怨恨，闹到要离婚的程度；或者孕妈妈不欢迎这个宝宝，从心理上排斥、厌恶，那么胎宝宝就会痛苦地体验到周围的这种冷漠、仇视的氛围，随之形成孤寂、自卑、多疑、怯

胎教小贴士

噪音会影响宝宝性格

外界的强烈、持久的噪声，可使胎宝宝躁动不安。这种强烈的运动反应并不是好征兆，它不但会引起流产、早产，而且能对出生后宝宝的性格行为带来不良影响。

弱、内向等性格。显然，这对胎宝宝的未来会产生不利的影响。

“江山易改，秉性难移”，一旦不良性格形成，要想改变是很困难的。与其后天费力纠正，不如在娘胎里就给胎宝宝提供一个形成良好性格的环境氛围。准爸爸、孕妈妈们应把握这一关键时期，为宝宝一生幸福着想，从现在起，尽力为腹内的小生命创造一个充满温暖、慈爱、宽松、积极的生活环境，努力减少各种有害刺激，使胎宝宝拥有一个健康、美好的精神世界，使其良好性格的形成有一个理想的开端。

2. 培养胎宝宝好的习惯

我们每一个人都有着各自的生活习惯，有的人习惯于早睡早起，而有的人喜欢晚睡晚起，但不论我们每个人有什么习惯，养成一种良好的生活习惯是不容易的，有的人可能一辈子生活都是没有规律的。那么这是为什么呢？俗话说，“江山易改，秉性难移”。也就是说人一旦养成了一种习惯想改成另一种习惯是很困难的。

那么，一个人的习惯是什么时候养成的呢？有人说是儿童时期养成的，也有的人说是出生后开始逐渐养成的。如果我们说一个人的某些习惯早在胎宝宝时期受妈妈本身习惯影响，而潜移默化地继承下来，这不是哪个人的凭空想象，而是经过科学家实践证明的事实。让我们通过一项有趣的实验来看。

新生宝宝的睡眠类型是在怀孕后几个月内由母亲的睡眠所决定的。他把孕妈妈分为早起型和晚睡型两种类型，然后对这些孕妈妈们进行追踪调查，结果发现；早起型的妈妈所生的宝宝天生就有同妈妈一样的早起习惯。而晚睡型母亲所生的宝宝也同其妈妈一样喜欢晚睡。

通过实验我们是否可以得出这样一个结论：新生宝宝出生几个月内，可能和妈妈在某些方面就有着共同的节律。妈妈的习惯将直接影响到胎宝宝的习惯。如果有些孕妈妈本身生活无规律、习惯不良，那么从您怀孕起就要从自身养成一个良好的习惯，才能培养也具有良好习惯的胎宝宝。

3. 培养胎宝宝好的情绪

情绪胎教，是通过对孕妈妈的情绪进行调节，使之忘掉烦恼和忧虑，创造清新的氛围及和谐的心境，通过妈妈的神经递质作用，促使胎宝宝的大脑得以良好的发育。

我国传统医学经典《黄帝内经》中率先提出孕妈妈“七情”（喜、怒、忧、思、悲、恐、惊）过激会致“胎病”理论。现代医学研究也表明，情绪与全身各器官功能的变化直接相关。不良的情绪会扰乱神经系统，导致孕妈妈内分泌紊乱，进而影响胚胎及胎宝宝的正常发育，甚至造成胎宝宝畸形。

作为丈夫，在情绪胎教中有着义不容辞的责任，应该注意做好以下几方面：

丰富生活情趣：早晨陪妻子一起到环境清新的公园、树林或田野中去散步，做做早操，嘱咐妻子白天晒晒太阳。这样，妻子也会感到丈夫温馨的体贴，心情舒畅惬意。

风趣幽默处事：妻子由于妊娠后体内激素分泌变化大，产生种种令人不适的妊娠反应，因而情绪不太稳定，因此，特别需要向丈夫倾诉。这时，丈夫唯有用风趣的语言及幽默的笑话宽慰及开导妻子，才是稳定妻子情绪的良方。

协助妻子胎教：丈夫对妻子的体贴与关心，爸爸对胎宝宝的抚摩与“交谈”，都是生动有效的情绪胎教。

七、斯瑟蒂克胎教法

美国的斯瑟蒂克夫妇用“子宫对话”的方法，把爱传递给胎宝宝，先后培养出4个天才的儿女：大女儿5岁时，便从宝宝园一下子升到高中一年级，10岁便成为当时全美最年轻的大学生；二女儿12岁进入曼达雷茵大学，三女儿11岁已是高中三年级的学生，最小的女儿4岁时便已在家中学习小学高年级的课程……四个宝宝的智商均在160以上，都被列入了仅占全美5%的高智商的行列。

斯瑟蒂克在《胎宝宝都是天才》一书中写道：“胎教成功的秘诀就是爱和耐心。”他们总结出了“斯瑟蒂克”

胎教小贴士

学习胎教要因地制宜

国外的一些胎教、早教经验确实有它的长处，但是作为文化环境不同的中国，我们在学习的时候要结合中国人客观的生活习惯，或者家庭客观氛围，不要生搬硬套，完全模仿书本上的东西。

胎教法：即“母亲在妊娠中把听到的、看到的、想到的事情，通过自己的声音、身体变化、心理状态等传递给胎宝宝，而接受了这一切的胎宝宝在出生时就会具有某种素质，这就是‘天才儿童’诞生于寻常百姓家的全部谜底。”

但是，四个宝宝的母亲——实子·斯瑟蒂克在书中反复强调，他们并不是为了要生一个“天才儿童”才进行胎教的，而是想让宝宝今后的人生过得更加幸福和有意义，因此，在宝宝未出世时，就让她们对事情感兴趣，并培养她们理解这些事情的能力。提醒读者在胎教时绝不能忘记对宝宝的爱和对宝宝的祝福。如果以生一个“天才”为目的而进行胎教的话，就会使腹中的胎宝宝感到是被迫的，并由此不愿倾听父母对他讲述的一切。

八、国内外胎教

1. 我国“见物而变”的胎教理论

我国古代医学家很早就提出了妇女怀孕以后“见物而变”的胎教理论，后世并将其发扬光大。如隋代的巢原方在《诸病源候论》一书中写道：“妊娠3月名始胎，当此之时，血不流行，形象始化，未有定仪，因感而变。”大体意思是，女性怀孕3个月时，胚胎已渐次发育成胎宝宝，这时虽然已从形体上初步成形。但是还没有定型，即所谓“未有定仪”，其可塑性很大，当孕妈妈见到带有什么特征的东西，她所怀胎宝宝的形象，包括胎宝宝的形体和精神，也就会随之产生变化，这就是“见物而变”的本意。

因此给那些想生一个长相漂亮、体力过人、才华出众宝宝的孕妈妈提出了要求，在孕期内要多想好事，多做善事，多看美好的事物，以期感化腹内的胎宝宝。通过孕妈妈美与善的良好“见物”刺激，而使胎宝宝向更加聪明、善良、健康、漂亮的方面“变化”。古人“见物而变”胎教理论的提出，当然受当时文化背景的影响，有时代的局限性，但还是有一定的科学价值和实际指导意义。

2. “外象内感”的胎教理论

“外象内感”是古人关于胎教的重要理论，这一理论是建立在“子在腹中，随母听闻”认识的基础上。巢原方在《诸病源候论》中说：“欲子美好，宜佩白玉；欲子贤能，宜看诗书，是谓外象而内感者也。”《颅囟经》一书中也曾指出：“巢氏（即指《诸病源候论》之作者，隋代医家巢原方）论妊娠，至月始胎之时，欲谈正言，行正事……佩白玉，读诗书之类，其非胎教之理乎。”这种通过谈正言、行正事、佩白玉、读诗书等人为的方法与措施，加强孕妈妈的品德修养，培养其高尚情操，保持良好的精神状态，以期“外象而内感”，这样可使宝宝的智力发达，性格端庄。古人题说的“外象而内感”的胎教措施，事实上是胎宝宝早期教育的手段，孕妈妈在妊娠期间，能够接触美好的事物，诸如听美好的音乐、欣赏优美的景色、观看花卉和美术作品、读有益于身心健康的著作等，从而陶冶性情，开阔胸襟、旷怡心神，使一身气血和顺，则对胎宝宝未来智力与性格等发育产生好的、积极的影响。

3. 世界上第一所“胎宝宝大学”

胎教作为一种优生优育的措施，无论中外古今都十分重视。最早的“胎宝宝大学”是美国加利福尼亚州妇产科专家范德·卡尔于1979年创办的。学生是双身人，即具有双重身份的孕妈妈。至今学生已超过800名。

“胎宝宝大学”招收妊娠5个月的孕妈妈上课，担当教员的有产科医生、心理学家和家庭教育学家。从这所“大学”毕业（出生）的“学生”，其大脑中约有几十个单词和初步的曲调，有的新生宝宝2周时就会说“哦——哦”、“爸爸”等；有的宝宝8周时能对录音机放出的节目说“哈罗”；一个4岁的宝宝已经能听、说英语、西班牙语，喜欢跟8～10岁的小朋友玩，并懂得照顾自己；有的宝宝刚出生时就会用小手轻轻拍妈妈的脸。这都是在没有受过胎教训练的宝宝中从未见过的现象。可见，胎教能使宝宝出生后学习起来更容易，有助于让宝宝智力高超，使他发育得更完善，同时可以使宝宝在精神方面得以顺利、健康的发展。卡尔的成功尝试，使许多欧美国家也纷纷进行了胎教实践。据报道，经过“胎宝宝大学”学习的宝宝出生以后，其智力超群率高达71%。

我们不妨简要地把这所独特的大学的课程设置和教授方法介绍给读者。

语言课：学校教会孕妈妈用特制的扩音器把有关朗读的内容一字一句向腹内胎宝宝一再重复，让胎宝宝加强记忆，使得胎宝宝对这些语句有很深的印象。

音乐课：孕妈妈把一个玩具乐器放在腹部，奏出音符，让胎宝宝经常谛听一些曲子。

运动课：教会孕妈妈让胎宝宝练习“踢肚游戏”的运动项目，使胎宝宝有意识地和孕妈妈进行游戏锻炼。

这所大学还鼓励丈夫和妻子一起参加育婴胎教活动。

以上“胎宝宝大学”所开的课程，只是胎教内容的一部分。等到胎宝宝的感官发育基本定型，即怀孕5个月以后，还可以进行以下几个方面的教育：

❶ 进行道德品质和心理素质的教育。胎宝宝和孕妈妈是心心相印的，妊娠期的妈妈应心胸豁达，性情开朗，有仁慈之心，无残暴之性。孟子说：“养吾浩然之气。”这也是养胎宝宝浩然之气，时时以此正念，把好的品行传导给胎宝宝，从而具备良好的道德风范和优秀的心理品质。

❷ 进行生活艺术美的教育。孕期应当有一个良好的生活环境，居处力求空气洁净、清新，多去空气新鲜的公园、林间、河边散步，欣赏大自然的美景，多读些有益身心健康的诗词歌赋，多欣赏摄影、书画、艺术作品，陶冶情操，以良好的生活环境和欣赏艺术美的心态去教育胎宝宝，熏陶胎宝宝的心灵。

❸ 进行音乐训练的教育。应在整个孕期都能经常处在良好的音乐环境氛围中，以促进胎宝宝的身心健康，并使胎宝宝的智力得到发展。

❹ 对胎宝宝进行抚摩训练。孕妈妈平卧，腹部放松，以手抚摩、轻压腹部，这样有规律地进行一段时间后，胎宝宝就会有所反应。经过训练的胎宝宝能较早的学会站立和走路。但值得注意的是，如有早期子宫收缩者禁用此法。

❺ 要养成良好的生活方式和习惯。起居有时，注意卫生，衣服宽松，饮食营养均衡，住房环境整洁，行动安稳舒畅，劳逸结合，保证充足睡眠，忌烟戒酒，注意预防疾病，谨慎用药。

6 孕妈妈在孕期要保持良好的心理状态。情绪要稳定，心情要愉快，尽量避免抑郁、恼怒、悲伤、惊恐、忧虑等不良情绪。

7 及时做好产前检查。注意孕妈妈和胎宝宝的健康，检查胎宝宝身体方位，指导调养。

实验证明，凡是在母腹中接受过音乐、按摩等训练的胎宝宝，其出生后的健康状况均好于没受过胎教的胎宝宝，有的甚至表现出令人惊异的智能水平。因此，胎教是有其科学基础的，并不是想当然的“伪科学”。

胎教小贴士

不宜给胎宝宝过大压力

准爸妈应仔细观察胎宝宝，不要让刺激的时间过长或使胎宝宝的负担过重。当宝宝明显不感兴趣或感到劳累时，你就该考虑一下了，看看是不是因为你给的任务太难，或不够有趣的原因造成的。

第三节 胎教教什么

一、营造安全舒适的环境——环境胎教

对年轻夫妇在准备受孕前6个月就开始进行环境卫生知识指导，以利于优境养胎育儿，称为环境胎教。

胎宝宝的生活环境分为内环境与外环境。内环境是指母体的子宫腔及孕妈妈身体的健康状况。外环境是指烟尘、嗜好、放射线、职业、噪音、污染源及药物等。

内环境对胎宝宝的影响有以下3种因素：

1. 不洁的性生活致胎宝宝宫内感染，又称为先天性感染。
2. 多次人工流产或自然流产。
3. 受精卵的质量不优或孕妈妈体弱多病。其中，多次流产可以损伤子宫内膜，易导致前置胎盘。

外环境对于胎宝宝的影响也有3种因素：

1. 放射线伤害。
2. 职业或嗜好的不良刺激。
3. 污染源或噪音的毒损。

孕妈妈要避免对胎宝宝发育不利的内、外环境因素，尤其是在妊娠早期，既是孕妈妈内分泌变化产生免疫抑制反应的阶段，又是胚胎器官高度分化与形成的时期。加上胎盘功能尚不健全，故环境胎教显得格外重要。

二、抚摩宝宝，和他做游戏——运动胎教

通过指导孕妈妈及胎宝宝进行适宜的体育锻炼，促进胎宝宝的大脑及肌肉的健康发育，有利于孕妈妈正常妊娠及顺利分娩，称为运动胎教。

运动胎教在漫长的孕期当中必不可少。妊娠期间，孕妈妈因为内分泌激素的改变，致使动作灵敏度降低，反应也较迟缓。妊娠早期，尤其早孕反应使精神困乏，浑身无力，容易疲劳而活动少；妊娠中期，因为全身血液循环量增加及增大的子宫压迫下腔血管而出现头晕及下肢浮肿症状，往往使孕妈妈产生“不想动”的心理状态。然而，人的功能是“动则盛、惰则衰”，只有通过运动才能使人吸入新鲜的氧气，排出身体内的废物，以增强身体的抗病能力。所以，运动胎教在整个妊娠期都显得至关重要。

本书中安排的每一项运动胎教，均有各自的功能特色，并且能针对性地预防妊娠期所特有的某种疾病。应用书中指导的运动胎教，能够帮助您健康地孕育出一个聪明、活泼的新生命。同时，使您的孕期生活充满无穷的乐趣。

孕妈妈本人或者准爸爸用手在孕妈妈的腹壁轻轻地抚摩胎宝宝，引起胎宝宝触觉上的刺激，以促进胎宝宝感觉神经及大脑的发育，称为抚摩胎教。

研究表明，胎宝宝体表绝大部分表层细胞已具有接受信息的初步能力，并且通过触觉神经来感受母体外的刺激，而且反应渐渐灵敏。父母都可以通过抚摩的动作配合声音，与子宫中的胎宝宝沟通信息。这样做可以使胎宝宝有一种安全感，使宝宝感到舒服和愉快。

抚摩胎教可以安排在妊娠20周后，每晚临睡前进行（具体时间由父母的工作性质及作息情况而定，最好定时），并注意胎宝宝的反应类型和反应速度。如果胎宝宝对抚摩的刺激不高兴，就会以用力挣脱或者蹬腿来反应。这时，父母应该停止抚摩。如果胎宝宝受到抚摩后，过了一会儿，胎宝宝才以轻轻地蠕动作出反应，这种情况可以继续抚摩。抚摩从胎头部位开始，然后沿背部到臀部至肢体，轻柔有序。抚摩时间不宜过长，以5～10分钟为宜。抚摩可以与数胎动结合进行，并且将情况记录在胎教日记中。

三、和宝宝说话、讲故事——语言胎教

孕妈妈或家人用文明、礼貌、富有哲理的语言，有目的地对子宫中的胎宝宝讲话，给胎宝宝期的大脑新皮质输入最初的语言印记，为后天的学习打下基础，称为语言胎教。

我们对早期妊娠的胎宝宝进行过形象的介绍。不断生长发育的胎宝宝，由眼睛猴样又进一步发育到类似猩猩的类人猿样，胎宝宝的大脑开始有皱褶，掌管智能和感情的前脑发达起来，即形成了“人脑”。

人脑从内侧往外分古皮质、旧皮质、新皮质3大部分。古皮质起着爬虫类脑的作用；旧皮质起着哺乳类脑的作用。惟有人类有别于其他动物特别发达的新皮质。新皮质是用来学习知识和进行精神活动的。如果先天不给胎宝宝的大脑输入优良的信息，尽管性能再好，也只会是一部没有储存软件的电脑，胎宝宝会感到空虚的。

据医学研究证实：父母经常与胎宝宝对话，就能促进其出生以后在语言及智力方面的良好发育。

四、音乐调动宝宝的情绪——音乐胎教

通过对胎宝宝不断地传输优良的乐性声波，促使其脑神经元的轴突、树突及突触的发育，为优化后天的智力及发展音乐天赋奠定基础，称为音乐胎教。

医学专家的研究证实：音乐胎教可以使胎宝宝脑神经元增多，树突稠密，突触数目增加，甚至使原本无关的脑神经元相互连通。

神经元是神经系统的基本结构单位和机能单位。一个人智力的优劣与脑神经元的发育关系十分密切。脑神经元表面有一大的分枝（即轴突）和很多小的分枝（树突）；两个脑神经元之间依靠轴突、树突相接触而传递冲动（即沟通信息），其接触的部位称为突触。突触越多，人越聪明。

音乐胎教的乐曲分为两类：一类是适宜孕妈妈听的，以轻柔舒缓的E调和C调为主；另一类是让胎宝宝单独欣赏的。

五、妈妈开心，宝宝也开心——情绪胎教

通过对孕妈妈的情绪调节，使之忘掉烦恼和忧虑，创设清新氛围，让孕妈妈精神愉快，心理健康；并且通过孕妈妈的神经递质作用，使胎宝宝的大脑得以良好的发育，称为情绪胎教。

妊娠后的生理机能变化，孕妈妈本人和家庭其他成员对胎宝宝的期望或者猜想，尤其是婆婆、公公对生男生女比较感兴趣或者偏重，会有形或无形地给孕妈妈的精神蒙上阴影；一些对一般人无不良反应的语言、噪音、气味、颜色，都可以引起孕妈妈的不良反应。因此，家人应该格外注意对孕妈妈精神方面的刺激。

孕妈妈与胎宝宝之间由血液中的化学成分沟通信息。所以，祖国医学有“孕借母气以生，呼吸相通，喜怒相应，一有偏奇，即致子疾”的理论。研究表明，孕妈妈的情绪直接影响内分泌的变化，而内分泌物又经血液流到胎宝宝体内，使胎宝宝受到或优或劣的影响。如果孕妈妈的情绪焦虑有余，其体内肾上腺髓质激素的分泌量会增多，并通过血液影响胎宝宝的正常发育，故情绪胎教非常必要。

六、近朱者赤，让宝宝接触最美好的事物——美育胎教

美育胎教是指根据胎宝宝意识的存在，通过孕妈妈对美的感受而将美的信息传递给胎宝宝的方法，当然我们知道胎宝宝无法看到、听到和体会到世界上各种各样的美，那怎样进行美育胎教呢？孕妈妈在其中就要发挥关键作用了。孕妈妈通过自己感受自然、音乐、画等的美好感受经神经、体液传输给胎宝宝。

孕妈妈可以到大自然中去欣赏美景，以促进胎宝宝大脑细胞和神经的发育。孕妈妈将在大自然中感受到的美通过提炼后传输给胎宝宝，使胎宝宝也能领会到大自然的神秘、高大与神奇等。孕妈妈到大自然中去还可以多呼吸新鲜空气，以利胎宝宝的大脑发育。

可以播放一些欢快、优美动听的音乐或活泼有趣的儿歌、童谣，并跟着轻轻哼唱。孕妈妈还应多接触一些文学和艺术的美，欣赏一些人体摄影、人体绘画和人体塑像，以此陶冶自己的情操，使美妙的艺术融入胎宝宝的血肉之躯。

七、宝宝皮肤的信号传递——触摸胎教

触觉能向宝宝提供许多关于人性和互动的教育。妈妈充满爱意的抚摸能给予宝宝受保护和受重视的感觉。大多数在爱抚和拥抱中成长的宝宝，一般会长成为意志坚强，有安全感和自信的人。而长期得不到触摸爱抚的宝宝，长大以后会变得自闭而神经质，甚至可能造成身体发育迟缓。

触觉是宝宝还在子宫中就已经发展起来的一种感觉。他不断地用自己的身体去感受周围环境：感受羊水和衬在子宫壁上的羊膜的爱抚；感受身体的一些部分相互碰撞或相互依靠时，皮肤接触的感觉。每一次碰触都会在宝宝的大脑中建立联系。碰触丰富宝宝视野的同时，再一次的将其神经系统的发展向前推进一步。宝宝在触摸中探索学习成长。

触觉是宝宝最早发育起来的一种感觉。随着宝宝的长大，通过触摸，他可以和你交流。他在子宫中蠕动和踢来踢去回应你的话语。对于刚出生的宝宝来说，触摸不仅仅是一种感情上的抚育，它同时还刺激了皮肤，促进了皮肤、组织和深部肌肉的修复。

触摸——无论宝宝长到多大——始终是妈妈和宝宝沟通的最佳方式。

八、妈妈吃得好，宝宝才健康——饮食胎教

想要孕育优质宝宝，就必须在怀孕前开始调养身体，怀孕期也要摄取均衡的营养。宝宝在孕妈妈的肚子里，身体器官系统的发育和日后的饮食习惯都与孕妈妈的孕期的饮食有关，所以为了宝宝的健康，为了宝宝的未来，孕妈妈在孕期一定要做好饮食胎教。

1. 饮食胎教的守则

挑选新鲜的食品：在挑选食物材料的时候、应选择新鲜的、季节性食品、外形漂亮干净的、有光泽的东西。与速食食品相比自己动手做食品，可以调查是否含有添加剂、农药的残留、有效期等方面。

树立良好的饮食态度：孕妈妈虽然多吃有营养，但是饮食的态度也非常重要。即使是相同的食物津津有味地吃与勉强地吃，对营养的摄取是不同的。孕妈妈津津有味地吃完后的那种满足感会直接传达到宝宝的大脑。

有规律地的饮食：在怀孕初期因为妊娠反应可能在饮食上有些困难。但是从形成胎盘的第3个月开始，宝宝开始吸收母体的营养，所以孕妈妈应该摄取充分的营养。孕妈妈要做到三顿主餐定时、定量、定点。最理想的吃饭时间为早餐7～8点、午餐12点、晚餐6～7点，不论多么忙碌都应该按时吃饭；不能一边吃饭一边做其它的事情，比如开会或是看电视之类的内容，如果希望自己的宝宝以后能够踏实坐在桌前吃饭，孕妈妈就一定要注意自己此期间的饮食习惯了。

饭桌要整洁：在收拾整齐的餐桌上就餐也是一种胎教。宝宝知道妈妈正在吃什么，正在想什么。宝宝也喜欢妈妈一边品尝一边慢慢地吃饭。妈妈一边吃一边对宝宝说："宝宝呀，这是菠菜，你也吃下去快快地长大。"这样跟宝宝对话，对于营养的吸收效果会更佳。

不吃有刺激性的食物：尽量避免吃咸、过甜、油性太大的食物。特别是太咸的食物对于孕妈妈是最忌讳的。盐分吸收过多会导致肾脏里的毛细血管收缩过滤功能下降。体内的毒素因为肾脏的过滤功能下降而对母体和宝宝造成损害，并且容易导致怀孕中毒症。所以尽可能地吃的清淡一些。即使是出去吃饭也要挑选一个干净的餐厅，并且事先告知对方有孕妈妈拜托不要太咸或太辣。

禁止食用过凉的食物：太凉的食物会使肾脏的功能降低。不能饮用凉水，因为体温的急剧下降会使宝宝感到紧张。

2. 怀孕不同阶段的饮食胎教内容

怀孕早期（0~3个月）

❶ 远离咖啡因。

❷ 食用能减轻怀孕反应的食物。从孕妈妈开始产生妊娠反应的时候开始，就应该食用能减轻怀孕反应的食物。生的海鲜或色拉等能够减轻妊娠反应，并且在呕吐的时候应多食用牛奶或水果等以保证摄入充足的水分。

❸ 摄取维生素E以防止流产。在预防流产方面维他命E有一定的功效。主要糙米、菠菜等含有大量的维他命E。

❹ 应该摄入适当的盐酸。在这个时期虽然不需要摄入什么特别的营养素，但在这个时期婴儿脸部的各器官、腿、性器官等开始发育的时期，因此需要摄取一些细胞分裂所需要的盐酸。含有盐酸的食物有生菜，茼蒿、韭菜等绿黄色野菜。

怀孕中期（4~7个月）

❶ 注意调节自己的体重。

❷ 吸收充分的维生素C。为了预防贫血应摄取铁成分及有助于吸收铁成分的维生素C。铁成分主要存在于动物的肝脏、黑芝麻中；维生素C存在于草莓等水果当中。

❸ 摄取充足的蛋白质和钙。大脑、肌肉、各个器官发育的时期，也是最需要蛋白质的时期。并且因为宝宝的血管和骨头正在发育，因此急需铁和钙。蛋白质主要存在于肉类、海鲜、豆类当中；镁主要存在于海产品、豆腐当中。

怀孕后期（8~10个月）

摄入充足的纤维素以预防便秘。越到怀孕后期越是子宫受到压迫，导致胃消化功能降低。并且这个时期孕妈妈容易腰痛、便秘、痔疮等容易加剧。所以应多摄取含纤维素的野菜和水果。并且为了预防怀孕中毒盐分的摄入也要减少。再有这个时期宝宝的脑部发育非常快，必须均衡地摄取营养。

宝宝器官系统发展与所需营养对照表

宝宝生长月数	器官系统发育	所需营养	食物来源
$\frac{1}{2}$-$\frac{3}{4}$	血液循环开始、甲状腺组织、肾脏、眼睛、耳朵	均衡营养	奶、鱼、蛋、红绿色蔬菜、肝、内脏、牛奶、鱼肝油
1	四肢开始发展、脑部、脊髓、口腔、消化道开始形成	钙、铁、铜、维生素A	脂肪、牛奶、鱼、蛋、红绿色蔬菜
$1\frac{1}{4}$	脑神经出现肌肉中的神经开始、分布骨架形成	脂肪、蛋白质、钙、维生素D	肝、蛋、牛奶、乳酪、鱼、鱼肝油、黄绿色蔬菜
$1\frac{1}{2}$	肌肉发育、口鼻腔发育、气管、支气管出现、肝脏制造红细胞	镁、钙、磷、铜、维生素A和D	胚芽米、麦芽、米糠、酵母、牛奶、内脏、黄绿色蔬菜、蛋黄、胡萝卜、豆
$1\frac{3}{4}$	胃发育完成，视神经形成、性器官分化出来	维生素B_1和B_2、维生素A	牛奶、蛋、肉、鱼、豆、黄绿色蔬菜
2	指头形成、唇部形成、耳朵形成	蛋白质、钙、铁、维生素A	肝、蛋、牛奶、乳酪、鱼、黄绿色蔬菜、红绿色蔬菜
$2\frac{1}{2}$	膀胱形成、手指甲、脚趾甲形成	维生素A、蛋白质、钙	肝、奶、蛋黄、乳酪、黄绿色蔬菜
3	肺部出现雏形、甲状腺分泌荷尔蒙	维生素A	蛋、牛奶、海产、豆、鱼、红绿色蔬菜、骨制食品
4	中央门牙牙床长出、毛发出现	钙、氟、蛋白质、硫	肝、蛋、牛奶、乳酪、黄绿色蔬菜和鱼
6	眼睛完成	蛋白质、维生素A	蛋、肉、鱼、奶、绿叶蔬菜、糙米
7	神经系统、调节身体功能	钙、钾、钠、氯、维生素D、烟碱酸	糖；蛋、肉、鱼、奶、马铃薯、米饭、面条、玉米
9	皮脂腺活动旺盛	蛋白质、脂肪、糖	肝、蛋黄、牛奶、内脏、绿叶蔬菜、豆类
10	分娩时将出血	铁	蛋黄、肝、肉、鱼、贝类

九、色彩的意义重大——色彩胎教

人接受外界刺激及从外界获取信息绝大部分是由眼完成的，因此可以说人的第一感觉是视觉。对视觉影响最大的就是色彩，也就是人们所说的红色、橙色、黄色、绿色、青色、蓝色、紫色等。色彩能影响人的精神和情绪。色彩对于人来说是一种间接的刺激，不同的颜色所引起的刺激强度不同，因而人的感受也不同。相比较来说：红色、橙色、黄色、黑色给人的刺激强度较大，而绿色、青色、蓝色、白色给人的刺激强度较小，尤其以冷色调的绿色、蓝色刺激强度最小。所以精神的舒畅或是沉闷都与色彩的视觉效果有着一定的关系。一般情况下，红色使人感到激动、兴奋、黄色让人感到温暖，绿色让人感到清新宁静，蓝色让人感到安静，黑色让人感到压抑、沉闷等。

而对于孕妈妈来说，色彩的意义就会更加重大了。因为色彩的冷暖不仅关系孕妈妈自身的情绪好与坏，还间接影响着腹中宝宝的现状和未来。所以，为了使孕妈妈和宝宝双双健康，给你提出以下建议，请参考。

孕妈妈的穿衣问题：孕妈妈穿对了色彩，可以让孕期心情特别好；穿错了色彩，反而容易急躁不安，所以孕妈妈在怀孕期间应特别注重穿着的色彩，把好的光源色彩穿在身上，久而久之，不仅会让孕妈妈的情绪稳定，也能让孕妈妈的身体更健康，透过色彩营造出来的好心情，无形中也会传达给宝宝，这正是良好胎教的开始。孕妈妈在怀孕初期，最适合的颜色是粉红色，粉红色能够引起大家的关爱与照顾。到了怀孕中期，可以选择黄色，除了让自己心情开怀之外，黄色属于沟通的色彩，可以让孕妈妈和宝宝轻易地沟通交流。到了怀孕晚期，可以选择绿色来放松待产。此外，浅蓝色、白色都是孕期可以运用的颜色。值得强调的是，穿对了色彩，无形中就是在做胎教，只要能够均衡地穿着每一种适合的颜色，宝宝日后发展也会比较均衡。孕妈妈在穿着上应避免黑色，因为它除了会影响孕妈妈的情绪之外，黑色的光还会挡住宝宝可以吸收的光源，无形中宝宝也会不快乐不健康，出生之后也容易体弱多病，因此，许多孕妈妈想借着黑色来修饰孕期变胖身材的观念就要改变了。

孕妈妈的活动场所布置：家是孕妈妈主要的活动场所，也是孕妈妈实施胎教的主要环境，因此居室的色彩设计就必须着重考虑。总的原则就是：安静、幽雅、舒适、整洁。对孕妈妈来讲居室的主色调应该以冷色调为主如：浅蓝色、淡绿色等。在主色调的背景上，不妨布置一些暖色调，如黄色、粉红色等，这样一来，当孕妈妈在工作和劳动之余，可以尽快摆脱烦躁情绪，减轻疲惫，在精神和体力上都得到休息。如果孕妈妈还想在其它方面美化的话，也可以从以下几点着手：第一，选择几幅风景优美的画或者是书法作品挂在卧室，从而使孕妈妈获得美的享受。第二，可以在阳台种上几盆花或在客厅摆放几束鲜花，闲暇时可以养花弄草，放松心情。这可让孕妈妈精神振奋，提高食欲。所以，我们在胎教中让孕妈妈处于某些特殊的色彩环境里，以此来刺激孕妈妈体内的激素发生变化从而取得较好的胎教效果。如用绿色、蓝色使孕妈妈保持情绪稳定，防止情绪发生波动，使孕妈妈体内的宝宝安然平和健康地成长。避免过多接触红色、黑色、紫色等刺激性较强的色彩以免影响宝宝的生长发育。

事实上，色彩对宝宝有着潜移默化的影响：黄色可以培养宝宝成为科学家；浅蓝色、紫色可以培养宝宝成为音乐或艺术家；粉红色可以让宝宝成为体贴的孩子；白色会让宝宝成为懂得照顾自己或是比较完美主义者；绿色会让宝宝的人际关系良好。

十、胎宝宝也会做游戏——游戏胎教

游戏胎教，是一种寓教于乐的方式：透过游戏的亲子互动刺激宝宝脑部的成长。宝宝的成长就如同幼儿发育一样，如果时常以游戏来刺激幼儿手脚的反应，幼儿会在游戏中成长，对脑部发育也有相互回馈的作用。所以，以幼儿的成长来推测宝宝的成长，也是如此。

宝宝发育最重要是脑部的发育，如果人体处于营养缺乏的状态，那么，脑部是最后一个才会碰到营养缺乏的器官，而且，脑部发育关系到未来的发展。透过外界的刺激，会对脑部发展有帮助。宝宝在3个月左右，听觉、触感神经已经发展，所以，孕妈妈在四个月左右照超音波，可以看见宝宝在子宫中玩耍。透过游戏胎教，可以使宝宝与母亲之间的互动增加，促进彼此的感情，有助于胎教未来的发展，宝宝也有好心情，并且可以增加宝宝与母亲的知识交流。

进行游戏胎教的最佳时间：孕妈妈怀孕7～8个月时是胎动最明显的时候，所以可在此时进行；宝宝一般而言需要8～12小时的睡眠，所以如果在饭后1～2小时陪宝宝玩耍，母亲可以明显的感受到胎动，宝宝的手脚也会随着母亲的动作，而产生不同的反应。

胎教游戏的种类：游戏胎教最好是在团体中、有音乐的良好环境中进行，以不危险，有趣味性为原则。❶ 用一只手压住腹部的一边，然后再用另一只手压住腹部的另一边，轻轻挤压，感觉宝宝的反应。这样做几次，宝宝可能有规则地把手或脚移向妈妈的手，宝宝感觉到有人触摸他，就会踢脚。❷ 以有节奏性的东西拍打肚子，感觉宝宝的反应，通常重复几次下来，宝宝会有反射动作。❸ 用两、三拍的节奏轻拍腹部，如果你轻拍肚子两下，宝宝会在你拍的地方回踢两下，如果轻拍三下，宝宝可能会回踢三下。

游戏胎教对宝宝很有好处，借着听音乐、运动、游戏对宝宝有好的刺激，可以增加宝宝动作的敏感度；透过游戏胎教，使宝宝的胎动明显，以此来判断宝宝健康于否，如果宝宝不爱动、不活泼，就要特别注意。

十一、现在胎宝宝就能听得懂——阅读胎教

阅读胎教，就是将优雅的文学作品或诙谐有趣的儿童故事等以柔和的语言传达给宝宝，以促进宝宝情感、语言和智力的发育。比如读诗文，诗文能启迪人的心智，特别是我们伟大的祖国是诗的国家，流传下不少让人赞不绝口的精美诗篇，那是前人的智慧宝藏和才华结晶。如此深邃的内涵，如此多变的形式，无比丰富的情感，不仅斟酌着我们的困惑，更滋润着我们的心田。孕妈妈如果每天有一段时间能沉浸在唐诗宋词或现代诗文那璀璨的文化与优美的意境里，诗的蕴藉幽远、词的瑰丽典雅会产生充满着深挚情

感，这些传到宝宝的大脑里，会成为最深刻的内涵，在潜移默化中改变着宝宝的气质，可能孩子生来就会酷爱读书，就会慢慢有着儒雅的气质。可见孕妈妈如能每天一卷在手，宝宝则受益匪浅。

一般人都认为孕妈妈是否有求知的欲望，会直接影响宝宝。因此，孕妈妈们最好每天多读一些书，并把书上的事情告诉给宝宝听。定时念故事给腹中的宝宝听，可以让宝宝有一种安全与温暖的感觉，孕妈妈若一直反复念同一则故事给宝宝听，会令其神经系统变得对语言更加敏锐。

阅读胎教实施的时间。怀孕第8个月直到生产前，是施行阅读胎教的最佳时机。宝宝的意识萌芽大约发生在怀孕第7-8个月的时候，此时宝宝的脑神经已经发育到几乎与新生儿相当的水平，一旦捕捉到外界的信息，就会通过神经管将它传达到宝宝身体的各个部位。此时，宝宝脑外层的脑皮质也很发达，因此可以确定宝宝具有思考、感受、记忆事物的可能性。

阅读胎教练习的方式。选一则你认为读来非常有意思、能够感到身心愉悦的儿童故事、童话或童诗，将作品中的人、事、物详细清楚地描述出来，例如：太阳的颜色、家的形状、主人公穿的衣服等等，让宝宝融人到故事描绘的世界中。故事要避免过于暴力的主题和太过激情、悲伤的内容。选定故事内容之后，设定每天的“说故事时间”，最好是夫妻二人每天各念一次给宝宝听，借说故事的机会与宝宝沟通、互动。

阅读胎教的注意事项。❶ 为了让孕妈妈的感觉和思考能与宝宝达到最充分的交流，最好孕妈妈要保持平静的心境并保持注意力的集中。❷ 在念故事前，最好先将故事的内容在脑海中形成影像，以便比较生动地传达给宝宝。❸ 如果没有太多的时间，只能匆匆地念故事给宝宝听，至少也要选择一页图画仔细地告诉宝宝，尽量将书画上的内容“视觉化”地传达给宝宝。“视觉化”就是指将鲜明的图画、单字、影像印在脑海中的行为。每天进行视觉化的行为，会逐渐增强将信息传达给宝宝的能力。❹ 在选择胎教书籍时，不要有先入为主的观念，自以为宝宝会喜欢哪些书籍，尽量要广泛阅读各类图书。

阅读胎教的初步验收。在练习了“说故事时间”1个月之后，不妨试试看是否有些特别的字或句子可以引起宝宝的特定反应。宝宝听到某一特定的字或句子时是否会踢脚？宝宝是否对不同的故事做出不同的反应？故事的某一段是否特别容易让宝宝感到平静？对妈妈或爸爸的声音是否也有不同反应？借着宝宝的不同反应，可以和他形成良好的互动、沟通，达到“母子情深”、“父子连心”的感情联系作用。

十二、明暗刺激——光照胎教

光照胎教，是指当宝宝有胎动时，用手电筒的微光一闪一灭地照射孕妈妈腹部，以训练宝宝昼夜节律，即夜间睡眠，白天觉醒，促进宝宝视网膜光感受细胞的功能尽早完善和脑的健康发育。光照胎教能促进宝宝视觉功能的建立和发育，光能够通过视神经刺激大脑视觉中枢。光照胎教成功的宝宝出生后视觉敏锐、协调、专注力、记忆力也比较好。适当的光照对宝宝的视网膜以及视神经有益无害。光照胎教可选择在每天早晨起床前与每晚看完新闻联播和天气预报之后进行，以便日后养成孩子早起床，晚学习的好习惯。

光照胎教有这么重要的作用，孕妈妈该如何实施呢？具体有哪些情况要注意呢？

❶ 光照胎教开始的时间。在宝宝的感觉功能中，比起听觉和触觉，视觉功能的发育较晚，在孕妈妈怀孕7个月时，宝宝的视网膜才具有感光功能，对光才有反应。光照胎教可以在孕妈妈怀孕6个月以后开始。

❷ 光照胎教的实施工具。可以拿手电筒作为光照胎教的工具。手电筒紧贴孕妈妈的腹壁，光线透人子宫，羊水因此由暗变红。而红色正是宝宝比较偏爱的颜色。用手电筒进行光照胎教正可谓投其所好。

❸ 光照胎教的具体时间。要配合宝宝的

作息时间进行光照胎教。不要在宝宝睡觉时进行，以免打乱宝宝的生物钟。光照胎教还是要配合宝宝的作息时间，仍然要在胎动明显时，即宝宝醒着的时候做光照胎教。孕妈妈经过这么长时间和宝宝的相处，也应基本知道宝宝的作息规律。当然也有作息不太规律的宝宝，这就需要孕妈妈细心体察宝宝的情况了。

4 光照胎教的具体步骤。孕妈妈每天定时用手电筒微光紧贴腹壁反复关闭、开启手电筒数，一闪一灭照射宝宝的头部位置，每次持续5分钟。结束时，可以反复关闭、开启手电筒数次。手电筒的光亮度比较合适，不要用强光照射，而且时间也不宜过长。胎教实施中，孕妈妈应注意把自身的感受详细地记录下来，如胎动的变化是增加还是减少，是大动还是小动，是肢体动还是躯体动。通过一段时间的训练和记录，孕妈妈可以总结一下宝宝对刺激是否建立起特定的反应或规律。

5 光照对宝宝无害，子宫内宝宝能否看到光？利用彩色超声波观察，光照后宝宝立即出现转头避光动作，同时心率略有增加，脐动脉和脑动脉血流量亦均有所增加。这表明宝宝可以看到射人子宫内的光亮。所以，不必担心自己所下的功夫付之流水。

不过，并不是说只是用光来刺激腹内的宝宝，他的脑子就一定聪明。他还会受到准爸爸和孕妈妈的各方面因素的影响。

准爸爸必读：准爸爸坚持每天对子宫内的宝宝讲话，让宝宝熟悉准爸爸的声音，这种方法能够唤起宝宝最积极的反应，有益于宝宝出生后的智力及情绪稳定。尽情地说吧！因为人的大脑一生（包括胎儿时期），可以储存1000万亿个信息单位。

第四节 胎教中的重要角色——准爸爸

一、胎教不是孕妈妈一个人的事

作为丈夫，未来宝宝的父亲，准爸爸在胎教中有着义不容辞的责任，特别是情绪胎教。要让怀孕的妻子有良好的情绪，才能给胎宝宝有良好的胎教。但很多准爸爸找一些借口来尽量推辞这件事。有的准爸爸认为，胎教的目的是培养神童；也有的这样认为，以前没有胎教，也能造就科学家、伟人，所以胎教并无必要。这些看法都是不对的，对于这样的准爸爸，我们应该纠正他们的看法。

我们提倡胎教，并不是因为胎教可以把宝宝培养成“神童”，而是胎教可以尽早地发掘个体的潜能，让每一个胎宝宝的先天遗传素质得到最好的发挥。如果把胎教和出生后的早教很好地结合起来，我们相信，人类的智力会更优秀，会有更多的宝宝达到现在人们所谓的“神童”的程度。在科学家和伟人的成长过程中，都包含着许多当时没有被人们意识到的胎教和早教因素。如果人类能更早一些认识到胎教的重要性，现在我们的科学水平也许就会更先进。父亲要重视胎教，应该注意做好以下几方面的工作，这对保持妻子良好的情绪很重要：

当怀孕的妻子一个人要负担两个人的营养及生活非常劳累。如果营养不足或食欲不佳，不仅使妻子体力不支，而且严重地影响胎宝宝的智力发育。因为，宝宝的智力形成的物质基础，有2/3是在胚胎期形成的。所以丈夫要关心妻子孕期的

营养问题。要让妻子吃好，休息好。早晨要陪妻子一起到环境清新的公园、树林或田野中去散步，做做早操，嘱咐妻子白天晒晒太阳。妻子感到丈夫温馨的体贴，心情会舒畅惬意，情绪稳定，也有心情对胎宝宝多说说话。

妻子由于妊娠后体内激素分泌变化大，产生种种令人不适的妊娠反应，因而情绪不太稳定，因此，特别需要向丈夫倾诉。这时，丈夫唯有用风趣的语言及幽默的笑话宽慰及开导妻子，是稳定妻子情绪的良方。丈夫对妻子的体贴与关心，爸爸对胎宝宝的抚摩与“交谈”，都是生动有效的情绪胎教。

宝宝是夫妻爱情的结晶，因此胎教需要夫妻双方共同承担。当你为即将做爸爸而欣喜的时候，切莫忘了胎教的责任。

胎教小贴士

怀孕期间，准爸爸应该做好哪些事

❶ 合理安排好孕妈妈的生活：首先要帮助妻子主持家务，减轻其体力劳动，安排好妻子的饮食，注意合理的营养。

❷ 稳定孕妈妈的情绪：使其在温馨的环境中，保持精神愉快。孕妈妈本身遇事要冷静，发脾气、大吵大闹是不可取的。丈夫应尽最大努力让妻子心情舒畅，深感家庭的温暖，并对即将诞生的宝贝产生极大的爱心。

❸ 协助妻子搞好胎教：例如音乐胎教是胎教的重要内容之一，它不但可以陶冶胎宝宝的性情，而且可以培养其对音乐的爱好。丈夫应安排轻快的、优美的音乐带，每天早、中、晚各播放一次。每次20分钟，注意多选择莫扎特和维瓦尔第的作品，少选择贝多芬和勃拉姆斯的作品，因为后者的音乐会使胎宝宝暴躁不安，胎动增多。

❹ 丰富妻子的业余生活：除了听音乐外，妻子还可作画，观看艺术表演，以提高艺术修养。同时，丈夫要鼓励妻子加强“专业”学习，特别是妊娠后期妻子还可与胎宝宝一起学习，如看看儿童读物，读读外语等。

二、对妻子要无微不至的照顾

如果说孕妈妈是胎教的主角，那么准爸爸就是胎教中母爱的第一助手。在整个胎教过程中，准爸爸与孕妈妈心心相印，妇唱夫随，占据了举足轻重的位置。

俗语说“养不教，父之过”。胎教是教育胎宝宝的系列行为，这不仅直接是孕妈妈的责任，而且和准爸爸的关系也很大。开始，两人一道精心选定了受孕的最佳时机，并以其最佳状态参与了造就新生命的全部过程，奠定了胎教的先天生理基础；之后，他又在创造有益的胎教氛围和良好的胎教环境，以及调节孕妈妈的胎教情绪等方面发挥着重要的作用。

更为重要的是，准爸爸在与胎宝宝对话，给胎宝宝唱歌，训练胎宝宝运动等胎教手段的实施过程中，将发挥无可比拟的作用。这是因为，男性特有的低沉、宽厚、粗犷的嗓音更适合胎宝宝的听觉功能，也许对以后培养宝宝的阳刚之气会有裨益。所以每当这种声音出现时，胎宝宝都会“凝神细听”，表示出积极地反应。胎宝宝对爸爸的这种积极反应，孕妈妈是无法取代的。

准爸爸是孕妈妈接触最多而又最亲密的人，应该乘胎宝宝在母亲怀中孕育着的时候，就应担负起帮助妻子实施胎教的重任，真正担当起“好爸爸”的重任，建立父子间的亲密感情。具体做法如下：

做好后勤工作。妻子在孕期需要大量营养，营养不足，后代不但体质差，而且胚胎细胞数目以及核糖核酸的含量也比正常的低，从而影响到胎宝宝出生后的智力。因此，做父亲的一定要千方百计地做好后勤工作，研究妻子怀孕后对营养的需求，跑市场，做采购，下厨房，全心全意为太太服务，以保证母子身体健康。

保护好妻子。要好好保护妻子，妻子在怀孕时期处于“弱势”人群中，丈夫有责任和义务保护母子两代人的健康和安全。除分担家务，减轻负担外，要考虑到孕妈妈腹部膨大，活动不便，若操劳过度，或激烈运动，会使胎宝宝躁动不安，甚至流产。因此，要让她有充分的睡眠和休息。在乘汽车、逛商店时，要保护妻子，避免腹部直接受到冲撞和挤压。

善于调节妻子的情绪。丈夫要关心、体贴怀孕的妻子，挤出时间多陪陪妻子，从感情上满足妻子需要关爱、体贴的需求。

提供良好的生活环境。家居周围要有一个良好的生活环境。如自家环境不好，可暂时住到别处，因为强烈的噪音或振动会引起胎宝宝心跳加快和痉挛性胎动。若家居周围属于工业污染区，则污浊的空气中有害物质较多，应毫不犹豫地迁居他处，哪怕临时租房也值得。

顾全大局。父亲得了传染病，哪怕症状不太重，也会通过传染途径影响妻子，进而危及胎宝宝。不论父母，在疾病流行季节都要少去公共场所。丈夫一旦得了传染病，如甲肝、乙肝、肺结核等，要采取隔离措施，与妻子隔离一阵子。

节制性生活。妊娠是妻子的特殊时期，在妊娠初期和后期，夫妻同房易引起流产、早产或阴道感染；在产前1个月性生活频繁，可引起胎宝宝呼吸困难或黄疸等。女性在妊娠期对性的要求多半不高，因而节制房事的主要责任在丈夫身上。如果深爱自己的妻子的话，就不能像平时那样频频提出性要求，而应大加节制；即使在比较安全的妊娠中期，也要注意变换性交体位，减少对妻子腹部的压迫和撞击。

三、和孕妈妈一起见证宝宝的诞生

各位从电视上一定常见到挂着“产房”牌示的房间前面，焦虑地走来走去，抽过的香烟乱七八糟地堆在烟灰缸内以等待宝宝诞生的准爸爸吧！此时准爸爸焦虑的心情真是不言而喻了。

其实现实并非如此，孕妈妈在生产的时候，准爸爸是可以随侍在旁，以帮助孕妈妈的生产，并共同体会妊娠、分娩经验的。这种共同体验生命诞生之令人感动的瞬间，是人类生命中所体验到最令人悸动兴奋的时刻。

准爸爸可以握住孕妈妈的手，这样可以缓和孕妈妈的紧张情绪。另外，在阵痛稍过后帮孕妈妈打气，让她发泄一下阵痛的痛苦，使孕妈妈感到宽心。当宝宝呱呱坠地之后，把宝宝抱在怀中时，一定会有一股说不出来的感动与骄傲。

四、准爸爸的声音是胎宝宝美妙的音乐

虽然没有像孕妈妈那样承担孕育生命的重任，却从孕妈妈怀孕那一天起就扮演宝宝人生中1个至关重要的角色，从第4个月开始，宝宝就能听到和分辨准爸爸的声音。

经常的在讲话的时候抚摸子宫里的宝宝，轻轻地拍打妻子的腹部，让宝宝感受到你抚摸的压力。习惯了准爸爸这样做的宝宝，甚至会对你的声音，抚摸更为敏感，而每当你的到来，他似乎期盼已久似的做出反应。

不要以为你的声音和外界的声音没有两样而忽略了和宝宝的交谈，通过你全方位的感觉刺激，宝宝会辨识出你，妈妈还有他在这个世界上是不用于别人的一家人。

相信你的声音，对于腹中的这个胎儿来讲，胜过美妙的音乐。

五、准爸爸是胎宝宝最好的游戏伙伴

如果说孕育宝宝是妈妈的特权，那么和腹中的宝宝玩耍，准爸爸却有着得天独厚的便利条件。孕妈妈只有一种方式触摸到腹部，准爸爸则不然，可以用耳朵贴近宝宝，用唇亲吻宝宝，用整个怀抱拥抚宝宝。

所以准爸爸更是胎教的主力军。

1. 经常把手放在妻子的腹部，呼唤宝宝。当宝宝有反应时，要及时主动迎接并加大抚摸的力度。像是在跟宝宝做一问一答的游戏。

2. 妻子仰卧时，在腹部最松弛状态，双手轻轻捧起胎儿，可以慢慢水平移动，然后松手放下。反复几次，让胎儿感觉到运动，像荡秋千一样。

3. 可以稍微用力一点地拍打胎儿，强迫胎儿改变一下肢体体位，让胎宝宝做出比较明显的举动。当然不可过频，之后，还要轻轻抚摸胎儿。

4. 所有的游戏都要在谈话交流中进行，让宝宝习惯在有你的时候，有游戏。

第五节 最需要注意的胎教问题

一、胎教必须掌握的几个基本原则

年轻的父母所以关注胎教，是出于对后代的责任感。他们意识到此生只有一次养育子女的机会，因此“只能成功，不能失败”。这使他们愿意接受胎教、早教，但也往往容易出现操之过急、过度等情况。因此实施胎教的时候一定注意以下几方面。

科学的态度、正确的目的。胎教是为了使每个普通的宝宝通过培训，心身发育更健康、更聪明，提高其综合素质水平，而不该像某些宣传误导的那样，是为了培养天才、神童。天才在人群中毕竟是少数。而胎教的主要目的是让宝宝的大脑、神经系统及各种感觉机能、运动机能发展更健全完善，为生后接受各种刺激、训练打好基础，使宝宝对未来的自然与社会环境具有更强的适应能力。

必要的知识、冷静的头脑。现在准备养育宝宝的父母常感困惑——社会上种类繁多的“方案”不断描述着照此培养出的宝宝如何“超常”、“早慧”，使年轻的父母们不忍心让自己的宝宝落伍，也纷纷解囊参加培训或购买“方案”。其实这些“方案”中有一些就是打“科学”、“专家”的旗号在误导父母们，有的指导思想就是遗传决定论，有的明显违背儿童发展的自然过程，有的只是为了经济目的。因此建议父母在准备怀宝宝之前，应从正规的专业单位及渠道学习一些有关儿童发展方面的知识，包括孕期心理卫生、儿童心理与教育学及胎教早教的有关常识。这能使自己做到心中有数，保持冷静的头脑，善于识别和选择适合自己的方法。

适宜的程度、可靠的方法。目前为止，我国关于胎教失败的例子还极少见到。但有些情况也引起了有关专家的重视。如有的妈妈在心理咨询中反映，经过音乐胎教后，自己的宝宝虽然聪明活泼，但精力过盛，总是不爱睡觉。问及具体胎教方法，得知妈妈孕期工作较忙，又不愿放弃胎教的机会。所以每日抽空就将胎教器置于腹部。有时妈妈因疲劳很快入睡了，胎教器仍不断刺激着胎宝宝，这很难保证定时定量。认为多多益善，操之过急的做法，有可能干扰胎宝宝的生物钟。另外，胎教磁带的质量是至关重要的。有的音乐胎教磁带制作条件较差，伴有较强噪音干扰。有的音乐磁带乐曲选择、节奏、配器等都不适宜胎教。一般要求乐曲要平稳、明朗、节奏接近人的正常心率、配器简练考究、频率为500～1500赫兹，使人感到舒适、安静、愉快、优美的才可选用。常有些音乐带中出现高频的乐曲，也许孕妈妈听着还好，但无法穿过腹壁被胎宝宝感受，就不适于作胎教磁带。同样有些胎教器也存在音质不纯等问题。建立选用卫生部门与国家技术监督部门推荐的合格产品。

总之，要有健康、聪明的宝宝，需要进行适时适度的科学胎教。科学的胎教需要父母对胎教的正确认识、学习相应的知识、技能，用科学的方法进行。科学的方法应按自然的发展规律，按胎宝宝的月龄及每个胎宝宝的发展水平作相应的胎教。做到不放弃施教的时机，也不过度人为干预。在自然和谐中有计划地进行胎教，才可能获得希望的成果。

二、胎教顺应宝宝不同发育状况

胎宝宝在发育中，逐渐产生各种感觉，即听觉、视觉、味觉、嗅觉和触觉。正是由于胎宝宝具有感觉，才使得胎教具有了可行性。

视觉：胎宝宝的视觉在孕期第13周就已形成。这时候的胎宝宝对光很敏感。在第四个月时，如果用胎儿镜观察，就不难发现，当胎宝宝入睡或有体位改变时，他的眼睛也在活动。怀孕后期如果用光照射孕妈妈的腹部，胎宝宝的眼球活动次数就会增加，而且从脑电图还可以看出胎宝宝的大脑对光的照射产生反应。新生儿出生后不到10分钟，就能发挥视觉作用。但是新生儿的视力只能观察30～40毫米以内的东西，这恰好与他在子宫内与子宫壁间的距离相等。

触觉： 相对视觉而言，触觉发育要早一些。由于黑暗的宫内环境限制了视力的发展，所以胎宝宝的触觉和听觉就更为发达。有人通过胎儿镜观察发现，当穿刺针接触到胎宝宝手心时，他马上就能握紧拳头做出反应。运动胎教正是由于胎宝宝有了触觉才来实行的。通过抚摸训练，使胎宝宝的身体活动、手脚的灵活性得以锻炼。

听觉： 胎宝宝还能听到声音，在整个发育过程中，听觉给胎宝宝带来的影响最大。因此，胎教的内容中，利用胎宝宝的听力实施教育也相应占据重要地位。

味觉： 胎宝宝的味觉神经乳头在孕期第26周形成，从第34周，胎宝宝开始喜欢带甜味的羊水。

知觉能力和记忆能力： 胎宝宝除了上述四种感觉外，还具有知觉能力和记忆能力，能够综合不同刺激，识别事物，并产生记忆，正是由于胎宝宝的这两种能力，才使的胎教具有了意义。

三、节奏强的音乐伤害宝宝大脑

胎教的一个重要任务是给胎宝宝听音乐。但是，音乐如果选择不当，可能会适得其反，给胎宝宝大脑带来不利的影响。

那么，胎宝宝究竟适合听什么性质的音乐呢?研究发现胎宝宝可以听到传人子宫内的音乐声波，而且对传人子宫内的舒缓轻柔的音乐和强节奏迪斯科音乐，具有不同的表现。研究者选取了10名受试样本，即妊娠6～9个月的正常妊娠妇女。经B超检查测量胎宝宝大小均处于正常值范围。受试孕妈妈午餐后3个小时来实验室，平卧在安静房间的床上。休息半小时以后，主试者开始在无音乐的安静状态下，对其进行10分钟胎动、胎心率和呼吸情况的观察。

结果为胎心率平均142次/分钟，胎动为6～7次/10分钟。测量后，用普通录音机播放强节奏的迪斯科音乐。这时，用同样的方法测量胎心率和胎动次数。结果发现，音乐中的架子鼓声一起，胎宝宝立即出现突发性胎动，一般不超过0.2～0.4秒。胎宝宝有大幅度摆动和身体扭转。胎动次数达到26次/10分钟。严重者伴有心率增快和抽泣样呼吸。胎心率比安静状态下高出2～3倍。强节奏迪斯科音乐刺激10分钟之后，马上改播舒缓轻柔的音乐。同样测量胎动次数、胎心率。发现此时胎心率和胎动情况与安静状态下相似。经统计学分析，表明两种性质不同的音乐的刺激所带来的胎心率和胎动具有显著差异。

研究表明，外界音乐的声波可以透入子宫内，被胎宝宝感觉到。同时，有突发中、低频打击乐的强节奏的声音，会引起胎宝宝的惊吓反射，不利于胎宝宝大脑的发育，其有害性不亚于噪音，甚至强于噪音。

所以，每一个孕妈妈都应该特别注意远离强节奏如迪斯科性质的音乐，更应克制自己对迪斯科的爱好，以保护胎宝宝大脑的发育生长。

四、妈妈的情绪低落容易造成宝宝精神上的问题

孕妈妈的情绪与胎宝宝的发育有着极其密切的关系。对于这一点，许多人不以为然，认为胎宝宝深居宫中，“两耳不闻宫外事，只管吃喝拉撒睡”。事实上，这种看法是十分错误的。

在长达200多天的宫内生活中，胎宝宝一方面通过胎盘和脐带从母体摄取营养，排泄废物；另一方面又通过胎盘和脐带进行情感沟通。这是因为，母体与胎宝宝的神经系统之间虽然没有什么直接的联系，但当母体情绪变化时，能激起其自主神经系统的活动，于是由神经系统控制的内分泌腺就会分泌出多种多样的激素。这些激素又可以经由血液循环进入胎盘，使胎盘的血液成分发生变化，从而刺激胎宝宝的活动。有关专家认为，妊娠期间妈妈心境平和，情绪较稳定时，胎动和缓而有规律。而孕妈妈情绪激动，则可造成胎宝宝的过度活动和心率加快。当这种恶劣的情绪持续较长时间时，胎宝宝活动的强度和频率可比平时增加10倍，并且将持续较长一段时间，从而给胎宝宝带来不同程度的伤害。

据统计资料表明：如果孕妈妈情绪长期过度紧张，如发怒、恐惧、痛苦、惊吓、忧

虑或严重刺激等，将对胎宝宝下丘脑造成不良影响，致使日后患精神病的比率比较大。即使能够幸免，也往往出现低体重儿，此类宝宝好动、情绪欠佳、易哭闹、消化功能紊乱、发病率高。此外孕早期孕妈妈情绪的过度不安，可致胚胎发育不良，导致流产，并可引起胎宝宝唇裂及腭裂等畸形。在妊娠中晚期会引起胎宝宝心率增快或减慢，胎动增加，导致胎宝宝出生后体重低，心脏有缺陷，身体功能失调；还可造成难产及胎盘剥离，子宫出血，甚至导致胎宝宝死亡。据报道，长期处于情绪焦虑不安中的母亲所生的宝宝往往躁动不安，易哭闹，不爱睡觉，这样的宝宝长大后往往对环境适应不良。

由此可见，胎内教育的第一步，与孕妈妈的心情有很大的关系，可以说孕妈妈的精神状态和情绪的变化与胎宝宝息息相关。一个心悦情怡的妈妈和一个心情紧张、焦虑不安的妈妈孕育的胎宝宝，是完全生活在两个截然不同的胎教环境里，它将转化为胎宝宝的身心感受，影响着胎宝宝的成长过程。因此，每一个孕妈妈都应注意。当您感受到胎宝宝的身体在腹内时时刻刻地进化发育的同时，千万不要忘了他也是一个人，他的心灵也在发育成长。为了宝宝的身心健康，您务必以对腹内胎宝宝的博大爱心，加强自身修养，学会自我心理调节，善于控制和缓解不健康的情绪。始终保持稳定、乐观、良好的心境，使您的胎宝宝能够健康地成长。

五、夫妻感情差影响宝宝发育

感情融洽是幸福家庭的一个重要条件，同时也是优生和胎教的重要因素。在幸福和谐的家庭中，受精卵会得到良好的生长环境，健康顺利地成长，生下的宝宝往往健康聪明。反之，夫妻感情不和睦，彼此间长期的精神刺激，过度地紧张、忧愁、抑郁，则会使大脑皮质的高级神经中枢活动受到障碍，可引起一些疾病，并直接影响胎宝宝。现已证实，母腹中的胎宝宝对来自外界的刺激是有反应的，孕妈妈所感觉的事物都可影响胎宝宝。据报道，在孕早期，夫妻之间经常争吵，孕妈妈情绪极度不安时，可引起胎宝宝兔唇、腭裂等畸形。在孕晚期，如果夫妻感情不和，精神状态不好，则可增加胎动次数，影响胎宝宝的身心发育，而且出生后往往烦躁不安，哭闹不止，睡眠差，消化功能不好，严重时甚至危及宝宝的生命。

据统计，这类父母孕育的胎宝宝在心身缺陷方面的概率，比生活美满、和睦相处的父母所生的宝宝高1.5倍，胎宝宝出生后因恐惧心理而出现神经质的机会也比后者高4倍，而且这类宝宝往往发育缓慢，胆小怯弱，生活能力差。

为什么会出现这种情况呢？究其原因，不外乎母体与胎宝宝的信息传递。准爸妈剧烈争吵时，母体受刺激时内分泌发生变化，随之分泌出一些有害激素，通过生理信息传递途径为胎宝宝所接受，同时，孕妈妈的盛怒可以导致血管收缩，血流加快、加强，其物理振动传到子宫也会殃及胎宝宝；而且争吵中准爸妈的高声大气，无异于十分有害的噪音，直接危害胎宝宝。准爸妈口角频繁对正在成长发育中的胎宝宝不能不说是一场巨大的灾难。

因此，妊娠期间，丈夫应承担更多的责任，处理好夫妻之间的一些矛盾，与妻子共同分担所承受的压力。夫妻双方应互相尊重，互相理解，耐心倾听对方的意见，理智地、心平气和地对待彼此间的分歧。以极大的爱心共同关注母腹中的小生命，注视着他的每一次蠕动，探寻他的第一点进步。讨论他的每一项教育……这样，随着怀孕，夫妻双方将越发互相理解，越发亲密无间，使孕期变成一个相依相伴，充满爱情的又一个“蜜月”时期。

六、空气污染易使胎宝宝畸形

现在有关大都市及工业地带的空气污染，已经成为一个很严重的公害问题。其原因是由于工厂将燃烧过后的煤炭、重油、石油、汽油类烟雾大量排出，而在浓黑的烟雾中含有二氧化碳、亚硫酸瓦斯、硫、硫黄化合物、一氧化碳、氮化合物、重金属（铅、镉、锌、锰）等有害的物质。除此之外，从汽车排出的一氧化碳、碳化铅、铅化合物等，也会造成严重的空气污染。空气污染中的污浊烟雾，会对我们的呼吸器官和眼睛造成伤害。

工业发达的城市，自然无法避免空气污染，尤其是以炼油厂为主的生产化工产品为重点项目的城市，更是公害的发源地。居住在周围的居民，患慢性支气管炎和气喘的比率极高。造成呼吸器官受损的原因，主要是因为重油燃烧时，会产生硫黄酸化合物（亚硫酸瓦斯、无水硫酸等）以及其他易使空气污染的物质。

至于空气污染究竟会对胎宝宝及孕妈妈构成何种不良的影响呢？妇产科曾针对亚硫酸瓦斯污染地区的孕妈妈和非污染地区的孕妈妈，作一个比较，得出以下的论点：

1. 孕吐和孕妈妈中毒的发生率——两区没什么差别。
2. 孕妈妈的呼吸器官疾病——污染区的孕妈妈染上感冒和支气管炎的比率较高。
3. 孕妈妈贫血——污染地区孕妈妈贫血的程度较高。
4. 分娩时的出血量——剖宫生产及产钳分娩，两区的差异不大。
5. 早产——污染地区的孕妈妈早产率高，但是早产的情形与日常生活习惯有关，所以不能断定空气污染就是促成早产的原因。
6. 未成熟儿及死产——均以污染地区较高。
7. 新生儿严重黄疸——据1999年统计，以污染地区较重。
8. 胎宝宝畸形——污染地区发生率稍高，但是产生畸形有多种因素，所以不能以偏概全，认为一切病因都是受到空气污染的影响。

七、噪音——威胁宝宝生命的杀手

一般来说，噪音会令人焦虑不安，使人容易发怒，引起情绪不稳，强烈的噪音甚至会引起听觉障碍，对人体构成极严重的损害。

每个人对噪音的感受均不相同，有的人甚至短期接触到噪音，也会引起重听、耳鸣、头痛和失眠等。又从性别上来看，女性比男性更容易反应噪音，而且听力也容易减退，这些都经由实验证明过。

噪音除了影响听力以外，并会促成精神紧张，引起自律神经和内分泌系统失调。

自律神经受到影响，末梢血管会加速收缩，血压升高。唾液和胃液的分泌量减少，胃肠蠕动转慢，脉搏与呼吸会急速增加。

孕妈妈精神紧张会使卵巢作用不良。不孕、流产、胎宝宝畸形的情形会增加，这些都已从动物的实验中获得证明：譬如对可受孕的老鼠，施以长期的噪音干扰（100分贝），则老鼠的受孕率会降低，而且所生出的幼鼠在数量上会急剧减少，死产率也会相对增高。但是人并不会长期受到强烈噪音的骚扰，所以大可不必担心噪音会增多死产率或使胎宝宝畸形的机会增多，情绪急躁和失眠，或许是由于自律神经失调的缘故。胃肠蠕动缓慢，唾液和胃液的分泌量减少，会导致消化不良，不仅孕妈妈本身会疲劳，母体的营养也无法到达胎宝宝体内。如果您有前面列举的症状，就必须多加注意自己的健康状况，以免对胎宝宝形成不良后果。

八、胎教要和宝宝的成长相协调

1. 宝宝第一次听到声音

听觉是宝宝在子宫内最易受到刺激的感觉，在怀孕15周的时候，宝宝还不到15厘米长，只有100克重，却已经具有了听力。听觉帮助宝宝收集周围世界的信息，刺激大脑发育，为日后学习语言能力和动作发育做好准备。我们需要做的就是及早的帮助宝宝保护和训练他的听觉。

宝宝生活的环境中丰富多彩的的各种各样的声音中首先听到的是妈妈体内的声音：

❶ 妈妈的心跳，血液通过大动脉和大静脉是形成的交流声，以及来自母亲胃肠道的间歇的咕噜声。

❷ 妈妈每次讲话时引起的腹腔共鸣，并根据声调的抑扬顿挫以及吐字时声带的紧

张与松弛，隐约感觉声音的不同。

胎宝宝在子宫内的听力已经能听到和分辨各种不同的声音，并能进行“学习”，形成“记忆”，可影响出生后的发音和行为。因此，我们应该利用胎宝宝听觉的重要作用，给予良性的声音刺激，促进胎宝宝听力的发展。

2. 注意保护宝宝的听觉

听力的重要性不言而喻。胎儿是生活在母体内的，做好妊娠期母体的健康保护和分娩时的安全顺利生产，对保护胎儿的听力有积极的作用。

母亲怀孕的第2～3个月（即胚胎的8～12周），是胎儿内耳发育形成的关键时期。这个时期母体受伤、患病、用药，都可能导致胎儿听力受损；分娩过程产程过长、难产、产伤也可使胎儿因缺氧窒息而导致先天性耳聋。

所以，保护胎宝宝的听力我们要从以下几点做起：

做好疾病的预防和治疗工作：一些传染病或发高烧致使内耳受到损害是造成儿童耳聋的常见原因。怀孕期间母体的抵抗力较低，因此应注意预防疾病，尤其是病毒感染性疾病，如流行性感冒、腮腺炎、风疹等。对已患有梅毒、糖尿病、肾炎者宜先积极治疗，待痊愈或病情稳定后再怀孕。

禁用耳毒性药物：许多耳毒性药物可以通过胎盘直接进入胎儿的血液循环，引起中毒，影响听力。若早期怀孕自己不知道而又服用过某些药物的孕妇，也应及时把情况反映给医生。

避免接触强烈噪声：母亲接触强烈噪声可对胎儿的听觉发育产生不良后果。因此，女性在怀孕期间应该避免接触超过卫生标准（85～90分贝）的噪声。

避免受伤：期做好产前检查，如发现有异常情况应及时采取有效措施，避免产程过长、难产、产伤给胎儿带来损伤致聋。

3. 触摸的力量——宝宝皮肤的信号传递

触觉能向宝宝提供许多关于人性和互动的教育。妈妈充满爱意的抚摸能给予宝宝受保护和受重视的感觉。大多数在爱抚和拥抱中成长的宝宝，一般会长成为意志坚强，有安全感和自信的人。而长期得不到触摸爱抚的宝宝，长大以后会变得自闭而神经质，甚至可能造成身体发育迟缓。

触觉是宝宝还在子宫中就已经发展起来的一种感觉。他不断地用自己的身体去感受周围环境：感受羊水和衬在子宫壁上的羊膜的爱抚；感受身体的一些部分相互碰撞或相互依靠时，皮肤接触的感觉。每一次碰触都会在宝宝的大脑中建立联系。碰触丰富宝宝视野的同时，再一次的将其神经系统的发展向前推进一步。宝宝在触摸中探索学习成长。

触觉是宝宝最早发育起来的一种感觉。随着宝宝的长大，通过触摸，他可以和你交流。他在子宫中蠕动和踢来踢去回应你的话语。对于刚出生的宝宝来说，触摸不仅仅是一种感情上的抚育，它同时还刺激了皮肤，促进了皮肤、组织和深部肌肉的修复。

触摸——无论宝宝长到多大——始终是妈妈和宝宝沟通的最佳方式。

4. 胎动——宝宝的自我完善

除了睡觉的时候，宝宝很少安静地待着。他在子宫里滚动、转身、打嗝、伸展胳膊和腿。通过运动，宝宝具有了本体感觉。运动提供了宝宝感知身体各部分是什么以及它们如何连接的机会。促进了宝宝对自己作为一个独立实体的理解。

通过运动，特别是在子宫中的翻滚动作，宝宝视野获得了巨大改变，同时锻炼了自己的协调能力。他开始有了位置感觉。即使在充满水的世界里，他也能感受到自己方位的变化。当孕妈妈走来走去时，当孕妈妈坐、躺、跑、弯腰时，宝宝都能感受到。

我们知道，一个简单地捡起茶杯的动作，都需要大脑提供大量的信息，手的位置，茶杯的位置，手和茶杯的距离等等。胎宝宝也是一样，每一个动作都需要激活一个感觉通路，在大脑的许多区域间进行信息的传递；每一次运动，都在令身体各项器官发挥功能的同时促进着这些功能的完善。

5. 孕妈妈感觉到的胎动

尽管胎动很早就有了，但并不是一开始孕妈妈就能感觉到的。每一位孕妈妈的状况不同，对胎动的感觉也不同，有人能很早就明显地感觉到胎动，而有些则不容易分辨。

影响胎动的因素有很多：

妈妈腹壁的薄厚。腹壁厚的人感觉稍稍迟钝一些，腹壁薄的孕妈妈到妊娠后期，在宝宝胎动的时候，都有可能从肚子外面看到鼓了一个小包。

羊水多少。羊水多的孕妈妈，对宝宝胎动的感觉会迟钝一些。

妈妈的敏感度。每个人的感觉灵敏度不同，因此，开始的时候，宝宝的胎动还很微弱，有人会比较敏感，有人就会感觉不到。

胎动对孕妈妈很重要，可以了解

胎儿活动情况以及羊水多少、供氧是否充足等。至于胎动到底是什么样的感觉呢？还需要孕妈妈自己去体会，这种感觉独一无二，属于你自己。

6. 宝宝伸手够东西——感觉和动作联系

随着宝宝身体的发育，骨骼也逐渐变硬。孕六月，胎儿出现了觅食反射，协调性更好了——能伸手去够，抓和敲打脐带，因而一出生便会握住你的手指。

当我们抱起新生的宝宝，可能没有注意到过他怎样使用双手。出于本能，他会抓紧碰到的任何东西。而对妈妈的抓握，给宝宝一种被爱和被保护的感觉。就是在这样简单而有力的动作中宝宝接受信息并与大人交流。

一个简单的抓够，宝宝要调动起身体全面的感觉系统，大脑会利用视觉听觉的信息向肌肉发出指令，这是一个反复练习，不断完善的过程。所以刺激宝宝的胎动，并与之互动不仅仅加强的是与宝宝的交流，更重要是在不断的刺激中完善宝宝的认知。

7. 宝宝长出味蕾

怀孕六个月之后，宝宝长出味蕾，能尝到羊水的味道。羊水的味道与孕妈妈所吃的食物息息相关。借由羊水宝宝能品尝到苦、甜、咸和酸味。

宝宝的味觉在出生以前便受到妈妈饮食习惯的影响，建立宝宝良好的味觉系统，孕妈妈更要特别在意吃进肚中的食物，人工调味剂过多的摄入会扭曲宝宝的味觉认知，以失去对天然食品味道的喜爱，从而养成只追求人造味道的不好的食物取舍习惯。

所以孕妈妈的饮食偏好影响宝宝的味觉偏好，正确的健康的饮食不仅仅培育宝宝健康的体魄，更重要的，影响他的饮食偏好，为他完好的饮食喜好的建立打下坚实的基础。

另外，一些味道可能带来某种生理反应，比如，吃过巧克力之后，血糖会升高，短时间内你就会感到精力充沛，宝宝也能感觉这些反应。所以饭后与宝宝嬉戏应该是你们双方最最有精神的时候。而在胎宝宝休息的时候，孕妈妈应避免吃刺激性食物。

8. 宝宝如何听到外界的声音

4个月的胎儿就有了听觉。6个月时胎儿的听力几乎和成人相等。

凡是能透过身体的声音，胎儿都可以感知到。这是因为人体的血液、体液等液体传递声波的能力比空气大得多。这些声音信息不断刺激胎儿的听觉器官，并促进其发育。

6个月时，宝宝大脑的听觉皮质已经形成许多通路，能听到一个复杂范围内的音调和响度。宝宝在有了听觉之后，他就要不停地听，只要落在他的听觉范围内，他便收入耳内产生听觉，传入大脑，留下痕迹，一直到入睡为止。

听觉在人体的智力发育中起着非常重要的作用，听觉不仅使宝宝辨认周围环境中的多种声音，而且凭此掌握人类的语言。婴儿期是儿童语言发展最迅速的时期，在这个时期，听觉的发展将为宝宝在婴儿期学习语言打下良好的基础。

9. 宝宝喜欢听妈妈的声音

我们知道，出生几天的婴儿，哭闹是常有的事。但是如果母亲把婴儿抱在左胸前，婴儿会很快静下来，安然入睡。这是因为胎宝宝在母亲体内时，就已习惯了母体血流的声音和血管（心脏）的搏动。

出生后，婴儿的耳朵贴近母亲的左胸脯（即心脏的位置），这种声音和搏动，把婴儿带回昔日宁静的日子和安全的环境中，这种早已体验过的安全感是任何优美的催眠曲都无法比拟的。

许多外界的声音都可以传到子宫里。但在宝宝听到的声音中，最持久的是母亲的声音。一方面母亲发出的声音通过空气传入宝宝耳内，另一方面，母亲说话时产生的震动通过身体传播进入宝宝耳内。

外界的声音，经过厚厚的腹部，子宫和羊水，大部分声波被反弹回去，或者被衣物和皮肤吸收，而只有母亲的声音是宝宝最能清楚认知的声音。

所以，得天独厚的，胎教乃至出生后宝宝最好的教导者是宝宝的妈妈。

10. 给宝宝全方位的感觉刺激

当胎儿发育到五六个月时，数以百万计的联结在神经元之间形成。每一个新的刺激又会激发起神经元建立新的联结，并通过反复刺激巩固已经存在的联结。

只有大脑形成越来越多的联结，它才能有效地运转，并在认识世界的过程中存储许多可以作为参考的信息点。这些信息网络的发展促进胎儿的各种感觉器官——听觉，触觉，视觉，味觉，嗅觉日趋成熟，同时，更加成熟的感觉系统能以更强大功能增长着大脑存储的信息点。

总之，大脑在越来越多的神经元网络的覆盖下，形成非常有活力的特殊区域。以各种方式进行胎教，给胎儿全方位的感觉刺激，会让胎儿对于触摸、温度、光线、声音和味道的感觉得到全方位的加工并储存下来。为日后的学习和认知奠定良好的基础。

这就是我们之所以要进行胎教，并且胎教并非纸上谈兵的根本所在。

11. 宝宝能够分辨出节奏强度

孕晚期，宝宝不仅能辨别妈妈的声音，还能辨别经常播放的音乐。每当听到熟悉的音乐就会做出相似的反应，如踢腿，有节奏的运动或静止不动。

音乐响起的时候，宝宝快速发育的大脑中，一系列的复杂联系正在形成。宝宝把自己听到的和自己所做的反应联系起来，了解声音的类型，风格，记住自己的体验。宝宝已经不仅能够跟上节奏，还会在曲调中放松自己。

一位法国产科医生曾做过一项试验。他将一个小麦克风放在正在分娩的母亲的子宫内，记录通过子宫听到的声音强度。结果发现，绝大多数的声音都能穿透子宫和腹壁。在子宫内完全能分辨出声音的强弱，能区别出母亲体内由于呼吸、血流产生的声音和房间内正在播放的贝多芬第9交响乐。同时，这些医生还观察了胎儿对声音的不同反应（如心跳快慢、活动等），发现胎儿能适应各种类型的声音。

12. 古典音乐是不是更适合胎教

因为喜欢妈妈的声音，所有和妈妈的声音音频相近的声音都易于为宝宝所接受。古典音乐就是这样的声音。

当然没有证据表明在子宫中接受古典音乐熏陶的德宝宝一定能成长为特别聪明的小孩，然而，有研究显示，在子宫嘈杂的声音背景下，古典音乐比流行音乐更容易被宝宝听清。此外，钢琴与合唱乐曲与人的声音最接近，因而特别具有安抚效果。

但从另一方面讲，对宝宝来说，听什么都无所谓，宝宝听得内容越广泛，大脑对节奏音调的了解也越多。在出生前的两周，宝宝已经能辨别不同的音乐流派，还会通过踢腿等动作让妈妈知道自己正在接受的特定刺激。

所以，播放多种类型的音乐，可以让胎宝宝体验各种不同的韵律，节奏。

13. 文学艺术与胎教相结合

各种形式的美都可以通过孕妈妈的感受传递给胎宝宝，文学、艺术更能感染孕妈妈的心灵，使胎宝宝受到美的教育。

孕妈妈可以在闲暇之时阅读文学作品。

❶ 古今的优秀散文是最适合孕妈妈阅读的，这些散文思想境界较高，情景交融，感情细腻，易引起共鸣。如朱自清的《荷塘月色》、杨朔的《荔枝蜜》、陶渊明的《桃花源记》、柳宗元的《永州八记》等，都是值得反复阅读体味的。

❷ 清新婉约的古代诗词也是陶冶性情的好教材，特别是白居易、王维、温庭筠等人的作品，神采飘逸，落落大方。古代诗歌音韵优美，读起来朗朗上口，低声吟诵，对胎宝宝十分有益。但不要读那些悲怆、伤感的诗词。

❸ 如果读小说，应进行选择。长篇小说不适合孕期阅读，因为需要长时间阅读，而且如果其中充满缠绵悱恻的伤感、人生坎坷的境遇、血腥的暴力凶杀，会使孕妈妈的情感陷于其中，情绪失控，加重心理负担，对胎宝宝也不利。

❹ 如果有兴趣，孕妈妈可读一些世界著名童话，童话中所描述的善与恶，美与丑的故事表现了人们对美好事物的追求。

胎教小贴士

妈妈的歌声是最好的胎教音乐

歌声有旋律，节奏，是声音更丰富的律动。较之音乐，母亲唱歌能通过自己的身体振动，更好地刺激胎儿的听觉。妈妈唱歌时，歌声与她的呼吸、心跳和胸腹腔运动是协调一致的，可以更多得传递给胎儿一种和谐的感觉和情绪上的安宁感。

14. 美的熏陶与胎教

孕妈妈可尽量多欣赏艺术作品，如参观工艺美术展览、历史文物展览、美术展览等，也可买些画册，在休息时细细品读玩味。西方的人体艺术往往高度融合了人的内在美和形体美，使人产生对完美的人与自由的生命的渴望。

民间有种说法，想要孩子漂亮，就要多看漂亮宝宝的图片，这恐怕没有什么科学依据，但是多看让人身心愉悦的东西，让孕妈妈得到美的享受，宝宝也同样会有相同的感受。

文艺复兴时期的圣母像，以圣母的博爱、恬静吸引着人们，孕妈妈看了更能体会到为人母的幸福和满足。

除此之外，孕妈妈也可以在自己的生活中创造美，领略生活中的艺术。心灵手巧的孕妈妈可以做些手工，为婴儿编织鞋帽衣服，做几个娃娃等，使母爱静静地流淌，胎宝宝对这些都是能体味到的。

15. 用亲切的乳名呼唤胎宝宝

有人做了这样一个实验。在孕妇妊娠期间，给宝宝起一个小名，并让父母常常向腹中的胎儿呼唤他的小名。胎儿出生以后，当他听到呼唤他的小名时，会突然停止吃奶或在哭闹中安静下来，有时甚至会露出似乎高兴的事情。这说明，对这个在腹中经常听到的发音宝宝是很敏感的。

怀孕六个月时，准爸妈就应当给腹中的宝宝取一个乳名。要经常用亲切的乳名呼唤宝宝，和他交流，这样可以更好的同宝宝进行感情的传递。

16. 孕妈妈爱漂亮，胎宝宝最开心

娇好的容颜会给孕妈妈带来许多欢乐，怀孕了，孕妈妈就更应精心打扮。一方面对自己容颜、服装的关心会使孕妈妈忘掉妊娠中不快的反应；另一方面，他人看到孕妈妈漂亮的容貌而发出的由衷称赞，会使孕妈妈保持自信、乐观、心情舒畅。

建议孕妈妈选一些颜色明快、合适得体的孕妇装束，打理好一头干净利索的头发，偶尔还可以化个淡妆（注意选择安全化妆品，并避免浓妆），让自己精神焕发，充满自信；让胎宝宝在出生前就感受到美女孕妈妈的个人魅力。

17. 胎宝宝可以“看到”孕妈妈的微笑

人的情绪变化与内分泌有关，在情绪紧张或应激状态下，体内一种叫乙酰胆碱的化学物质释放增加，促使肾上腺皮质激素的分泌增多。在孕妈妈体内这种激素随着母体血液经胎盘进入胎宝宝体内，而肾上腺皮质激素对胚胎有明显破坏作用，影响某些组织的联合。如果孕妈妈长期情绪波动，就可能造成胎宝宝畸形。所以，孕妈妈每天都应该多一些微笑，保持轻松愉快的心情。

怀孕期间，不仅孕妈妈要常常微笑，准爸爸也要常常微笑，因为准爸爸的情绪常常影响着孕妈妈的情绪。如果孕妈妈快乐，会将这种良好的心态传递给胎宝宝，让胎宝宝也快乐。胎宝宝接受了这种良好的影响，会在生理、心理各方面健康发育。因此，微笑也是一种胎教。

18. 不要让胎教干扰了胎宝宝的睡眠

胎教并不是越多越好，也不是随时都能进行。胎宝宝绝大部分时间在睡眠中度过，因此为了尽可能不打搅胎宝宝的睡眠，胎教的实施要遵循胎宝宝生理和心理发展的规律，不能随意进行。

准爸爸孕妈妈在进行胎教时需注意以下几点：

1. 观察了解胎宝宝的活动规律，选在胎宝宝睡醒时进行胎教，且每次不超过10分钟。
2. 每天定时胎教，帮胎宝宝养成规律的生活习惯。
3. 胎教过程中，孕妈妈要注意力集中，情感投入，和胎宝宝身心共鸣。
4. 音乐胎教声音不要超过60分贝，以孕妈妈听来感觉舒畅为准。如使用音乐传声器最好离肚皮2厘米左右，不直接贴住肚皮，这些是为了避免声音分贝过高伤害胎宝宝的听力。

越来越多的调查研究表明，科学合理地对胎儿进行胎教，有助于宝宝的智力和人格的发展。人才的培养不是短时间内所能完成的，必须从胎儿做起。胎儿具有惊人的能力，为开发胎儿这一能力而施行的胎教，愈来愈引起人们的关注。

第一节 怀孕第一个月——生命的萌芽

一、宝宝的样子和妈妈的变化

1. 生命的诞生——形成胚胎

第一个月宝宝完成受精卵到胚胎的转变，奇妙的生命从现在开始形成。从现在开始，宝宝会和妈妈一起共度10个月辛苦又幸福的时光。

在怀孕1个月中，新生命的成长速度比他一生中任何时候都快，他要长到比受孕卵大1万倍。

到3周时宝宝长约0.2毫米，重约1.0505微克，是由受精卵形成的小小胚芽。小小的胚芽在2周末可见到心脏的外形，并在第3周开始跳动。

4周时脑和脊髓的原型开始出现。

胚芽的身材开始增长，并折成圆筒状，头尾弯向腹侧，有长尾巴。原始的神经孔已闭合，脑泡形成（以后发育成大脑），原肠出现（以后发育成各种脏器），与母体相连的脐带开始发育。随即眼杯、听泡、鼻窝、口门及肢芽一一出现，血液循环建立，胎盘雏形形成，宝宝已能做蚯蚓爬行蠕动。此时胚芽的身长达0.5～1.0厘米，体重增加至0.5～1.0克。

2. 恍然未觉的妈妈

怀孕第一个月，妈妈的身体从表面上看没有任何变化。而且你现在是感觉不到小宝宝的存在的。只能从月经未到上发现自己可能怀孕了。

但是我们还是建议您经过备孕再受孕，尽管没有了突如其来的惊喜，但准爸爸孕妈妈们可以有充足的心理准备，和营养、生活习惯的提早准备，让宝宝更茁壮、健康。

即使称为妊娠第1个月，但在前半个月中人体并未受孕。

女性卵子的形成一般发生在两次月经中间。卵子一旦排出，马上就被离卵巢排卵部位很近的输卵管伞端“拾”入输卵管，在伞端的“手指”即输卵管伞推移下来到输卵管最宽阔的地方——壶腹部；同时，卵巢还产生雌激素，所有这一切都是为受精而做的物质准备。若此时有精子进入，可以与卵子相遇。卵子外围裹着一层透明带和一团放射冠细胞，碰到精子立即释放出一种诱精物质，把众多的精子吸引到它的周围，但其中仅有一个精子进入卵细胞内，形成一个新细胞——受精卵。

受精卵在24小时后开始进行有丝分裂，然后以一变二、二变四、四变八地不断分裂，同时逐步向着子宫腔方向移动，大约7天后它来到子宫腔，并由子宫膜把受精卵埋在内膜下，从此开始生长发育。这时，人体才真正开始受孕，一个新生命从此诞生了。

二、孕妈妈的营养与进补

1. 从准备怀孕的时候就该注意饮食了

假如夫妻双方有了怀孕的计划，就应在受孕前有意识地加强饮食质量，因为孕前加强营养的目的就是为了提高宝宝的身体素质和智力水平。孕前饮食首先要为男女双方提供合格的精子和卵子服务，其次要为女方做好孕期的营养储备。

男女双方因为精子和卵子不合格而引起受孕失败的例子较为常见。在改善和排除不利因素对精子和卵子的影响时，适当地注意饮食，加强营养，也会改变精子和卵子的某些缺陷。

计划受孕前的食物不要太精细，食用五谷杂粮最好。花生、芝麻等含有丰富的促进生育的微量元素锌和各种维生素，以及适量的含动物蛋白质较多的猪肝、瘦肉，新鲜蔬菜和各种水果，都会对男子精液的产生起到良好的促进作用。同时应注意食物不能太咸，尤其是炒菜应少放盐，过多地摄入盐对孕妈妈不利，易引起高血压和水肿，对宝宝身体的某些器官，如心血管发育留下不良隐患。

孕前饮食还要注意加强营养，特别是蛋白质、维生素和矿物质的摄入。加强营养还可给准备受孕的女性提供储存养分的机会，因为在妊娠早期，胚胎需要的养料还不是靠

孕妈妈每日饮食和胎盘来输送到宝宝体内的，而主要是从子宫内膜储存的养料中取得的。倘若在怀孕前期营养不足，无法储备，怀孕后又因反应较大，呕吐频繁，不思饮食，势必影响宝宝大脑发育时所需要的养分供给。只有夫妻双方身体健康，精力充沛，才能为优生打下良好的基础。注意，在保证营养的同时，避免出现营养过剩的情况。

孕前饮食还要避免各种污染。食物从其原料生产、加工、包装、运输、储存、销售直至食用前的整个过程中，都有可能不同程度地受到农药、金属、真菌毒素以及放射性核素等有害物质的污染，对人类及其后代的健康产生严重危害。因此，孕前夫妇在日常生活中尤其应当重视饮食卫生，防止食物污染。应尽量选用新鲜天然食品，避免服用含食品添加剂、色素、防腐剂等的食品；蔬菜应充分清洗干净，必要时可以浸泡一下，水果应去皮后再食用，以避免农药污染；尽量饮用白开水，少饮各种咖啡、饮料、果汁等饮品。在家庭炊具中应尽量使用铁锅或不锈钢炊具，避免使用铝制品及彩色搪瓷制品，以防止铝元素、铅元素对人体的伤害。

2. 怀孕了，为什么要进补和加强营养

孕妈妈的营养好坏，直接影响宝宝的发育和健康。缺乏蛋白质、维生素、微量元素可能影响宝宝脑细胞的数量，这与出生后的智力发育有密切关系。孕妈妈缺乏营养还会发生流产、早产、死胎，这也是宝宝发育不良、畸形、低体重以及新生儿发病率及死亡率高的原因之一。

孕妈妈营养不良，就不能为宝宝出生后准备喂乳打下基础，结果会造成无乳或母乳不足，使宝宝发育直接受到影响，出现发育不良。

孕妈妈营养不足，身体虚弱会给分娩带来困难，出现难产或延长分娩时间，当然分娩后孕妈妈的身体恢复就会受到很大影响。

孕妈妈到分娩前比孕前体重增加9~13.5千克，这些体重的增加，要以孕妈妈的饮食为来源。孕妈妈所以需要增加营养的意义在于以下几个方面：

1. 保证孕妈妈的身体健康；
2. 保证宝宝的正常生长发育；
3. 有利于产后哺乳宝宝；
4. 有利于分娩和产后身体恢复。

由此可见，孕妈妈注意饮食营养，是保证孕妈妈自身健康和后代正常发育的必要条件，也是实行优生优育，提高人口素质的重要措施。

3. 孕早期的饮食原则

妊娠早期，孕妈妈往往容易发生轻度恶心、呕吐、食欲不振、择食、厌油、烧心、疲倦等早孕反应。这些反应会影响孕妈妈的正常饮食，进而妨碍营养物质的消化、吸收，导致妊娠中、后期宝宝的营养不良。因此，这个阶段的膳食要以重质量、高蛋白、富营养、少油腻、易消化吸收为原则。一日可少食多餐，以瘦肉、鱼类、蛋类、面条、牛奶、豆浆、新鲜蔬菜和水果为佳。可多选择孕妈妈平常喜好吃的食物，但不宜多食用油腻、油煎、炒、炸、辛辣刺激等不易消化的食物。

保证优质蛋白质的供给。妊娠早期孕妈妈蛋白质的摄入不能低于非妊娠期的摄入量，且应选择易消化、吸收、利用率高的优质蛋白质，如肉类、乳类、蛋类、鱼类及豆制品等。每日蛋白质至少摄入80克，才能维持孕妈妈的蛋白质平衡。

适当增加热量的摄入。如在孕早期，为孕期提供能量的糖类、脂肪供给不足，孕妈妈会一直处于“饥饿”状态，可导致宝宝大脑发育异常，出生后智商下降。糖类主要来源于面粉、大米、甘薯、土豆、山药等，孕妈妈每天应摄入250克以上的碳水化合物。脂肪主要来源于动物油和植物油，植物油中的芝麻油、豆油、花生油等是能量的主要提供者，能满足母体和宝宝对脂肪酸的需要，植物油是烹调的理想用油。

确保无机盐、维生素的供给。无机盐和维生素对保证早期胚胎器官的形成和发育有重要作用。含锌、钙、磷、铜高的食物有奶类、豆类、肉类、蛋类、花生、核桃、海带、木耳、芝麻等，富含B族维生素的食物主要来源于谷类粮食。

补足营养需要量。清晨呕吐严重者可食较干的食物，如烤馒头片、面包干、苏打饼干、甜饼干等，可以减少呕吐。进食时，可将饮食中的固体食物与液体食物分开，在正餐用完后，隔一些时间再喝水或汤。3次主餐外，可另加2～3次辅食，少量多餐，力争不引起呕吐，或一次吃完吐掉后，休息一会儿再吃，以补足一天总的需要量。

4. 怀孕后不要盲目节食

对于年轻爱漂亮的女性来说，通过节食来保持好身材几乎是一个普遍的现象，吃两个苹果就能当一顿饭。当你怀孕了以后，就应该和这种生活习惯说再见了。

女性怀孕后需要增加饮食，以供给母子营养所需，但也有少数孕妈妈怕身体肥胖会影响自己的体形美或宝宝出生后较难减肥，就采取节食的方法，尽量减少进食，这种做法是非常错误的。

女性怀孕以后，子宫、乳房、胎盘都要发生变化，需要大量饮食营养，而且宝宝出生时体重达3000～4000克。总之女性在孕期要比孕前增加9～13.5千克，这些增重是必要的，否则宝宝不能正常生长发育。如果孕妈妈盲目节食，就会使宝宝先天营养不良，俗话说“先天不足，后天难养”。宝宝即便出生，也会身体虚弱甚至发生多种疾病，不但达不到优生的要求，还会给宝宝带来疾患。

另外，孕妈妈盲目节食还会影响宝宝的大脑发育。宝宝大脑发育的重要时期是怀孕4个月至出生后2周岁，而这当中最关键的一段时期又在孕期的最后3个月至出生后6个月内。人的脑组织发育有个特点，就是细胞增殖“一次性完成”。新生儿的脑神经细胞可达100亿至140亿个，此后其数量不再增加，而且每一神经细胞的体积也不再增加。假使错过了这段时间，是无法再补偿的。因此，在母亲整个孕期内，要保证营养充足，如果人为节食，势必影响营养素的摄人而使脑细胞达不到最大的增殖数目。

营养不良，对孕妈妈本身危害也很严重，会发生难产、贫血、软骨症等疾患，甚至给后半生带来痛苦和麻烦。

所以，孕妈妈不能盲目节食，只有在达到满足孕妈妈本身和宝宝营养所需的情况下，才能适当控制饮食，以防身体过胖和宝宝过大，出现难产。在正常情况下，孕妈妈身体胖一些，分娩后再加上身体锻炼，是完全可以保持原来体形的。

5. 孕妈妈应注意补充叶酸

据研究得知，孕妈妈早期缺乏叶酸，可造成宝宝器官形成障碍，引起神经管畸形。神经管及其覆盖物在胚胎发育过程中出现的异常称为神经管闭合不全，是非常严重的先天性缺陷疾病。因为神经管的前端发育成以后的头，其后端发育成以后的脊柱。若前端没有发育闭合好，便会发生无脑畸形，后端未闭合好，便发展为以后的脊柱裂。

据流行病学调查资料表明，我国神经管畸形发病率较高，尤其是北方地区患病率平均为3.2%，在各种出生缺陷中居于首位。因此，预防此类病成为优生工作的一个重点。

据研究认为，叶酸缺乏引发的畸形多发生在妊娠的头28天内，而此时多数女性并未意识到自己怀孕。所以，在美国一般育龄女性叶酸的摄入量仅为0.2～0.25毫克/天，而叶酸的有效摄入量是0.4毫克/天。所以，美国疾病控制和预防中心提出已婚女性在受孕前1个月开始到妊娠第3个月每日应额外补充叶酸0.4～1.0毫克，以降低发生神经管畸形的危险性。这一点很重要，所以提倡孕前女性补充叶酸，孕后还要继续补充叶酸。孕妈妈补充叶酸主要是多吃绿叶蔬菜、小麦、豆类、谷物、花生等食物。

孕妈妈补充叶酸最好的方式就是通过饮食来调节，一般情况下，食物中的叶酸已经足够满足身体的需要。在刚怀孕的时候，准爸爸孕妈妈都十分紧张，对营养上也十分在意，咨询专家、医生或者其他有小孩的父母时，都会建议你补充叶酸。于是一些父母就会买口服叶酸保健品或药，这是很危险的，一般情况下，只有叶酸不足的情况下，医生才会建议你口服成品药补充，所以，要口服药品来补充叶酸的话，一定要在大夫的指导下进行。

6. 怀孕第一个月营养食谱推荐

水晶橘子

【原料】橘子罐头1瓶，清水1500克，冻粉6克，白糖适量。

【做法】

1. 锅内加水750毫升。将罐头中的橘汁，加白糖、冻粉放入熬化，用箩沥净渣子。

2. 把橘子放入方盘内铺匀。将熬化的汤汁轻轻地倒在方盘中，冷却后橘瓣鲜黄艳丽，呈水晶状。

3. 用清水750毫升加白糖熬化，放冰箱内镇凉。将水晶橘子切成小方块，倒入镇凉的糖汁中。

【特点】清凉爽口，橘香味浓。

栗米粥

【原料】栗子20个，小米100克，大米100克。

【做法】

将小米、大米混合后淘洗干净放入锅内，添入适量水。再将栗子去皮，放入锅内，用慢火煮至熟烂。

【特点】

栗子号称"干果"之王，中医称为"肾之果"，意思是栗子是补肾之良药。而肾为一身阳气之根，为元气所生之处，补肾即能增阳。而大米、小米可养脾胃之气，故本药膳功能补肾健脾。

葱枣汤

【原料】红枣20个，葱白8棵。

【做法】将红枣用水泡发，洗净，放入锅内，中火煮20分钟。再加入葱白，继续用小火煮10分钟即成。

【特点】此汤用葱白同红枣相配，香甜可口，吃枣喝汤，对神经衰弱、失眠、胸中烦闷等有一定的辅助疗效，为家庭保健汤。

蛋炒饭

【原料】大米干饭350克，鸡蛋2个，豆油40克，葱花、精盐适量。

【做法】把鸡蛋磕入碗内，搅拌均匀；勺内放油，烧热，倒入蛋液炒熟；再放入葱花、大米干饭、精盐，翻炒均匀，即可出勺。

【特点】色美味香，富含营养。

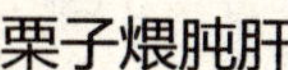

栗子煨肫肝

【原料】净鸭肫3个，鸭肝3副，去皮栗子250克，水发香菇15克，湿淀粉50克，白糖5克，料酒7.5克，橘汁15克，酱油25克，味精1.5克，清汤250克，熟猪油500克（实耗50克），香油1.5克。

【做法】

1.将鸭肫剖开，去掉里面黄皮洗净，每个切成两半，剔除筋膜，分别取肫肉2块，3个鸭肫共取肫肉12块；鸭肝去掉血管洗净，每副大叶切3块，小叶切2块。切好的肝、肫块一并盛在碗里，用酱油（10克）、料酒拌匀稍腌。

2.炒锅放在旺火上，倒入熟猪油烧至五成热，将腌好的肝、肫块下锅炸至六成熟，捞起盛于碗内，随即将栗子放入油锅炸熟，起锅滗去猪油。

3.将盛有过油栗子的炒锅放到中火上，加入过油肝、肫、酱油（15克）、白糖、橘汁、香菇、清汤（50克），炒3分钟，然后将炒锅移到微火上，加入清汤（200克）煨20分钟，最后放入味精，用湿淀粉勾芡，起锅摇晃一下装盘，再淋上香油即成。

【特点】色泽黄褐，鸭肫香脆，鸭肝柔软，栗子松化，芡汁润滑，食之鲜爽可口。本菜肴营养丰富，有利孕妈妈消除疲劳。

蛋饼

【原料】

面粉100克，鸡蛋1个，植物油适量，精盐少许。

【做法】

1.将鸡蛋打入碗内，加入面粉，放一点精盐，再加入适量的温水，搅成糊状。

2.在平勺内放入植物油，油烧热后将搅好的糊倒入勺内，用手将平勺拿起一摆，成薄片的圆饼，烙好后出勺。

【特点】软而香，可卷绿豆芽炒肉丝来食用。

核桃鸡丁

【原料】鸡脯肉350克，核桃仁15克，枸杞子8克，鸡汤100克，猪油150克，鸡蛋2个，精盐5克，料酒25克，胡椒粉2克，湿豆粉35克，生姜、葱各10克，香油5克，白糖7克。

【做法】

1.将核桃仁用开水泡涨，剥去皮；枸杞子用温水洗净；生姜洗净切成小片；葱切葱花；鸡蛋去黄留清；鸡肉洗净，切成1厘米见方的丁。

2.鸡丁装碗中，用精盐（一半）、蛋清、湿豆粉拌匀浆好；另碗中放入味精、白糖、胡椒粉、鸡汤、湿豆粉兑成料汁。净锅置火上，放入猪油，待七成热时，下核桃仁炸至微黄，及时捞起待用。

3.把浆好的鸡丁倒入锅中，快速滑透，翻炒几下，下姜、葱，倒入料汁快速翻炒，随即入核桃仁、枸杞子炒匀，淋入香油，装盘。佐餐食。

【特点】补肺益肾，明目，适用于肺肾两虚之神疲乏力，面色无华，无病者常食，可抗衰益寿。

二、孕妈妈和宝宝的安全

1. 小心遗传病，孕前检查很重要

什么是遗传性疾病

遗传性疾病是指生殖细胞或受精卵的遗传物质（染色体和基因）发生突变或畸变所引起的疾病。遗传病有以下的特点：它的致病基因可以传递给后代，并发育成有遗传病的个体，它表现为垂直分布，且有家族性。

遗传病可以在出生时就表现出来，例如先天愚型、多指、并指等。但也有一些遗传病宝宝出生时并不出现症状，而是生长发育到某个阶段才表现出来，如遗传性小脑性运动失调，一般到35岁左右才发病。另外，遗传病的致病基因与环境因素也有一定关系，在所有人群中，一些人有致遗传病素质，但并不一定都表现出遗传病，而是在不利环境中，有致遗传病基础的人才表现出遗传病来。

遗传病不应与先天性疾病等同，尽管大多数所谓先天性疾病实际就是遗传病或与遗传因素有关的疾病，但一些先天性疾病如因母亲用药引起的畸形并不是遗传病，遗传病也应与家族性疾病相区别，后者是指某种表现出家族聚集现象的疾病，即家庭成员中不止一人罹患。当然，许多遗传病常见家族聚集现象，但也有不少遗传病并无家族史。相反，家族聚集现象者并不一定是遗传病，如麻风病、肝炎等。

怎样预防遗传性疾病

患遗传性疾病的宝宝，除了给家庭带来不幸和本人终生痛苦外，还会将疾病再传给下一代，尽管有些遗传病能够得到治疗，如苯丙酮尿症、半乳糖血症等，但还有相当多的遗传性疾病尚无有效的治疗办法，因此，预防就成了重点。为控制和减少各种遗传病的发生，应注意以下几点：

1. 避免近亲结婚。近亲结婚会增加一些遗传病的发生率。比如肝豆状核变性病人，非近亲结婚后代中的发病率为1/400万，而在表兄妹结婚的后代发病率为1/64。又如近亲婚配所生子女智力差的比非近亲结婚的高3.8倍。我国婚姻法禁止近亲结婚就是从预防遗传病的角度出发的。

2. 避免高龄生育。女性生育年龄不宜超过35岁。

3. 遗传咨询。有以下情况者孕前或妊娠后应及早进行咨询：年龄女35岁以上，男45岁以上；有遗传病家族史；夫妻一方有遗传病或是染色体畸变的携带者；有生育畸形儿史；有多次流产或胎死宫内史；有接触致畸物史，如接触放射线、放射性同位素等；早孕期有病毒感染史，如患感冒、风疹、流感病毒等。

④ 产前诊断。经过遗传咨询后，对一些有指征的孕妈妈做宝宝产前诊断，以了解有无先天性或遗传性疾病。常用方法有羊膜腔穿刺抽羊水检查，还可用B超扫描和做宝宝检查。

⑤ 及时终止妊娠。在产前诊断中发现孕妈妈或宝宝患有严重疾病时，应终止妊娠，防止有严重疾病的宝宝出生。

⑥ 凡患有一定能导致或有很大可能导致其后代发生先天性疾病者，均应避免生育。这些病包括：先天愚型、智力低下、遗传性精神病及显著的遗传性躯体疾患，如舞蹈病、肌紧张病和白化病等。

哪些人需要做遗传咨询

人们常说，宝宝像爸或像妈，或者像爷爷、奶奶，也有的外孙像外公、外婆，这就是物种繁衍。将亲代的形态结构、生理功能和外貌特征传给后代的现象，就叫遗传。遗传性疾病就是指生殖细胞或受精卵的遗传物质发生畸变或突变所引起的疾病，遗传性疾病也可以代代相传，如不加以控制，将势必把缺陷和疾病进行扩散，影响下一代身体素质的提高。为了能生一个健康、聪明、活泼的宝宝，要通过各种途径来减少或杜绝遗传病患儿的出生。

青年夫妇在准备要宝宝时进行遗传咨询是控制遗传因素的重要一步。

遗传咨询是优生工作的重要组成部分，它是由从事医学遗传学的医生根据医学遗传学的原理，对患有遗传病的病人及家属提出的有关疾病问题进行解答的过程。咨询的目的是为了在是否应该生育这个问题上做出合理的决定。

那么，哪些人需要做遗传咨询呢？

① 近亲婚配必须进行遗传咨询。

② 家族成员中或本人有遗传病或先天智力低下者。

③ 反复出现自然流产及闭经不孕的女性，要检查原因，是否有遗传因素在起作用。

④ 有先天缺陷儿或遗传病儿生育史及确诊为染色体畸变的患病史者。

⑤ 染色体平衡易位携带者。

⑥ 曾发生过不明原因死胎、死产的女性。

7 高龄女性（大于35岁）。

8 性器官发育异常，须确定性别，决定能否结婚及生育。

9 妊娠早期（10周内）有高热、服药、接受过X射线、患风疹史，对宝宝不利者。

10 发现孕妈妈羊水多、宝宝宫内发育迟缓者。

2. 孕前检查有哪些常规项目

常规检查是针对每一个育龄父母的检查项目，是每个准备孕育宝宝的爸爸妈妈对自己身体环境的基本了解。

检查项目	检查内容	检查目的
身高体重	测出具体数值。	评判肥胖程度，如果超重，则要计划减肥
血压	测出具体数值（高压90—130）（低压60—90）	如果是高血压患者，孕期要做到相关方面的专业咨询。
肝功能	乙肝五项	如果是乙肝携带者，孕期要做到的注意
血常规	白细胞、红细胞、血沉、血红蛋白、血小板	及时发现关于营养、消耗、遗传、贫血有关方面的问题
尿常规	尿糖、红细胞、白细胞等	排出糖尿病，尿道感染及肾方面的健康问题。
内科	心电图、胸透	确认内脏器官是否正常
口腔科	检查口腔内是否有龋齿及其他口腔疾病	怀孕期间原有口腔隐患会恶化。及早防治，不会对腹中的宝宝造成影响。
妇科	做盆腔和阴道检查	是否有发育畸形和妇科病，及早治疗，以免孕后发现，治疗的不便。
体内化学元素检查	主要是钙、锌、铁	化学元素的缺乏直接会影响胎儿的发育。
艾滋病	抽血测试	以防通过母体传染给胎儿。

特殊人群	检查项目	检查内容	检查目的
从事动物养殖，进行过器官移植，生食过鱼类肉类者	特殊病源体检测	弓形虫、风疹病毒、单纯疱疹病毒	防止引起胎儿宫内感染。
高温工作环境（主要针对爸爸）	精液检测	精子数、精子活动量等	长期的高温作业很可能引起男性不育。
有遗传病家族史的育龄夫妇	静脉抽血检测	染色体异常	显性或隐性遗传性疾病。

3. 孕前特殊项目的检查

对于处于特殊工作环境的人群，常规的检查项目并不能完全涵盖。准爸妈还需要对于自己处于特殊环境下的身体有更进一步地了解。

4. 孕前疫苗注射

疫苗并不是越多越好。加强锻炼、构筑自身机体的抵抗能力才是解决问题的根本之道。专家建议：只有某些构成母婴垂直传播的传染性疾病，才有必要疫苗注射。

乙肝风疹（德国麻疹）疫苗检查后再打

在所有的疫苗种类里边，只有乙肝疫苗和风疹疫苗需要在怀孕前注射。但，也不是每个孕妇都需要。建议计划怀孕的孕妈妈在怀孕前3个月做肝功能检查和风疹检查，如果发现表面抗体呈阳性，则没有必要再接种疫苗了。反之，则最好孕前完成这两种疫苗的接种。

胎教小贴士

没有经过孕妈妈的同意，不应该做艾滋病测试。在英国所有孕妇都被要求测试艾滋病，因为有可能被感染，或者已经感染而不知道。如果孕妈妈认为以往可能接触过危险的发病因素，例如无防护的性生活和共同注射针头等，那么，为了宝宝，应该做个测试。

流感疫苗并不起永久预防作用

对于长达10个月的孕期，流感的预防，依靠的不应该是疫苗，而是平时的运动、锻炼和良好的卫生习惯。况且流感病毒变种很快，打了疫苗也不一定百分百起到预防流感的作用。

狂犬破伤风疫苗怀孕后也能打

还有些预防疫苗，在怀孕中有突发情况时，可以再注射。比如孕妇被疯狗咬伤，需要预防狂犬症;孕妇被生锈的东西割破手指，要预防破伤风。这些情况下，则一定需要注射相应的病原体免疫球蛋白。免疫球蛋白是死疫苗，不能在机体内生长繁殖，注射一次引起机体免疫时间短，不会影响胎儿发育。

5. 孕前和怀孕期间要谨慎用药

夫妻双方在孕前因病或其他原因服药时，要特别注意。因为一些药物在体内停留和发生作用的时间比较长，有时会对宝宝产生影响。某些药如激素、一些抗生素、止吐药、抗癌药、抗精神病药物等，都不同程度地对卵子有影响。因此，长期用此类药物的女性不要急于怀孕。

还有一些女性怀孕之后身体没有明显变化，也不出现妊娠反应，自认为没有怀孕，于是完全不考虑所服的药品是否会对宝宝产生什么影响，结果无意之中伤害了非常脆弱的宝宝，留下了终生遗恨。为了防止上述情况的出现，在计划怀孕前3个月就应当慎重地服药。

如果经过慎重的考虑，认为需要在某月怀孕，那么在怀孕的前6个月首先应当停服避孕药。因为，体内残留的避孕药在停药后需经6个月才能完全排出体外。停药后的6个月内，尽管体内药物浓度已不能产生避孕作用，但对宝宝仍存在不良影响。所以，在停服避孕药后6个月内怀孕，有产生畸形儿的可能。准备怀孕的女性，应该在计划怀孕时前6个月停止服用避孕药，待体内存留的避孕药完全排出体外后再怀孕。这段时间内可采取男用避孕套的方法进行避孕。

在妻子谨慎用药的同时，丈夫也必须慎重用药，否则对精子的生成和生育能力都会造成影响。如甲基苄肼会使男性绝育，乙基磺酸甲酯和马利兰能引起精母细胞DNA损伤，塞替派可引起染色体畸变，壬苯醇醚能破坏精子表面脂质层，降低精子活力，氯化苄烷胺能破坏运动器官和顶体而引起精子死亡，西咪替丁能阻碍精子的正常发育，普洛尔能抑制精子活动，硝基呋喃、噻吩、苯丁酸氮芥、环磷酰胺、长春花碱能直接抑制或损害生精功能，大量的阿司匹林、维生素B_{12}、维生素E等也有类似抑制生精作用，利血平、5-羟色胺能抑制间脑垂体系统，间接抑制生精，显示毒性。

石竹科满天星、肥皂草中的皂甙成分有杀精作用；木槿花、吊灯花等植物对睾丸、附睾、精囊等有较强的抑制作用，还会妨碍生精过程。由于药物会导致宝宝畸形，还有相当一部分是在还未发现妊娠的时期。

所以，在准备怀孕前的一段时间内，用药时就要格外的谨慎。用药前要了解某些药物在体内影响和停留的时间以及是否会对数月后的怀孕、宝宝的形成及发育带来影响，最好能够认真地请教医生或有关专家。

另外，谨慎用药不等于讳疾忌医，更不等于有病硬抗。很多孕妈妈担心药物会影响到宝宝的发育，怀孕期间一旦感冒了，一般不吃药，硬抗过去。其实这样对宝宝的影响更大。因为持续低热或者发烧会影响到宝宝的大脑发育。所以怀孕期间，一旦生病，不要随便买点药吃，也不要讳疾忌医，靠身体硬挺，一定去医院，在医生的指导下治疗。

6. 孕前和怀孕期准爸爸妈妈都要戒烟戒酒

专家认为，对女性怀孕影响最大的首推香烟。香烟中的尼古丁有致血管收缩的作用，女性子宫血管收缩和胎盘血管收缩不利于受精卵着床。女性吸烟与不孕症有很大关系。香烟在燃烧过程中所产生的苯并芘有致细胞突变的作用，对生殖细胞有损害，卵子和精子在遗传因子方面的突变，会导致宝宝畸形和智力低下。

孕妈妈吸烟还会导致孕妈妈及宝宝的血液黏稠度增加，造成胎盘的血液循环不良，不但影响宝宝的营养供应和发育，甚至造成胎盘和子宫的过早剥离，而发生流产、早产和死产的现象。孕妈妈吸烟还会减少对宝宝的供氧量。这是因为孕妈妈在吸烟的过程中，能把烟草产生的一氧化碳吸收到血液里。正常情况下，胎盘里含有一种和血红蛋白相似的东西，它可以和氧气结合，把母体血液里的氧气输送给宝宝。但是这种物质和一氧化碳的结合力比和氧气的结合力强，这样就把一氧化碳输送给宝宝，减少了对宝宝的供氧量。宝宝的新陈代谢是离不开氧气的，由于供氧量减少，使宝宝生长发育缓慢，所以生下来的宝宝体重轻、体质弱，智力发育差，出生一年以后，患严重疾病的危险性大，死亡率高。烟草里的尼古丁和其他毒物通过胎盘进入宝宝体内时，由于宝宝的肝脏没有发育完全，很易造成对肝脏的损害，还增加了宝宝患血液病及心脏病的可能。

女性在怀孕前20周应减少吸烟支数或停止吸烟，所生宝宝的出生重量可接近非吸烟母亲的宝宝，但仍有先天性异常的危险。所以想受孕的女性最好能在受孕前1年停止吸烟，同时也让丈夫戒烟。

酒的主要成分是乙醇，乙醇可使生殖细胞受到伤害，使受精卵不健全。酒后受孕，还会造成宝宝宫内发育迟缓，出生以后有中枢神经系统的功能障碍，面部及全身出现多种畸形，例如心脏构造有缺陷，手、脚、指等多种畸形。出生以后的智力也比普通宝宝低。20世纪60年代初期，前苏联宝宝出生以后最初五年的死亡率为24.8%，到20世纪80年代初期上升到28.9%，这和宝宝的父母酗酒成瘾有关。前苏联官方不得不制定出严格的措施，限制公民饮酒，特别是烈性酒。因为嗜酒成风不但损害成年人的健康，也损害第二代人的健康。

乙醇在人体中代谢的时间较长，加之受乙醇毒害的卵子也很难迅速恢复健康，所以，受孕前1周女性饮酒对宝宝也不利。常饮酒的女性，即使受孕前1周停止饮酒，也还有一定危害。所以，专家要求女性受孕前不要饮酒，最好在受孕前1周就停止饮酒，当然，在受孕前1年以上戒酒更好。

准爸爸饮酒可影响精子的生成和精液的质量，可使精子发育不全或游动能力差，使宝宝发育不全。

7. 新婚不宜马上怀孕

有的新婚夫妻在洞房第一次过性生

活时就受孕，怀上了宝宝，很多地方的民俗还把这算做一喜，称为“座上喜”，双喜临门。实际上，“座上喜”受孕的宝宝出生后智力不佳，有的为畸形、痴呆。其原因是：

❶ 为筹办婚事，夫妻两人操持了几个月的时间，精神和身体都比较疲惫，处于不佳状态，若此时怀孕，宝宝大多不健康。

❷ 新婚期间，亲朋好友往来频繁，也比较劳累伤神，加之陪亲朋多饮一些喜酒，甚至饮酒过度，身体劳累和饮酒都不利于受孕。因为烟酒过多会使男性精子畸形，女性卵子受损。据调查，新婚夫妇烟酒过量，可造成宝宝畸形或发育不良，还可出现早产、流产或胎死宫内及生出后宝宝智力低下。

❸ 新婚之际，小夫妻性生活频繁，且精神比较紧张，难以达到性高潮，精子和卵子的质量也不高。另外，新婚期间男女双方对性生活还不适应，尤其是女性，雌激素分泌不很正常，这些情况都不利于优生。

综上所述，新婚期间不宜怀孕，应采取避孕措施，待以后夫妻身体健康状况良好、精力充沛、情绪稳定、性生活协调时，再选佳机受孕。

四、第一月胎教

有人说，刚怀孕，宝宝还只是1个小小的胚胎，没有感觉，没有意识，没有必要进行什么胎教。这种观点是错误的，胎教不仅仅是父母和宝宝交流，也是父母自身的情绪、身体调整，给宝宝创造更好的发育空间。

1. 胎教方案

第一个月，妈妈的身体还没有什么变化，宝宝也仅仅是个小小的胚胎，所以胎教的重点在于为将来的几个月做准备。孕妈妈要做好以下几件事情。

方案一：调节心态

调整好心态，从得知怀孕的惊喜和不安中走出来，用开朗乐观的情绪去迎接将来的十个月。情绪要静，尤忌焦虑、愤怒，不要大喜大悲。

方案二：创造舒适环境

营造一个舒适的居住环境。不要到剧院、舞厅、商店等人集聚多的地方，避免与患有流感、风疹、肝炎等患者接触；尽量避免使用任何药物，因为怀孕后15～40天内药物最容易引起胎儿畸形，如果因病情需要使用药物，必须在医生的直接指导下谨慎使用；远离电磁污染，尽量少用电脑、手机、微波炉；看电视时要保持一定的距离；避免重体力劳动和离地面2米以上的高空作业；不使用电热毯，电热毯同样会产生电磁辐射，影响胎儿发育；日常饮水尽量选用白开水，少饮咖啡、浓茶及可乐型饮料；少直接接触凉水；避免与家庭宠物接触；避免穿高跟鞋；避免从事过于激烈的运动；身体不适要及早就医；最好不要进行性生活，即使进行性生活也要注意体位和持续时间，减少刺激强度；孕前最好接种风疹疫苗，若是已确定妊娠，则不可再接种该疫苗。

方案三：学习一些胎教和怀孕的必要知识

看书，与有经验的人交流，请教长辈都是很好的获取手段。

方案四：开始写怀孕日记

记录下怀孕过程中的点点滴滴，成为日后的重要参考和美好回忆。怀孕日记下用太详细，像流水账一样简单就好，一些重要的事情要记好时间。

在了解了胎宝宝大脑神奇的“进化”，孕妈妈是不是跃跃欲试了呢？从先做胎教计划开始吧，可依据你的作息制定每天的日程表。以下的表格仅供怀孕后的前4个月参考。

胎教内容安排表（供参考，可根据实际情况调整）

时间		生活内容	胎教内容
上午	6:00	起床，洗漱	跟宝宝问好
		准备早饭	
	7:00	吃早饭，收拾餐桌	
	8:00	打扫房间	边打扫边哼唱歌曲或放音乐
	9:00	工作时间	可抽空与胎宝宝聊聊天
	11:30	午餐	
下午	12:00	如果有条件睡一小会儿	
	13:00	工作时间	休息时给胎宝宝讲讲故事、大自然
	17:00	休息一会儿	听音乐
晚上	18:00	准备晚饭	
	19:00	吃晚饭，收拾餐桌	
	20:00	与准爸爸厮守的时间	请准爸爸讲一些社会知识和白天发生的有趣的事
	21:00	读书	
	22:00	睡觉	和胎宝宝道晚安

2. 胎教准备

几本孕期需要的书

❶ 分享类的怀孕日记或心得的书。

❷ 怀孕期间的营养、安全、常见病护理的书。

❸ 胎教书。

❹ 轻松愉快的阅读图书、漫画、杂志等，悬疑、恐怖、悲剧等容易引起人负面情绪的读物现在开始应该戒掉了。

❺ 儿歌、一些清新婉约的宋词或乐府诗。

6 童话故事、诗歌。

准备胎教期间的音乐：

1 孕早期可以听一些自己喜欢的流行乐，只要不是节奏感过强的就可以。

2 中国古典音乐：如古筝、二胡等，不要选择太过激昂或悲伤的。

3 舒缓、轻快的经典钢琴曲、小提琴曲等。

环境准备

居住环境过于嘈杂可考虑换个地方，家里要整洁，时常通风，离家不太远的地方有公园。

胎教日记的准备

随时记录下胎教的点点滴滴。

3. 胎教过程

胎教不要拘泥于形式

现在，小胎宝宝真的是连个影儿都没有呢，仍是分别以卵子和精子的形式分别寄存在妈妈和爸爸的身上，但是着急的爸爸妈妈已经在想着要给他什么样的教育了，其实，胎教是自由的，不必拘泥于任何形式。只要你把孕期生活过得多姿多彩，给你将来的小宝宝传达最愉悦的情绪，让他健健康康、快快乐乐的。

即使我们将在以后的日子里提供各种各样的胎教素材，但仅是为了你可以选择——你一定要选择里面你真正喜欢的，并完全可以按照自己的习惯，发挥自己的想象，与肚中的小宝宝互动。

人在轻松的环境下，学习东西会非常快，胎宝宝也是一样。只要孕妈妈感到舒适，并且感到胎宝宝在醒着，就可以随时把自己听到、看到的一切与宝宝分享。需要注意的是，如果听胎教音乐，时间不可太长，每次控制在30分钟以下，刚开始施行胎教时，时间更要短一些，毕竟小宝宝最需要的是休息。

爸爸妈妈必须明白：胎宝宝不是一个无感觉的物质，而是一个有各种感觉的、鲜活的生命，他的感觉经过不断的外界良性刺激会得到更好地发展。因此，不管你以何种方式关注他，每天早起与他打招呼也好，在他躁动时轻轻地抚摩他也好，一定要让他感觉到你在爱他，每时每刻。

要知道，胎宝宝不怕重复，他更喜欢熟悉的东西，一次又一次，不厌其烦。在将来的某一天你会发现这个秘密——当他听到你为他唱一首熟悉的歌时，会轻轻地蠕动，这就是他正享受你的爱意呢。

有好的情绪，才有好的胎教

在日常生活中，语言和大的声响都属于外来刺激，不会伤及胎宝宝。但是孕妈妈长期的情绪烦躁，会对胎宝宝造成伤害。

情绪受人体内、外环境刺激的影响，刺激通过人体的感觉器官，经传人神经到各级神经中枢，特别是大脑皮层和丘脑、下丘脑；然后，大脑又发出信号，向外传输，影响植物神经系统和内分泌系统，引起人的表情动作、肢体运动等，还影响内脏器官的活动状况。母体和胎宝宝的内分泌、代谢是通过胎盘联系的。所有这些化学物质，都经血流通过胎盘和脐带，传给胎宝宝。

如果孕妈妈受到惊吓、忧伤、恐惧或其他严重的精神刺激等，会引起胎宝宝加速呼吸和身体移动。如吵架时，有5%的胎宝宝心率加快，80%以上的胎宝宝胎动增强；胎动次数比平常增多3倍，最多时，可达正常的10倍。这样有可能引起子宫出血、胎盘早期剥离，造成胎宝宝死亡。即使胎宝宝顺利出生，也比正常宝宝瘦小。并且宝宝往往身体功能失调，特别是消化系统容易发生紊乱，易躁动不安，易受惊吓。

怀孕早期是胚胎各器官分化的关键时期，母子间虽没有直接的神经联系，但母亲的情绪引起的内分泌变化，可以通过胎盘直接影响胎宝宝的大脑发育。如果孕妈妈情绪不佳，会造成肾上腺皮质激素的增高，这就可能阻碍胎宝宝上颌骨的融合，造成腭裂、唇裂等畸形。

愉快的情绪，可以使人血液中氧气充足，妈妈和宝宝都处于放松、安静的状态，在这种环境下，胎宝宝会更愿意

胎教小贴士

也的情绪需要全家人一起努力

情绪稳定不仅仅是孕妈妈一个人的事情，所有家庭成员，都应尽力为其创造一个平静、舒适、愉快的妊娠环境。孕妈妈最容易产生的情绪就是焦虑，这时候，需要准爸爸你来细心呵护，耐心开导。

接触外面这个他毫不知情的世界，对一切充满好奇心与期待。因此，孕妈妈应尽量避免情绪激动、精神紧张，遇到不开心的事情多往积极的方面想，或是做做深呼吸、记日记（详见第11天和第12天），或是到空气好的地方散散步，就会发现情绪很容易调节的。

腹式呼吸帮你稳定情绪

既然孕妈妈的情绪对胎宝宝有着不可估量的重要作用，孕妈妈一定尽量避免自己的心情杂乱不安，尽量保持平静、愉悦才对。那么，学习一种呼吸法吧，这种呼吸法在你决定胎教时就开始练习，对稳定情绪和集中注意力非常有效。

自由的姿势

进行呼吸法的练习时，场地可以自由选择，可以坐在床上，也可以是在沙发上，甚至平静地站着。关键是腰背舒展，全身放松，微闭双眼，手可以放在身体两侧，也可以放在腹部，总之你觉得舒服就好。

衣服尽可能穿得宽松。

先吸气，后呼气。

准备好以后，用鼻子慢慢地吸气，在心里默默地慢数5下（大约5秒钟）：“1、2、3、4、5。”自觉平时肺活量好的孕妈妈可以数6下。

吸气时，要让自己感到气体被储存在腹中，然后慢慢地将气呼出来，用嘴或鼻子都可以。总之，要缓慢地、平静地呼出来，呼气的时间是吸气时间的两倍。

就这样，你会马上感到心情平静，头脑清醒。

实施呼吸法的时候，尽量不要去想其他事情，要把注意力集中在吸气和呼气上，一旦习惯了，注意力就会自然集中了。

比如在利用发光卡片进行胎教前，进行这样的呼吸，孕妈妈的精神先被集中起来，胎教效果自然大大提高了。

这样简单的练，操作起来非常简便，将来不仅仅是在胎教前练习，就是在每天早起或临睡前，有意识地这样呼吸一次，可使整个孕期的焦躁的精神状态归于平复，对稳定情绪的帮助很大。

怀孕初期不可不知的几个小知识

十月怀胎

整个妊娠期约经过280天，共40周，习惯上所谓的“十月怀胎”是指特定的妊娠月，以28天算一个妊娠月。

为了便于掌握妊娠不同阶段的特点，一般将妊娠全过程分为3个时期：妊娠初期为3个月，即妊娠开始至12周末以前，称为早期妊娠；妊娠中期为4个月，即妊娠13～27周末，称为中期妊娠；妊娠后期为3个月，即妊娠28周至分娩，称晚期妊娠。

妊娠3个时期，各有不同特点，因此孕妈妈应了解这些特点，有利于优生。如早期妊娠主要确定是否妊娠，有无妊娠并发症，如有任何情况不适于妊娠，则可做人工流产，如继续妊娠，防止宝宝畸形是很重要的。中期妊娠时要注意宝宝的发育情况，孕妈妈要加强营养供给。晚期妊娠时要防止早产和注意胎位、宝宝大小、母亲骨盆情况以决定分娩形式。

美育胎教

由于胎儿无法看到、听到和体会到世界上各种各样的美，所以孕妈妈要将自己的感受，将美的信息经神经、体液传输给胎儿。

胎教小贴士

怀孕早期生活上需要注意的各种小问题

不要到剧院、舞厅、商店等人集聚多的地方，避免与患有流感、风疹、肝炎等患者接触；尽量避免使用任何药物，因为怀孕后15～40天内药物最容易引起宝宝畸形，如果因病情需要使用药物，必须在医生的直接指导下谨慎使用；远离电磁污染，尽量少用电脑、手机、微波炉；看电视时要保持一定的距离；避免重体力劳动和离地面2米以上的高空作业；不使用电热毯，电热毯同样会产生电磁辐射，影响宝宝发育；日常饮水尽量选用白开水，少饮咖啡、浓茶及可乐型饮料；少直接接触凉水；避免与家庭宠物接触；避免穿高跟鞋；避免从事过于激烈的运动；身体不适要及早就医；最好不要进行性生活，即使进行性生活也要注意体位和持续时间，减少刺激强度；孕前最好接种风疹疫苗，若是已确定妊娠，则不可再接种该疫苗。

孕妈妈每天播放一些欢快、优美动听的音乐或活泼有趣的儿歌、童谣，并跟着轻轻哼唱。孕妈妈还应多接触一些文学和艺术的美，欣赏一些人体摄影、人体绘画和人体塑像，以此陶冶自己的情操，使美妙的艺术融入胎儿的血肉之躯。

孕妈妈还要多到大自然中去欣赏美景，以促进胎儿大脑细胞和神经的发育。孕妈妈将在大自然中感受到的美通过提炼后传输给胎儿，使胎儿也能领会到大自然的神秘、高大与神奇等。孕妈妈到大自然中去还可以多呼吸新鲜空气，以利胎儿的大脑发育。

音乐胎教

音乐是一种有节奏的空气压力波，对人类的心理活动与生理活动有着极大的影响。音乐的物质运动过程与人体的物质运动过程比较一致。音乐的节奏作用于孕妈妈，也能影响胎儿的生理节奏，使胎儿从音乐当中受到教育。

《荀子·乐论》中指出："夫声乐之人人也深，其化人也速。"说明了音乐容易深入人心，感化人的速度也很快。孕妈妈常听一些优美动听的音乐，对于陶冶情操，和谐生活，加强修养，增进健康，以及激发想象力等方面，都具有很好的作用。

妊娠3周以后，胎儿的中枢神经和心脏开始形成，尽管妊娠初期胎儿还不能听到声音，但却已经能感知振动了，所以胎儿可感觉到随着母亲的心情变化而出现的心脏波动，而且也能够感受母亲的心情和情绪的影响。在这个时期，孕妈妈的情绪对胎儿的发育有很大的影响。此期孕妈妈情绪容易波动，还可能产生不利于胎儿生长发育的忧郁和焦虑，因此，这个时期孕妈妈适宜于听轻松愉快、诙谐有趣、优美动听的音乐，使孕妈妈不安的心情得以缓解，在精神上得到安慰。孕妈妈的良好情绪还可以传递给胎儿，从而使胎儿感受到母亲的好心情，从而有利于胎儿的健康成长。

在这个时期，孕妈妈可以选择一些

舒缓柔和的音乐，如《春江花月夜》《江南好》和《二泉映月》等民族音乐。

环境胎教

从受精而后发育成胎儿到出生，这个过程约需要266天，在这个漫长的过程中，胚胎、胎儿能否正常生长、发育，除了与父母的遗传物质及孕前准备等因素有关外，与妊娠期间母体的内外环境有着极为密切的关系，特别是在受孕后的8周内，子宫为了适应受精卵的分裂增殖，以及胚胎期的细胞分裂，尤其是脑细胞的分裂，本能地处于安静状态，若是子宫所处的环境发生突变，则会导致受精卵发生异常变化，影响胚胎的发育。而且胚胎从外表到内脏，从头颅到四肢大都在此期形成，加上胚胎幼稚，不具备解毒功能，极易受到伤害，所以，在受孕后的2个月是环境致胚胎畸变的敏感时期，孕妈妈一定要注意内外环境对胎儿的影响。

胎儿所处的环境包括子宫内的内环境外，还包括母体所处的外环境，如优美的居室环境、污染和噪声、放射线危害等。在妊娠期间，孕妈妈要避免不利于妊娠的内外环境，如多次人工流产或自然流产后受精、夫妻体弱患病受精、不洁的性生活（包括性病）引起的胎儿宫内感染、放射线伤害、职业与嗜好的不良刺激、污染源及噪声等。此外，妊娠期间的性生活与胎儿的发育和健康关系密切，尤其是妊娠早期，为了确保宁静的内环境，防止流产，应该停止性生活。妊娠晚期由于子宫日渐膨隆，子宫收缩逐渐加强，为了防止早产及感染，也应禁止性生活。妊娠中期可以进行性生活，但要适度，动作要轻缓，以保证胎儿的健康发育与成长。

情绪胎教

情绪胎教就是指孕妈妈在妊娠过程中要保持良好的情绪，以此来影响和促进胎儿身心良好发展的胎教方法。

孕妈妈的心理情绪，不仅会影响到孕妈妈本人的食欲、睡眠和精力、体力等，而且还会通过神经——体液的变化，影响胎儿的血液供给、心率、呼吸及胎动等多方面的变化。其中对胎儿心理影响最大的，莫过于孕妈妈的郁闷心情和不良情绪了。孕妈妈悲伤、忧愁、抑郁、大怒、过喜、骤惊等，都对胎儿有着损伤性甚至毁灭性的打击。

在正常情况下，母腹中各种声音的旋律与母亲的心律相吻合，母亲的精神状态良好，心情舒畅，其心律正常，胎儿在子宫里有一种安定、舒适的感觉；反之，孕妈妈精神状态不佳、心情郁闷，其心律不正常，就会给胎儿一种不

安的感觉，从而影响胎儿的正常发育。所以，要在准备受孕后就树立起“宁静养胎即胎教”的观点，在妊娠期间要保持稳定的情绪，要心情舒畅，精神愉快，切忌发生大悲大怒，甚至吵架、打斗等不雅的行为。

为了鼓励孕妈妈能自觉地对胎儿进行胎教，家庭成员就应该维护和影响孕妈妈经常处于一种平和稳定的心理状态，保持精神轻松而愉快，让胎教顺利进行下去。

想象胎教

想象胎教是指通过孕妈妈的想象产生一种良好的信息作用于胎儿，在胎儿身上产生作用的胎教方法。

从胎教的角度来看，孕妈妈的想象是通过自身的意念构成胎教的重要因素，转化、渗透在胎儿的身心感受之中。同时孕妈妈在为胎儿形象的构想中，会使情绪达到最佳的状态，而促进体内具有美容作用的激素增多，使胎儿长得丰满神韵，俊美聪明。

想象胎教可以贯穿于整个妊娠期和所有的胎教方法中。如孕妈妈在欣赏音乐时，就可以借助音乐，对乐曲所描绘的声、景展开想象。孕妈妈在阅读文学作品时，同样能展开诗情画意的想象，将良好的意识信息传递给胎儿，起到影响胎儿的作用。

孕妈妈在展开想象进行想象胎教时，想象内容必须健康、美好，只有这样，胎儿才会收到良好的信息，从而有利于意识的萌芽和心智的发育。

美容胎教

爱美的妇女怀孕了，娇美的体形起了很大的变化。有些人为此而痛苦、烦恼，认为自己失去了原有的苗条而丰满的身材，其实大可不必这样。怀孕几乎是每位女性一生当中都要经历的阶段，你可以观察到大多数孕妈妈分娩后不久就会像以前一样体态轻盈，姿容美丽，

而且还会增添几分女性的成熟美。

其实，就是在怀孕期间，你也可以打扮得很漂亮。虽然你不再苗条和拥有美丽身段，但你完全可以变得更可爱。别忘了那句话："可爱的一定是美丽的。"怀孕了，精力、体力都不如以前，又由于信心不足，有些孕妈妈就不像以前那样顾及容貌了。事实上，美容、穿衣也是胎教，孕妈妈完全有必要精心打扮自己。美丽是每一位女性所追求的，娇好的容颜会给你带来许多欢乐。怀孕了，就更应精心打扮。这一方面是自娱的一种方式，对自己容颜、服装的关心会使你忘掉妊娠中不快的反应；另一方面，化妆会使你显得气色很好，你自己看了，心里也会舒服；别人看了，对你赞许几句，你也一定会很高兴的。可见，打扮会使你保持自信、乐观、心情舒畅。因此，美容、打扮无论对自己还是对胎儿都是很有意义的。

仪容美的关键在于整洁，孕妈妈只要注意卫生，保持整齐，形象一定会大为改观的。由于激素的刺激和血液循环的加快，孕妈妈的皮肤较以往会变得更加细腻红润，如果以前额头上有皱纹，这时也会消失。你还会发现发质也比以前好得多。因此，孕妈妈的美自有一番风韵。

4. 准爸爸参与

给妻子无条件的支持

对于现代女性而言，一生很可能只生一次宝宝，怀孕也是第一次初为人母，90%以上的年轻妈妈在得知自己怀孕的时候都会有恐惧的心理。作为她唯一的依靠，不管你们是不是计划内怀孕或意外惊喜，都应该给你的爱人无条件的支持。

男人也要学习胎教、孕育知识

怀孕、生宝宝不是女人一个人的事情，你要和妻子一起承担。而且生活上的事情要更多地承担一些。得知妻子怀孕以后，就该了解一些孕育、胎教知识了，可以问有经验的同辈和长辈，也可以买一些这方面的书看，条件允许的可以咨询专业的妇科大夫或专家。

重新修订你们的生活、工作计划

家庭要新增加小成员了，不要忘了重新修改一下你们的工作、生活计划，比如怀孕期间准爸爸最好不要到外地工作，取消两个人的长途旅行计划，喜欢自助游的夫妻要避免运动量大的旅行活动等。

开始记录宝宝成长的每一天

用日记、相机、博客等形式记录宝

宝长大的每一天，将来会成为全家的美好回忆。

5. 效果评估

这是一个直观的评估，得分越高，说明你胎教的质量越好。

受孕	我们是计划内受孕的，孕前做好了充足的准备。（3分）
	这是个意外的惊喜，但我们两个人生活很规律。（1分）
	这纯粹是个意外。（0分）
环境	我居住的小区很安静，周围环境很好，绿化也不错。（3分）
	一个普通的居民小区。（1分）
	靠近马路，关上窗户也吵，打开还进灰尘。（0分）
知识	我们懂得一些怀孕、胎教的知识，并且在继续关注和学习。（3分）
	得知怀孕后，我们打算学习一些相关知识。（1分）
	反正有老人照顾，无所谓啦，他们让怎么样就怎么样。（1分）
工作	我们为怀孕做好了充分准备，工作生活都计划好了。（3分）
	我们的家境很好，到时候不工作也无所谓。（1分）
	老公没时间怎么办？公司裁掉我怎么办？产假不发工资怎么办？（0分）
音乐胎教	已经找了不少胎教音乐素材，挑了其中一些我喜欢的。（3分）
	找了不少名曲，不经典的咱不听。（1分）
	我喜欢双截棍哼哼哈嘿。（0分）
情绪胎教	得知怀孕以后有点紧张，可是在老公的帮助下很快就调节回来了。（3分）
	老公很忙，我自己没问题的，可以调节好。（1分）
	第一次当妈妈，好紧张，好几晚上睡不好。（0分）
	都不知道自己怀孕了。（0分）

续表

运动胎教	本来就经常运动，现在仍能坚持，不过一些危险的不做了。（3分）
	要当妈妈了，我要开始锻炼身体。（2分）
	终于可以心安理得赖在沙发上了。（0分）
美容胎教	全面检查，更换自己的化妆品，别让化学物质伤害宝宝。（3分）
	我几千块的化妆品啊，丢了太可惜了，用完了再说吧。（1分）
语言胎教	虽然宝宝还什么都感觉不到，但是我也要每天和他打招呼。（3分）
	宝宝现在还是个小胚胎呢，等他大点再说吧。（1分）
	我行我素，还是和以前一样大大咧咧，口无遮拦。(0分)

开心驿站　怎样写胎教日记

记胎教日记也是心情安静详和的一个好方法，另外，胎教日记是“爱”的记录，是胎宝宝成长的“珍贵史料”。因此，建议孕妈妈从准备怀孕那一刻起，就开始记录。胎教日记里应该记录下孕妈妈每天为胎宝宝成长所做的胎教内容、胎宝宝的反应、准父母的生活行动、重大事件、天气及当天要闻等。

胎教日记可以用表格形式记录，这样会避免漏掉一些项目或内容，也可以随心所欲，当天发生了什么就记什么。

做一张表格，依自己的实际情况列上怀孕期间每天或定期发生的事情，如营养餐、饮料、语言胎教、音乐胎教、运动胎教、孕检备忘等。

也可以像小学生一样，在日记的每一页这样开始。

年　月　日　　星期　　天气

然后，可以写今天我做了什么事情，见到了谁，说了些什么，将来我要怎么样，等等。

当然了，在记日记之初，你也可以在睡觉前像过电影一样，把今天的事情按时间顺序记个流水账。

年 月 日

6:30起床、摸着肚子向小宝宝问了声早，然后洗脸、刷牙、准备早餐。

7:30打开胎教音乐，胎宝宝轻轻蠕动了一会儿，丈夫吃过早餐后，笑眯眯地亲吻了我，并且和小宝宝说再见。

8:00我也要上班了，上车后总是有人积极地为我们让座，妈妈都有点不好意思了。

10:00工作有点忙，一上午我都没注意小宝宝有没有踢过我。

12:00午餐时间，我和同事一边吃饭，一边询问她怀孕的经验，原来这里面学问还真不少呢……就在这时，小宝宝踢了我肚皮两下，好开心啊！

……

你也可以用第二人称，帮宝宝记日记，帮他记下在他未出世时发生的一切，等将来他能看书写字时，这对他来说，将是一笔巨大的财富。

年 月 日

今天，你在妈妈的肚子里已经住了4个月了，所以特意去医院为你建立了档案，而且今天是妈妈第一次听到你有力的心跳，那么快！每分钟140多下！真让人激动啊……

有时候，因为这样或那样的事情，孕妈妈经常忘了记日记，但不要就此放弃，因为胎教日记可以培养孕妈妈对将来的宝宝的爱和尊重，而且现在大多孕妈妈一生只有一次怀孕的经历，所以这样的记录弥足珍贵。

第二节

怀孕第二个月——宝宝已经形成了

一、宝宝的样子和妈妈的变化

1. 现在的宝宝像个蝌蚪，已经可以动了

到妊娠2个月时，宝宝生长发育已由分化前期（受精到形成胚卵）进入分化期（器官形成期），即受精后的15～56天是胚胎器官高度分化和形成期，表现为：

5周时，头大但松弛无力地垂下，已具有萌芽状态的手、脚和尾巴。

7周时，头、身体、手脚开始有区别，尾巴逐渐缩短。胚胎似乎已有人形模样。

脑、脊髓、眼、听觉器官、心脏、胃肠、肝脏初具规模，并因心、肝、消化管的发育，胚胎的腹部膨隆；眼睛出现轮廓，鼻部膨起，外耳开始有小皱纹，颜面已似人形；内外生殖器的原基能辨认，但外表上还分辨不出男女性别。

羊膜和绒毛膜构成的双层口袋中充满了羊水，胚胎浸泡在羊水中，可以自由流动。子宫如拳头大小，质柔软。

到了7周末，胚胎身长已有2～3厘米，体重3～4克，头部占身体总长的一半。

2. 妈妈开始有一些早孕的反应了

女性怀孕到2个月，会有很多明显的变化征象，其中最为明显的有：

❶ 月经过期不来潮。一向很有规律的月经，突然不来了，并且超过以往月经周期10天以上，或者平常月经不规律的，此次会超过2个月以上，这就表明可能是怀孕了。但这不是绝对的，还应留意是否有其他情况，如气候的突变、生活环境的变化、精神受到刺激、身心疲劳或患子宫疾病、贫血或内分泌紊乱等，因此，还应从多方面诊断是否受孕。

❷ 出现妊娠反应。月经超过10天后不来，许多女性常在清晨起床后感到恶心，或

者伴有频繁的呕吐，同时觉得头晕，总感疲倦和想入睡，不想吃东西，特别是厌油腻食物。这种反应被称作早孕反应，一般在怀孕12周后自行消失。

3 乳房有胀痛感。平时自觉或不自觉地感到乳房胀，稍一碰触乳房或乳头，就有疼痛感。这种表现初次怀孕者更为明显，并有乳头和乳晕的颜色逐渐变深。

4 白带增多，小便次数增多。白带比平时量稍大。尿比平时次数增多，这是因子宫受孕后膨大刺激膀胱所致。

5 经常测量基础体温的女性，到妊娠2个月时，会发现体温上升。

二、孕妈妈的营养与进补

1. 吃海产品补碘帮助宝宝大脑发育

妇产科专家提醒孕妈妈，为了优生，孕妈妈在妊娠期间宜多吃海产品。

碘是人体不可缺少的一种矿物质，碘在人体中的主要作用就是参与甲状腺素的合成，甲状腺素对身体发育是必需的，正常的体格、认知行为和神经运动系统的发育均依赖于甲状腺素。

孕妈妈缺碘，会造成死胎、流产、早产和宝宝先天性畸形。宝宝出生后智力低下，体格矮小，面容呆傻，以及瘫痪、又聋又哑等克汀病表现。为了下一代的优生，给孕妈妈补碘既是必需的，又是重要的。在缺碘区，盐中加碘是一种经济、安全、方便和有效的补碘措施。补碘的关键时间是在妊娠早期3个月，尤以妊娠前为好。若怀孕后5个月再补碘，作用已甚微，起不到预防后代智力缺陷的作用了。

孕妈妈每日碘的适宜摄入量为200微克，一般日常饮食不能满足孕妈妈对碘的需要，海产品中含有丰富的碘，如海带、紫菜、贝类、鱼、虾等，孕妈妈可适当多吃一些。若是孕妈妈每2～3天吃一次海鱼，即可满足人体对碘的需要量，故孕妈妈不妨多吃些海产品。

2. 补钙和补磷帮助宝宝发育

钙是构成人体的重要成分，仅次于水、碳、氧、氢和氮，排在第5位。钙是人体含量最多的矿物质，占人体体重的1.5%～2%，成年人体内钙为850～1200克，其中99%集中于骨骼和牙齿，1%参与人体各种生理活动。

钙是构成骨骼和牙齿的重要成分，也是宝宝骨骼发育所必需的物质，如果孕妈妈身体内钙充足，可促进宝宝骨骼及牙齿的生长发育。缺钙，可以导致孕妈妈小腿抽搐及宝宝软骨病或小儿佝偻病。孕妈妈严重缺钙，可致骨质软化、骨盆畸形而诱发难产。

宝宝的乳牙胚在妊娠6周开始发育，妊娠4～5个月时恒牙胚开始发育。这一过程较长，直至乳前牙根完全形成约需2年的时间，而恒前牙根约需10年才能发育完全。所以，孕期钙的摄取与乳牙的发育及钙化关系密切。妊娠期间孕妈妈每天需补钙1.5克。

食物中钙的丰富来源是奶和奶制品，不仅含量丰富，而且吸收率高，发酵的酸奶更有利于钙的吸收，是孕妈妈最理想的钙源；虾皮、鱼类（特别是带骨头的小鱼）和芝麻酱含钙也特别丰富；蔬菜和豆类含钙量虽较多，但吸收较差；硬水中也含有相当量的钙。

磷和钙一样，也是建造骨骼和牙齿的重要矿物质。

磷约占人体重的1%，成人体内含有600～900克的磷，是人体含量较多的元素之一。磷不但是构成人体的成分，而且参与生命活动中非常重要的代谢过程。人体内总磷量的85%～90%存在于骨骼和牙齿中。磷和钙结合形成磷酸钙，是构成骨骼和牙齿的重要成分，其中钙与磷的比值约为2：1。磷广泛存在于动、植物食品中，豆类、硬果类、蔬菜、水果中都含有磷；动物性食品如蛋、乳、肉、鱼和禽类中磷含量都比较高；鱼脑中含有丰富的脑磷脂和卵磷脂，是补脑佳品，孕妈妈不妨多吃一些鱼，这对孕妈妈本人和宝宝都是有好处的。人体一般不会出现磷缺乏。

3. 补铁可预防孕期贫血

人体内2/3的铁是功能性铁，主要

以血红蛋白形式存在于红细胞中，铁与红细胞的形成和成熟有关；血红蛋白在从肺输送氧到各组织的过程中起着重要作用；铁作为细胞色素和某些呼吸酶的成分，对呼吸和能量代谢有非常重要的影响。

铁是造血原料，孕期铁的需要量大大增加。铁在机体代谢中起着非常重要的作用，食物中铁的吸收率和利用率不高，容易缺乏。民间常说的“贫血”，大部分都是因为缺铁而引起的。如果孕妈妈摄入的铁不足，就会直接影响到宝宝的生长发育。临床上经常出现的宝宝期贫血与出生时体内铁的储存量有密切关系。如果孕妈妈和母乳的膳食中铁供给不足，就可发生营养性贫血。

妊娠时母体血液量比平时增加40%～50%，加上宝宝发育所需铁，因此，孕妈妈每日需补铁20～40毫克。假如不注意补铁，孕妈妈常常会发生贫血，导致早产、宝宝低体重以及宝宝生长迟缓。宝宝缺铁还会干扰胚胎的正常分化、发育和器官的形成。孕妈妈补铁可多吃动物肝脏、肉、禽蛋、蔬菜等。已发生缺铁，血红蛋白在100克/升以下者，需要服铁剂，如硫酸亚铁丸等。同时注意维生素C的摄入，以利于铁的吸收。

含铁丰富的食物有猪肾、猪血、猪肝以及其他动物的肾、血、肝等；此外，含铁多的食物有黄豆、豆制品、银耳、黑木耳、淡菜、海带、海蜇、芹菜、荠菜等。

4. 补锌帮助宝宝神经系统的发育

人体中锌含量为15～25克，体内的锌主要分布在头发、皮肤、骨骼、肝、肾、肌肉、胰、脾、胃肠道、红细胞以及男性的睾丸中。锌是促进生长发育的重要元素之一，是体内物质代谢中很多酶的组成成分和活化剂。锌在核酸、蛋白质的生物合成中起到重要作用。锌参与糖类和维生素A的代谢过程。锌还具有维持胰腺、性腺、脑垂体、消化系统和皮肤正常功能的作用。锌也是胰岛素的成分之一，与胰岛素的活性有关。如果妊娠早期缺锌，可干扰宝宝中枢神经系统的发育，严重的可造成中枢神经系统畸形；妊娠晚期缺锌，可使宝宝神经系统的发育异常。

孕早期女性每日宜摄入锌15毫克，孕中期、孕晚期女性每日需摄入锌20毫克。锌的来源广泛，但动、植物性食物的锌含量与吸收率有很大差异。牡蛎含锌量最高，每千克可达1克以上；动物性食品含锌量也较高，如牛肉、猪肉、羊肉及肝脏、蛋类每千克在20～50毫克；鱼类和其他海产品每千克在15毫克左右；牛乳及乳制品每千克在3～15毫克；豆类及谷类每千克在15～20毫克；而蔬菜和水果含锌较低，一般每千克在10毫克以下。过细的食品加工过程可导致锌大量丢失，例如将小麦加工成精面粉约去掉80%的锌。目前含锌药物主要有硫酸锌、氧化锌和葡萄糖酸锌等，但人体对药物性锌的吸收率较低，仅为10%左右，所以补锌时以不超过正常人每日需要量（成人为15毫克）的10倍为限，即每日不超过150毫克。

5. 早餐是一天能量的来源，主食不可废

主食是各种米、面等食品的总称，历来是人们餐桌上必不可少的食物。但由于近些年来人民生活水平的提高，生活节奏的加快以及营养知识的欠缺，很多家庭的早餐只喝一杯牛奶、吃一个鸡蛋，早餐中不再有谷类食物，这种食谱不利于健康。

主食的主要成分是淀粉，营养成分是糖类，是人类获取能量的最经济和最主要的来源，人类膳食中有40%～80%的能量来源于糖类。所有糖类在体内被消化后，主要以葡萄糖的形式被吸收，并能迅速氧化供给机体能量。糖类也是构成人体的重要物质，参与细胞的多种活动，参与某些营养素的正常代谢过程。糖类还具有解毒、增加胃充盈感和改善胃肠道功能的有益作用。

主食，尤其粗粮是膳食中B族维生素的重要来源，这些成分中的泛酸尼克酸、硫胺素及少量的核黄素等，是宝宝神经系统发育所必需的。谷类食物也含有一定的植物固醇和卵磷脂，可促进宝宝神经发育。B族维生素对孕期反应如妊娠剧吐，具有很好的减轻作用，能够促进消化液的分泌，增进食欲。

孕妈妈一般白天上班工作量较大，需要的精力和能量都比较多，如果食物中缺乏谷物糖的供给，就容易导致疲劳、头昏和体重减轻。如果仅依靠牛奶、鸡

蛋这种高脂肪高蛋白食物，不仅可因其代谢产生对人体有害的代谢产物，而且会加重孕妈妈肝、肾的负担。

6. 妊娠反应时的饮食调理

妊娠早期发生恶心、呕吐、食欲低下，当然影响孕妈妈的进食和营养素的摄取，严重的会不利于孕妈妈健康和宝宝发育，所以要注意饮食调理。

❶ 为了防止呕吐严重时引起脱水，可选食一些含水分多的食品，如各种水果、西瓜、新鲜蔬菜等，这些食品不仅含有大量水分，而且含有丰富的维生素C和钙、钾等无机盐。

❷ 也可以在烹调食物时使用一些香辛料，如姜、辣椒、紫菜等，使食物略有刺激性，可增进食欲。

❸ 热食气味大，妊娠呕吐者比较敏感，可以适当食用些冷食或将热食晾凉后再食用。

❹ 可多食用些蛋白质、维生素含量高的食物，如乳酪、牛奶、豆浆、藕粉、鸡蛋、水果、蔬菜等。

❺ 少食多餐。恶心呕吐时间多在早晨起床或是傍晚，也就是说胃中太空或太饱时对孕妈妈都不利。孕妈妈可采用少食多餐的方法，不拘泥一日三餐的规定习惯，想吃就吃。晚上可准备一些容易消化的食品，如面包干、馒头片、乳儿糕、饼干等。在早上起床前先喝一杯白开水，再将食物吃下去，稍躺一会再起床，可减少恶心与呕吐。

❻ 在膳食和食物烹调中，少吃油腻食物，烹调中多采用植物油，少用动物油，以减少油腻。

❼ 汤类和油腻食物特别容易引起呕吐，吃饭时孕妈妈不要喝汤、喝饮料及吃油腻食物。孕妈妈应避免吃过油或刺激性强的食物，如辛辣食品。

孕妈妈在清晨起来若有恶心感，可吃些咸饼干、烤馒头片。此时不必考虑营养而去吃自己不喜欢或不易消化的食品，多吃些蔬菜和水果，有利减轻呕吐，适当服用维生素B_6、维生素C，防止体内酸中毒。

7. 怀孕第二个月的营养食谱推荐

牛肉脯

【原料】牛肉2500克，砂仁6克，胡椒15克，良姜6克，荜拨15克，陈皮6克，生姜50克，草果6克，大葱50克，精盐适量。

【做法】牛肉剔去筋膜，切成大片；胡椒、荜拨、陈皮、草果、砂仁、良姜研为细末，生姜、大葱捣成汁，入诸料末，加精盐，调成糊状，把切好的牛肉片，放入调味糊内，拌匀，腌2小时后取出，入烤炉中烤熟即可。或上火煨1小时。经常少量食用。

【特点】温中健脾，益气和胃，开胃消食，可减轻妊娠反应。

姜枣汤

【原料】大枣250克，生姜250克，甘草30克，精盐适量。

【做法】大枣去核，姜切片，二者焙干待用；甘草与精盐炒制后，与枣、姜研为细末，装瓶收储备用。每次10克，开水冲服，每日2次。

【特点】大枣性味平和，补中益气，调气补脾胃的常用佳品，与辛温之生姜配伍，既可开胃调中，又能调和营卫，并配以补气的甘草，更助大枣补脾和胃之力。诸料合用，具有“和脾胃、进饮食”的作用，适用于脾胃虚弱，不思饮食或食之呕吐者服食。

菠萝菜卷

【原料】菠萝100克，胡萝卜200克，白菜100克，精盐、白糖、菠萝汁、醋各适量。

【做法】

1.将白糖熬化，过滤后加醋和菠萝汁搅匀，做成味汁。

2.将菠萝切丝；白菜烫后撒盐，胡萝卜切丝烫后撒盐，两种菜腌渍几分钟后洗净，挤干，放味汁内浸渍3小时。

3.取出腌好的胡萝卜、白菜，把白菜推平，用4根胡萝卜丝，2根菠萝丝放在白菜的一侧，裹成卷，食用时改刀成菱形即成。

【特点】口味甜酸，颜色美观。

米露

【原料】新鲜粳米1000克。

【做法】新鲜粳米置于蒸馏瓶内，加水适量，依法蒸馏，收集蒸馏液1000毫升，装瓶储存备用。每次食用50毫升，每日3次。

【特点】稻米品种较多，皆具有补脾胃、益五脏的作用，唯粳米之功最佳。善补中益气，健脾和胃。

豆腐馅饼

【原料】豆腐250克，面粉250克，白菜1000克，肉末100克，虾米25克，植物油25克，笋、姜、葱、味精、精盐各少许。

【做法】

1.豆腐抓碎；白菜切碎用开水焯一下，挤出水分；虾米切碎；将豆腐、白菜、肉末、虾米加入调料与之调成馅。

2.面粉250克，加水10克，调成面团，分成10等份，每一等份擀成小汤碗大的皮子。

3.菜馅分成5份，两张面皮中间放一团馅，再用小汤碗一扣，去掉边沿，即成一个很圆的豆腐馅饼，共做5个。然后将炒锅烧热，下植物油25克，将馅饼煎成两面金黄即可。

【特点】营养丰富，健脾和胃。

宫保肉丁

【原料】瘦猪肉250克，花生仁50克，干辣椒2克，生姜5克，葱25克，花椒2克，白糖2克，酱油10克，料酒15克，淀粉10克，醋1克，精盐1克，花生油500克（实耗50克）。

【做法】

1.瘦肉用刀背拍松，切成0.9厘米见方的丁，放入碗内加精盐、料酒及酱油少许，水淀粉拌匀。

2.花生仁用油炸酥脆，干辣椒切成1.5厘米长的节。

3.炒锅上火，入油烧至六成热，下干辣椒炸成棕红色，速下花椒、肉丁炒散后，入料酒、葱、姜快速炒匀，烹入兑好的芡汁，速炒几下，加花生仁颠匀后速出锅盛盘。

【特点】

猪肉有滋补身体的功效，花生仁清香舒脾，调中开胃。有报道花生衣对于血小板减少性紫癜、胃、肠、肺、子宫等内脏出血症有较明显的止血效果。宫保肉丁佐以花生、干辣椒香味浓郁，开胃助食，营养丰富，是四川有名的风味佳肴。

三、孕妈妈和宝宝的安全

1. 第一次产前检查

产前检查很重要，通过产前检查首先可以了解孕妈妈的健康情况以及有没有引起先天遗传性疾病和导致宝宝发育畸形的因素。尤其是孕妈妈患有慢性病（如心脏病、肺结核等）时，是否会因怀孕使病情加剧甚至危及生命，通过产前检查，就可明确是否应终止妊娠。其次，通过产前检查，可以了解骨盆和产道是否正常，能否自然分娩，如发现异常时要做好准备，以防临产时措手不及。

育龄女性在停经40～50天时可做初次妊娠确诊检查，并在以后6个孕月中每月检查一次，从7个月起每半月检查一次，9个月后每周检查一次，检查中如发现异常则应按医生指导接受检查。

初次检查的内容有：

问诊：

❶ 孕妈妈的一般情况：年龄，孕次（第几次妊娠），产次（曾经分娩过几次），月经初潮，月经周期，月经量，末次月经，前次月经。

❷ 是否接触有毒、有害物，如汞、铅、苯。

❸ 过去是否患有严重疾病，如肝炎，结核，心、肺、肾、脑疾病，高血压，糖尿病等，是否做过手术。

胎教小贴士

产前检查从怀孕第三个月开始

也许孕妈妈没有任何不适，也许第一次产前检查与孕检问的问题雷同，但产前检查仍然是孕期最重要的事情。在3～7个月，每个月检查1次，8～9个月，每个月检查两次，在10个月，每周检查1次，以掌握宝宝的发育情况，保证孕妈妈和宝宝的安全健康。

4 家族中有无遗传病史、双胎史、肿瘤病史。

检查：

1 全身体检：血压，脉搏，身高，体重，心、肺、肝、脾等全身各系统体检。

2 妇科体检。

3 血尿常规检查。

4 血清学检查：肝功能、乙肝病毒系列，TORCH，梅毒，艾滋病，甲胎蛋白。

5 部分孕妈妈需进行更多检查，B超、心电图、血糖等。

2. 早孕反应处置不当影响宝宝智力

大量的资料表明，女性怀孕初期3个月是决定新生儿智力高低的关键时期，其心、脑、口、牙、耳、腭等器官分化，均在孕初3个月内形成。

然而，令人遗憾的是，孕妈妈的妊娠反应往往在这个关键时刻最厉害。在此期间，孕妈妈的胎盘会分泌出一种叫绒毛膜促性腺激素的物质，该物质能抑制胃液的分泌，使胃液显著减少，影响孕妈妈的正常消化吸收功能，使人产生恶心、呕吐、不思饮食等现象，致使孕妈妈出现消瘦、体重下降等症状，直接影响宝宝的健康，严重时会影响宝宝的营养需求量及脑细胞的发育。

据统计，在低体重的新生儿中，约有30%不同程度地存在着精神和智力方面的问题，低体重儿有先天异常的数量比正常体重儿多8倍。

既然早孕反应是一种正常、暂时的生理现象，为了将来宝宝的健康，孕妈妈应积极乐观地予以克服，渡过难关。一方面，应调整心理状态，避免紧张、焦虑、烦躁等消极情绪。有人调查证实，那些乐观开朗者反应时间短，程度轻。另一方面，宜采用少吃多餐，吐了再吃的方法，并多吃一些对宝宝脑部发育有裨益的食品。众所周知，蛋白质、无机盐、维生素和糖等均是宝宝大脑发育不可缺少的必需成分，故孕妈妈的食物应多样、清淡、易消化，以利于宝宝生长。

3. 妈妈精神压力大，宝宝心脏有危险

女性在怀孕期精神压力过大会对宝宝的神经系统造成不良的影响，并且可能会使宝宝以后猝发心脏病的危险有所增加。

对156名再有几个星期即将出生的宝宝进行了研究，发现那些表现最焦虑，而且社会知识最少的孕妈妈体内的压力激素分泌最高，宝宝的心跳频率最高。精神压力大的孕妈妈，体内宝宝的高频率心跳维持得最为长久，这暗示了宝宝对妈妈内心压力也提高了反应。这种长期由于妈妈心理压力而增加心跳频率的反应，与宝宝将来罹患心脏病及糖尿病的危险比正常人高有关系。

另外，使用超声波测量513名孕妈妈腹中的宝宝头部、腹部和骨骼，同时观察和检测这些孕妈妈的生活压力和体内的压力激素水平。结论是：孕妈妈的高压力水平会阻碍宝宝的生长，而这种现象会早在怀孕的第2个月就出现。此外，压力激素水平高的孕妈妈可能生出早产宝宝，而且体重较轻。早产宝宝成年后罹患高血压及死于心脏病猝发的比例也比正常人高。有的研究人员还发现，精神压力大的孕妈妈所生宝宝的体重要比精神压力小的孕妈妈所生宝宝的体重轻得多。因此，研究人员建议，孕妈妈应努力进行自我心理调整，采取静坐和一些放松精神的运动，以协助降低精神压力。

4. 孕妈妈补充维生素A需适量

人若缺乏维生素A，就会在暗光下看不清四周的物体，出现夜盲症；维生素A还能促进机体生长和骨骼发育以及具有维持上皮组织健全的功能。妊娠期宝宝机体生长发育以及母体各组织的增加和物质储备都需要大量的维生素A。女性妊娠期缺乏维生素A，可引起流产、胚胎发育不良、骨骼发育畸形。容易发生早产，宝宝无眼、小头畸形等。

动物性食物中有维生素A，含量最高的是动物肝脏，以鸡肝、羊肝含量最高，其次是蛋黄、蟹黄、牛奶、鲫鱼、鲢鱼、鳝鱼、对虾、蛤蜊等。植物性食物中有一种β-胡萝卜素，在人体内可转变为维生素A。红黄色蔬菜、红色水果中胡萝卜素较多，如菠菜、苜蓿、豌豆苗、韭菜、红心甘薯、胡萝卜、青椒、南瓜、西红柿、香蕉等。

一些宝宝畸形中存在着维生素A摄入过量的因素，如兔唇、脑积水和严重心脏缺陷等，这些畸形在每57个新生儿中就有一例。而现在的一些维生素补剂中，一片所含的维

生素A就超过1万国际单位。过量服用维生素A的害处还在于它能使宝宝在胚胎早期受到损害，而在这个阶段，母亲还不知道自己已经怀孕。所以孕妈妈补充维生素A应适量。

不过能转变成维生素A的β－胡萝卜素，可以毫无疑虑地大量摄入，因为β－胡萝卜素是在人体内部，根据人体的需要时而转变成维生素A的，不会造成损害。

5. 孕早期尽量少做X射线检查

X射线是一种放射线，对人体具有一定的危害，特别是对宝宝。妊娠3个月以内，正是胚胎器官形成时期，照射X射线有很强的致畸作用，可使流产、死胎的发生率大大提高。在妊娠中期，宝宝的骨骼、神经、生殖腺等还在继续发育，因而也应避免X射线检查。

如果必须进行X射线检查，应注意以下几点：

1. 尽可能在妊娠晚期进行检查，这时宝宝各器官均已完成发育，很小剂量的X射线摄片不致引起宝宝的变化。
2. 如孕妈妈需要做X射线检查时，应避开腹部，只照射需要检查的局部。
3. 如必须做X射线检查时，最好做X射线摄片，摄片的X射线剂量远远小于透视。
4. 在孕早期做过大剂量X射线检查，特别是腹部检查的孕妈妈，可请医生做产前诊断，了解宝宝是否发生畸形。

6. 怀孕1～3个月尽可能禁止性生活

年轻夫妇的性生活比较频繁，但在女性怀孕以后，夫妻双方必须节制性生活，而且有的时候应禁止过性生活。

从妻子妊娠开始到妊娠3个月末，胎盘正处在发育阶段，特别是在此时期胎盘和母体宫壁的联结还不够紧密，此时过性生活可使子宫受到震动，很容易造成流产。而且性交时因孕妈妈盆腔充血，子宫收缩，也会造成流产。因此，在这3个月内夫妻应尽可能禁止性生活。

孕妈妈妊娠晚期，特别是临产前的1个月即妊娠9个月后，宝宝开始向产道方向下降，孕妈妈子宫逐渐张开，倘若这个时期过性生活，羊水感染的可能性很大。可能发生羊水外溢（即破水）。同时，孕晚期由于子宫比较敏感，受到外界直接刺激，很易突发子宫加强收缩而诱发早产的可能。所以，妊娠期最后1个月孕妈妈必须绝对禁止性生活。

7. 孕早期少和宠物接触，防止感染弓形虫

现在有很多女性喜欢养宠物，养猫玩狗。这对孕妈妈的健康尤其是优生很不利。有的女性生下畸形儿，经查找原因，就是由于母亲在怀孕期间或养猫或玩狗所造成的，她们不但在家中养猫养狗，还很喜欢玩狗，又抱又搂，甚至与猫、狗同睡一床。

医学专家从畸形儿孕妈妈和流产的孕妈妈宝宝的脐带血液中发现了弓形体。猫和狗的身上就多带有这种弓形体。弓形体通过口腔进人人体内进行繁殖和生长，并可通过胎盘引起宝宝先天性弓形体病，可引起早产、死产或产后呈活动性疾病。

所以孕妈妈不要养猫玩狗，孕妈妈家中也不要养猫狗，以防弓形体感染孕妈妈，影响到宝宝。

8. 特别注意，宝宝最脆弱的危险期

每个妈妈都希望自己的宝宝出生后，四肢健全，大脑正常，各器官生长健康。那么就应该在怀孕期间避免饮食、药物、感染、辐射等外来因素对自身和宝宝的侵害。

怀孕3个月以内是宝宝生长发育的决定性阶段，最为重要，胚胎各器官都在这一时期内生长发育。各主要器官出现畸形最危险的时期为：

脑：受精后15～27天；

心脏：受精后20～29天；

眼：受精后24～29天；

四肢：受精后24～36天；

生殖器：受精后28～62天。

这些时间内是各器官致畸的最危险时期，孕妈妈掌握了这一情况，就可以在这段时

期内注意防止各种外界因素的侵袭。当然，整个妊娠期都应避免不利因素的影响，不过怀孕最初3个月内更为重要。

四、第二月胎教

1. 胎教方案

方案一：注意安全，预防流产

妊娠第2个月起，胚胎进入器官分化期，这个时期也是胚胎最容易受外界干扰而引发流产的时期，因此孕妈妈的日常生活一定要小心。注意身体不能长时间处于同一种姿势，避免反复做腰部用力动作；不要长时间的骑车、乘车、开车，以免发生早期流产，特别是曾有过妊娠失败的女性；应避免激烈的运动、旅行；要有足够的休息和睡眠，性生活要节制；应尽量少接触家用电器及手机，避免对宝宝造成伤害；风疹和流行性感冒是造成畸形儿的原因之一，要千万注意预防；尽量避免用药，如必须服药，应该在医生的指导下正确用药；避免接触有毒的化学物质及放射性物质。

方案二：处理好孕期反应

孕吐反应差不多在妊娠第2个月出现，一般表现为恶心、食欲减退，空腹时（特别是在清晨）想吐、头晕乏力，不能闻油烟味或异味。这些不良反应会给孕妈妈带来很大的负面影响，进而影响腹中的宝宝。

方案三：调节好情绪

为了优生，孕妈妈一定要保持愉悦的心情，平衡情绪，按时起居，保证充足的睡眠，避免劳累，设法减轻早孕反应带来的负面影响。饮食上宜选择清淡可口易消化的食物；能进食时尽量多食；保持体内充足的水分，让体内的代谢物能从尿中排出；夫妻还要注意在此期间暂停性生活。

这个月应该做一次产前检查。

胎教内容安排表（供参考，可根据实际情况调整）

时间		生活内容	胎教内容
上午	6:00	起床，洗漱	跟宝宝问好
		准备早饭	
	7:00	吃早饭，收拾餐桌	
	8:00	打扫房间	边打扫边哼唱歌曲或放音乐
	9:00	工作时间	可抽空与胎宝宝聊聊天
	11:30	午餐	
下午	12:00	如果有条件睡一小会儿	
	13:00	工作时间	休息时给胎宝宝讲讲故事、大自然
	17:00	休息一会儿	听音乐
晚上	18:00	准备晚饭	
	19:00	吃晚饭，收拾餐桌	
	20:00	与准爸爸厮守的时间	请准爸爸讲一些社会知识和白天发生的有趣的事
	21:00	读书	
	22:00	睡觉	和胎宝宝道晚安

2. 胎教准备

适合孕妈妈看的散文、诗歌：

现在的宝宝还是没有办法呼应音乐或语言，所以，孕妈妈还是以看一些轻松的读物为主，心情调节好了，宝宝长得就快。

给宝宝放的音乐：

春江花月夜

听这首曲子的题目就令人心驰神往——春、江、花、月、夜，这5种事物集合在一起，多么宁静的良辰美景。

这首古曲是源于唐代张若虚的同名诗："春江潮水连海平，海上明月共潮生。滟滟随波千万里，何处春江无月明……"描写了春天的晚上，月照江面壮阔的景色。乐曲同样如此，

通过委婉质朴的旋律，流畅多变的节奏，巧妙细腻的配器，丝丝入扣的演奏，形象地描绘了月夜春江的迷人景色，尽情赞颂江南水乡的风姿异态。全曲就像一幅工笔精细、色彩柔和、清丽淡雅的山水长卷，引人入胜。

给妈妈和宝宝共同准备的图画：

一些轻松鲜艳的手绘本

一些带色彩的水墨国画

做一点孕产瑜伽

孕产瑜伽虽然很多人推崇，但是孕后期做还是有潜在危险性的，现在正是最适宜做孕产瑜伽的时候。

3. 胎教过程

想象胎教

创造性审美想象，是一种能充分发挥和调动主观能动性的心理活动，它可以使任何一个人的生活变得充裕和快乐。对孕妈妈来说，她们更需要快乐、满足和美感。下面就简要介绍一下创造性审美想象的方法和技巧。

首先，孕妈妈要进行想象，想自己向往和喜欢的事，如想着自己抱着未来的宝宝，逗着宝宝玩的情景。

孕妈妈自己置身于一个舒适的环境中，或是坐着，或是躺着。使身体完全放松，从脚趾开始，一直到头顶，想着一步步地放松身体的每一块肌肉，让所有的紧张从身体中流出。用腹部又匀又长地呼吸，慢慢地从10倒数到1，每数一下都觉得自己是更深地放松了。

当孕妈妈感到自己深深地放松了之后，开始想象自己逗玩宝宝的情景。想象宝宝是多么活泼可爱，自己的心情是多么愉快欢乐，胎教成功的喜悦充溢在

自己心头。

在大脑里保留这些美好的情景的同时，在内心对自己作一些十分积极的、肯定的陈述（出声或不出声都可以）。例如：

“我正在和可爱的宝宝度过一个美好的晚上。”

“宝贝，我永远爱你，我们永远在一起。”

在结束想象时，自己再说一段坚定的话：

“这，美好的情景，

多么和谐，多么令人满意。

现在我充分感到了初为人母的幸福，

也感到了为社会贡献一个健全的宝宝，

是多么骄傲，多么光荣。”

孕妈妈要觉得这一过程是欢快有趣的，要坚持做下去，可以是5分钟，也可以是半小时。每天都反复做，或尽你所能地经常去做。

要想练习创造性审美想象，就一定要做到深深地放松。孕妈妈的身体和头脑都深深放松了，脑电波就会真正产生变化，变得慢下来。

孕妈妈要进行肯定的练习，用一些更积极的思想、概念来替代过去陈旧的、否定性的思维模式。这是一种强有力的技巧，它能在短时间改变孕妈妈对生活的态度和期望。

胎教小贴士

放飞想象的翅膀

想象你自己置身在清新的大自然中——也许是片开阔的绿色草地，旁边是潺潺的小溪，也许是在海边细软的沙滩上，能看到波浪起伏。花一些时间想象所有美好的细节，意识到自己正充分享受并经历着这一切。你继续漫步、探索，越来越多地看到丰富多彩、美不胜收的景色——山麓、树林，在每一个地方留恋、欣赏一会儿……

把这个世界想象成一个辉煌的乐园，在这个乐园中你正完满与丰裕着你的经历。

孕妈妈可以不出声地进行，可以大声说出来，也可以写在纸上，甚至可以歌唱或吟诵。一天只要有10分钟有效的练习，就能抵消孕妈妈许多年的思想习惯。孕妈妈在自己告诉自己一切时，要进行积极想象，选择积极的语言和概念，一个积极的现实就会被创造出来。

音乐胎教

胚胎学研究证明，在受孕后第8周宝宝的听觉器官已开始发育，胚胎从第8周起神经系统初步形成，听觉神经开始发育，尽管发育得还很不成熟，但宝宝已具有可以接受训练的最基本条件，故从妊娠2个月末起，孕妈妈和宝宝可以听一些优美、柔和的曲目。每天在室内放1～2次，每次10分钟左右，乐曲不要选得太多，3个曲子就差不多了。音乐胎教不仅可以激发孕妈妈愉快的情绪，同时可以给宝宝的听觉以适应性的刺激，为下一步的音乐胎教与语言胎教、对话胎教开个好头。

选择乐曲时要根据孕妈妈的不同性格特点选取不同曲词、节奏、旋律和响度的乐曲。如孕妈妈情绪不稳，性情急躁，胎动频繁不安者，则宜选择一些缓慢柔和、轻盈安详的乐曲。如二胡曲《二泉映月》、筝曲《渔舟唱晚》、民族管弦乐曲《春江花月夜》等。这些柔和平缓，并带有诗情画意的乐曲，可以使孕妈妈及宝宝逐渐趋于安定状态，并有益于母儿的身心朝着健康的方面发展。

如果孕妈妈的性格抑郁迟缓，胎动也比较弱者，则宜选择一些轻松活泼，节奏感强的乐曲。如《春天来了》、《江南好》、《步步高》及奥地利作曲家约翰·斯特劳斯的《春之声圆舞曲》等。这些乐曲旋律轻盈优雅，曲调优美酣畅、起伏跳跃，节奏感强，既可以使孕妈妈振奋精神，解除忧虑，也能给腹中的宝宝增添生命的活力。

其他的如《江南好》、《春风得意》等乐曲，轻松悠扬、节奏明朗、优美动听，使人赏心悦目；《锦上添花》、《矫健的步伐》以及奥地利作曲家海顿的乐曲《水上音乐》等乐曲，清丽柔美、抒情明朗，可以消除孕妈妈的疲劳；《花好月圆》、《欢乐舞曲》等乐曲，可促进孕妈妈的食欲；德国音乐家勃拉姆斯的《摇篮曲》、德国浪漫派作曲家门德尔松的《仲夏夜之梦》等乐曲，旋律轻盈灵巧、美妙活泼，情调安神柔和，具有催眠的作用。此外还可选择约翰·施特劳斯的华尔兹或古典的名曲。

美容胎教

以前人们认为生了宝宝，青春的容貌和苗条的身材就会消失。事实上，只要注意皮肤的美容、护理，就仍然可以保持青春的肤色和苗条的身段。

怀孕后，皮下脂肪日益丰腴，皮肤、黏膜分泌的汗和油脂也比以前增多，如不经常清洗，会使皮肤发痒，很容易得皮炎。因此，要经常洗澡。夏天因为出汗较多，最好每天都洗。

怀孕后，由于皮脂腺分泌很多的油脂，皮肤会变得粗糙、敏感，面部还会长出一些脓疱。这是由于体内的激素分泌失调所致，所以不必乱抹药或是更换化妆品，若情况不是特别严重，不必求医，也不必弄得满心着急，只要注意多洗脸，保持脸部清洁，充分休息，摄取适当的营养，会慢慢好转的。

由于妊娠反应，孕妈妈往往饭吃得很少，营养跟不上，脸色会失去以往的红润，所以化妆要尽量明亮，给人以爽朗明快的感觉。这时，你最好不要浓妆艳抹，这样会损害你敏感的皮肤。应该上淡妆，一定要描得仔细、认真。晚上要保养皮肤，用一种不含去垢剂的中性乳液洗脸；然后，用凉水将皮肤洗净。用冷霜敷在脸上，轻轻按摩，最后用热毛巾擦掉，用乳液滋润。这样，可以使你不经化妆，便得到娇艳的脸庞。

在怀孕的头几个月内，孕妈妈没有必要去买孕妈妈装，只需整理一下现成的服装，选出较为宽大的，或把腰部放大就可以穿了。因为怀孕时对寒暑的抵抗力很差，一定要注意保暖，寒冷时要比平常多穿一件。热了，要穿吸汗、凉爽的衣服。再不能只注意好看，也不管穿着是否舒服了。

孕妈妈要养成一些习惯，如不再穿高跟鞋。因穿高跟鞋时身体重心前移，为了保持身体平衡，必须要臀部突起，胸部挺起，这样会使腹腔的前后径缩短，腹压上升，压迫血管，使血液循环受阻，从而会影响宝宝的生长。

每天早上，要用温水清洗乳头，以保

持乳房的清洁。另外，胸肌没有办法支撑日渐丰满的乳房，必须要选择合适的乳罩托住乳房，使其保持在原来的位置上。即使乳房小而且结实，也要这样做。有些女性以为生育后乳房下垂是哺养宝宝的结果，事实上，用母乳喂宝宝反而会使胸部更美。乳房下垂的原因是孕期没有配戴合适的乳罩。胸肌不发达者更应注意乳罩的配戴。晚上，为了使胸部肌肉不太紧张，依旧要戴上乳罩。

抚摩胎教

抚摩胎教法是根据宝宝具有触觉，准爸爸、孕妈妈通过抚摩来与宝宝沟通的方法，它也是准爸爸、孕妈妈早期与宝宝沟通的重要途径。

相对视觉而言，宝宝的触觉发育要早一些，实验证明，两个月的宝宝已经开始有感觉了，准爸爸、孕妈妈可以通过对宝宝进行抚摩、拍打等，激发宝宝的积极性。经常抚摩宝宝，可以促进孕妈妈的血液循环，有利胎体的形成和宝宝的智力发育。通过抚摩把触觉刺激传递给宝宝的大脑，加强宝宝感受器和大脑的联系，使宝宝更聪明。

> **胎教小贴士**
>
> **抚摩胎教准爸爸要积极参与**
>
> 丈夫的抚摩和协助，对妻子心理上是一种安慰和鼓舞，妻子对丈夫的关怀、体贴，会感到非常高兴，从而对孕妈妈的情绪会产生良好的影响。丈夫的积极参与往往是使胎教能坚持不懈、持之以恒的重要因素。因此，夫妇要相互配合，心灵交融，把胎教不断进行下去。

怀孕2个月抚摩胎教的具体做法是：孕妈妈可用双手轻抚腹部，一边抚摩一边呼唤宝宝的名字，还可以跟宝宝说话，把宝宝当成每时每刻和自己生活在一块儿，把自己正在做的或可以和宝宝一起做的事告诉宝宝。同时，准爸爸也可以选择合适和固定的时间抚摩宝宝，或用手指轻按妻子的腹部，把压力通过腹壁传至宝宝皮肤，以产生压觉和触觉。这样可满足宝宝的皮肤饥饿感，激发宝宝活动的积极性，促使其发生蠕动。

美育胎教

孕妈妈在欣赏美术作品的时候，通过联想、想象到美好的事物，从而将美的感受传递给宝宝，达到对宝宝的美育胎教。孕妈妈在欣赏美术作品的时候，要在理解美术作品的基础上，用心去体会，引起感情上的共鸣，产生美的感受，从而达到对宝宝进行美育胎教的目的。孕妈妈在欣赏美术作品时，可根据不同的爱好选择不同的作品，喜欢中国画的可欣赏中国画，喜欢西洋画的可以选择西洋画，喜欢根雕的孕妈妈可选择欣赏根雕……孕妈妈要根据自己的喜好和欣赏素质来选择。

下面以法国画家安格尔的作品《泉》为例说明如何进行美育胎教。

《泉》是安格尔最著名的裸体油画杰作，尽管这幅画属于希腊画风之作，但画中裸女却有一种自然的生气。画面表现的是一个手托水罐正面站立着的少女形象，尽管她略含羞涩的美丽面庞和优美匀称的体态，可以引起人们无限的联想，但画家的匠心则主要体现在他对理想美的思考和追求上。少女的造型在整体上是遵循了古希腊雕刻的三段式原则，左边以高举的手臂组成圆和三角的几何结构，胸部和腹部的转折起落形成波浪式的曲线，与左边的单纯与宁静形成对比。从少女的头部开始，经过耻骨到脚底的S形是中轴线，正是这根无形的中轴线，统一了画面的运动和变化，达到了高度的和谐，寄托了安格尔对美的全部理想，而水罐倾流的泉水，既起着寓意少女青春纯洁的点题作用，又使画面产生匀称和谐的旋律。

《泉》这幅画创造出的不仅是一个纯洁少女的化身，更创造了恬静、典雅、抒情诗般的意境，而这种意境恰恰正是孕妈妈所需要的。如果孕妈妈在这样一种美的境界中去想象自己腹中的宝宝，这是多么的美好。

环境胎教

优美的环境，能对人的神经起到调节作用，也能对孕妈妈的性格、心情起到改善、缓和的作用。一个干净整洁、安静舒适的居室还会使孕妈妈从精神上感到愉快。席勒曾经说过："真正美的东西，必须一方面跟自然一致，另一方面跟理想一致。"家庭环境的布置，是孕妈妈的物质、精神生活统一和谐的黏合剂，这不仅能对孕妈妈的精神生活起到一定作用，而且也能促进宝宝的良好发育。

既然良好的环境对孕妈妈的情绪有着很重要的作用，那么怎样创造优美的环境来促进宝宝的发育呢？

首先要为孕妈妈布置一个良好的居室环境。

居室的色彩布置应该因孕妈妈工作种类、个性性格等不同而有所变化。一般来说，在纷繁复杂的环境中工作的孕妈妈，居室色彩应该简洁、温柔、清淡，如乳白色、淡蓝色、淡紫色、淡绿色等。因为白色给人一种清洁、朴素、坦率、纯洁的印象，其他如淡

蓝色、淡紫色等给人一种深远、冷清、高雅、安静的感觉。孕妈妈从繁乱的环境中回到宁静优美的房间，内心的烦闷便会趋于平和、安详，心情也会稳定。如果孕妈妈是在紧张、安静、技术要求高，神经经常保持警觉状态的环境工作，家中不妨用粉红色、橘黄色、黄褐色布置。因为这些颜色都会给人一种健康、活泼、发展、鲜艳、悦目、希望的感觉。孕妈妈从单调的色彩环境、紧张的工作状态中回到生机盎然、轻松活泼的环境中，神经可以得到松弛，体力也可以得到恢复。

居室还要进行绿化装饰，而且应以轻松、温柔的格调为主，无论盆花、插花装饰，均以小型为佳，不宜用大红大紫，花香也不宜太浓。孕妈妈在被花朵装饰得温柔、雅致的房屋里，一定有舒适轻松的感觉，这有利于消除孕妈妈的疲劳，增添情趣。

在居室的墙壁上还可以悬挂一些活泼可爱的婴宝宝的画像或照片。他们可爱的形象会使孕妈妈产生许多美好的遐想，形成良好的心理状态。另外，悬挂一些景象壮观的油画也是有益的，它不仅能增加居室的自然色彩，而且能使人的视野开阔。试想，茂密的森林、淙淙流水、蓝天白云、海浪、沙滩……多么令人神往。即使是紧张、劳累了一天，孕妈妈也可以在这优美的环境里得到很好的休养。

除此之外，还可以在居室悬挂一些隽永的书法作品，时时欣赏，以陶冶性情。书法作品的内容常常是令人深思的名句，从中不仅能欣赏字体的美，更能感到有一种使人健康向上，给人以鼓舞和力量的作用在时时激励自己。

在这优美的环境里，孕妈妈还可以培养自己更广泛的兴趣，如可以自己种一些花草，喂养一些漂亮的小鱼等。这些都能够陶冶孕妈妈的情操，感到那种旺盛的生命力是无处不在的，进而产生美好的联想。

其次，要经常到空气清新、风景秀丽的地方游览，多听听悦耳动听的音乐，多看看美丽的图画和花草，以调节情趣。这样不仅可使孕妈妈心情舒畅，体内各系统功能处于最佳，可以使宝宝处于最佳的生长发育环境，对于希望自己的宝宝聪明漂亮的夫妻是十分必要的。

情绪胎教

受孕以后，孕妈妈的一举一动都会对宝宝产生影响，为了能让孕妈妈自觉地对宝宝实施胎教，稳定孕妈妈的情绪至关重要。

作为家庭主要成员的丈夫，应当经常关心和体贴妻子，在妻子怀孕期间，应主动承担较多和较重的家务劳动，要经常注意去发现妻子的思想和情绪波动，及时给予适宜的帮助和开导，做好妻子思想上的工作。

孕妈妈应该培养自己心平气和的心境，不要轻易动怒，要学会以宽容的态度对待别人。同时，怀孕的女性都有一种上升了的母爱感、崇高感，这在无形中增强了孕妈妈抵御不良情绪的能力。在此期间，孕妈妈还要注意培养自己处理冲突的良好的心理素质。

孕妈妈自己为了控制和扭转不良的情绪，还可以去看一些轻松愉快的电影，听一曲温馨优美的乐曲，读一些情节乐观的文学作品，甚至可以到旅游胜地散散心。总之，尽量让孕妈妈保持一种平和、稳定和舒畅的心态，对促进宝宝的大脑发育，创造一个良好的环境，起到间接胎教的作用。

4. 准爸爸参与

开始学着跟宝宝说话

对年轻的准爸爸而言，一开始可能会觉得比较别扭，所以，要从现在就开始练习和宝宝说话。如每天早晚和宝宝打招呼，对着妈妈的肚皮念儿歌、讲故事等。

开始每天给小宝宝按摩

准爸爸也可常常抚摩胎宝宝，方法是将双手手指放在妻子的腹部，从上到下、从左到右，随着音乐轻轻触摸胎宝宝，每次5～10分钟。

安抚孕妈妈的情绪

这个月，孕妈妈开始有孕期反应，孕吐严重的话是很难受的，难免会影响到心情，所以还是需要准爸爸多多关心。

5. 效果评估

这是一个直观的评估，得分越高，说明你胎教的质量越好。

饮食	已经开始非常关注自己的饮食了，既注意口味，又注意宝宝和自己的营养。（3分）
	该怎么吃还怎么吃，不过之前一些明显的坏习惯戒掉了。（1分）
	跟没怀孕前没有任何区别。（0分）
孕期反应	不是很严重，加上准备充分，调节得好，基本不影响正常生活。（3分）
	很难受，吃什么都不管用，但为了宝宝还是坚持吃。（2分）
	吃什么吐什么，所以干脆不吃了。（0分）
准爸爸	工作虽然忙，但是老婆宝宝更重要，积极参与胎教。（3分）
	老婆需要照顾，宝宝还没显示顾不上，还得上班赚奶粉钱呢。（1分）
	老子上了一天班累死了，还得伺候你。（0分）
情绪胎教	已经习惯了怀孕这个事实，一切都井井有条，有点小甜蜜。（3分）
	老公很忙，我自己没问题的，可以调节好。（1分）
	孕吐好难受，心情怎么能好？（0分）
运动胎教	每天都能坚持出去活动10～20分钟。（3分）
	看心情了，不高兴就不去。（1分）
	我现在一个人吃养两个人，还是在家养着好。（0分）
抚摩胎教	认真地感觉宝宝的存在，相信他真的能感应到我的爱，与我交流。（3分）
	练习着总没什么坏处。（2分）
	肚子都没大，抚摩也感觉不到，干脆不做。（0）
语言胎教	虽然宝宝还什么都感觉不到，但是我也要每天和他打招呼。（3分）
	宝宝现在还是个小胚胎呢，等他大点再说吧。（1分）
	我行我素，还是和以前一样大大咧咧，口无遮拦。（0分）
想象胎教	想象宝宝的样子，在肚子里快乐地成长。（3）
	房贷要还，奶粉很贵，婆婆合不来，以后宝宝园要花不少钱。（0）
美育胎教	经常看一些漂亮宝宝的照片，漂亮的风景，图画。（3）
	老公，晚上陪我去电影院看美国动作大片。（0）

跟爸爸亲的女儿

小可妈妈："老公是个非常细心的人，怀孕时，生活上大大小小的事情都是他提醒我，确实是一个合格的爸爸。

"他工作很忙，只要一回家，就有意识地对着我的肚皮说话，讲故事，做得比我这个当妈妈的都周到。他说尽量多和小宝宝说话，宝宝出生后就能很快认识我们，当时，我把他的话当笑话，但小可出生当天，护士从产房里把小可抱出来时，老公叫着她的名字，小可一听见他的声音，眼睛就转着找爸爸的声音，真的神奇极了。

"现在，父女俩的关系特别好，虽然平时老公出差时间比较多，但只要爸爸的身影一出现，小可就高兴极了。人家常说，不常和宝宝一起，宝宝会疏远大人，但小可却从不，这也许是胎教基础打得好吧。"

第三节

怀孕第三个月——宝宝开始快速生长了

一、宝宝的样子和妈妈的变化

1. 宝宝已经可以分出男女，是一个爱动的小人了

怀孕第3个月末宝宝已有40克重，长9～10厘米。整个身体中头显得格外大，几乎占了身长的大部分。宝宝有了手指甲和脚趾甲，有眼睑，但仍闭着，有了双唇和一个凸出的鼻子。

宝宝的皮肤是透明的，因而可以透过皮肤清楚地看到正在形成的肝、肋骨和皮下血管、心脏、肝脏，胃肠更为发达。此时宝宝自身形成了血液循环，肾脏也开始发达起来，有了输尿管。骨骼和关节尚在发育中。外生殖器已分化完毕，可辨出宝宝的性别。

这时宝宝四肢在羊水中已能自由活动，有时左右腿还可交替做屈伸动作，双手能伸向脸部，这说明脊髓等中枢神经已很发达了。

2. 妈妈平时的衣服开始觉得紧了

从外观上看，孕妈妈的下腹部还未明显隆起，但体内的子宫在3个月末时已长到如拳头大小。

孕妈妈增大的子宫开始压迫位于前方及后方的膀胱和直肠，出现排尿间隔缩短、排尿次数增加、总有排不净尿的感觉，并且因压迫直肠，还容易出现毫无原因的便秘和腹泻。

孕妈妈盆腔内内脏血液聚集，发生充血和淤血，阴道的分泌物较前略有增多，颜色为橙色或淡黄色，有时为浅褐色。

妊娠第3个月的前2周，是妊娠反应最厉害的阶段，度过此阶段，妊娠反应随着孕期的增加开始减轻，不久会自然消失，孕妈妈开始食欲增加，下降的体重逐渐回升。

孕妈妈的乳房除了原有的胀痛外，开始进一步长大，乳晕和乳头色素沉着更明显，颜色变黑。

二、孕妈妈的营养与进补

1. 食物的选择和加工要更讲究

孕妈妈宜多吃什么，要忌吃什么食物，后面将有详细的介绍，这里就孕妈妈饮食选择材料和烹调上的一般注意事项提出一些要求。

❶ 选择食物，特别是蔬菜和水果时，一定要选择新鲜的，其营养丰富，尤其是维生素受损少，另外没有腐烂变质情况，可减少毒素对人体的危害，特别是避免对宝宝的危害。

❷ 烹调加工时注意在清洗蔬菜、谷米时，不要在水里浸泡时间过长，以免造成营养物质流失。特别是维生素C和B族维生素，在水里泡得时间过长很容易损失。

❸ 烹调菜肴时要做到高温短时间加工。如果慢火时间过长，无论从营养价值、颜色和口感上都会受损，孕妈妈食欲也会受影响，宝宝营养受损。

❹ 煮青菜、煮豆以及煮米粥时，严禁用小苏打（弱碱性），因为B族维生素、维生素C极不耐碱。

2. 多吃些大豆类食品有助宝宝大脑发育

豆类是重要的健脑食品，如果孕妈妈能多吃些豆类食品，将对宝宝健脑十分有益。

大豆中含量相当高的氨基酸和钙正好弥补米、面中这些营养的不足。又如脑中极为重要的营养物质谷氨酸、天冬氨酸、赖氨酸、精氨酸在大豆中的含量分别是米中含量的6、6、12、10倍，可见其含量之高，对健脑作用之大。

大豆中含蛋白质约占40%，不仅含量高，而且多为适合人体智力活动需要的植物蛋白，也有利于健脑。

大豆含脂肪量也很高，约占20%，在这些脂肪中油酸、亚油酸、亚麻酸等优质不饱和脂肪酸又较多。

此外，大豆中每100克含钙240毫克，铁9.4毫克，磷570毫克，维生素B_1 0.85毫克，维生素B_2 0.30毫克，烟酸2.2毫克。这些营养物质也都是智力活动所必需的。

所以，孕妈妈宜多吃大豆和大豆制品，如豆豉、豆腐、豆浆、豆腐皮、腐竹、豆腐干等。

3. 全素主义伤害胎宝宝

平时我们提倡多吃素食，但对孕妈妈来说如果全吃素食则不利。

孕妈妈光吃素食而不吃荤食，就会造成牛磺酸缺乏。实验证明，牛磺酸有助于视力正常发育，孕妈妈如果缺乏牛磺酸，就会造成宝宝视力不佳，甚至生出失明的新生儿。

荤食大多含有一定的牛磺酸，再加上人体自身亦能合成少量的牛磺酸，因而正常人的饮食不会出现牛磺酸缺乏，而对孕妈妈来说，由于需要牛磺酸的量比平时增大，人体本身合成牛磺酸的能力又有限，再加之全食素食，必然造成牛磺酸缺乏，使宝宝视力受损。

另外，只吃素食也不利于脂溶性维生素的吸收。维生素A、维生素E、维生素D、维生素K需要有脂肪的协助才能被人体吸收。

为了宝宝正常发育和自身健康，孕妈妈在多吃素食的同时，不要抛弃荤食，要适当食用鲜鱼、瘦肉、鲜蛋、小虾、牛奶等含牛磺酸的荤食。

4. 过食动物肝脏导致宝宝畸形

过去，人们都提倡孕妈妈的饮食中必须包括动物肝脏，这是因为动物肝脏含有丰富的消化酶以及钙、铁、锌、镁等元素和一些重要的维生素，如维生素D、A、B_1、B_2、

B_{12}等在肝脏中含量也很丰富。因此孕妈妈平时注意摄取一些动物肝脏，有利于预防因蛋白质、钙、铁、锌、维生素B_2、维生素A、维生素D缺乏而引起的多种营养缺乏性疾病。但过多地食用动物肝脏，也会导致副作用。

孕妈妈过多食用动物肝脏易导致体内维生素A达到危及宝宝的水平，并可能有致畸作用。英国学者通过对一些畸形儿，包括耳朵缺陷、头面形态异常、唇裂、腭裂以及眼睛缺陷、神经系统缺陷和胸腺发育不全的患儿调查，发现其患病均与孕妈妈过量食用动物肝脏有关。同时，动物实验也提示：如果喂养牲畜时添加维生素A，对未出生的宝宝产生潜在危害。孕妈妈服用大量维生素A易发生宝宝畸形。美国曾报道过一例孕妈妈食用动物肝脏导致宝宝先天畸形的病例。

因此，在食谱中减少或去除肝脏和肝制品。因为孕妈妈过多食用动物肝脏，会导致体内维生素A摄入过多，很容易超过孕妈妈的需要量。

孕妈妈最好减少食用动物肝脏，以偶尔吃一次为宜，每次控制在30～50克。至于孕妈妈需要补充的维生素A、B和微量元素锌等，可以从其他食品中获得。例如，新鲜蔬菜、水果等。因为胡萝卜、菠菜、白菜和橘子等所含的胡萝卜素可以转化为维生素A。此外，可以从鱼类、瘦肉中补充B族维生素和微量元素锌等。

胎教小贴士

肝脏营养丰富但威胁也大

肝脏是动物体内最重要的排毒器官，正因为如此一些难以分解、排出的毒素会累积在肝脏中，如铅、汞等重金属、农药的化学残留物等，所以污染地区的动物肝脏坚决不能吃。

5. 早孕反应时可多吃核桃和芝麻

孕妈妈有早孕反应时，突出的表现之一就是厌油腻，多数早孕女性不愿吃含脂肪多的肉类，吃菜也比较清淡，使得妊娠早期孕妈妈摄取的脂肪量减少，而如果孕妈妈缺乏脂肪，会影响免疫细胞的稳定性，导致免疫功能降低，引起食欲不振、情绪不宁、体重不增、皮肤干燥脱屑、容易患流感等多种传染病，还会导致维生素A、D、E、K缺乏症，使孕妈妈缺钙而造成骨质疏松等疾患。

妊娠30周以前，母体内必须有脂肪蓄积，以便为妊娠晚期、分娩以及产褥期作必要的能量储备。虽说身体内的蛋白质和糖类可以转化为脂肪，但是，仍有一部分脂肪体内不能合成，必须由食物供给。

在妊娠早期，脂肪可促进脂溶性维生素E的吸收，起着安胎的作用。脂肪还可以帮助固定内脏器官的位置，使子宫衡定在盆腔中央，给胚胎发育提供一个安宁的环境。此外，脂肪还有保护皮肤、神经末梢、血管及脏器的作用。

如果早孕反应严重的女性实在不想吃肉类，可以食用核桃和芝麻。核桃富含不饱和脂肪酸、磷脂、蛋白质等多种营养素。1千克核桃仁相当于5千克鸡蛋或者9千克鲜牛奶的营养，并有补气养血、温肺润肠的作用，其营养成分的结构对于胚胎的脑发育非常有利。因此，孕妈妈每天宜吃2～3个核桃。

芝麻富含脂肪、蛋白质、糖、芝麻素、卵磷脂、钙、铁、硒、亚油酸等，有营养大脑、抗衰、美容之功效。将芝麻捣烂，兑上适量白糖，每日上、下午用白开水各冲服一杯，既可增强孕妈妈的抵抗力及预防感冒，又可防止宝宝患皮肤病。

6. 怀孕第三个月的营养食谱推荐

桃仁烧丝瓜

【原料】丝瓜200克（可食部），鲜核桃仁100克，姜末5克，精盐2克，料酒10克，鸡汤100毫升，淀粉5克，味精10克，鸡油10克，花生油500克（实耗30克）。

【做法】

1.鲜核桃仁用开水泡发后，剥去外皮洗净待用。

2.丝瓜削去老皮，切成4厘米长的段。

3.炒锅上火，入花生油烧至四五成热，下桃仁，丝瓜滑透后，将油沥出。

4.锅内留少许油，下姜末炝锅，速下桃仁丝瓜，再下调料，炒片刻后，用水淀粉勾芡，淋入鸡油盛盘。

【特点】香甜适口，菜色白绿相间，形色俱佳，诱人食欲，为食疗佳品。

芥末鸡丝

【原料】鸡肉500克，芥末、精盐、味精、酱油、白糖、醋、香油和姜、蒜各适量。

【做法】

1.将鸡肉洗净，煮熟后捞出控净汤汁晾凉备用；芥末研成糊状；蒜拍成蒜泥；姜切丝。

2.将鸡肉切丝，装盘内，将精盐、味精、酱油、白糖、醋、芥末、姜丝、蒜泥、香油调成汁，浇鸡丝上即可。

【特点】口味香鲜。

黄油花色小面包

【原料】精白面粉500克，黄油、白糖、核桃仁、芝麻、粗粒砂糖、鸡蛋浆各适量。

【做法】

1.将精白面粉和黄油充分糅合，再放入白糖，加进适量溶开的鲜酵母，揉成面团；面团发好，做成长条形，斜切成3.3厘米厚的面块。

2.每块面块上抹上鸡蛋浆，撒上粗砂糖、核桃仁和芝麻，将面块放到平底锅上，用小火烘烤至颜色微红、香味外溢即可。

【特点】色泽鲜艳，香软可口。

复元汤

【原料】淮山药50克，肉苁蓉20克，菟丝子10克，核桃仁2个，瘦羊肉500克，羊脊骨1具，粳米100克，葱白3根，生姜、花椒、料酒、胡椒粉、八角、精盐各适量。

【做法】

1.将羊脊骨剁成数节，用清水洗净；瘦羊肉洗净，焯去血水，再洗净；淮山药、肉苁蓉、菟丝子、核桃仁用纱布袋装好扎口；羊肉切成条块。

2.将中药、生姜、葱白、羊肉、羊脊骨及粳米同时放入沙锅内，加清水适量，大火烧沸，去浮沫。

3.放入花椒、八角、料酒，用小火继续煮至肉熟烂为止；肉、汤出锅后，加胡椒粉、精盐调味即可食用。

【特点】温补肾阳。瘦羊肉、羊脊骨可补精壮阳；肉苁蓉、菟丝子补肾壮阳；淮山药、粳米配以核桃仁具有益气补中之功。

蛋酥鸭子

【原料】鸭子1个（约1500克），鸡蛋1个，熟火腿、熟肥肉膘、荸荠、生菜、精盐、味精、料酒、椒盐、姜片、香油、淀粉、葱白段、植物油各适量。

【做法】

1.鸭子稍煮晾干，抹精盐加热料酒、葱段、姜片上笼蒸烂，晾凉去骨。

2.鸭肉切粗丝；熟肥肉膘、熟火腿、荸荠，去皮切丝；鸡蛋加淀粉调糊。

3.鸭皮抹上蛋糊放平盘内，把拌好的各种丝放鸭皮上拍成饼状。

4.勺放油将鸭饼炸成黄色捞出，油升八成热时再炸一次，淋香油，切条，码盘内，围生菜带椒盐上桌。

【特点】色泽金黄，口味咸鲜，外酥里嫩。

糖醋包心菜

【原料】包心菜1小棵，姜、红辣椒、精盐、白糖、醋、干辣椒、花椒、香油各适量。

【做法】

1.将包心菜切宽条，焯一下，捞出装盆内，趁热撒少许精盐；将姜、红辣椒切丝放盆内。

2.将花椒及干辣椒用油炸后制成麻辣油浇到包心菜上。

3.用冷开水把白糖、醋调汁浇到包心菜上，压一重物腌渍4小时，吃时捞起包心菜，改刀成段，淋上香油即可。

【特点】口味酸辣香甜。

仙人粥

【原料】制何首乌30～60克，粳米60克，大枣3～4枚，红糖或冰糖适量。

【做法】将制首乌煎取浓汁，去渣，同粳米、大枣同入沙锅内煮粥，粥将成时，加入红糖或冰糖水少许以调味，再煮沸即成。

【特点】补气血、益肝肾，可增力强体。

三、孕妈妈和宝宝的安全

1. 孕吐过度可能导致酮症酸中毒

妊娠反应期一般较短，由于早期胚胎形成时期营养素不需要增加很多，所以大多数情况下不会影响宝宝的发育，会很快度过。但是妊娠反应严重者呕吐频繁，剧烈，许多孕妈妈产生惧怕心理，水米难进，甚至有些人嗅到一点儿异味儿，都可能引起妊娠反应。

有的人不仅将胃内食物吐出，而且还将胆汁等物吐出。由于频繁、严重的呕吐可引起体内水、钠、钾等营养素丢失，电解质紊乱，容易出现酮体，一旦没有得到及时纠正和治疗，可导致水、电解质平衡失调和酮症酸中毒的产生，造成体内营养环境失衡，使母体的健康受到严重危害，宝宝的健康也难以得到足够的保障。因此，在这种情况下要尽快就医，尽早控制症状，必要时采取肠内营养和肠外营养综合治疗，防止出现水、电解质紊乱和酮症酸中毒。

为了保持水、电解质的平衡，早孕呕吐期的营养补充要注意多饮水，多吃蔬菜和水果，以补充电解质。同时，还可配合随意膳食，做到什么时候能吃就吃，什么时候想吃就吃，吐了之后能吃的还是要吃，尽可能采取经口摄食，以有利于消化和吸收。在择食和摄食方面做到不偏食、不挑食，保证每日热量的基本供应，尽量摄取营养充足的食物，而且均衡合理地用膳，以保持内环境的营养平衡，保证母体健康。

2. 厨房的油烟是宝宝杀手

孕期尤其是孕早期，胚胎处于细胞分裂、增殖、组织器官形成、分化阶段，脑组织也是在这一时期形成的。这时的宝宝非常“脆弱”，极易受周围环境的影响。当孕妈妈吸人含有二氧化硫、一氧化碳、浮尘、焦油等有毒、有害物质的气体时，这些有毒物质通过血液循环进人宝宝体内，会影响干扰宝宝的正常发育，甚至会引起宝宝畸形或自发流产，更可悲的是日后可能生一个有缺陷的宝宝。所以，不要忽视环境对优生造成的影响。

这里需要特别提到的是孕妈妈不可久留厨房，家庭中厨房是粉尘、有毒气体密度最大的地方。液化气燃烧后，一氧化碳的浓度比室外高出许多倍；煤燃烧后，释放出大量二氧化硫、二氧化氮、一氧化碳，而且煤烟中还含有强烈致癌物——苯并芘。除此之外，煎炒食物也产生大量油烟。若厨房通风不良，一氧化碳平均浓度为国家标准的5倍，氢氧化物的平均浓度为14倍，特别是苯并芘远远超过了室外空气中的浓度。所以孕妈妈应少去厨房，或尽可能减少停留时间。

3. 换双舒服的鞋子减轻负担，缓解水肿

孕妈妈穿合适的鞋在整个孕期特别重要。这是由于孕妈妈的生理特点所决定的。

大多数孕妈妈怀孕3个月后，会出现大脚趾下面水肿；6个月后，整个脚水肿得如同平脚；妊娠后期腿脚水肿得难以维持走路时的平衡。孕妈妈体重的增加使血液循环不畅，脚底会产生沉重的压迫感，从而加剧了腰痛。因此，孕妈妈应该从怀孕3个月开始，换穿孕妈妈鞋，使脚部负担减小，行走方便。

孕妈妈鞋应是什么样的，有何特点：

❶ 鞋跟要低。鞋跟高了，脚部负担重，大腹便便，加之脚部水肿，走路不稳。另外，因孕妈妈的下肢静脉回流常常受到一定影响，站立过久或行走较多时，双脚常有不同程度的水肿，此时穿高跟鞋由于鞋底、鞋帮较硬，不利于下肢血液循环，会加重水肿。孕妈妈所穿鞋的鞋跟高度应在2厘米以下。

❷ 孕妈妈鞋应透气性好、宽松、轻便。孕妈妈不应选用合成革、皮革、尼龙等材料做的鞋，以帆布鞋为合适。

❸ 孕妈妈穿的鞋应该具有防滑性，富有弹性，较为柔软，以有助于减轻脚部的疲劳为宜。

4 孕妈妈的鞋要大小合适。鞋小走路时会脚痛，会加重脚部水肿；鞋大不跟脚，走路不便，容易摔跤。孕妈妈从怀孕6个月后，应选比自己的脚稍大一点的鞋为宜。

4. 不要睡过软的席梦思床

席梦思因其柔软舒适，备受人们青睐。但孕妈妈睡席梦思床则不利健康，这是因为：

易致脊柱的位置失常：孕妈妈的脊柱较正常人的腰部前屈更大，睡席梦思床或沙发床，会对腰椎产生严重影响。仰卧时，其脊柱呈弧形，使已经前屈的腰椎小关节摩擦增加；侧卧时，脊柱也向侧面弯曲。长此下去，孕妈妈易感到疲劳，而且还会使脊柱椎体关节窝的位置失常，压迫神经，增加腰肌的负担，既不能消除疲劳，又不利于生理功能的发挥，并可引起腰痛。

不利于翻身：正常人睡眠时睡姿经常变动，一夜辗转反侧可达20～26次，翻身有助于大脑皮质抑制的扩散，提高睡眠质量。然而，孕妈妈睡席梦思床太软，身陷其中，不容易翻身。同时，孕妈妈仰卧时，增大的子宫压迫腹主动脉及下腔静脉，导致子宫供血减少，对宝宝不利，甚至出现下肢、外阴及直肠静脉曲张。右侧卧位时，上述压迫症状消失，但宝宝可压迫孕妈妈的右输尿管，易患肾盂肾炎；左侧卧位时上述弊端可避免，但可造成心脏受压、胃内容物排入肠道受阻，同样不利于孕妈妈健康。

因此，孕妈妈不宜睡席梦思床，最好睡棕垫床或者在硬床上铺9厘米厚的棉垫为宜。

5. 禁吃，不利保胎的食物

古医书《备急千金药方》说："儿之在胎，与母同体，得热则俱热，得寒则俱寒，病则俱病，安则俱安，母之饮食起居，尤当慎密。"食物中按性能要求大致有以下食物孕妈妈应忌食。

活血类——导致流产：山楂、蟹爪等，能活血去淤，调解堕胎。《本草经疏》说，山楂能"行经气，消淤血"。山楂对女性子宫有收缩作用，孕妈妈大量食用，易刺激子宫收缩，导致流产。《本草纲目》说，蟹爪能"堕生胎，下死胎"。以上食物孕妈妈应忌食。

滑利类——导致流产：滑利类主要有冬葵叶、落葵、苋葵、马齿苋、薏苡仁等。这类食物能通下焦，伤损肾气，使胎元不固。《本草纲目》谓马齿苋"利肠滑胎"，谓苋菜，性冷利，"滑胎"。《本草图经》说葵叶"食之胎滑

易产”。《本草疏经》谓薏苡仁“妊娠禁用”。现代医学指出，薏苡仁对子宫有兴奋作用，不利保胎。

辛热类——破血堕胎：主要是肉桂、干姜、胡椒、花椒及鳗鱼等。这类食物能助热动火，旺盛血脉，伤损胎元。李时珍就说过，“桂性辛散，能通子宫而破血”。《随息居饮食谱》谓胡椒“多食动火燥液，耗气伤阴，破血堕胎……故孕妈妈忌之”，谓花椒“多食动火堕胎”，谓鳗鱼“多食助火发病，孕妈妈及时病忌之”。

此外，还有酒、麦芽、蟹肉等孕妈妈也应忌食。《日华子本草》谓麦芽“下气，消痰，破淤结，能催生落胎”。

6. 先兆流产如何处理

引起流产的原因是多方面的，有属于胚胎方面的，如孕卵发育异常，这是早期流产最常见的原因，主要由于精子或卵子有缺陷，或两者都有缺陷所致；也可由于在胚胎分裂中，受到外界因素的影响，如疾病、辐射等，使其胚胎分裂发生异常所致；也可属于母体方面的原因，如内分泌失调，早期妊娠时卵巢、黄体功能不全引起分泌的孕激素不足，可以使子宫蜕膜发育不良，会影响孕卵着床及发育；甲状腺功能低下使甲状腺分泌不足，细胞新陈代谢降低，从而影响胚胎的发育；生殖器官的疾病，如双子宫和双角子宫、子宫肌瘤，尤其是黏膜下的子宫肌瘤也影响胚胎生长的环境而致流产。

早孕若有流产先兆，应注意休息，适当观察，进行保胎，但不可盲目无限期地保胎，应通过B超来确定宝宝发育情况以决定进一步的处理。由于流产的胚胎中有不少属于孕卵染色体不正常，因此自然流产是一种自然淘汰现象，不应保胎，对有流产先兆的孕妈妈，除因母亲疾病引起的可适当保胎，若疾病痊愈可继续妊娠，若症状不见好转不要勉强保胎，以免生出异常儿。

7. 妊娠恶阻怎么办

妊娠反应一般出现在孕妈妈停经后第5～8周，一般持续到16～20孕周。一般地说，妊娠时的孕吐多在肚子饥饿时发生，特别在清晨起床时更为强烈。此外，味道强烈和异味食物或饮水过多、饭量太大也会引起恶心、呕吐。若是在夏天妊娠，由于人体消耗大量水分，呕吐更使身体严重脱水，加重病情。

妊娠反应只是暂时的，只要经过3个月左右的时间，待母体中绒毛膜促性腺激素的水平降到最低水平时，呕吐就会自行消失。但有些孕妈妈却不是这样，她们出现恶心呕吐，或食人即吐，这就是“妊娠恶阻”，或称为“子病”、“阻病”等。

妊娠恶阻的女性几乎什么食物都吃不下，连喝水都要吐出来，孕妈妈身体明显消瘦，以致引起脱水现象，甚至出现发冷出汗，脉搏加快、皮肤干燥等症状，严重者发热，手足痉挛，严重时可使孕妈妈迅速消瘦。

出现妊娠恶阻应请医生治疗。如反应过于严重时，医生会给消化药、止吐药、维生素等治疗，如效果欠佳，可住院，医生会通过点滴林格液和葡萄糖来补充营养，通过补给水分和营养，使营养状况逐渐恢复。如治疗无改善，孕妈妈身体衰弱，就不得不做人工流产。

为预防妊娠恶阻的发生，孕妈妈要做到心情愉快，调节好饮食，控制妊娠反应，避免恶化。

8. 孕妈妈做家务要当心

孕期适当地做些家务，参加劳动，对母子都是有益的。劳动可改善睡眠，增加食欲，增强体力，预防过胖，减少便秘。总之，孕期只静不动是不可取的。

但孕期家务劳动要适度，要有选择，并且孕妈妈要感觉愉快才好。

❶ 在孕早期，妊娠反应使孕妈妈吃不下饭，这个时期不要做饭，也不要下厨房劳

动，以免加重孕吐。

2 冬天不要使用凉水，以免着凉诱发流产。

3 注意保护腹部，防止任何重物、硬物顶着腹部，撞击腹部。

4 不要端盛水的盆。洗衣宜用肥皂，不宜用洗衣粉。不要用力拧衣服，最好不洗大件。晒衣服可低矮些，不要用力高举。

5 不要登高、抬重物，不要干弯腰下蹲的劳动。

6 不要站立过久，过劳过累。

7 心情不愉快，不愿干时便不要勉强。

9. 孕早期如何有效防止畸形儿

遗传、物理、生物及化学物质因素，都有可能导致胎宝宝先天性异常，除遗传因素外，其他三个因素都是可以预防和克服的。孕妈妈要远离以下有害因素：

1 吸烟及被动吸烟的环境

2 射线

3 过量饮酒

4 不必要的药物治疗

5 毒品--例如迷幻药、海洛因、可卡因及大麻

6 不够熟的鸡蛋

7 熟肉制品

8 与猫、狗接触

9 有毒的化学制品：染料、油漆、防腐剂、木焦油等

10 溶剂中散发的有毒气体--清洁剂及黏合剂等等

10. 孕妈妈要注意正确的行动姿势

妊娠初期，胎盘还没有发育完全，是容易流产的时期。随着妊娠时间的增加，腹部向前突出，重心位置发生变化。此外，骨盆的韧带出现生理性松弛，腰椎容易向前倾斜，背部的肌肉负担加大，容易疲劳，都成为腰痛的原因。

因此，孕妈妈在妊娠中站立、行走、坐椅、睡卧、取东西都要比正常人更要注意讲究正确的姿势。

站立时：

要两脚平行，稍稍分开一些，把重心放在脚心上，这样身体就不容易疲劳了。

需要较长时间站立时，两只脚最好前后交错，每隔几分钟就要改变一下两条腿的前后位置，原则是把身体重心放在伸出的前腿上，这样可以最大限度地减轻长久站立时的疲劳。

行走时：

要注意骨盆稍稍向前倾，抬起上半身，肩膀稍向后落下，下腭内敛，挺胸收臀，腹部突出，以保持整个身体的平衡。

行走时一定要注意一步一步地踩实，上下楼梯时不要哈着身体或腆着肚子。切记踩稳当了再迈步，千万不要踩空。如果有扶手，一定要扶着行走，以免身体摔倒。

躺下时：

在怀孕16周前最好采取仰卧位，可以在腿下边垫上一个枕头，使身体放松。怀孕16周后，最好采取侧卧位，这样有助于消除肌肉紧张，解除疲劳，有利于睡眠。以免增大的肚子压迫腹部大血管，影响血液往心脏回流。

坐下时：

最好选择带靠背的椅子，要深深地坐在椅子上，上半身伸直，舒舒服服地靠在椅背上。椅子高度以使髋关节和膝关节呈直角为好，大腿要与地面平行。

孕妈妈切不可坐在椅子边上，尽量往里边坐，也不可“咕咚”一下坐下去，这样容易摔倒。

拾东西时：

要先弯腰屈腿蹲下，蹲稳了再拾东西，然后伸直双膝站起。

拾东西注意不要压迫肚子。不可采取不弯膝盖、只是斜着上身去拾东西的姿势，这样容易摔倒。

11. 孕期疲劳解决方案

妊娠第一个月时极易产生疲倦感，甚至很多孕妈妈会感觉自己一天到晚都好累，怀疑自己还能否继续工作。孕妈妈怀孕初期的3个月，如果身体里缺乏铁、蛋白质、和足够的热量，这种疲倦感会更为剧烈。

不过不要担心，这种疲倦感是完全正常的。

缓解对策

❶ 无论如何疲倦难当，都不要想到以咖啡、浓茶、可乐、糖果、甜腻的蛋糕来振奋精神。它们激起的短暂兴奋一过，血糖会直线下降，反而会比之前更加疲倦。况且，它们对腹中小宝宝是有伤害的。

❷ 做家务量力而行。一切以母子安全为中心。

❸ 坐着的时候注意抬高脚的位置。晚上早些睡觉，并注意每天进行散步等适当的运动。

❹ 饮食上摄取充足可以帮助孕妈妈补充能量，有效地缓解疲劳。

胎教小贴士

为了缓解孕妈妈的疲劳，准爸爸此时可以贡献自己的力量，为孕妈妈亲手烹制美味的食疗食物。

麦芽蜜枣瘦肉汤

【原料】麦芽150克，瘦猪肉240克，蜜枣30克，盐少许

【作法】

1.麦芽用锅炒至微黄。

2.将蜜枣洗净。

3.瘦猪肉用水洗净抹干，切片，加入腌料，腌透入味。

4.将洗净的蜜枣，炒麦芽放入煲滚的水中，继续煲45分钟。

5.放入猪肉，滚至瘦猪肉熟透。

6.以盐调味，即可饮用。

【特点】麦芽一般用于食疗，各大中药店可以买到。麦芽含有丰富的维生素B_6、叶酸、包括磷脂，在一定程度上能帮助孕妈妈解除疲劳。

12. 孕妈妈容易发生缺铁性贫血

在正常情况下，人体每日需铁量为1．2毫克左右，只要不偏食，吸收功能好且无寄生虫等疾病，可以达到“收支平衡”。但是怀孕后就不同了。

首先，对铁的需要量增加到每日4毫克左右。单纯依靠饮食供应显然有些不足，特别是饮食营养差的孕妈妈更是缺铁严重。

其次，怀孕后，特别是怀孕早期反应重时，胃酸分泌减少，机体对铁的吸收功能减弱，容易造成铁缺乏。

贫血对孕妈妈和胎宝宝危害都很大，一定要注重预防。在怀孕后加强补充铁，促进铁的吸收。

1. 怀孕后单靠饮食补充铁不够时，就要用些铁剂药物，如硫酸亚铁片等。
2. 饮食尽量选择富含铁质的食物，如动物肝脏、瘦肉、红枣等。
3. 如果妊娠呕吐严重要及时治疗。
4. 孕期有意识吃些偏酸食物，有利于铁的吸收。
5. 当身体有感染时，会影响身体对铁的吸收，应该先抗感染治疗后再补充铁剂。
6. 积极治疗容易引起缺铁性贫血的疾病。例如钩虫病，一条钩虫每天吸血0．26毫升左右，严重钩虫病者，每天钩虫吸血加上胃肠道出血，失血可达150毫升，容易导致严重贫血；如果痔疮严重，每日大便都要出较多血，天长日久也会造成贫血，要积极预防和治疗。

四、第三月胎教

1. 胎教方案

方案一：预防流产，避免剧烈活动

妊娠3个月还是很易发生流产的时期，所以孕妈妈要避免进行运动量较大的体育运

动、劳动强度大的体力活及旅行等；日常生活应避免过于劳累；避免做使腹部受压的工作或活动；避免性生活。

方案二：加强营养，注意孕期进补

这段时期是宝宝各器官发育的关键时期，但此期的妊娠反应最严重，很多孕妈妈胃口不好，吃不进东西，因此一定要注意全面合理的营养，要多吃蛋白质含量丰富的食物及新鲜水果、蔬菜等。叶酸的补充应该持续到第3个月末。饭菜制作上要清淡爽口。

在大量雌激素的作用下，从妊娠3个月起孕妈妈的口腔会出现一些变化，如牙龈充血、水肿以及牙龈乳头肥大增生，触碰时极易出血，所以孕妈妈要注意保持口腔清洁，以防细菌在口腔中繁殖。

方案三：保持心情愉快

孕妈妈要注意保持自身清洁，要勤洗头勤洗澡，还要保持充足的睡眠，除每晚睡8个小时外，每天中午最好有1～1.5小时的睡眠。孕妈妈还要注意保持良好的心情，丈夫也要关心爱护妻子，使妻子保持快乐开朗的情绪。

怀孕3个月，应做全面产前检查一次。

胎教内容安排表（供参考，可根据实际情况调整）

时间		生活内容	胎教内容
上午	6:00	起床，洗漱	跟宝宝问好
		准备早饭	
	7:00	吃早饭，收拾餐桌	
	8:00	打扫房间	边打扫边哼唱歌曲或放音乐
	9:00	工作时间	可抽空与胎宝宝聊聊天

续表

时间		生活内容	胎教内容
上午	11:30	午餐	
下午	12:00	如果有条件睡一小会儿	
	13:00	工作时间	休息时给胎宝宝讲讲故事、大自然
	17:00	休息一会儿	听音乐
晚上	18:00	准备晚饭	
	19:00	吃晚饭，收拾餐桌	
	20:00	与准爸爸厮守的时间	请准爸爸讲一些社会知识和白天发生的有趣的事
	21:00	读书	
	22:00	睡觉	和胎宝宝道晚安

2. 胎教准备

适合孕妈妈看的散文、诗歌：

现在的宝宝还是没有办法呼应音乐或语言，所以，孕妈妈还是以看一些轻松的读物为主，心情调节好了，宝宝长得就快。

给宝宝放的音乐：

勃拉姆斯：《摇篮曲》

《摇篮曲》作于1868年，相传是勃拉姆斯为祝贺法贝尔夫人次子的出生，作了这首平易可亲、感情真挚的摇篮曲送给她。法柏夫人是维也纳著名的歌唱家，1859年勃拉姆斯在汉堡时，曾听过她演唱的一首鲍曼的圆舞曲，当时勃拉姆斯深深地被她优美的歌声所感动，后来就利用那首圆舞曲的曲调，加以切分音的变化，作为这首《摇篮曲》的伴奏，仿佛是母亲在轻拍着宝宝入睡。

原曲的歌词为：“安睡吧，小宝贝，夜色已低垂，床头满插玫瑰，陪伴你入睡，夜色寂无声，宝宝睡得甜蜜，愿你舒舒服服睡到太阳升起。”那恬静、优美的旋律本身就是一首抒情诗。后人曾将这首歌曲改编为轻音乐，在世界上广为流传，就像一首民谣那样深入人心。

整个乐曲的主题充满了温暖安详的情绪，表现了母亲真挚的爱意。伴奏声部的开成了摇篮的晃动感受，烘托了平稳宁静的气氛。

乐曲的后半段以上行的八度跳进，仿佛充满了希望之光。

《渔樵问答》

这首曲子有一定的隐逸色彩，能引起人们对渔、樵生活的向往，但此曲的深意，应是“古今多少事，都付笑谈中”，及“千载得失是非，尽付渔樵一话而已”。兴亡得失这一千载厚重话题，被渔夫、樵夫的一席对话解构于无形，这才是乐曲的主旨所在。历史上最有名的“渔”的代表是东汉的严子陵，早年他与汉光武帝刘秀同窗读书，刘秀很赏识他。在刘秀当了皇帝后，多次请他做官，都被他拒绝了。严子陵一生没有做官，隐于浙江桐庐，垂钓终老。历史上“樵”的代表则是汉武帝时的大臣朱买臣。朱买臣早年出身贫寒，常常上山打柴。《渔樵问答》一曲是几千年文化的沉淀。“青山依旧在，几度夕阳红”，尘世间一切芜杂，在渔、樵的问答中烟消云散。

乐曲开始曲调悠然自得，表现出一种飘逸洒脱的格调，上下句的呼应造成渔樵对答的情趣。主题音调的变化发展，并不断加入新的音调，刻画出隐士豪放无羁、潇洒自得的情状。使人感到高山巍巍，樵夫咚咚的伐木声。

给妈妈和宝宝共同准备的图画：

一些轻松鲜艳的手绘本

一些带色彩的水墨国画

做一点孕产瑜伽

孕产瑜伽虽然很多人推崇，但是孕后期做还是有潜在危险性的，现在正是做孕产瑜伽的最适宜的时候。

3. 胎教过程

音乐胎教

这个时期宝宝原始的耳朵已经形成，尽管内耳的发育尚需一段时间，但从宝宝在宫内的反应已经表明宝宝会对声音产生反应，所以在为孕妈妈播放音乐时，也会给宝宝听觉带来良性的刺激，促使宝宝听觉系统发育与完善。

怀孕3个月时，大多数孕妈妈仍会有妊娠反应，呕吐、眩晕等不适，通常将孕妈妈折腾得心情忧郁、烦躁。孕妈妈情绪的不宁和心理的不平衡会影响宝宝的生长发育，所以这时孕妈妈最好听那些轻松愉快、诙谐有趣及优美动听的音乐，使孕妈妈早孕反应的不安心情得到缓解、放松，精神上得到安慰，从而有利于宝宝的健康成长与发育。优美细腻、音律柔和，带有诗情画意的音乐有镇静作用；节奏明快、轻松悠扬的动人乐曲，有舒解心情、使人愉快的作用。

所以此时孕妈妈宜多听这一类的音乐，如《摇篮曲》、《春之声圆舞曲》等。孕妈妈不宜听过分激烈的现代音乐，因为这类音乐音量较大、节奏紧张激烈、声音刺耳嘈杂，可引起宝宝躁动不安，而且可促进母体分泌一些有害的物质，危及孕妈妈和宝宝。另外孕妈妈还可听一些活泼有趣的儿歌、童谣，也可随着轻轻哼唱，通过母体振动将音乐传递给宝宝。

环境胎教

环境对宝宝前3个月的生长发育影响很大，这早已引起古今中外医学家的重视，并成为传统胎教和现代胎教的重要论题。但实际上，环境在整个宝宝期都起作用，环境对宝宝的影响一刻也没有停止。

当孕妈妈的精神、情绪发生变化后，其神经递质和内分泌也发生了改变，这种改变又通过胎盘进入胎体到胎脑，从而影响宝宝的身心发育，而孕妈妈的精神、情绪又会受到环境的影响。宝宝所处的内环境会通过母体受到外环境的影响，使得胎内环境和胎外环境关系十分密切。那么，怎样让孕妈妈有优美的环境呢？或者说，什么样的环境才是优美的呢？

优境是相对劣境而言的。劣境是被物理类、化学类、生物类有害物质污染过的客体环境，也包括母体患病、营养不良、嗜好烟酒、情绪波动的主体环境。优境就是客体环

境和主体环境都很良好的环境。一般说来，优境包括以下三个方面：

家庭优境。家庭优境一是要有宁静而愉快的家庭气氛。夫妻相亲相爱、关系和睦、彼此谅解，就能形成良好的家庭气氛。怀孕妻子都希望丈夫能理解自己的处境，多体贴自己，平时多操持家务，对自己温存并富于幽默感。丈夫如果能勤快地做好家务，上下班不忘记向妻子和宝宝亲吻问好，必将使母子都感到满足和惬意。二是要有整洁、舒适而雅致的孕妈妈居室。新婚要布置新房，有了宝宝也要精心布置宝宝房。屋中挂的图片和器物陈设，都要使孕妈妈赏心悦目，并产生一种将为人母的意识。

社会优境。养育后代是每一对夫妇的责任，也是社会的责任，因此社会要尽可能地为孕妈妈创设优境，如医院、妇幼保健院应专门为孕妈妈开辟环境优美的胎教乐园，让孕妈妈们有一个学习和交流的地方。民政部门和街道居委也应创办风景宜人的孕妈妈之家，让孕妈妈有宾至如归的感觉。街心花园也应添置有关优生优育优教的雕塑和画廊，让孕妈妈有休息和观赏的去处。孕妈妈的工作环境也尽可能优化。

自然优境。孕妈妈可以欣赏名山大川的壮美与秀丽，也可以徜徉于街心花园，感受自然美景，激发孕育的快感，也可以漫步于小桥流水，麦田菜畦，欣赏农家风景。

实施优境胎教的要求和意义是：关于家庭优境胎教，首先要进行有利于胎教的审美

胎教小贴士

孕妈妈的工作环境

怀孕的前几个月，孕妈妈还是需要正常工作的。最好尽早跟相关的领导说明，以便把握好工作强度，原来噪音大、辐射大、污染大环境下工作的，最好调离原岗位。如果家庭条件允许，工作环境相对较差，可尽快休假回家调养。

设计，使家庭环境既适应现代生活节奏，又符合胎教的目的，有助于胎教的实施。其次要有沟通夫妻感情的渠道，要多与宝宝之间进行感情的感应和交流，这样才能使信息在传递中少受干扰，使心理健康成为家庭感情美的源泉，从而使家庭生活的色彩和感情和谐协调，具有审美的移情作用和良好的心理安抚作用。再次就是夫妻共同营造胎教实施时的美的氛围和情调，这样才能让音乐、语言、动作中的审美因素在胎教过程中充分发挥出来，构成父母和宝宝人际关系中的形象美，以利于亲情的形成和维系，保证胎教实施环境的审美效果。

美育胎教

中医著作中说："……自妊之后，则顺行坐端严，性情和悦，常处静处，多听美言，令人诵读诗书，陈说礼乐，耳不闻非言，目不观恶事。如此则生男女福寿敦厚，忠孝贤明，不然则生男女多鄙贱，不寿而愚顽……"意思是，女性怀孕以后，要在坐、立、行等方面端庄，性情要和悦，要多听优美的语言，不听粗俗之语等，这样生下的后代就会享福寿久，否则就会不长寿而且愚笨顽劣。也就是说，孕妈妈在妊娠期间的所作所为可直接对宝宝造成影响。从现代研究人员的研究结果来看，孕妈妈在怀孕期间的所作所为都可以直接影响到宝宝出生后的性格、习惯、智力等各个方面。这不仅可以从母亲输送给宝宝血液中的化学物质的变化看出来，也可以从孕妈妈从事体力劳动引起胎动异常的感觉中体会到。

所以，孕妈妈应在学识、礼仪、审美、情操等方面全面发展，提高自己的修养，同时也对宝宝进行良好的胎教。

生活中每个人都会被一些优美的语言、引人入胜的文学作品所吸引，因为从中我们可以感受到大自然母亲般的胸怀，从书中对人世间一切美好事物的描写中体会到世界的温馨。这不仅可以使孕妈妈本身得以充实、丰富，同时也熏陶了腹中的宝宝，让他也感受这诗一般的语言、童话一样美的仙境。而且，这会刺激宝宝快速地生长，使其大脑的发育优于其他宝宝。由于这种教育使宝宝事先拥有了朦胧美的意识，出生后一般也较其他宝宝聪慧、活泼、可爱。宝宝与母亲的关系也会因此而倍感亲密。

孕妈妈还可以看一些使人精神振奋、情绪良好的书，如伟大人物的传记，优美的诗歌、儿歌，令人神往的童话，激励人奋发向上的世界名著，著名的山水和名胜古迹的游记，精美的画册等。一位哲人曾经说过："读本好书，就像是与一位精神高尚的人在谈话，那精辟的见解、分析，丰富的哲理，风趣幽默的谈吐，都会使人精神振奋，耳目一新。"

孕妈妈不要看那些对人的情绪等各方面产生消极影响的书，如凶杀、色情、低级趣味的书。这些书会使孕妈妈看后处于不良的精神状态中，对宝宝的发育是极为不利的。

语言胎教

语言胎教是指根据宝宝具有记忆力，对宝宝进行语言训练的方法。很多人对宝宝实施语言胎教感到不可思议，认为宝宝既不会思考也不会说话，根本无法接受语言信息。其实，语言胎教是一套行之有效的胎教方法，它的训练基础并不是建立在宝宝说话的基础上，而是建立在宝宝具有记忆的科学基础上。对于宝宝是否有记忆，我国宋代名医陈自明在《妇人大全良方》中就说过："子在腹中，随母听闻。"国内外不少专家、学者对此做过许多深入研究，一所宝宝教育研究中心对"腹中宝宝的大脑功能会被强化吗"这一课题进行了研究，研究结果表明宝宝在子宫中通过胎盘接受母体的养分和信息，胎脑细胞在分化、成熟的过程中不断接受母体神经信息的调节和训练。研究结果证实了宝宝对外界有意识的激励行为的感知体验，将会储存在记忆中。

这说明了这样一个问题，一个小生命在宝宝期就已经具备了语言学习的能力。根据宝宝这种潜在的能力，只要母亲不失时机地对宝宝进行认真、耐心的语言训练，那么等到宝宝出生后在听力、记忆力、观察力、思维能力和语言表达能力方面将会大大超过未经语言训练的宝宝。

对话胎教是根据宝宝具有听力，父母隔着肚皮与宝宝说话，对宝宝进行听力、语言、记忆、审美等方面训练的方法。

宝宝具有听力已被研究人员证实，所以借助宝宝听力对宝宝进行胎教，是对宝宝综合教育、训练的最佳方法，其中对话胎教就是最具综合性的方法。

亲子对话训练，就是父母对自己的宝宝进行讲话的训练。它和我们平时面对面的对话不同，一是父母看不见宝宝，但父母要像看得见那样，用亲切的眼光注视着腹中的宝宝；二是宝宝不会讲话，但父母不能这么认为，要觉得宝宝能和自己交流。最重要的是，要把宝宝当成一个宝宝看待。你叫他名字，他会叫你妈妈或爸爸。他是一个有血有肉、有思想有感情、机灵可爱的小淘气。只有这样，你才能够像对待婴宝宝那样，谈话时自然、亲昵，充满温情和爱怜。不论是早晨还是晚上，只要有时间，就不要失去这种亲子对话的机会。这种对话既是爱的表现，又是美的传送，能够产生以美导真的效应，从而提高宝宝的素质，在出生后的宝宝身上其积极作用就会显示出来。

运动胎教

宝宝在子宫中的活动方式有握拳、吸吮手指、吞咽羊水、踢腿和翻身等动作。尽管在孕3个月后，孕妈妈还感觉不到胎动，但实际上宝宝已经开始了以上的动作，所以从此时起就可以提前进行运动胎教了。

运动胎教就是孕妈妈在宝宝自发运动的基础上，适当、适时地帮助宝宝进行运动刺激和训练，也就是说，要适时、适当地进行一些“运动”刺激，促进宝宝的身心发育。

运动胎教的具体做法是：孕妈妈仰卧在床上，头不要垫得太高，也可将上身垫高，采取半仰姿势，不论采取什么姿势，一定要感到舒适。孕妈妈要全身放松，呼吸匀称，心平气和，面部呈微笑状，双手轻放在宝宝的位置上，双手从上至下，从左至右，轻柔缓慢地抚摩宝宝，心里可想象你双手真的爱抚在可爱的小宝宝身上，怀着一种喜悦和幸福感，深情地默想或轻轻地说出：“小宝宝，妈妈真爱你”、“小宝宝真舒畅”、“小宝宝快快长，长成一个聪明可爱的小宝贝”等语言，开始时动作宜轻，时间宜短，每次5分钟左右即可。

情绪胎教

孕妈妈的情绪和心境对宝宝的生长发育有很大的影响，保持孕妈妈的良好情绪和心境既是胎养的重要内容，同时又是胎教的主要内容和方法。

孕妈妈情绪的好坏，不仅直接影响自身的健康，而且对宝宝的影响也很大。医学研究表明，孕妈妈在情绪好的时候，体内可分泌一些有益的激素，以及酶和乙酰胆碱，有利于宝宝的正常生长发育。孕妈妈在情绪不良的情况下，如在应激状态或焦虑状态中，会产生大量肾上腺皮质激素，并随着血液循环进入宝宝体内，使宝宝产生与母亲一样的情绪，并破坏胚胎的正常发育。大量调查资料表明，孕妈妈在恐惧、愤怒、烦躁、哀愁等消极状态中，身体的各部分功能都会发生明显变化，从而导致血液成分的改变，影响宝宝身体和大脑的正常发育。

精神情志因素对宝宝形体影响如此之大，可见，孕期保持良好的精神状态，是万万不可忽视的重要问题。这就要求孕妈妈要有意识地培养宽广的胸怀、愉快的心境、稳定的情绪，家庭内部也要密切配合，努力为孕妈妈创造一个良好的生活环境，让孕妈妈充分体会家庭的温馨，使孕妈妈的外部感受由在腹内的宝宝得以接应。

想象胎教

怀孕3个月时，孕妈妈由于生理功能的变化，很容易心情烦躁，不能很好地休息。此期的宝宝，是胚胎发育和各器官形成的重要时期，胚胎迅速成长，人体的主要系统和器官逐渐分化出来。想象胎教能使孕妈妈的心情平和，也可使宝宝向理想的方面发展。孕妈妈应多阅读优美的散文、童话等，还可以观摩动画片等，以此陶冶孕妈妈的情操，并对腹中宝宝的形体起潜移默化的作用。孕妈妈还要适度地修饰自己，一方面可以弥补因怀孕而引起的形体、肤色的缺陷；另一方面也可以对宝宝进行美感的熏陶。

4. 准爸爸参与

每天早晚跟宝宝说话

每天早晚和宝宝打招呼，对着妈妈的肚皮念儿歌、讲故事等。

每天给小宝宝按摩

准爸爸也可常常抚摩胎宝宝，方法是将双手手指放在妻子的腹部，从上到下、从左到右，随着音乐轻轻触摸胎宝宝，每次5～10分钟。

安抚孕妈妈的情绪

这个月，孕期反应会更强烈一些，孕吐严重的话是很难受的，难免会影响到心情，所以还是需要准爸爸多多关心。

做好兼职营养师

前两个月，孕妈妈只要在饮食上稍微注意即可，从第三个月开始，宝宝对营养的需求增加，所以准爸爸要做好兼职营养师的角色。而且，从这个月开始，孕妈妈最好不要再去油烟大的厨房了。

5. 效果评估

这是一个直观的评估，得分越高，说明你胎教的质量越好。

孕期进补	懂得营养均衡搭配食物，知道不同时期，不同反应应该吃什么。（3分）
	荤素搭配，刺激的不吃，吃点好东西。（1分）
	什么贵买什么，天天乌鸡王八。（0分）
孕期反应	不是很严重，加上准备充分，调节的好，基本不影响正常生活。（3分）
	很难受，吃什么都不管用，但为了宝宝还是坚持吃。（2分）
	吃什么吐什么，所以干脆不吃了。（0分）
准爸爸	工作虽然忙，但是老婆宝宝更重要，积极参与胎教。（3分）
	老婆需要照顾，宝宝还没显示顾不上，还得上班赚奶粉钱呢。（1分）
	老子上了一天班累死了，还得伺候你。（0分）
情绪胎教	已经完全融入孕妈妈这个角色了，和宝宝的关系一天比一天亲密。（3分）
	孕吐好难受，心情怎么能好？（0分）
运动胎教	每天都能坚持出去活动十几二十分钟，自己会注意运动强度和运动方式。（3分）
	看心情了，不高兴就不去。（1分）
	我现在一个人吃养两个人，还是在家养着好。（0分）

续表

抚摩胎教	认真地感觉宝宝的存在，相信他真的能感应到我的爱，与我交流。（3分）
	偶尔为之，感觉不到什么，不重要吧？（0）
语言胎教	每天和宝宝打招呼，开始给她读一些儿歌，把我的心事和他分享。（3分）
	喜欢和宝宝交流，但是没有太刻意，什么时候想到了就说两句。（2分）
	我行我素，还是和以前一样大大咧咧，口无遮拦。（0分）
想象胎教	想象宝宝的样子，在肚子里快乐地成长。（3）
	房贷要还，奶粉很贵，婆婆合不来，以后宝宝园要花不少钱。（0）
美育胎教	经常看一些漂亮宝宝的照片，漂亮的风景，图画。（3）
	老公，晚上陪我去电影院看美国动作大片。（0）

开心驿站

胎宝宝能记住食物的味道

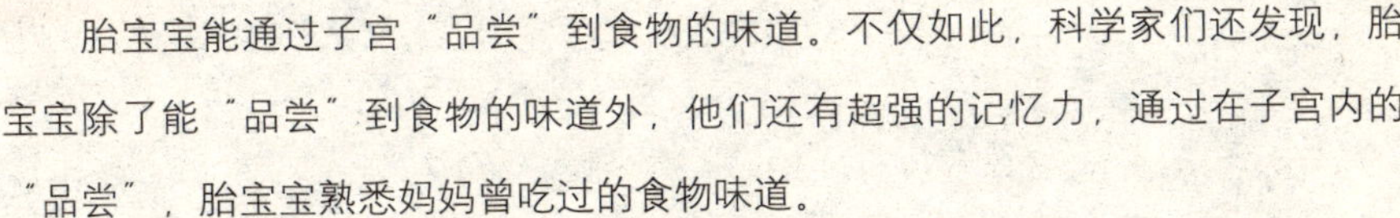

胎宝宝能通过子宫“品尝”到食物的味道。不仅如此，科学家们还发现，胎宝宝除了能“品尝”到食物的味道外，他们还有超强的记忆力，通过在子宫内的“品尝”，胎宝宝熟悉妈妈曾吃过的食物味道。

为此，科学家们做了一个有趣的实验，他们让一些孕妈妈在妊娠的最后3个月，定时服用胡萝卜汁；另外一些孕妈妈分娩后服用。结果发现：那些在出生前就“接触”过胡萝卜汁的宝宝，不仅能顺利接受这种食物，并且表现出喜欢的倾向；但对于那些出生前没有“接触”过胡萝卜汁的宝宝来说，显然他们对这种食物不太喜欢。

从实验当中，科学家们得出这样一个结论：宝宝熟悉母亲曾吃过的食物味道，宝宝由此获得了这样的信息——什么食物是安全的，什么食物是可食用的。

豆豆妈妈：“豆豆3岁多了，不喜欢吃蔬菜，讨厌葱、姜、蒜……这跟我怀孕时的口味一模一样。一开始，我以为小宝宝不喜欢吃蔬菜很正常，因为大多数的宝宝都这样，直到后来我发现，他对葱、姜、蒜的味道很敏感，放得再少，他吃到嘴里也会吐出来，这很可能是我怀孕时，根本受不了菜里放这些调味料。

“最令我惊异的是，豆豆非常喜欢吃方便面，孕早期那会儿我总吐，就是很奇怪地只想吃方便面，其他的都不想吃。”

“胎宝宝”的味蕾将在本月末至下月初时生成，味觉在一定程度上也就开始形成，孕妈妈孕期的饮食会给胎宝宝留下深刻的“印象”，这种“印象”会左右胎宝宝长大后对食物的选择和接受程度。

看来，这是一个非常奇妙的体系。胎宝宝首先在羊水中“认识”妈妈的饮食喜好，宝宝期在母乳中巩固这种印象，最后在餐桌前首次食用。在羊水或母乳中对食物味道的体验，可能有助于宝宝断奶后对这种食品的接受程度。

这样，对偏食的宝宝就有了新的解释，当然，也不可忽视遗传在其中所起到的作用。这个发现同时也带给我们新的启示：最为本质的胎教，不是语言，不是音乐，或许就是孕妈妈日常生活的习惯，这种习惯对胎宝宝有着潜移默化的影响。

第四节

怀孕第四个月——宝宝已经开始动了

一、宝宝的样子和妈妈的变化

1. 敏感的妈妈已经可以感觉到宝宝在动了

这时期宝宝的头渐渐伸直，脸部已有了明显的人的轮廓和外形，长出一层薄薄的胎毛，头发开始长出，皮肤逐渐变厚，呈亮红透明；下颚骨、面颊骨、鼻梁骨等开始形成，耳廓伸出；宝宝心脏的搏动更加活跃，内脏几乎已形成；胎盘也形成了，与母体的连接更加紧密，流产的可能大大减少。由于胎盘长出，改善了母体供给宝宝的营养，宝宝的成长速度加快。肌肉、骨骼继续发育，所以宝宝手脚稍微能活动，但因力薄气小，孕妈妈还不能明显感到胎动。内耳等听觉器官在妊娠第4个月前已基本完善，对子宫外的声音开始有所反应。

妊娠4个月，羊水已达200毫升，宝宝在羊水中游动自如。此时，宝宝肌肉、骨骼继续发育。到15周末，宝宝身长10～15厘米，体重约120克。

2. 妈妈的腹部变得明显，食量和体重增加

妊娠第4个月，基础体温开始下降，稍能看出下腹部的隆起，子宫明显增大，如同宝宝的头部，在下腹部很容易摸到。从这时起，每次产前检查都要测量子宫底，测量从耻骨中央到下腹部的隆起处止（这就是子宫底）的长度，根据这个长度来判断子宫的大小，到15周末时，子宫的高度应是5～12厘米。

此阶段的孕妈妈有如下感觉出现：

❶ 疲倦；尿频情形有所改善；恶心和呕吐的现象减轻或结束；

2. 便秘；胃灼热和消化不良；胀气和水肿；
3. 乳房继续膨胀，但触痛和肿胀感减轻；
4. 偶尔头痛或晕眩，尤其是突然变换姿势时；
5. 鼻塞和偶尔流鼻血；耳塞；
6. 刷牙时牙龈会出血；
7. 食欲增加；
8. 脚和足踝轻微水肿，有时手和脸也有水肿现象；
9. 腿部静脉曲张或痔疮；
10. 有少许的白带。

二、孕妈妈的营养和进补

1. 第四个月开始，是进补的大好时机

妊娠进入第4个月，孕妈妈的情况已经大有改善，早孕的不适反应基本消失，流产的危险也变得很小，但是对于饮食营养的关注则丝毫不能放松。

此时应该增加各种营养素摄入量，尽量满足宝宝迅速生长及母体营养素存储的需要，避免营养不良或缺乏对宝宝生长发育和母体健康的影响。

增加主食摄入：应选用标准米、面，搭配摄食些杂粮，如小米、玉米、燕麦片等。一般来说，孕中期每日主食摄入应为400～500克，这对保证热量供给、节省蛋白

胎教小贴士

中医孕期生活9字诀

“静形体，和心态，节饮食”，就是说孕妈妈应该心情恬静，心态平和，节制饮食。为什么说孕妈妈此时要节制饮食呢？这是因为妊娠4个月，早孕反应消失，孕妈妈心理、生理状态已好转，防止孕妈妈因食欲增强而胡吃乱喝，这对母胎均是有好处的。

质有着重要意义。

增加动物性食品：动物性食品所提供的优质蛋白质是宝宝生长和孕妈妈组织增长的物质基础。此外，豆类以及豆制品所提供的蛋白质质量与动物性食品相仿。对于经济条件有限的家庭，可适当选食豆类及其制品以满足机体需要。但动物性食品提供的蛋白质应占总蛋白质量的1/3以上。

2. 饮食要有规律，定时定量

孕妈妈饮食定量是指给自己的饭量规定一个范围，一般维持在这个范围内，不是很精确地固定多少，每次一定要达到这个范围，而是根据情况适当地进行一些增减，不能超过太多或减得太少。

如果一个孕妈妈吃饭不知道控制，饥一顿，饱一顿，对宝宝的营养供给也会随之出现不正常状况，这会影响宝宝的营养均衡及身体发育。也就是说，孕妈妈在怀胎10个月内的饮食，也要随着宝宝的发育逐渐少量增加。如果孕妈妈不掌握这个原则，而是为了宝宝生长，盲目地过量摄取营养，对孕妈妈本身和宝宝都不利。有的孕妈妈为保持体形苗条，而控制饮食，也不利于孕妈妈健康和宝宝生长发育所需。

饮食定时，就是要求孕妈妈养成准时吃饭的习惯。因为人的各个器官基本上是按时间程序有规律地工作的，各种食物在人体胃肠内停留的时间也在一个大致范围内，所以到了一定时间就会出现饥饿感。这时，血糖下降到较低程度，可使人心慌意乱，甚至四肢发抖。如果孕妈妈经常出现类似情况，无疑会引起宝宝营养供给不足。孕妈妈担负着为自身健康和保证宝宝生长提供营养物质的任务，所以，必须按时进餐，遵循代谢规律。孕妈妈最好不要吃零食，吃零食也会打乱胃肠的消化规律。

需要注意的是，当孕妈妈早孕反应强烈时，要趁胃口大开时赶紧吃一些东西，以补充因早孕反应没来得及补充的营养素。其他时间孕妈妈还是要以定时定量吃饭为好。

3. 白开水是最好的孕期饮料

孕妈妈不可缺水，水能帮助肾脏保持良好的工作状态和防止便秘，只有多饮水，多排尿才能避免孕期常见的泌尿系统疾病。宝宝也非常需要水，只有充足的羊水才能使宝宝自由活动。一般主张，孕妈妈每天饮水（包括其他液体食物）1～1.5升，最好不少于1.2升。

孕妈妈切忌口渴才饮水。口渴犹如田地龟裂后才浇水一样，是缺水的结果而不是开始，是大脑中枢发出要求补水的救援信号。口渴说明体内水分已经失衡，脑细胞脱水已经到了一定的程度。

孕妈妈每天应喝足够的饮料，尤其应多饮水。即使在妊娠期患有轻度水肿，也不要过于节制饮水，因为即使减少液体的摄入量，也不会减轻水肿的程度。饮水量应根据不同季节和气候有所改变，炎热的夏季要多饮水。

有喝茶及咖啡习惯的女性，妊娠期虽可以继续饮，但不宜过浓。如果妨碍睡眠或觉得心慌，则应停止饮用，改饮白开水。水是最好的液体饮料。日本的一项研究表明：白开水对人体有“内洗涤”的作用。孕妈妈在清晨起床后应喝一杯新鲜的凉开水。有研究表明，早饭前30分钟喝200毫升25℃～30℃的新鲜开水，可以温润胃肠，使消化液得到足够的分泌，以促进食欲，刺激肠蠕动，有利定时排便，防止痔疮、便秘。早晨空腹饮水能很快被胃肠道吸收进入血液，使血液稀释，血管扩张，从而加快血液循环，补充细胞夜间丢失的水分。

鲜果汁可以适量饮用，但因糖分多，容易使孕妈妈发胖。汽水等充气饮料，最好不饮。总之，孕妈妈最好饮用白开水补充水分，其他饮料作为辅助补充。

4. 注意补铁，防止贫血

在孕期，孕妈妈极易发生缺铁性贫血，主要是由于孕妈妈对铁的需求比怀孕前增加近4倍，而且，饮食中铁的含量低，长时间铁的摄入不足，使孕妈妈体内的游离铁和铁储备都有所减少。

而从第4个孕月起，宝宝发育迅速，无论孕妈妈体内铁储备是否充

足，宝宝都会毫不客气地摄取。这时，孕妈妈就很容易出现缺铁性贫血。如果孕妈妈在怀孕前就患有贫血或有影响铁吸收及有慢性失血的疾病，则会让孕妈妈与宝宝更容易发生缺铁性贫血，而且病情较重。本来不贫血者也可能在怀孕以后贫血。

患铁质缺乏性贫血，病情轻的，只不过面色和皮肤苍白。病情重的，还有全身乏力、水肿、心悸、头晕、呼吸短促等现象。至于对妊娠的影响，也决定于贫血程度的轻重。轻度贫血对妊娠关系不大。重度贫血要影响氧的供应，可能引起早产或死产。这种孕妈妈即使产后出血不多，也容易发生休克和心力衰竭，而产生感染的可能性也比正常孕妈妈大。由于孕妈妈缺铁，宝宝会出现先天性铁储备不足，出生后很快就会发生营养性贫血。贫血还会影响到宝宝脑细胞的发育，使宝宝以后的智力低下，学习能力差。

5. 怀孕第四个月的营养食谱推荐

四喜豆腐

【原料】豆腐4块，猪肉200克，蒜苗100克，小海米28克，胡萝卜、青椒各30克，湿淀粉15克，熟油750克（约耗100克）；葱末、姜末、酱油、精盐、味精、料酒、鲜汤、香油各适量。

【做法】

1.将猪肉剁成馅，蒜苗切碎，然后与小海米和在一起，加入葱末、姜末、精盐、味精和少许鲜汤，拌匀，做成馅待用。

2.炒勺放置旺火上，放入油，待油烧至七成热时，投入豆腐，炸成金黄色，然后捞出，用刀切开一面，把里面掏空，装入事先拌好的馅，再将切开的上面盖上，按原形放在盘子里，上屉蒸熟后取出。

3.炒勺放香油，放入葱末、姜末，再放入胡萝卜、青椒片（胡萝卜、青椒均切成小片），煸炒一下，然后添鲜汤、酱油、精盐和味精；烧开后，用湿淀粉勾芡，点明油，浇在蒸好的豆腐上，即成。

【特点】营养丰富，口感极好。

锅贴子鸡

【原料】鸡胸脯肉75克，猪里脊肉50克，网油一张（约150克），油皮一张，植物油150克，香油25克，味精1.5克，团粉50克，花椒10粒，鸡蛋清4个，料酒25克，酱油10克，面粉、椒盐、葱、精盐各少许。

【做法】

1.花椒和葱一起剁成碎末；鸡、猪肉放一起剁成肉泥装碗中，放入料酒、味精、酱油、葱、花椒末、凉水（100克），搅匀后放精盐少许；另用碗加入香油、蛋清、湿团粉或面粉和成蛋清糊备用。

2.取瓷盘一个，盘底抹香油，网油裁成盘形，抹一层蛋清糊平铺盘上，使蛋糊与香油吻合，再将搅好的肉泥摊在网油上，摊薄，亦成圆形，微拍实。

3.平底热锅放油少许，待油热将盘内鸡肉饼滑至锅内，盖上盖，文火煎至金黄色，熟透取出，横改两刀成三条，再竖放条块，叠摆盘内，四边放点椒盐即成。或将油皮也裁成盘形，盖于薄肉饼上，略拍实，油皮上再抹一层鸡蛋清糊，将两面煎成金黄色即可。

【特点】色泽鲜艳，味道鲜美。

木耳肉片汤

【原料】干黑木耳25克，猪瘦肉150克，湿淀粉10克，韭菜25克，精盐4克，味精3克，清汤1000克。

【做法】

将干黑木耳用温水浸泡发好；猪瘦肉洗净切片放入碗内，加精盐1克、湿淀粉少许抓匀；韭菜择洗干净，切成3厘米长的段；锅置旺火上，放入清汤、黑木耳烧开，再下肉片煮一会，待肉片熟时，下精盐、味精、韭菜，起锅盛入汤碗即可。

【特点】阴阳两补，益气养血，尤宜于孕妈妈在疲劳、体力不佳时服用。

糖渍西瓜肉

【原料】西瓜1只，约5000克左右；白糖500克。

【做法】选成熟瓤红的西瓜，剖开后去子，用刀切成条，曝晒一天后，加入白糖拌匀，腌渍半日，再散开曝晒至干，加入白糖拌匀即可。

【特点】香甜宜人。

蒜子牛蹄黄

【原料】牛蹄黄1000克，鸡汤1000克，大蒜瓣100克，葱75克，姜块50克，花椒油5克，熟猪油100克，白糖50克，味精5克，精盐1.5克，酱油25克，料酒15克，湿淀粉40克，胡椒面、糖色少许。

【做法】

1.把牛蹄黄洗净放入锅内，加入清水，25克葱，25克姜（拍松），煮至八成烂时，捞出切成三角块，在开水中焯透，捞出待用。

2.用50克葱切成寸段；25克姜切成片；大蒜瓣去头尾。起锅放入熟猪油、花椒油烧热，投入葱段、姜片、蒜瓣煸出香味，烹入料酒，加入鸡汤、白糖和味精，用糖色把汤调成金黄色，再加入精盐，胡椒面，把牛蹄黄块放入汤内，烧开撇去浮沫，小火煨至汤剩1/3时，用湿淀粉勾芡，盛入盘中即成。

【特点】色泽金黄，软烂，具有蒜香味。

冰糖湘莲

【原料】莲子（湘莲）120克，冰糖180克，鲜菠萝30克，罐头青豆15克，罐头樱桃15克，桂圆肉15克。

【做法】

1.先将莲子去皮、去芯，放入碗内加温水90克，蒸至软烂；桂圆肉用温水洗净；鲜菠萝去皮，切成1厘米见方的丁。

2.锅置火上，放入清水500克，再放入冰糖烧沸，待冰糖完全溶化，端锅离火，过滤去渣，再将冰糖水倒回锅内，加青豆、樱桃、桂圆肉、菠萝，上火煮开。

3.将蒸熟的莲子，滗去水，盛入大汤碗内，再将煮开的冰糖水及配料一齐倒入大汤碗，莲子浮在上面即成。

【特点】香甜爽口，调和悦目。

豆浆粥

【原料】鲜豆浆500毫升，粳米50克，白糖少许。

【做法】将洗净的粳米用豆浆煮做粥，加白糖调味，早晚食用。

【特点】润肠，补虚，止咳，适用于体虚消瘦、咳嗽、便燥等症。

生炒糯米饭

【原料】糯米500克，小海米25克，熟腊肠、熟腊肉各80克，湿冬菇50克（洗净煮熟），熟鱿鱼50克，熟蛋皮50克，熟花生仁25克，米酒25克，味精少许，生油100克，精盐5克，芝麻10克，葱花5克。

【做法】

1.先将糯米洗净用清水浸上3小时，然后倒去清水，再用开水烫过糯米，滤干水分备用。

2.另起锅放油，把糯米放进锅中炒之，炒时要洒水三四次，每洒一次水后即加盖闷片刻，这样反复炒至糯米熟透为止；如喜欢吃松软的，可多洒几次水。

3.待糯米炒熟后，再放进全部的配料和调料拌匀便成。

【特点】营养极其丰富，对孕育宝宝有利。

三、孕妈妈和宝宝的安全

1.如何应对孕期感冒

感冒是一种常见的呼吸道传染病，一年四季均可发生。一般把感冒分为两类，一类是上呼吸道症状明显，为普通感冒。另一类是流行性感冒，简称流感，是由流感病毒引起的，流感传染性很强。轻型的普通感冒对宝宝影响较小，重症感冒对孕妈妈和宝宝会有直接和间接的影响。感冒病毒对孕妈妈有直接影响，感冒造成的高热和代谢紊乱产生的毒素对孕妈妈有间接影响。而且，病毒可透过胎盘进入宝宝体内，有可能造成先天性心脏病以及兔唇、脑积水、无脑和小头畸形等；而高热及毒素又会刺激孕妈妈子宫收缩，造成流产或早产，所以孕妈妈患感冒以后的治疗要加倍注意。

❶ 轻型感冒不用特殊治疗，只要注意休息，多喝水，少吃油腻食品，服用些维生素C就可以了。也可以遵医嘱服些中成药，如银翘解毒片、桑菊感冒片、感冒冲剂等。

咽痛可含薄荷润喉片等，鼻塞可点些滴鼻剂，这些药物对宝宝影响不大。

❷ 出现高热、剧咳等情况时，则应去医院诊治。退热可用湿毛巾冷敷，或用40%乙醇擦颈部及两侧腋窝，也可用柴胡注射液。此种情况更要注意多饮水和卧床休息。

❸ 高热时间持续长，连续39℃超过3天以上的，病后应到医院做产前诊断，了解宝宝是否受影响。

❹ 感冒合并细菌感染，应加用抗生素治疗。

感冒是孕妈妈易患的疾病，女性怀孕以后要注意预防感冒。首先，要注意增强体质，提高机体抗病能力。有些女性怀孕后不爱活动，使体质下降，这对母胎都是不利的。其次，要注意室内通风，勤洗晒被褥，注意个人卫生。第三，在流感流行季节，孕妈妈不要常串门，不要到人多的公共场所。家里有人患感冒，要注意隔离。

2. 孕期洗澡不宜坐浴

女性应经常洗澡，孕妈妈因阴道分泌物较多更要多洗澡；女性坐浴不利卫生，孕妈妈更是不宜坐浴，尤其是妊娠后期应绝对禁止坐浴，以防引发早产。

在正常情况下，女性阴道保持一定酸度，以防止病菌的繁殖。这种生理现象与卵巢分泌的雌激素和孕激素有密切关系。女性在妊娠时，尤其妊娠后期，胎盘绒毛产生大量的雌激素和孕激素，而孕激素的产生量大于雌激素，所以在此阶段，阴道上皮细胞的脱落大于增生，使阴道内乳酸量降低，从而对外来病菌的杀伤力降低。如果孕妈妈坐浴洗澡，脏水有可能进入防病力减弱的阴道，而引起宫颈炎、附件炎，甚至发生宫内或外阴感染而引起早产。因此，孕妈妈洗澡以擦澡、淋浴为宜，不要坐浴，更不要到公共浴池去洗澡。

上面我们说了孕妈妈洗澡宜采用擦浴、淋浴的方法，不宜采用坐浴，其实孕妈妈在洗澡时还要特别注意以下两点：

洗浴时水温不宜过高：孕妈妈要避免热水浴或蒸气浴，因为母体温度过高会造成宝宝畸形或发育不良。高热的影响会使分裂中的细胞死亡。前不久，美国用升高患者体温的办法治疗癌症的临床经验已经证实，高热完全可以杀死人体内迅速增多的癌细胞。

浸泡在49℃的热水中，大约15分钟，体温就会达到对宝宝产生不良影响的起点；在40℃的热水中，只需10分钟就可能影响宝宝发育。母体产生高热，最易伤害宝宝正在发育中的中枢神经。怀孕在10～14周时，宝宝的神经系统发育很快。由于外因或孕妈妈体内发热引起的体温升高，会杀死那些分裂中的细胞，使大脑无法充分而又全面地发育，以获得遗传上的潜能。这种伤害的结果，重者会使宝宝的关节受到永久的损伤，或导致肌肉组织的日益萎缩；轻者也会使宝宝的大脑受到某种抑制，从而影响后天的智力。

洗澡的时间不宜过长：浴室内由于通风不良，空气混浊，湿度大，就会降低空气中的氧气含量，再加上热水的刺激，使人体的血管扩张，此时流入人体躯干、四肢的血液较多，而进入大脑和胎盘的血液就要相对暂时减少，氧气的含量也必然减少，且人的脑细胞对缺氧的耐力很低，就会造成洗澡时昏倒情况。如果孕妈妈洗澡时间过长，除发生以上情况外，还会造成宝宝缺氧。若宝宝脑缺氧时间很短，一般不会造成明显不良后果。如果缺氧时间较长，就会影响神经系统的生长发育。

由于以上原因，专家提醒孕妈妈一次洗澡时间不宜超过15分钟，或以孕妈妈本身不出现头昏、胸闷为度。

3. 预防流产和流产后保健

为了防止流产，要尽可能早些时候确认妊娠这一事实，以便采取适当措施，这是第一位的，从确认自己已经怀孕时起，就要停止过于激烈的运动，努力保持安静，过有规律的生活。同时精神上的安静也是非常重要的。

确诊怀孕后，孕妈妈就应避免上下取放重物、长期站着工作、下腹用力的工作和频繁上下楼梯，千万注意不要碰撞腹部。

喜欢吸烟、喝酒的女性，应立即禁忌烟酒，以免刺激胚胎，造成流产。

预防感冒、腹泻之类的疾病发生。这些疾病会造成流产或者宝宝畸形。

生活要有规律，保证充足的睡眠和休息，避免过劳，劳能伤身，对宝宝不利。还要增加营养，保证身体健康。

流产是指妊娠未满22周，宝宝流出子宫。有时宝宝在子宫里就死亡，也有活着出来的。即使活着出来，也不可能存活。

流产多发生在妊娠初期，以妊娠16周以内发生者为多，约占流产数的75%。

虽然流产不如分娩那样对身体影响大，但毕竟对身体也有影响，因此，也要注意保健。

加强营养：流产也会失血，再加上怀孕早期阶段的妊娠反应，所以流产后的女性一般身体都会变得比较虚弱，有人还会出现贫血。因此，增加营养是非常必要的，比如多吃些蔬菜、水果、瘦肉、鱼、蛋、鸡肉、乳品、海产品、大豆制品等。

注意个人卫生：流产时，子宫颈口开放至完全闭合需要一定时间。故流产后，要特别注意讲究个人卫生，保持阴部清洁，内裤要常洗常换，半个月内不可盆浴。流产后1个月内子宫尚未完全恢复，要严禁过性生活，以防感染。

休息好，防止过劳：流产后必须卧床休息2周，不可过早地参加体力劳动，以防引起子宫脱垂。保持心情愉快，不必忧虑和烦恼。

不可急于再次怀孕：流产后子宫内膜需要4～5个月的时间才能完全恢复正常。在此期间再怀孕对宝宝生长和以后生产都有不利影响。

4. 胎动与宝宝的安全

怀孕后3个月，宝宝初具人形，他在羊水中像鱼儿一样自由游动。因为此时宝宝较小，羊水较多，虽然宝宝在活动，甚至活动幅度较大，但孕妈妈仍不会感觉到。到妊娠16周后，孕妈妈相对有经验，可能就会感觉到胎动，而初孕妈妈由于缺乏经验，往往要到18～20周时才能明显觉察到胎动，一直到分娩。胎动对孕妈妈很重要，可以了解宝宝活动情况以及羊水多少、供氧是否充足等。

胎动是宝宝正常生理活动之一，它与宝宝肌肉张力、神经系统功能以及母体供氧有关。安静型宝宝胎动比较柔和，次数较少；兴奋型宝宝胎动动作大，次数多。宝宝受到外界刺激如声音、振动时，胎动也会增多；宝宝缺氧时胎动也会减少；一天中下午2～5时胎动最少，下午6时到晚上11时胎动最活跃，次数最多，早晨和上午胎动介于两者之间。如果胎动消失24～48小时后，宝宝即可死亡、胎心也随之消失。

孕妈妈自己怎样检查胎动？孕妈妈取左侧卧位，每日分早、中、晚3次检查胎动、每次检查1小时，3次胎动次数相加乘4，即为12小时胎动次数。如果12小时胎动次数大于30次，表示宝宝正常，而小于30次则应到医院检查。

孕妈妈也可以在每天同一时间数一次胎动，每次1小时，如果1小时胎动在3次以上，表示宝宝正常，小于3次则应请医生检查。

注意，数胎动时一定要认真，并保持环境安静，不可做其他事，也不可与其他人说话。

5. 安全做B超

孕妈妈进行B超检查是必不可少的。从医学角度来说，约15%的女性怀孕是有一定危险的，宝宝的发育状况必须严格监视。B超的作用如下：

观察宝宝生长发育及周围环境：早孕闭经5～6周就可以在宫腔中看出胎囊，随孕期的增加，可观察宝宝的发育情况，还可诊断有无流产的危险，可以确诊是否是宫外孕。妊娠晚期，超声波可观察胎位、脐带和胎盘位置，测量子宫内羊水的多少，以尽早发现宝宝宫内窘迫。

发现异常情况：妊娠15～25周内，超声波能够显示宝宝畸形、宝宝发育迟缓、胎位不正、羊水多、脐带绕颈、前置胎盘、胎盘早剥或胎盘老化、葡萄胎、妊娠合并子宫肌瘤和卵巢肿瘤等。

但是，最近研究发现，B超超时检查对孕妈妈早期绒毛超微结构、细胞膜有直接损害，在胚胎发育过程中，可使流产率及畸形率升高。通常在膀胱充盈的条件

下，B超检查子宫和妊娠情况仅需1分钟就能完成。因而在孕早期，孕妈妈如没有特殊情况，应避免做B超；非做不可时，孕妈妈可先储尿，使膀胱充盈，缩短B超检查时间，以便将时间控制在1分钟之内。

孕妈妈谨慎使用B超检查，所获得的益处远远大于其可能存在的危险，应注意做B超的安全要求，即可防止危险出现。

6. 为什么职场妈妈易生出缺钙儿

先天性佝偻病似乎更钟情于职场女性的宝宝。资料显示，先天性佝偻病患儿的母亲大多是写字楼里的白领。

缺乏日照，是造成这种恶果的主要原因。

影响佝偻病的两大营养物质——钙元素与维生素D。钙做为人体骨骼中的重要"材料"，需要在维生素D的协助下才能被肠道吸收。怀孕阶段女性对钙的需求量伴随着胎儿的发育不断增加，相应的对维生素D的需求较平时也大大增加。而维生素D的一个重要来源是晒太阳。

阳光中，皮肤在紫外线的刺激下能够"制造"出大量维生素D。如果孕妇得不到足够的阳光照射，体内维生素D自然"入不敷出"，最终导致钙元素吸收不良，致使胎儿因缺钙而影响骨骼的正常发育。

白领女性长期生活在密闭的空调环境里，上下班"打车"，户外活动少。所以更要创造机会摄入足够的维生素D。

1. 孕期要纠正不良的饮食习惯，不可偏食、挑食，食谱力求广泛，荤素搭配，切不可冷淡富含维生素D的食物。
2. 孕期要与阳光经常"亲密接触"，尤其是在冬季，更要多做户外活动，不要隔着玻璃晒太阳，应让皮肤直接接受阳光照射（因为紫外线不容易透过玻璃窗）。
3. 必要时在医生指导下服用维生素D的药物制剂，以防止缺钙儿降生。

7. 为什么职场妈妈易奶水不足

精神压力导致奶水不足

现代社会竞争激烈，生活节奏快，工作环境紧张，人际关系复杂，常使职场妈妈的心态产生极大的波动，烦躁、惊喜、忧愁、抑郁等负面情绪随时都可发生。这些负面因素可以通过产妇的大脑皮层影响垂体活动，进而抑制乳腺分泌，导致奶水缺乏。

晚婚晚育导致奶水不足

由于工作原因，不少白领女性过分晚婚晚育，而婚育过晚同样可影响母乳的分泌。研究表明，女性的最佳生育年龄段为23～30岁，超过这个年龄，乳腺的分泌能力就将下降。

饮食习惯导致奶水不足

偏食、节食等不良习惯，导致三餐饮食结构不平衡，造成蛋白质、脂肪等养分摄取不足，不仅减少乳汁的分泌量，而且其质量也降低。

过分追求“骨感”美而导致奶水不足

白领女性常将保持苗条身段作为目标，有些人甚至到了追求“骨感美”的境界，导致形体偏瘦，乳房偏小，从而影响到奶水的质与量。

在女性的生命历程中没有比孕育宝宝更重要更伟大的事情了，为了它，什么都可以让步。保持平和的心态，减少负面情绪。合理安排食谱，保证三餐营养平衡。坚持在生命最适合的时候孕育宝宝。

8. 孕妈妈该怎样养护乳房

怀孕的第4～5个月，乳房就开始有稀薄的液体不断地分泌，加之乳晕的皮脂腺也开始分泌，很容易形成乳痂，堵住乳腺管口。为了使乳腺管口通畅，使乳头的皮肤经得起婴儿的吸吮考验，从第5个月起，孕妈妈必须对乳房进行养护。

❶ 最好不戴胸罩，若担心乳房太大下垂，一定要选戴较宽大的杯形口、尺码不可太小的乳罩，否则会影响乳房血液循环，使促进乳腺组织发育的激素运送减少。这个问题要从妊娠5月开始做好。

❷ 从5月份开始，每天要用温皂水和清水洗乳头和乳晕，特别是在产前的3个月必须这样做，以除去乳痂。

❸ 每次清洗过乳房以后，在乳头和乳晕表面涂上一层油脂，或经常用水

或干毛巾擦洗乳头，增加皮肤的坚韧性，以便以后经得起婴儿的吸吮，而不易破损和皲裂，使乳腺感染和哺乳困难的发生减少。

④ 如果乳头为内陷形，从5个月开始必须尽早纠正，以利于分娩后婴儿正常吸乳。

9. 孕妈妈顺产加油站——游泳

许多国外专家研究发现，职业游泳女教练，热带地区经常游泳的女性及长期从事水上作业的女性，怀孕后分娩时大多顺产。

有实验表明，凡在孕期参加游泳训练的孕妈妈，在分娩时都很顺利，同时分娩时间缩短一半，并且有些胎位不正常的孕妈妈在训练中胎位恢复了正常，从未发生过流产或早产。

游泳是孕妈妈夏季最佳的解暑运动。孕妈妈游泳应注意以下几点：

① 游泳前要做体检，听取医生意见是否可以游泳及游泳中注意什么。

② 游泳必须选择正规游泳池，水温在30℃左右，清洁卫生。

③ 游泳要有亲人、朋友一同前往，以随时照应，保证安全。

④ 游泳动作不宜剧烈，可在水中漂浮，轻轻打水，如做仰泳更适合。

⑤ 游泳要避开游泳池人多的时间。如在室外泳池游泳，还要避开阳光强烈的时间段，上午10时至下午4时不宜去游泳。

⑥ 若身孕未满4个月，或有流产、早产、死胎病史，或阴道出血、腰部疼痛、妊高症、心脑病者不宜游泳，妊娠晚期也不要去游泳。

10. 日光浴对孕妈妈必要吗

日光中的紫外线是一种具有较高能量的电磁辐射，有显著的生物学作用，人多晒太阳，能使皮肤在日光紫外线的照射下合成维生素D，进而促进人体对钙的吸收，有利于骨骼生长和钙化。

但晒的时间过长，对身体健康也有不利的一方面。这是因为，一定强度的日光可使皮肤受到紫外线的损伤。长时间日光浴，孕妈妈脸上的色素斑点会加深或增多，使本来就出现的妊娠蝴蝶斑加重。日光照射过多还可能发生日光性皮炎（又称日晒伤或晒斑），尤其是夏初季节，皮肤尚无足量黑色素起保护作用时更易发生皮炎。此外，由于日光对血管的作用，还会加重孕妈妈的静脉曲张。

所以，一方面孕妈妈适当晒太阳是必要的，有益的，但过多进行日光浴则不利。每天在非直射太阳下，日光浴1小时即可。

11. 孕中期孕妈妈的性生活

孕妈妈在妊娠4个月至9个月期间可以过性生活，但也不是任意过性生活，而是减少性生活或有节制地过性生活，并应注意一些问题。

妊娠4～9个月之间，胎宝宝比较安定，孕妈妈也比较适应妊娠生活。此期间夫妻之间可每周可有1次性生活。但要特别注意，每次时间不宜过长，并注意不要直接强烈刺激孕妈妈的性器官，动作要轻柔一些，且不可动作过大或过猛，不要压迫孕妈妈的腹部。

性生活后孕妈妈要充分休息。倘若此阶段性生活过频，用力较大，或时间过长以及不注意保护腹部，就会使胎膜早破，胎宝宝因得不到营养和氧气，会很快死亡，导致流产。即使胎膜不破，未流产，也可能使子宫感染，损伤胎宝宝。

三、第四月胎教

1. 胎教方案

方案一：孕吐消失，进补

妊娠4个月时，早孕反应大都已经消失，孕妈妈食欲好转，由于妊娠中期宝宝需要的养分比妊娠早期多很多，所以孕妈妈还要注意加强营养，多吃富含蛋白质、钙、铁等养分的食物。由于维生素D与钙的相互关系，孕妈妈此时需要的维生素也比平时多许多，因此孕妈妈要多补充维生素D，主要是通过晒太阳来促使皮肤转化维生素D。此期由于宝宝开始加速生长，对热量的需求也多，故孕妈妈应当从多种食物中吸收养分，使营养均衡。由于盐分摄取过多会在妊娠后期引起水肿和妊娠高血压综合征，所以孕妈妈的饮食中应少放盐，可在菜炒好要出锅时放盐，这样可减少盐的摄入量，孕妈妈在此期可喝一些红糖水，多食一些含粗纤维的食物和粗粮，这样可起到防治和减轻便秘的作用。

方案二：注意皮肤的变化

由于妊娠期间孕妈妈体内激素分泌

失调，皮肤会失去光泽和弹性，有的还会起黄褐斑，这时不可用化妆品进行遮盖，只要平时保持清洁，多吃富含优质蛋白和维生素的食品，减少阳光对面部的直接照射，注意清洁皮肤，在产后5个月后大都能自行恢复原来青春靓丽的容颜。不少化妆品中的成分对人体有刺激作用，孕妈妈不宜多用，更不可浓妆艳抹，不要抹口红，不要烫头发，不要搽指甲油等。

方案三：小心花草带来的问题

孕妈妈的居室中不宜摆放花草。有些花草，如万年青、五彩球、洋绣球、仙人掌、报春花等会引起接触过敏等不良反应，如果孕妈妈的皮肤触及它们或其汁液不小心弄到皮肤上，会发生急性皮肤过敏反应，出现疼痒、皮肤黏膜水肿等症状。另外，一些具有浓郁香气的花草如茉莉花、水仙、木兰、丁香等会引起孕妈妈嗅觉不敏，食欲不振，甚至出现头痛、恶心、呕吐等症状。所以，那些芳香馥郁的盆景更应避免摆放在孕妈妈居室中。

怀孕第4个月，应做产前检查一次。

胎教内容安排表（供参考，可根据实际情况调整）

时间		生活内容	胎教内容
上午	6:00	起床，洗漱	跟宝宝问好
		准备早饭	
	7:00	吃早饭，收拾餐桌	
	8:00	打扫房间	边打扫边哼唱歌曲或放音乐
	9:00	工作时间	可抽空与胎宝宝聊聊天
	11:30	午餐	
下午	12:00	如果有条件睡一小会儿	
	13:00	工作时间	休息时给胎宝宝讲讲故事、大自然
	17:00	休息一会儿	听音乐

续表

时间		生活内容	胎教内容
晚上	18:00	准备晚饭	
	19:00	吃晚饭，收拾餐桌	
	20:00	与准爸爸厮守的时间	请准爸爸讲一些社会知识和白天发生的有趣的事
	21:00	读书	
	22:00	睡觉	和胎宝宝道晚安

2. 胎教准备

这个月可以听到胎动

孕妈妈采用舒服的姿势坐好或倚靠好，手放在自己的脉搏上，想象腹中的宝宝正在认真地听着，事实上确实如此，现在母子二人正感受着同一个心跳，会有一种生命的感动。

给宝宝准备的故事

这个月开始，可以给宝宝讲故事啦，他也可能回应你，注意多重复，长温习。

夸父追日的故事。

小蝌蚪找妈妈的故事。

给宝宝放的音乐：

《天鹅湖》

《天鹅湖》的音乐像一首首具有浪漫色彩的抒情诗篇，每一场的音乐都极出色地完成了对场景的抒写和对戏剧矛盾的推动以及对各个角色性格和内心的刻画，具有深刻的交响性。这些充满诗情画意和戏剧力量，并有高度交响性发展原则的舞剧音乐，是作者对芭蕾音乐进行重大改革的结果，从而成为舞剧发展史上一部划时代的作品。

舞剧的序曲一开始，双簧管吹出了柔和的曲调引出故事的线索，这是天鹅主题的变体，它概略地勾画了被魔法变为天鹅的姑娘那动人而凄惨的图景。然后，在第一幕结束时，夜空出现一群天鹅，这时乐曲第一次出现天鹅的主题，它充满了温柔的美感，在竖琴和提琴颤音的伴随下，由双簧管和弦乐先后奏出。孕妈妈在与胎宝宝一起听音乐时可以仔细辨别一下：哪一些音符是天鹅的喁喁私语？哪一些音符又表现了天鹅扇动翅膀的声音？

给妈妈和宝宝共同准备的图画：

一些轻松鲜艳的手绘本

一些带色彩的水墨国画

孕产瑜伽的两个动作

蝶式

1．慢慢地坐在床上或垫子上，两膝曲起，两脚脚心相对，双后抓住两脚尽量向内拉。

2．上下轻轻抖动双膝，像蝴蝶轻轻拍打翅膀一样。

功效：能伸展孕妈妈的骨盆，缓解腰痛，利于自然分娩；预防尿道方面的疾病，增加下背部、腹部和骨盆的血液流量；预防静脉曲张。

蹲式

1．挺身直立，双脚分开，双臂自然下垂，双手在腹前十指相扣。

2．两膝微曲，一边呼气一边慢慢下蹲，直到大腿与地面平行。

3．尽自己所能继续慢慢下蹲，保持双腿的肌肉绷紧；然后慢慢伸直身体，吸气回到站立姿势，每天做5～6组。

功效：加强腰背、双膝、两大腿及子宫肌的力量，还能延缓衰老，整个孕期都可以练习。

掌握基本的按摩动作

抚摩

孕妈妈倚靠在床上或坐在沙发上，全身放松，用手捧着腹部，从上而下，从左到右，反复轻轻抚摩，然后再用一个手指反复轻压。

刚进第四个月时，大多数孕妈妈还感觉不出胎动，如果将来，在抚摩时，应该注意胎宝宝的反应，如果胎宝宝对抚摩刺激不高兴，就会出现躁动或用力蹬踢，孕妈妈则要立即停止抚摩。如果胎宝宝在孕妈妈抚摩下，出现轻轻的蠕动，则表示胎宝宝感到很舒服，很满意。抚摩胎教每次5～10分钟。

轻推

在抚摩的基础上，孕妈妈可以用手轻轻推动胎宝宝，胎宝宝很可能会出现踢妈妈腹壁的动作，这时用手轻轻拍打胎宝宝踢的部位，胎宝宝第二次踢腹壁，然后再用手轻轻拍打胎宝宝踢的部位，出现第三次踢腹壁，渐渐形成条件反射，当你用手轻轻拍胎宝宝时，胎宝宝会向你拍的部位踢去。注意轻拍的位置不要距原来的位置太远。

每天1～2次，每次5～10分钟。经过抚摩、拍打锻炼的胎宝宝出生后，动作敏捷灵活，如翻身、坐、爬、站、走以及动手能力都比未经过锻炼的宝宝发展得早一些，而且体格健壮，手脚灵敏，动作协调。

3. 胎教过程

美容胎教

孕妈妈在怀孕期间一般会比较注意保养自己的身体，很关心饮食起居：如每天8小时以上的睡眠，坚持步行，摄取足够的营养，回避烟酒。这样，孕妈妈会显得容光焕发。遗憾的是，妊娠中期孕妈妈脸上会出现黄棕色斑点。不过，别着急，这是正常现象。一般来说，这些斑点在分娩后会渐渐消失的，但有些孕妈妈脸上的斑点不再褪去。所以，最好能够防止出现这种斑点。办法是不要让脸在阳光下曝晒，因为身体里的激素在阳光的照射下会促使孕妈妈黄褐斑的出现。外出活动时，一定要在脸上涂一些油膏，或戴上一顶大沿帽子。

多数孕妈妈的皮肤在怀孕期间越来越干燥，这是因为皮脂腺的分泌越来越少。这时，也不需要更换化妆品，最好施行食物美容疗法，多吃含维生素多的食物；同时，还要注意充分的休息和睡眠。为了使皮肤保持柔软和良好的弹性，应经常涂上一层优质的护肤霜以润滑皮肤。对脸部的保养依旧和怀孕早期一样，采取自然护肤法，干性皮肤要用油脂和冷霜露，油性皮肤要用蜜类化妆品。

孕妈妈在夏天非常容易长湿疹和痱子，因此要讲究卫生，出汗后要马上擦干。应该多换内衣，内衣的料子要选吸汗性良好的。每天要洗澡，以保持身体的清洁。如果你已经长了湿疹和痱子，要悉心调养，注意不要让疙瘩破溃和感染。

怀孕中期，在乳房、腹部和臀部都可能会出现妊娠纹，从脐部一直延伸到耻骨区，有些人还会出现色素沉着。一般这些印迹在分娩后会自行消失，但有时很难消退，需要很长的一段时间。预防的办法和防止妊娠黄褐斑一样，要尽量避免阳光。

妊娠时，口腔黏膜往往不太舒服，牙龈可能肿胀，并且容易出血。牙龈炎一般在怀孕中期特别是第5个月最厉害，到分娩后会好的。服用维生素C可以减轻牙龈炎症状。妊娠中期是可以医牙的。有龋齿或齿龈疾患应到医院诊治，甚至征求妇科医生的意见后，可以拔牙。

妊娠不会损坏头发，反而可使头发更美。原先头发暗淡无泽，这时会显得柔软明亮。皮脂溢出也会减轻，甚至消失。这时保养头发的方法与平常一样，无论何时，都要使用不带刺激性的洗发剂。头发是油脂型的，可以使用以脂蛋白为主要成分的洗发剂。孕妈妈每天要用梳子梳理好头发，宜用木梳子、骨梳子，不宜用塑料的胶梳子，梳理要适度，不能过分用力，在孕6个月时可以用冷烫精烫发1次，一直保持到产后。

怀孕第5个月以后，肚子明显地突出。腰围、臀围也跟着加大。一般的衣服已不合身，这时要开始准备适合季节的孕妈妈装了。这时更要注意鞋子的式样了，市面上卖的高跟鞋、拖鞋式的凉鞋、胶底鞋容易摔跤，对孕妈妈都不合适，最好买专为孕妈妈设计的，后跟低，底部有凹凸纹路，穿着平稳的鞋子。

无论什么时候，都要坚持散步和做体操。这样既能使孕妈妈健康美丽，又能在分娩后很快恢复体形。

胎教小贴士

美容胎教的化学安全事项

备孕期间就要选择并坚持使用一段时间柔和的化妆品、洗浴用品等，怀孕期间不要更换，以免刺激皮肤。尽可能穿纯棉衣物，尤其是贴身衣物必须是纯棉的，少穿化纤类衣物和皮草。

情绪胎教

优生科学家认为，母亲的情绪、态度会影响宝宝。宝宝在母体孕育的过程中，个人的性格以及气质特点就已经开始萌芽。宝宝在子宫中，不仅有感觉，而且会对母亲细微的情绪变化做出敏感的反应。妇产科学研究结果表明，夫妻吵架、相处不好对宝宝产生的不利影响比孕妈妈患有高血压对宝宝产生的不利影响大6倍。

宝宝在4个月时，大脑内控制本能、欲望和心理状态的间脑或旧皮质部分已经形成，当孕妈妈情绪不稳定时，血液中的激素就会产生变化，血液经胎盘进入宝宝血液、间脑中，间脑受到刺激，就会使宝宝的行动产生变化。如果宝宝在子宫中感受到温暖、和谐、慈爱的气氛，宝宝将得到同化，意识到生活的美好和欢乐，可逐渐形成热爱生活、活泼外向、果断自信等优良性格的基础。反之，宝宝会觉得痛苦，将来性格可能形成孤独寂寞、懦弱、自卑多疑等。

家庭成员特别是丈夫要多体贴妻子，为了腹中宝宝安全和形成良好的性格基础，要避免让孕妈妈做较重的家务活动，减少孕妈妈的负担，让孕妈妈时刻处于心境平静、开朗的状态下，让孕妈妈的身体维持良好的状态，这样就能让宝宝在舒适的环境下健康、顺利地成长。

宝宝生长在子宫里，看似与外界隔绝，其实，孕妈妈的一举一动对宝宝都有影响，包括情绪也是如此。研究发现，宝宝长到6个月以后，神经系统已发育到相当程度，能听到声音，并能做出各种反应，如胎动增加，心跳加快等。孕妈妈与宝宝的神经系统本身并没什么联系，但孕妈妈受到精神刺激后，自主神经系统活动加剧，内分泌也发生变化，释放出来的乙酰胆碱等化学物质和某些激素可以经过血液由胎盘进入宝宝体内，影响宝宝的正常生长发育。

例如当孕妈妈的情绪兴奋、轻松愉快时，

胎教小贴士

孕妈妈负面情绪对宝宝的危害

孕妈妈的不良情绪会影响宝宝的血氧供应。而缺血、低氧将有损于宝宝的智力发育，严重者会导致宝宝死亡。体内的激素会增加，并通过胎盘影响宝宝，导致白细胞减少，从而降低其免疫力和抗病能力。妊娠早期发怒，可导致宝宝发生唇裂以及其他器官畸形；妊娠后期发怒，还会增加胎动次数，导致早产、难产等。

通过神经—体液系统的调节，血液中增加了一些使胎动有规律、活跃的化学物质，增强了宝宝的生命力。

音乐胎教

音乐是一种表达人类情感的特殊语言，它凭着曲调、旋律、节奏和响度，触及人们的心灵，引起人们情感和认识上的认同感。胎教音乐一类是孕妈妈欣赏的音乐，以宁静为原则，既使人感动，又使人产生美妙的想象，通过孕妈妈的神经—体液将感受传递给宝宝；另一类是宝宝听的音乐，以轻松明快为原则，以轻松活泼的音乐来激发宝宝对声波的良好反应。对孕妈妈来说，音乐最大的特点就是能滋养情绪、爱抚心理和提升境界；对宝宝来说，音乐具有引发刺激的作用，可诱发大脑和学习记忆有关的“突触电位”升高，从而导致大脑的特殊合成，达到促进智力发展的作用。

在妊娠早期，音乐胎教都是孕妈妈听音乐，然后通过母体将自己的感受传递给宝宝。在妊娠4个月时，宝宝耳的功能开始建立和发展，脑的结构也日益完善，各种感觉逐渐发挥作用，宝宝对声音的感觉相当敏感，听觉能力明显提高，已能听到外界的声音了。这时可利用宝宝听觉的重要作用，给予良好的声音刺激，促进宝宝听力的发展。

这时孕妈妈和宝宝听的胎教音乐内容可以丰富一些，种类可以多一些。胎教音乐的节奏宜平缓流畅，不带歌词，乐曲的情调应温柔甜美。父亲的低音歌声、大提琴独奏曲或低音乐曲之类，宝宝最容易接受。另外孕妈妈亲自哼唱歌曲会得到十分满意的效果。孕妈妈每天可以哼唱几首自己喜爱的抒情歌曲，或优美而又富有节奏的小调，摇篮曲等，如约塞兰的《摇篮曲》、舒伯特的《摇篮曲》等。

孕妈妈最好不要听那些过分激烈的现代音乐如摇滚乐等，因为这些音乐音量较大，节奏紧张激烈，声音刺耳嘈杂，可使宝宝烦躁不安，使神经系统和消化系统产生不良反应，促使母体内分泌一些有害的物质，危害孕妈妈和宝宝。具体说来，胎教音乐的选择若以西方音乐为欣赏范畴的话，最好以巴洛克音乐为经，以莫扎特音乐为纬。因为巴洛克音乐的音律与宝宝的心律非常接近，而它宗教般的和谐旋律可使宝宝心灵沉静、全身放松，它的乐声的波长正好与宝宝脑部的波长相符，有助于宝宝精神的集中与安定；而莫扎特音乐奇幻般的音符可促使宝宝脑部活动。

音乐熏陶法

通过听录音磁带或唱片中的轻音乐，让休闲生活中充满优美的乐声，从而使孕妈妈精神愉悦，称为音乐熏陶法。

声音有乐音和噪音之分。当然，对宝宝的刺激也就有益与害之分。不适的音乐（如迪斯科舞曲、架子鼓的声音）无异于噪音。所以，孕妈妈不能听这类音乐。适宜孕妈妈听的音乐，主要是舒缓轻柔与欢快相间的E、C调。

胎教小贴士

2.镇静：管弦乐“春江花月夜”，琴曲“平沙落雁”。

3.舒心：“江南好”、“春风如意”。

4.解除忧郁：“喜洋洋”、“春天来了”等。

5.消除疲劳：“锦上添花”等。

6.振奋精神：“娱乐升平”、“步步高”等。

7.促进食欲：“花好月圆”、“欢乐舞曲”等。

语言胎教

随着妊娠的进展，每天适当增加对话次数，可以围绕父母的生活内容，把每一种新鲜事物，把美好的感受反复传授给宝宝。最后还需提醒大家：由于宝宝还没有关于这个世界的认识，不知道谈话内容，只知道声音的波长和频率。而且，他并不是完全用耳听，而是用他的大脑来感觉，接受着母体的感情。所以在与宝宝对话时，孕妈妈要使自

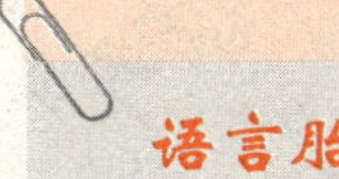

胎教小贴士

语言胎教的原理

人的大脑有左、右两个半球，这两个半球各有不同的功能及优势，既职能分开，又相互配合，协调一致。采用语言胎教和音乐胎教的目的，是刺激左、右大脑的发育，为脑的功能发展奠定良好的先天性基础。

己的精神和全身的肌肉放松，精力集中，呼吸顺畅，排除杂念，心中只想着腹中的宝宝，把宝宝当成一个站在面前的活生生的宝宝，娓娓道来，这样才能收到预期的效果。

孕妈妈在对宝宝做听觉教育时，应细致地观察宝宝有何反应。若是宝宝反应强烈，就应暂停。

语言、智力、知识这三者是相辅相成的。语言是智力发展的基础，智力发展有助于知识的获得，而语言和智力又必须在传授与获取知识的过程中发展。

在英国，不少家庭的宝宝出世后，父母首先教育宝宝的就是“看见人以后要微笑”。这个微笑是为了让对方知道“我对你没有敌意和不安”。这种做法是使自己在人类社会中得以生存的重要手段，同时，也是一个人精神文明的象征。

妊娠中期是宝宝处于相对安定的时期。当孕妈妈外出散步、买东西、郊游、参观时，要善于与周围的人微笑相处。只有这样，才会捕捉到生活中不少充满乐趣的新课题，以便富有情感、绘声绘色、自言自语地对宝宝讲授。诸如人们生活中的友善相处、居住的环境、维持社会机构的机关和设备、自然界不同季节的变化、动物的生态情况等，让宝宝在母体内生活的过程中，逐渐熟悉自然界及人类社会的知识，让宝宝在宝宝时期就对自己将要降临的人间有所感觉。

运动胎教

运动胎教是对宝宝进行“宫内锻炼”，以促进宝宝四肢运动的训练方法。

有人建议，在怀孕3～4个月后可以适当对宝宝进行宫内运动训练。做法是孕妈妈仰卧，全身放松，先用手在腹部来回抚摩，然后用手指轻按腹部的不同部位，并观察宝宝有何反应。开始时动作宜轻，时间宜短，等过了几周，宝宝逐渐适应之时，就会作出一

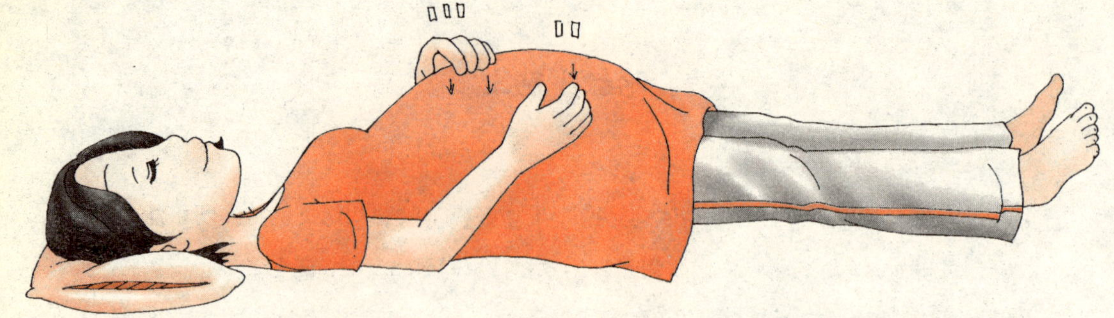

些积极反应。这时可稍加一点运动量。

胎教理论主张对宝宝进行运动训练，这可以激发宝宝运动的积极性，促进宝宝身心发育，但运动量一定要适当。现代医学已经证明，胎动的强弱和胎动的频率可以预示宝宝在母体内的健康状况。有人曾对胎动强者和胎动弱者进行观察，他们发现在宫内活动强者出生后其动作的协调性和反应的灵敏度上均优于出生前胎动弱者。凡是在母体内受过运动训练的宝宝出生后翻身、爬行、坐立、行走及跳跃等动作都明显地早于一般的宝宝。因此说宝宝的运动训练确实不失为一种积极有效的胎教手段。

有些孕妈妈对宝宝进行运动训练表示担心，认为锻炼会伤害宝宝，其实这种担心是多余的，宝宝在4个月时胎盘已经很牢固了，宝宝此时在母体内具有较大的空间。而且环绕着宝宝的羊水对于外来的作用力具有缓冲的作用，可以保护宝宝。所以孕妈妈对宝宝进行运动训练时并不会直接碰到宝宝，这一点孕妈妈大可放心，进行适当的宝宝运动训练是不会伤害宝宝的。

光照胎教

光照胎教是指通过光源对宝宝进行刺激，以训练宝宝视觉功能的胎教法。

尽管宝宝在妊娠25周前和32周之后，从不愿睁开眼睛，总是把小眼睛紧紧地闭着，好像是因为看不到任何东西。其实，宝宝的视觉在怀孕第13周就已经形成了。

宝宝从4个月起对光线就非常敏感，科研人员对母亲腹壁直接进行光线照射时，应用B超探测观察，可以见到宝宝出现躲避反射，背过脸去，同时也可看到宝宝有睁眼、闭眼活动。这说明宝宝在发育过程中，视觉也在缓慢发育，并且有一定的功能。宝宝在子宫中的活动似暗箱操作，不能视物，但当孕妈妈腹部在光线照射下，宝宝还是能感觉到光线的强弱明暗变化。因此有人主张在宝宝觉醒时，可进行视觉功能的训练。

对宝宝进行视觉训练时，可用4节1号电池的手电筒，一闪一灭地直接放在母亲腹部进行光线照射，每日3次，每次30秒，并记录下宝宝的反应。进行视觉训练可促进视觉发育，增加视觉范围，同时有助于强化昼夜周期，即晚上睡觉，白天觉醒，并可促进动作行为的发展，切忌用强光，照射时间不宜过长。

环境胎教

宝宝在母体中4个月时，已具有了种种感觉，如对母体处于嘈杂的环境中会以频频蹬腿来表示“不满”，当母亲吸烟时，可见宝宝的心脏会随着母体心跳的加快而加速搏动，甚至出现烦躁不安、痉挛等。可见环境对宝宝的健康发育是多么重要。因此孕妈妈要投身于大自然中去欣赏、感受美，以期让腹中的宝宝早日受到美的熏陶。

大自然的美景多种多样，各具风格。它包括日月星云、山水花鸟、草木鱼虫、森林原野等。它们都具有能陶冶人们的情感、激发人们对祖国的热爱等特性，它能给人们带来欢乐，激发人们思考，使人们的精神世界得到极大丰富。大自然不仅可以开阔孕妈妈的视野，而且对于宝宝的身体也大有益处。

孕妈妈在早上起床之后，应到有树林或草地的地方去做操或散步，呼吸草木所释放的清新空气，再者，树木多的地方以及有较大面积草坪的地方，尘土和噪声都比较少。那些在一定的温度下工作的孕妈妈，除早晨外，在工间休息时也应到树木、草坪或喷水池的地方走走。晚上最好能开小窗睡眠。若天太冷可关窗，但应在起床后，打开所有的窗户换空气。

俗话说：“一天之计在于晨。”对于孕妈妈来说就更是如此。每一位即将做妈妈的孕妈妈都应该克服自己的懒惰情绪，争取每日早些起床，然后去欣赏清晨大自然的美景，也使腹中的小宝宝受到熏陶。

多欣赏大自然的美，不仅可以使人得到休息、娱乐并伴以幽静、清爽、舒畅之感，还可以使人大开眼界，增长知识，增添青春的活力。这些都是极有利于孕妈妈和宝宝的身心健康的。

因此，为了宝宝，为了下一代的聪明、活泼和可爱，孕妈妈一定要多到大自然中去，在大自然中陶冶母子的性情。

4. 准爸爸参与

父母亲通过动作和声音与腹中的宝宝对话是一种积极有益的胎教手段。在对话过程中，宝宝能够通过听觉和触觉感受到来自父母亲爱的呼吸，对促进宝宝的身心发育具有十分有益的影响。对话可从怀孕3～4个月开始，每天定时刺激宝宝，每次时间不宜过长，1分钟足够。对话内容不限，可以是问候、聊天，可以讲故事，以简单、轻松、明快为原则。例如孕妈妈早晨起床前轻抚腹部，说声“早上好，宝宝”。打开窗户告诉宝宝：“哦，天气真好。”等等，最好每次都以相同的询问开头和结尾，这样循环往复，不断强化，效果较好。晚上父亲临睡前也要和宝宝说说话，这些熟悉的声音可促使宝宝听觉发育，记忆增强。

5. 效果评估

这是一个直观的评估，得分越高，说明你胎教的质量越好。

孕期进补	懂得营养均衡搭配食物，知道不同时期，不同反应应该吃什么。（3分）
	荤素搭配，刺激的不吃，吃点好东西。（1分）
	什么贵买什么，天天乌鸡王八。（0分）
准爸爸	工作虽然忙，但是老婆宝宝更重要，积极参与胎教。（3分）
	老婆需要照顾，宝宝还没显示顾不上，还得上班赚奶粉钱呢。（1分）
	老子上了一天班累死了，还得伺候你。（0分）
情绪胎教	已经完全融入孕妈妈这个角色了，和宝宝的关系一天比一天亲密。（3分）
	身体一天天重下去，常常心情不好。（0分）

续表

运动胎教	每天都能坚持出去活动十几二十分钟，自己会注意运动强度和运动方式。（3分）
	看心情了，不高兴就不去。（1分）
	我现在一个人吃养两个人，还是在家养着好。（0分）
抚摩胎教	认真地感觉宝宝的存在，相信他真的能感应到我的爱，与我交流。（3分）
	偶尔为之，感觉不到什么，不重要吧？（0）
语言胎教	每天和宝宝打招呼，开始给她读一些儿歌，把我的心事和他分享。（3分）
	喜欢和宝宝交流，但是没有太刻意，什么时候想到了就说两句。（2分）
	我行我素，还是和以前一样大大咧咧，口无遮拦。（0分）
想象胎教	想象宝宝的样子，在肚子里快乐地成长。（3）
	房贷要还，奶粉很贵，婆婆合不来，以后宝宝园要花不少钱。（0）
美育胎教	经常看一些漂亮宝宝的照片，漂亮的风景，图画。（3）
	老公，晚上陪我去电影院看美国动作大片。（0）
音乐胎教	继续听一些舒缓、轻松的，并且我很喜欢的音乐。（3）
	别人说什么好，就听什么。（2）
	某高兴女生又出新歌啦。（0）
光照胎教	了解光照胎教，并试着去做。（2）
	什么是光照胎教？（0）

第五节

怀孕第五个月——宝宝开始有感觉了

一、宝宝的样子和妈妈的变化

1. 胎宝宝已经有巴掌大小了

此时宝宝增长速度惊人，身长已增长到18～27厘米，体重250～300克，身高已是一个正常足月儿的1/2了。宝宝的头已占全身的1/3，头部及身体上呈现一层薄薄的胎毛，已长出头发、眉毛及睫毛，眼睛还是闭着的；手指、脚趾长出指甲；耳朵的入口张开；牙床开始形成；由于脂肪开始沉积，皮肤变成半透明，但皮下血管仍清晰可见；骨骼和肌肉也越来越结实起来；男女性别明显，女性宝宝阴道已发育。

宝宝也会吞咽羊水，经肾过滤后，把它变成清洁的尿液重新又排入羊水中，过滤的渣滓积存在肠道内形成胎粪，待出生后再排出体外。宝宝已会用口舔尝、吸吮拇指。此时用听诊器可听到胎心音。

2. 妈妈的小腹明显增大，走路需注意平衡

此时孕妈妈的子宫明显增大，同成人的头大小，下腹部隆起，有时会感到腹下坠、心慌、气短，或出现便秘。这时孕妈妈进食明显增加，如果营养不足，会出现贫血、宝宝发育迟缓。

到了妊娠5个月末开始，当孕妈妈精神集中的时候，特别是夜晚躺在床上时，会感到下腹部的蠕动。这是宝宝在子宫的羊水中蠕动，挺身体，频频活动手和脚，碰撞子宫壁引起生命象征——胎动。它是给孕妈妈心灵带来愉悦的妊娠中的一个“里程碑”。

此期间孕妈妈体重增加很明显。孕妈妈体

重增加的规律大致是：妊娠1～12周，增加1.5～2.0千克；妊娠13～28周，增加4～5千克；妊娠29～40周，增加5～5.5千克。妊娠中期和后期孕妈妈体重增加快，每周体重增加0.45千克。若体重增加过分，应注意身体水肿、羊水过多；若体重增加过少，应注意营养不足、贫血、宝宝发育迟缓。

二、孕妈妈的营养和进补

1. 吃饭要细嚼慢咽

有的孕妈妈吃饭时狼吞虎咽，缺乏细嚼慢咽的饮食习惯，这对身体健康不利。食物未经充分咀嚼就进入胃肠道，主要有以下弊端：

使消化液分泌减少：人体将食物的大分子结构变成小分子结构，是靠消化液中的各种消化酶来完成的，咀嚼食物能通过神经反射引起胃液分泌，胃液分泌又进而促进其他消化液分泌，这无疑对人体摄取食物中的营养是有利的。咀嚼食物引起的胃液分泌，比食物直接刺激胃肠而分泌的胃液数量更大，含酶量高，持续时间长。可见咀嚼食物对消化液的分泌起着重要作用，所以，提倡细嚼慢咽，增加对食物的咀嚼次数，对消化吸收有利。

狼吞虎咽不能使食物与消化液充分接触：食物未经充分咀嚼就进入胃肠道，食物与消化液的接触面积会大大缩小，就会影响食物与消化液的充分混合，进而不能进行充分的消化吸收。长此以往，由于得不到足够的营养素，健康就必然受到影响。此外，有些食物咀嚼不够，过于粗糙，还会加大胃的消化负担或损伤消化管道。

所以，为了孕妈妈能充分得到食物中的营养以满足自身和宝宝的需求，就要在吃饭时克服狼吞虎咽的习惯，要做到细嚼慢咽，以利于营养的充分吸收。

2. 少吃罐头食品，远离食品添加剂

妊娠早期大量食用含有食品添加剂的罐头食品，对胚胎发育是不利的。这是因为，

罐头食品在生产过程中，往往要加入人工合成色素、香精、甜味剂（糖精类）和防腐剂，这些都是人工合成的化学物质，对胚胎组织有一定影响。因为，在胚胎早期（受孕2～60天），细胞和组织严格按一定步骤和规律进行增殖和分化，这时的宝宝对一些有害化学物质的反应和解毒功能尚未建立，在此期间受到不利干扰，会导致畸胎的发生。

同时，罐头保鲜期一般在半年至一年，市场上出售的罐头食品往往超过保鲜期或者在自家存放时间较长，质量发生变化，孕妈妈吃了当然不利。罐头食品在制作、运输、存放过程中如果消毒或密封不严时，可导致食品被细菌污染，这对人体危害也很大。

因以上原因，为了母子健康，孕妈妈以不吃罐头食品为宜，应多吃鲜鱼、鲜肉和新鲜蔬菜。

胎教小贴士

其他半成品、成品食物也要少吃

喝自己鲜榨的果汁，少喝包装果汁。

喝鲜奶，不喝保质期几个月的加工奶。

买鲜肉、鲜鱼自己加工，少吃成品熟食。

3. 方便食品易造成营养不良

现在市场上各种方便食品很多，如方便面、饼干、点心等，有些孕妈妈愿意吃方便食品，一是简便省事，免去做饭炒菜的麻烦；二是认为加工的方便食品营养丰富。其实不然，方便是方便，但营养不全。

一般来说，方便食品如方便面主要成分是糖类、少量味精、食盐和调味品。其调味品有牛肉汁、鸡肉汁、虾汁，而牛肉、鸡肉、虾肉的含量很少，且蔬菜也很少，有的有菜末或菜汁，但用量很少。因此，方便食品并不具备人体所需要的蛋白质、脂肪、矿物质、维生素和水等全面的营养成分。据营养专家调查，长期食用方便面的人群中，有60%的人营养不良，54%的人患缺铁性贫血，23%的人患维生素B_2缺乏症，16%的人缺锌，20%的人因缺乏维生素A而患眼疾。

因此，孕妈妈不适宜多吃方便食品，否则对母子都不利。有吃方便食品习惯的女性，要在孕前几个月就改变吃方便食品的习惯，以免宝宝营养不足。

4. 孕妈妈不宜吃油条

油条在加工制作的过程中，需要加入一定量的明矾。一般在炸油条时每500克面粉要加入15克明矾，也就是说，如果孕妈妈每天吃两根油条，就差不多要摄入3克明矾。

明矾是一种含铝的无机物，其结晶水含物为KAl（SO_4）2·12H_2O，孕妈妈常吃含铝的油条，会对宝宝的大脑发育造成影响，会使宝宝大脑形成障碍，增加痴呆儿发生几率。另外，油条经过高温烹制，营养成分（特别是维生素）遭到严重破坏，其营养价值大大降低。还有，炸油条的油经过反复加温会发生氧化、分解、热聚合等化学反应，从而产生出醛、低级脂肪酸、氧化物、环氧化物、内脂等多种有害物质，孕妈妈食用后，对自身健康和宝宝发育都不利。

因以上各种原因，孕妈妈不宜多吃油条，这有利于母子健康和优生。

5. 孕妈妈不宜多吃甜食

白糖一般不含其他营养素，只能给人体提供热量，而人体则需要多种营养物质，白糖吃得过多影响人体对其他营养物质的吸收，结果造成体内营养物质不全、不平衡，引发其他营养缺乏。

白糖吃得过多会中毒，或导致糖尿病、脑卒中、心脏病等疾患，对孕妈妈和宝宝十分不利，很可能出现痴呆儿。

为了消化摄入体内的过多白糖，需要消耗大量的维生素B_1，结果导致维生素B_1不足。代谢糖需要大量的钙，又可导致体内钙不足。这两种营养成分缺乏，就会导致宝宝眼球壁张力减弱，产生近视，宝宝还会出现骨骼发育不良，出生后患脑水肿，呈身子小、脑袋大的不协调状态，降生后患佝偻病，出现说话晚、出牙晚、走路晚以及各种神经及脑损伤症状。

为了保证宝宝正常发育，孕妈妈不宜多吃白糖。适当吃些红糖还是有益的。

6. 如何选择蔬菜水果

蔬菜水果是人们生活中必不可少的食物，它们的特点是：蛋白质和脂肪含量很低，含有一定量的糖类，而某些重要的无机盐类（钙、钾、钠、镁等）和某些维生素（如维生素C和胡萝卜素等）的含量很丰富。

在蔬菜水果的选择上，还是有一定学问的。一般来说，颜色深的蔬菜如青椒、胡萝卜、韭菜、绿菜花等，富含叶

绿素、叶酸、β-胡萝卜素以及维生素C等。

另外，在选择的季节上也有不同。一般来说，新鲜采摘的水果和蔬菜比长期存放的要营养丰富，比如新鲜大白菜与储存了一年的大白菜相比，不但口感好，而且营养丰富。

一般水果都含有丰富的糖类、水分、纤维素及少量的蛋白质、脂肪、矿物质、维生素A和B族维生素，但其粗纤维、维生素B_{12}含量很少，故不能作为唯一的营养来源。孕妈妈要遵循时令多样化地选择新鲜水果，每天吃1～3个比较好。

蔬菜水果在食用前都要注意先用清洗剂洗干净，再用清水清洗，以免残留农药对人体造成危害。

7. 怀孕第五个月的营养食谱推荐

酸辣汤

【原料】豆腐1块，粉丝100克，瘦猪肉50克，植物油、红干椒末、醋、葱花、精盐、味精、紫菜少许。

【做法】

1. 豆腐切成约1.5厘米宽、3厘米长、1厘米厚的片；瘦猪肉切成片，粉丝泡发后适当切短；紫菜切成丝。
2. 锅内放油烧热，先将红干椒末下锅炸一下，再加清水600克烧开，然后放入豆腐、粉丝、瘦猪肉、紫菜烧开，加精盐、醋、葱花、味精，盛入大汤碗即成。

【特点】豆腐甘凉，益气和中，猪肉甘咸平，滋阴润燥，二味为主料，益气和血，有益于孕妈妈健康。

虾子海参

【原料】干海参150克，干虾子15克，肉汤1000克，葱、姜各15克，料酒30克，精盐3克，味精3克，淀粉6克，猪油30克，酱油6克。

【做法】

1.将海参放入锅内，加入清水，加盖用小火烧开后，将锅端离火位，待其发涨至软时捞出，剖肚挖去内肠，刮净肚内和表面杂质，洗净。

2.再放入锅内，加清水，用小火烧开后，又将锅端离火位，待其发涨（按此方法多次反复进行），海参即可发透（但在发涨过程中，切忌沾上油和盐，因油对海参起溶化作用；盐对海参起收缩作用，会影响海参的涨发质量）。然后将发透的海参肚内先划十字花刀，入开水锅内焯一下，捞出，沥干水分备用。

3.虾子洗净盛入碗内，加入适量的水和料酒，上笼蒸约10分钟取出。

4.锅烧热，放入猪油，投入姜、葱，煸炒后捞出，烹入料酒，加入肉汤、精盐、酱油，放入海参、虾子，煨透成浓汤汁，用淀粉勾芡，加味精，起锅，整齐地装入盆内即成。

【特点】此菜呈牙黄色，鲜糯、味浓，可协调人体阴阳。孕妈妈食之，可强身健体。

炸百合小饺

【原料】鲜百合280克，青梅80克，熟山药泥100克，山楂糕80克，白糖50克，面粉500克，花生油、葱姜末、盐、猪油各适量。

【做法】

1.百合削去干尖、根，分开瓣，洗净，剁茸；青梅切末；熟山药去皮，研成泥；山楂糕切末。将上述食物全部放在大瓷盆里，放花生油、白糖、葱姜末、盐搅拌匀成馅。

2.将面粉过箩，放入面盆，把2个鸡蛋打开加入精盐、味精、猪油，搅拌，加水，面和好后，盖上湿布饧30分钟。

3.把面擀成长方薄片，用手把馅拌在一半面片上，将另一半面片折起，盖在挤好馅的面片上，把馅与馅四周用手压实，用直径4厘米的圆酒杯或模子，把饺子一个个扣下来，再用手捏一下边，交两角对起捏实，使其成形。

4.按此办法把饺子剩下来的边料面，再继续擀皮，做成小饺子，做完为止，约出100个小饺子。

5.炒锅放花生油，烧至八成热，将饺子分批下锅，炸至色深黄，外脆里嫩时捞出，控油，入盘。

【特点】造型美观，百合郁香。

香酥鸡

【原料】去毛嫩母鸡1只（约重1200克），料酒50克，葱白段25克，姜片15克，花椒15克，桂皮15克，精盐10克，熟猪油1500克（约耗150克），甜酱或番茄酱适量。

【做法】

1.把鸡开膛，挖去内脏，抽掉气管、食管，洗净沥去水；桂皮（敲碎）、花椒、精盐一起放入碗中拌和后，擦匀鸡身（脯肉和腿肉要反复擦几次），然后，放入钵内，把剩下的桂皮、花椒、精盐撒在鸡身上，腌约2小时取出，将盐抖去，再放入盘中，加料酒，放上葱段、姜片，上笼用旺火蒸至八成烂，取出，沥去汁水，挖去鸡眼。

2.炒锅放在旺火上烧热，加入熟猪油，烧至八成热，将鸡放入炸至金黄色时，锅离火口，用漏勺捞出；斩下头，颈劈开，将鸡颈放入盘中，鸡身放上面，鸡头平放在鸡身前端（成双片头）即成，上桌时另带甜酱或番茄酱蘸食。

【特点】菜色金黄，皮香脆，肉酥烂，蘸酱食之，其味鲜美。

扒猴头菇

【原料】猴头菇150克，冬笋25克，火腿25克，油菜心28克，鸡蛋清3个，淀粉50克，猪油100克，鸡汤、鸡油、精盐、料酒、葱末、姜末、蒜末各适量。

【做法】

1.将猴头菇用开水泡1小时，洗净，再用开水煮1～2小时，捞出，削去老根，挤干水分，顺丝片成薄片，放入用鸡蛋清和淀粉（25克）调成的糊中抓匀，再放入滚开的鸡汤内焯过，捞出，整齐地码在盘内。

2.将冬笋切成3厘米长的片，油菜心剖两半，均用开水烫一下，控干，把火腿切3厘米长的片，与冬笋片和油菜心整齐地在盘中码成3行。

3.将勺放置火上，加入猪油，烧至五成热，放入葱末、姜末和蒜末炸一下，添鸡汤，加精盐、味精、料酒，下入冬笋、火腿、油菜心，倒入码好的猴头菇，烧开后，移在慢火上，烧至汁浓时，用水淀粉勾芡，加鸡油，大翻勺，即可装盘。

【特点】营养丰富，味道鲜美。

酸辣芹菜

【原料】嫩芹菜300克，红辣椒25克，香油15克，醋20克，精盐适量，酱油少许。

【做法】

1.将芹菜去叶，去根，破四棱，洗干净，切成3厘米长的段，放开水锅内焯透捞出，再放凉水中冲凉，沥去水分。

2.将红辣椒去子去蒂，洗净切成细丝和芹菜放在一起，放入酱油、精盐、醋、香油，搅拌均匀装盘食用。

【特点】酸辣利口，清爽开胃。

赤豆泥饭

【原料】粳米1000克，赤豆800克，白糖适量。

【做法】将赤豆煮烂，去皮，做成豆沙；将粳米淘洗净，添入适量水，用旺火烧开锅，改用慢火焖熟；然后将锅离开火源，打开锅盖，将豆沙泥快速拌入饭内，加入白糖，再将锅盖盖上，略闷一会，即可食用。

【特点】本饭健脾胃，利水湿，适应于孕妈妈食欲不振，脾胃虚弱且有水肿者食用。

杏仁粥

【原料】甜杏仁（去皮尖）50克，粳米240克。

【做法】将甜杏仁研成泥，备用；将粳米淘洗干净，放入锅中，添入适量的水，加杏仁泥煮开，再用慢火煮烂，即可食用。

【特点】色白清香，止咳平喘，又可美容，适用于咳嗽、气喘之人食用。孕妈妈常食此粥，可美容。

三、孕妈妈和宝宝的安全

1. 怀孕期间，体重增加多少比较合适

女性怀孕后，大多数进食量增加，身体增重。那么，在整个妊娠期间孕妈妈增重多少才较为适宜呢？

一般情况下，孕妈妈体重在怀孕前3个月增加1.5～2.0千克，以后每周增加350～400克，到足月时增加12～12.5千克就为正常，不算发胖。如超过此体重，就要适当限制进食。

如果一个孕妈妈在孕期中体重增加11.6千克，其中包括宝宝体重3.6千克的话，那么孕妈妈自身增加的8.0千克，大致包括：胎盘重0.7千克，水0.8千克，乳房增大0.5千克，额外流体2.5千克，储存脂肪增加3.5千克。

这些增加的，体重又体现在不同阶段，大致为：

妊娠10周时，增加体重0.7千克（宝宝体重为18～20克）；

妊娠20周时，增加重量达3.7千克（宝宝体重为250～310克）；

妊娠30周时，增加重量达7.6千克（宝宝体重为1600～1850克）；

妊娠40周时，增加重量达到11.6千克（宝宝体重为3180～3250克）。

孕妈妈可根据这些体重增加情况来测定自己体重是否合格。不超过即为合格，超重较多则是孕妈妈发胖，要注意控制饮食，不要在此期间减肥。

2. 久坐、久站、负重造成静脉曲张

孕妈妈易发生下肢静脉曲张，主要是下肢皮下浅在的大静脉，其次是小静脉。女性妊娠时，下肢和外阴部静脉曲张是常见的现象，并随着妊娠月份的增加而逐渐加重。造成孕妈妈静脉曲张的原因大致有如下三个方面：

1. 妊娠时子宫和卵巢的血容量增加，引起下肢静脉回流受到影响。
2. 增大的子宫压迫盆腔内静脉，阻碍下肢静脉血液回流。

❸ 受激素影响血管扩张，在妊娠初期就会常常见到下肢静脉曲张。

静脉曲张是可以减轻和预防的。除妊娠造成的原因外，主要是孕妈妈在妊娠期休息不好，特别是那些久坐、久站和负重的孕妈妈，出现下肢静脉曲张者较多。针对此情况，孕妈妈应注意：

平时多注意加强休息：每天夜里保证8个小时的睡眠，中午最好午休1个小时。

选择正确的坐姿：孕妈妈坐椅子的正确姿势应该是：要深深地正正地坐在椅子上，后背笔直地靠着椅背。两腿股关节和膝关节要呈直角，大腿呈水平状态。坐在椅子边缘上容易滑倒，如果椅子放不稳还有跌倒的危险。

选择正确的站姿：两腿伸直，两脚稍分开，既要有利于稳定安全，又要使人显得精神。若长时间站立时，每隔几分钟就要把两腿的位置前后换一下，将重心落到伸前的前腿上，以减轻疲劳。

选择正确的走姿：抬头，伸直脖子，挺直后背，绷紧臀部，使身体重心稍有前移，并能使较大的腹部抬起来，保持全身平衡地向前行走，眼睛既能远眺前方又能平视脚前。这样一步一步踩实了再往前走，既可防止摔跤，又能轻松不累。

减少负重：一些体力活可交由丈夫和家里人干，在工厂里不宜从事重体力劳动，可要求调换工作岗位等。

3. 外出旅行特别要注意的安全问题

孕妈妈因就医、探亲、旅游等原因外出，要做好充分准备，以保证母胎安全健康。

❶ 在出发前应再去产前检查的医院就诊一次，向医生介绍整个行程计划，然后征求医生的意见，看是否能够出行。如果医生认为健康状况许可旅行，应请医生帮助准备必须携带的药品。

❷ 如果计划外出旅行，那么就

把外出的时间放在怀孕4～7个月时。这段时间怀孕初期的不适已渐消失，而孕晚期的身体沉重等还未开始。另外，这段时间也不易流产。

❸ 孕妈妈外出旅行要选择有现代医疗条件的地区，而不要去医疗水平落后的地区，以免发生意外情况时就医不便。

❹ 孕妈妈外出前要对将去的地区进行了解，避免前往传染病流行地区。孕妈妈患传染病，往往对宝宝发育影响极大。

❺ 孕妈妈外出，要多带宽松的衣物，常洗常换，讲究个人卫生。

❻ 在旅途中，孕妈妈不可过劳。行程不要安排得太紧凑，要多安排停留时间，使孕妈妈有充分的休息时间。

❼ 长途旅行，孕妈妈最好乘飞机，可减少长时间的颠簸。

❽ 不论在汽车、火车，还是在飞机上，孕妈妈最好能每15分钟站起来轻微地活动一下。这样做可以促进血液循环。

❾ 孕妈妈外出要注意饮食营养及饮食卫生。在旅途中，营养不易平衡，特别是饮水、蔬菜往往无保障。因此，孕妈妈外出前应做好充分准备。痢疾、肠炎而导致的高热、腹泻、脱水对孕妈妈来说危害很大。孕妈妈外出要处处注意饮食卫生，不吃包装不合格或过期食品，不随便饮用无厂家、无商标饮料。

4. 预防流感，保证胎宝宝的健康

流感是流行性感冒的简称，其与非流行期间所患的感冒不同，它是一种引起大面积流行的急性呼吸道感染，甚至跨国流行。它是由流感病毒经呼吸道传播而引起，以起病急、传播迅速、冲击面大为特点，往往在冬春季暴发和流行。

孕妈妈怎样在生活中预防流感？

❶ 在流感流行期间，孕妈妈应绝对不

胎教小贴士

小感冒切勿硬挺

药物对宝宝有一定的影响，很多孕妈妈最担心的就是怀孕的时候感冒，不敢吃药，只好硬抗着，其实硬抗对宝宝的伤害更大。正确的处理方法是感冒后立即就医，不要硬挺，也不要自己随便买点药吃就算了。

去公共场所，并与流感患者隔离。

❷ 不管天气多么寒冷，孕妈妈的居室和工作间都要经常开窗子，经常使空气流通，换入新鲜空气，可以减少流感病毒的传播。

❸ 天冷时，孕妈妈要及时加衣服，并在有阳光时，到室外晒太阳和呼吸新鲜空气。

❹ 流感流行期间经常喝些清热解毒的药，如用大青叶、板蓝根熬水喝。

5. 最好不戴或少戴隐形眼镜

孕妈妈最好不戴隐形眼镜，原因在于以下几方面：

❶ 怀孕期间内分泌发生变化，可使孕妈妈角膜组织轻度水肿，角膜中心的厚度增加，如果此时戴隐形眼镜，更加重了眼角膜的缺氧，使其敏感度降低，易发生角膜损伤。

❷ 女性在怀孕期间泪液分泌减少，而且泪液中的黏液成分增多，戴上隐形眼镜，眼前常有异物感，感到眼干、磨眼而不舒服。

❸ 女性在怀孕期间，结膜小动脉会发生挛缩，血流量减少，若此时因戴隐形眼镜发生结膜炎会比平时更加痛苦。

❹ 孕妈妈眼角膜的弧度也会发生一些变化，约有50%的孕妈妈不能戴原来的隐形眼镜，应更换屈光度大小合适的镜片。

❺ 孕妈妈怀孕期间会出现眼压下降、视野缩小等现象，这都会增加戴隐形眼镜的不适感。

如果工作需要必须戴隐形眼镜的孕妈妈，则应注意眼的卫生保健。

6. 怎样预防妊娠纹

妊娠纹的产生是粗暴地、剧烈地，突如其来地。并且一旦出现后，即难以消失。你会发现，绸缎般光滑的皮肤再与我们无缘。你会发现它恣意蔓延，腹部、臀部、乳房、大腿内侧、腰部，无不是褶皱起来裂断地小纹。

防止妊娠纹发生的全部核心就在于尽一切办法增加我们皮肤的弹性限度。这一点，只要你有了精心的准备，防止它一点也不难。

均衡的营养摄取：少吃油炸、高含色素的食品。控制糖分摄入。吃纤维丰富的蔬菜、水果和富含维生素C的食物，以此增加细胞膜的通透性和皮肤的新陈代谢功能

皮肤护理：怀孕初期使用能够增强肌肤延展性富含橄榄精华的“胶原弹力微分子”，及富含肌肤所需各种维生素的妊娠纹防护精华液，可使肌肤充分适应孕期的体形变化，防止皮下纤维因过度抻拉而断裂，从而有效减少妊娠纹出现。

适度按摩：怀孕3个月开始到生完后的3个月内，坚持沐浴后进行局部按摩可以增加皮肤弹性，配合除纹霜同时使用，或沐浴前，点燃香熏，准备一杯热牛奶，然后用毛巾对腹部、腿部进行揉洗，再将除纹霜或牛奶涂在肚皮上，用双手从里向外揉。长期坚持可以保持肌肤滋润，增强对拉牵的耐受力。

胎教小贴士

腹部总是痒不停

如果肚子痒痒的，千万别去抓，一旦抓了就会有一条难以消除掉的纹路。经常听到孕妈妈肚皮痒痒的抱怨，这是因为肚皮扩张造成的皮肤搔痒，可以涂抹一些保湿乳液或按摩霜，来减轻、舒缓症状。

当然如果痒到睡不着觉，并发现从肚子到大腿，有慢慢形成丘疹，或是一块一块大的斑块时，就必须请教医师了可能是患了痒疹。切记慎用含有维生素A的保养品，尤其是口服的产品，因为它有致畸胎的副作用，刺激性比较大。

7. 排气胀气对宝宝有什么影响

在不合时宜的场合打呃和排气是令人非常尴尬的事，但对孕妇而言却是难免的。在怀孕的第一时间，孕妈妈会发现肚子胀气，这是令人讨厌的黄体酮副作用的结果，怀孕中后期：子宫扩大，压迫到肠子，使得肠子不容易蠕动。也形成胀气。

孕妈妈胀气对胎儿并无大碍，只是有些小的影响而已，主要是因为妈妈在胃不舒服的时候，食欲会变差，从而无法摄取足够的营养，例如，孕期前3个月，胎儿需要蛋白质，而在怀孕中后期，淀粉类则是胎儿最需要的营养；此时，妈妈因为胃胀气的不适，吸收能力比较差，也会变得挑食，使得胎儿吸收不到足够的营养。

8. 孕妈妈开车有哪些危险隐患

不少孕妈妈认为，除怀孕初三月及怀孕最后三个月不方便开车外，孕期其他时间都可以开车。但是专家建议，从母婴健康及交通安全的角度考虑，孕妈妈都不适宜开车。

❶ 怀孕期间，由于孕激素的影响，孕妈妈们的脑细胞会发生一些水肿，使孕妈妈们的反应变得迟钝，此时开车会给交通带来很多不安全因素。

❷ 开车时，孕妈妈一直坐在座位上，骨盆和子宫的血液循环不好。

❸ 车内多为密闭环境，空气质量差，不利于胎儿发育。

❹ 遇到紧急刹车时，方向盘容易冲撞腹部，引起破水。

若孕妈妈实在无法避免开车，也应遵守以下原则：

❶ 开车速度不可过快；

❷ 避免紧急刹车；

❸ 开车时间最好不超过一小时；

❹ 车内应保持通风。

9. 孕妈妈睡觉开着灯好吗

有人有开灯睡眠的习惯，这对人体不利，尤其对孕妈妈更不利。

❶ 灯光对人体产生一种光压，长时间照射会引起神经功能失调，令人烦躁不安。

❷ 日光灯缺少红光波，且以每秒钟50次的速度振动，当室内门窗紧闭时，与污浊的空气产生含有臭氧的光烟雾，对居室内的空气形成污染。

❸ 白炽灯光中只有自然光线中的红、黄、橙三色，缺乏阳光中的紫外线，不符合人体的生理需要。

❹ 荧光灯发出的光线带有看不见的紫外线，短距离强烈的光波能引起人体细胞发生遗传变异，容易诱发畸胎或皮肤病。

不仅不要开着灯睡觉，白天在各种灯光下工作的孕妈妈，还应该特别注意去室外晒太阳。

10. 胎宝宝在交通意外中易发生那些伤害

孕妈妈应该避免在怀孕期间经常乘车，因为交通事故可能会在多方面伤害胎宝宝。

突然刹车： 行车时，坐在车内人体的移动速度与车速相同。当汽车突然停止，人体在惯性作用下仍会以原有的速度移动，并产生出介乎3000至5000公斤之间的强力而撞向车内设施或被抛出车外。这对于任何人来说都是异常危险的，包括孕妈妈和她们腹中的胎宝宝。

遭受撞击： 在发生车祸时，孕妈妈的胸腔和骨盆都会受到安全带的压迫，但是她的腹部仍可自由地活动，其活动方向取决于撞击时所产生的特定冲击力的方向。由于胎宝宝可在母体内自由浮动，因此车祸对胎宝宝往往会产生两大类型的伤害。较为普遍发生的一种伤害是胎盘部分或全部地脱离，这意味着胎宝宝将无法获得足够的氧气。另一种情况是胎宝宝的头部因撞击在母亲骨盆的骨头上而受伤。

方向盘和突然弹出的安全气囊，都有可能在交通事故中伤害到孕妈妈与未出世的小宝宝。

胎教小贴士

安全带是保护孕妈妈和她们腹中胎宝宝的最佳方式。不过，系安全带的方式必须正确。

正确方法为：安全带斜角部分应该压过胸部的中间，并尽量靠近臀部的下方，而腿部安全带则必须在隆起的腹部下面跨过大腿，绝对不能系在孕妈妈的肚子上。后一点特别重要，因为如果车发生碰撞时安全带在腹部前部滑动，结果就会给母亲与小宝宝都造成伤害。

不舒适是对处于怀孕后期的女士使用安全带而言普遍存在的一个问题，安全专家建议，如果怀孕的女士发现不能用安全带围住自己，那就应该尽量避免乘车旅行。

11. 孕妈妈如何自查胎儿发育是否正常

了解胎宝宝生长发育是否正常，方法很多，孕妈妈自己了解胎宝宝生长发育情况可采用以下几种简单易行的方法。

❶ 根据子宫的高度。正常情况下每周子宫底增长8.2毫米，一个妊娠月增加3.28厘米。胎宝宝生长发育的情况与妊娠的时间、子宫的大小是一致的。如子宫底的高度低于妊娠月数应有的高度，说明可能有胎宝宝发育迟缓的问题。

❷ 体重与腹围增大。一般情况下，体重在怀孕前3个月增加1.1～1.5千克，以后每周增加350～400克；腹围每周增长6.9毫米，一个妊娠月增大2.7厘米。如果孕妈妈上述数值大致符合，说明胎宝宝生长发育正常。

❸ 胎动和胎心计数。

胎动计数：如胎宝宝发育正常，每小时胎动次数为3～5次。每小时少于3次，或12小时内胎动小于10次，都反应胎宝宝宫内缺氧。

胎心计数：妊娠4个足月时，在腹部可听到胎心音。正常胎心音每分钟为120～160次。如果慢于120次或快于160次，或中间停跳，或快一阵慢一阵，或一阵响亮后又听不清，都是不正常现象。

12. 妊娠期间流鼻血如何处理

流鼻血是怀孕期间较常见的一种现象，所以孕妈妈不用着急。

孕妈妈体内分泌的大量的孕激素使得血管扩张，容易充血。同时，孕妈妈的血容量比非孕期增高，而人的鼻腔黏膜血管比较丰富，血管壁比较薄，所以十分容易破裂引起出血。尤其是当孕妈妈经过一个晚上的睡眠，起床后，体位发生变化或擤鼻涕，更容易引起流鼻血。

流鼻血有两种类型：前位型及后位型。后位型主要影响老年人，尤其是高血压患者。孕妈妈常见的流鼻血属于前位型，它由鼻子前方流出。站立或坐下时，血由一边或双边鼻孔流出。躺卧时，则血流可能进人喉咙。这种流鼻血可能很吓人，但并不严重。

流鼻血一定要及时处理，否则也会引起暂时性缺血而感到头昏眼花，影响健康。以下方法对于防止流鼻血是有效的。

第一步，塞纱布或湿棉花

在两边鼻孔内各塞人一小块消毒过的湿纱布，也可利用Neo—Synephrine去充血剂或Afrin鼻腔喷液将棉花沾湿，寒人鼻孔，也有助止血。但也有专家偏好用白醋将棉花沾湿。醋里的醋酸会轻微地灼烧。但去充血剂仅能提供暂时的止血，你若滥用它，可能会伤害鼻膜。

第二步，将血块擤出

止血之前，先试着将血块擤出。因为堵在血管内的血块使血管无法闭合。血管内有弹性纤维，当你去除血块，这些弹性纤维才有办法收缩，使流血的开口关闭。有时候，擤完鼻子，用手稍微捏紧鼻子，也能停止流血。

第三步，涂抹软膏

当鼻血被控制后，在鼻内涂一些维生素E软膏。如果没有维生素E，可用少许抗生素或类固醇软膏代替，一天涂2～3次。维生素软膏可促进伤口愈合，而抗生素或类固醇软膏町破坏鼻腔内的葡萄球菌，不仅止痒，也防止粘液干硬（以免诱发挖鼻孔的冲动）。鼻粘膜若因干燥而产生疼痛，可使用芦荟或治痢草软膏。

第四步，增加空气湿度

当你呼吸时，你的鼻子需确保抵达肺部的空气够湿润。因此，当环境干燥时．你的鼻子得更努力工作。建议使用加湿机来补充空气湿度，加湿机中最好加人蒸馏水，以免自来水不纯（有水碱等杂质）。

胎教小贴士

勿挖鼻孔

做过上述处理后，最好躺下休息一会，并至少两天不做激烈运动。鼻腔内的血管破裂，需要7—10天才能完全复原。血流在血液凝结后停止，随后凝结的血块逐渐结痂；若在隔周挖鼻孔，假使不慎剥落结痂，将会使流鼻血复发。

四、第五月胎教

1. 胎教方案

方案一：你需要控制你的体重了

妊娠5个月起，孕妈妈要注意控制自己的体重，因为孕妈妈肥胖容易引起糖尿病和妊娠高血压综合征的发生，引起宝宝发育异常。妊娠中期，孕妈妈每周体重增加在350～400克比较适当。孕妈妈可通过每周测一次体重，及时调整饮食来使自己的体重增加符合标准的增重。

方案二：从现在起开始保养乳房

由于妊娠后体内激素的变化，孕妈妈可能会出现皮肤瘙痒的情况，孕妈妈不用担心，这是正常的生理现象，不需特殊治疗，产后即可消失。孕妈妈要常洗澡、常换衣，少吃辛辣刺激性食物，保持充足的睡眠，可有助于减轻皮肤瘙痒。由于孕妈妈乳房开始增大，胸径增宽，胸罩号码也应加大，避免过紧而影响呼吸。从这时起，应开始对乳头的保养，做授乳的准备。

方案三：体型开始真正变化，不要担心

孕妈妈下腹部逐渐突出，腰围因此加大，因而裤子应选用宽松肥大的，否则会妨碍宝宝的生长。避免腹压增加，如有便秘的孕妈妈排便时不要过于屏气用力，衣带要宽松，咳嗽时要进行积极医治。由于体内激素的影响，阴道的分泌物增多，此时要注意经常换洗内裤和清洗会阴部。当有“烧心”感时，孕妈妈睡眠时可将头部床垫下垫高15～20厘米，使得上身抬高角度，即能有效减少胃液返流，减轻烧心感觉。

方案四：钙需求量增大，注意补钙

此期孕妈妈还会出现腿抽筋的现象，多是由于孕妈妈缺钙造成的，所以孕妈妈要多注意补钙、补铁。还有一些孕妈妈还会出现腰、腿部神经痛或膀胱刺激症，要格外注意下身的保暖，尤其是在寒冷的时节里。

怀孕5个月，应再作产前检查一次。

2. 胎教准备

准备一些听胎动的工具

可以用一些自己制作的小工具，如卫生纸中间的卷心。或者一些专门的家用听胎动的小工具。

准备一些缓解心情的小笑话

现在的孕妈妈还是可以尽情地笑的，多准备一些幽默笑话，可以缓解心情。

给宝宝准备的故事

草船借箭的故事，不管什么故事，都可以适时加上一些拟声词。

阿凡提的故事。

重复之前的故事。

给宝宝放的音乐：

安东尼奥·维瓦尔第：《四季》

由于维瓦尔第的《四季》属于标题音乐，所以从形式上看，自然较其他协奏曲显得自由而且不平衡，但这样反而更能表现出巴洛克的特色及魅力。这四部作品画意盎然，激发出人们对巴洛克时代音乐的浓厚兴趣。

《四季》的标题分别为：《春》、《夏》、《秋》、《冬》，其中以《春》的第一乐章（快板）最为著名，音乐展开轻快愉悦的旋律，使人联想到春天的葱绿；《夏》则出乎意料之外，表现出夏天略显疲乏；《秋》描写的是收获季节中，农民们饮酒作乐、庆祝丰收的快活景象，

曲调欢快活泼；《冬》描写人们走在冰上滑稽的姿态，以及由炉旁眺望窗外雨景等景象，其中第二乐章非常出名，曾被改编为轻音乐而广为流传。

给妈妈和宝宝共同准备的图画：

一些轻松鲜艳的手绘本

一些带色彩的水墨国画

学习一点孕期体操

难度较大的瑜伽动作已经不适合孕妈妈了，不妨换成安全的孕期体操。

1. 躺在床上，单膝曲起，膝盖慢慢向外侧放下，左右各10次。
2. 双膝曲起，左右摇摆至床面，慢慢放松，左右各10次。
3. 趴下，手与双膝分开，边吸气边拱起背部，头部弯向两臂中间，尽力往下低。

3. 胎教过程

运动胎教

胎教理论主张对宝宝适当地进行运动训练，可以激发宝宝运动的积极性，促进宝宝身心发育。现代医学证明，胎动的强弱和胎动的频率，预示着宝宝在母体宫内的健康状况。科研人员对宝宝在宫内胎动强弱两组分别进行了观察。直到出生后发现，宫内宝宝的胎动强者出生后其动作的协调和反应速度均优于出生前胎动弱者。还发现在母体内受

胎教小贴士

散步是孕妈妈最好的运动

孕妈妈本人也可做一些运动，尽管孕妈妈各自的运动习惯不同，但散步却适合所有的孕妈妈。散步不仅可以锻炼孕妈妈的身体，使孕妈妈保持良好的情绪，而且还有助于宝宝大脑发育，散步最好在上午10时到下午2时这段时间内，因为这段时间是一天中子宫最放松的时间，散步可以促进孕妈妈血液循环，减轻腰酸腿痛，降低高血压；散步还可以给宝宝充足的氧气，有利胎脑发育，使宝宝变得聪明而感性。

过运动训练的宝宝，出生后翻身、爬行、坐立、行走及跳跃等大动作均明显早于一般宝宝。

此时可为宝宝进行触压拍打动作胎教。在孕妈妈的腹部摸到宝宝的肢体，在按压宝宝的肢体后，宝宝马上会缩回肢体或活动肢体，可以通过触压和拍打宝宝的肢体同宝宝玩耍，刺激宝宝活动，让宝宝在宫内“散步”，做宫内“体操”，反复训练，可以使宝宝建立起条件反射，并增强肌肉肢体的力量。临床实践证明，经过触压、拍打肢体训练的宝宝，出生后肢体肌肉强健有力，抬头、翻身、坐、爬、走等大动作均早于一般宝宝。经过触压、拍打增加了宝宝肢体活动，是一种有效的胎教方法。当宝宝出现蹬腿不安时，要立即停止训练，以免发生意外。

音乐胎教

女性对声音的感觉比较敏感。怀孕后，机体不仅承受着养育宝宝的物质消耗与体力负担，而且精神上也易受激素变化影响，如情绪易波动，对宝宝有恐惧感，尤其对独生子女宝宝“发育是否良好”过分担心。此时若受到噪声或节奏感强的现代音乐刺激，不仅可使肾上腺髓质激素分泌增多，导致心率加快、血压升高，而且由于其中的“去甲肾上腺素”增多，可使妊娠子宫平滑肌收缩，造成宝宝血液循环受阻，甚至出现流产或早产。

宝宝适宜听安宁的音乐，通过“电子宝宝信息仪器”监测，发现宝宝在子宫内的状态与新生儿一样，每天大部分时间处于睡眠状态。以妊娠中期最明显。因此，宜给宝宝听安宁的音乐。当宝宝醒来后会出现胎动，胎动往往以早、晚活跃（见“妊娠第126天”的内容），如果选择在早、晚直接音乐胎教，只能播放轻松、安宁的乐曲，这样会使宝宝感受到外部世界充满了慈爱和温馨。妊娠29～38周期间宝宝醒着的时间增多，胎动的次数也增多，可以增添一些节奏感稍强的乐曲，但切忌播放摇滚乐。

宝宝第一次听到的节奏声，便是母亲的心跳声，这种节律的声音对于孕妈妈和宝宝心率（70～80次／分钟）是最适宜的。如果用于胎教的音乐节奏超过了人的正常心率（70～80次／分钟），就会使孕妈妈产生紧张情绪；倘若低于正常心率，又会引起不安宁的心理反应，对于孕妈妈和宝宝都不利。因此，给宝宝听的音乐选曲要慎重。首先要保证音乐的声波特性不会损害宝宝的听觉器官，尤其是绝对不能损害宝宝内耳的毛细胞及神经细胞。

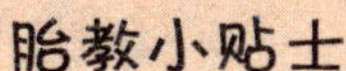

胎教小贴士

不同种类的音乐，胎教效果不同

孕妈妈应当了解一些音乐基本知识，对胎教音乐最好能有一个大体的认识，以免选错音乐对宝宝造成伤害，下面我们将一些音乐予以简单分类，以便孕妈妈们方便选择。

轻松灵活的音乐： 如二胡曲《二泉映月》、古筝曲《渔舟唱晚》、德国浪漫派作曲家门德尔松的《仲夏夜之梦》等。这类作品具有轻盈灵巧的旋律、美妙舒缓的情绪以及安详柔和的情调，能将孕妈妈带入甜美的梦境中。

柔和平缓的音乐： 如民族管弦乐曲《春江花月夜》、琴曲《平沙落雁》等。这类作品旋律优美细致，音乐柔和平缓，带有诗情画意，能抚平孕妈妈烦躁的情绪。

舒筋活血的音乐： 如民乐《江南好》、《春风得意》等。这类作品甜美轻快、轻松灵秀，能驱散孕妈妈郁闷的情绪。

解除忧郁的音乐： 如民乐《喜洋洋》、《春天来了》、奥地利作曲家约翰·施特劳斯的圆舞曲《春之声》等。这类作品曲调优美酣畅、起伏跳跃，旋律轻盈优雅，使人联想到翩翩而至的春天，能激发孕妈妈喜悦和振奋的情绪。

消除疲劳的音乐： 如《假日的海滩》、《锦上添花》、《矫健的步伐》、英籍德国作曲家亨德尔的乐曲《水上音乐》等。这类作品清丽柔美、抒情明朗，能让孕妈妈解除疲乏，松弛身心。

振奋精神的音乐： 如民乐《娱乐升平》、《步步高》、《狂欢》、《金蛇狂舞》等。这类作品曲调激昂，旋律变化较快，能让孕妈妈振奋精神，引人向上。

促进食欲类音乐： 如民乐《花好月圆》、《欢乐舞曲》等。这类作品愉快欢乐，能消除孕妈妈情绪上的抑郁。

提高智力的音乐： 如海顿的《D大调弦乐四重奏》（即《云雀》）、贝多芬的《E小调弦乐四重奏》（即《拉索莫夫斯基》）和《降B大调钢琴三重奏》（即《大公》）、舒伯特的《降B大调第五交响曲》和《A大调钢琴五重奏》（即《鳟鱼》）。这类作品旋律优美，富有主题，能将孕妈妈带到一种联想和思索的世界中。

有妈妈会问，宝宝真的会听音乐吗？科学研究证明，宝宝在6个月时已具备了听觉，声音能经母腹传人子宫为宝宝接受，并能引起胎心率及胎动的变化，所以6个月的宝宝是能够听音乐的。科学家们研究后还发现，孕妈妈在怀孕6个月后反复朗读某一故事或重复听一支乐曲，新生儿在其出生后数小时居然表现出能辨认此故事或音乐的特殊反应。声音的振动、母亲情绪和呼吸的变动，都能对体内某些激素物质及有关的神经介质的分泌产生影响，这些激素物质可经过胎盘进人胎体，构成了“胎教”的物质基础。换言之，并非宝宝懂得音乐及故事，而是其生活的体外环境中的有利刺激促进了胎脑的发育。

给宝宝播送音乐的胎教器有3种类型：

1. 音乐胎教器（指有关厂家专门为音乐胎教生产的产品）；
2. 家庭中使用的收录机；
3. 袖珍录音机的耳机置于腹壁。无论用哪一种胎教器，家长都会关心让宝宝听多长时间的音乐为宜芽声音的强度要多大芽根据医学研究表明：给宝宝听音乐每次不能超过20分钟。

因为在人类神经活动过程中，中枢神经系统的兴奋与抑制是相互转化的。当外界刺激持续时间过久或过于强烈时，相应中枢的兴奋过程就会转人抑制。例如：当一种声音刚出现时，会立刻引起神经中枢的兴奋（即引起人们的注意），但是这种声音持续一段时间后，神经中枢就会由兴奋转人抑制，人们也就不再注意这种声音了。所以给宝宝听音乐的时间不宜过久，这是根据宝宝脑神经细胞的特点来确定的。

关于胎教声音的强度问题，如果选用胎教专用的胎教器，则按说明书操作。如果选用录音机，孕妈妈距离音箱1.5～2米远为宜，音强为65～75分贝。选用耳机者以40～60分贝为宜。

情绪胎教

要想宝宝发育良好，准父母就要给予宝宝以更多的良性刺激。良性刺激并不是什么特殊的刺激，只要孕妈妈每天保持快乐心情就可以了。当孕妈妈心情舒畅的时候，体内就会产生促进神经发育的生长激素，刺激快感的多巴胺等。这些激素相互协作，为宝宝的发育提供良好的刺激。当宝宝感受到良好的刺激就会产生快感，从而促进自身分泌可以促进细胞活动的激素，使宝宝血流旺盛，脑细胞活动更加活跃。此期的孕妈妈可以通过到大自然中去散步，和亲人朋友谈谈心，聊聊天，可以欣赏一些画作，阅读一些高尚的作品，也可以听听音乐等方式，来使自己保持良好的心情。特别是要注意夫妻关系的和谐。

夫妻性生活使孕妈妈有安定的好心情。经过孕早期一段时间的“禁欲”式生活后，大多数夫妻此时都会有过性生活的冲动，而妊娠后因阴道充血，阴道壁比较润滑，比以往能更快地达到性高潮，而且有不少孕妈妈因体内激素的变化，性欲增强，所以选择此时过性生活不仅可能释放夫妻的紧张情绪，而且能加强夫妻感情，让孕妈妈能有一份好心情。有人担心此时宝宝已有听觉而不敢过性生活，实际上宝宝虽然能够感觉到外界施予的压力，也能听到声音，但还没有研究证实宝宝知道准爸爸妈妈在过性生活，所以大可不必压抑感情而出现心情郁闷的状态。

胎教小贴士

“静默调息”预防妊娠高血压

采用“静默调息”的方法可以降低高血压，而不改变健康人的正常血压。当高血压（凡收缩压18.7千帕、舒张压为12千帕即为高血压）患者进行静默调息后，精神上的放松可以引起身体内的良性生理改变，脑电图中α波的强度和频率有所增强，最明显的是心跳和呼吸频率变慢，肌肉紧张度和氧消耗下降，血脂降低。“静默调息”的具体做法是：

1.选择一个安静的环境，坐在一个舒适的位置上，使自己产生一种即将入睡的意念，但不要躺下。

2.闭上眼睛，使自己逐渐平静安然。

3.放松全身的肌肉，从足部开始向上直至面部。

4.用鼻进行有意识的呼吸，即吸气—呼气，反复进行，并默默地数数，以防止注意力分散。呼吸时要平稳、放松、自然，注意保持一定的节律。

5.持续10～15分钟后，睁开眼睛看一下时间，但是不要使用闹钟。再闭目养神，静坐5分钟。每日1次。

孕妈妈可采用上述方法预防妊娠高血压并记入胎教日记。

宝宝是在感受着母亲的情绪中度过每一天的，他不能拒绝不良的情绪，也不能让自己喜欢的情绪重放，只有靠妈妈的选择，了解了这一点，妈妈就要考虑到宝宝的感受，对宝宝始终充满爱心，始终拥有一份平和的心情，这种情绪会给宝宝带来良好的刺激，使宝宝更加健康的发育、成长。

高血压孕妈妈更应避免情绪刺激，血压升高主要有两种原因，一是动脉血管痉挛，血流阻力加大而使血压升高；二是由于心肌收缩力加强而使血压升高。妊娠高血压的女性，如果受惊吓，或处于恐惧、憋气、愤怒等紧张情绪下，可使血压持续升高，甚至引起眼底动脉痉挛，导致视力突然丧失或诱发子痫。惊吓或恐惧，可使孕妈妈心输出量增加，周围血管收缩，收缩压随之升高。如果孕妈妈憋着一股气，久久不能缓解平静，则出现食欲下降，睡眠不宁，进而影响新陈代谢和内分泌功能等，进一步加重心血管负担而诱发疾病。如果孕妈妈处于愤怒或者痛苦之中，心跳会加强加快，外周动脉阻力随之增加，而使舒张压明显升高，导致血压持续居高不下。这不仅使孕妈妈头晕、眼花、视力障碍，而且导致胎盘供血不足，使宫内宝宝缺氧，影响胎脑发育。即使能出生成活，也会影响后天的智力。

语言胎教

宝宝5个月时感受器官初具功能，在子宫中能接收到外界刺激，能以潜移默化的形式储存于大脑之中，尽管宝宝所处的环境与常人不同，他是漂浮于羊水中，外界的声波在到达宝宝时要穿过腹壁、子宫壁和羊水，声波的强度会减弱一些（一般减弱20分贝左右），但声音频率、音调和韵律是不会发生明显改变的，依旧能传递给宝宝，宝宝依旧能感觉得到。

实践证明，准父母经常和宝宝对话，进行语言交流，能促进宝宝出生后的语言和智能发育。专家们提出，准父母与宝宝的对话要继续，每天定时刺激宝宝，每天1～2次，准爸爸也要在固定的时间与宝宝说话。随着妊娠进展，每天可适当增加对话次数和延长对话时间，把快乐的感受告诉宝宝。

准父母和宝宝的对话内容不必太复杂，内容不限，可以是问候，可以是聊天。为了培养宝宝丰富的想象力，独创性和进取精神，准父母还可以为宝宝选择一些色彩丰富，富有想象内容的宝宝画册，利用画册进行故事讲解，准父母可以将画册中展示的世界，用富有想象力的大脑经饱含感情的声调把故事讲给宝宝听。注意准父母在给宝宝讲故事时，不仅仅是朗读，而应把画册中的内容通过准父母的五官使之形象化，使画册中表达的内容更具体，更形象地传递给宝宝。

实践证明，宝宝能接受准父母的感情，对话时一定要把他当做家庭中的成员，认真感受感情，才能达到胎教的目的。经过胎教训练的宝宝，出生后3～4天就能用声音与父母交流，连续发出“咿咿呀呀”的声音。

母亲对宝宝喃喃自语地讲述一天的生活，既是语言胎教中很有意义的常识课内容，

胎教小贴士

数胎动有益于母儿感情交流

胎动，是子宫内宝宝生命健康的重要标志。孕妈妈每天坚持自数胎动，既是一种很好的直接胎教，又是十分简便而行之有效的对宝宝进行监护的办法。

数胎动时，通过母亲对宝宝的高度注意，对宝宝体态的丰富想象及对胎动的生动描绘，能够增进母儿之间的感情交流。“这一下是头在撞宫壁，练的是头功；这一下是击拳，拳功真棒；这一下是踢足，大有足下生风、击球射门之势；又来了，这可是全身运动，舒展开怀……”一边联想，一边轻声地喝彩鼓励。母亲这些意念作用，无疑会增加母子之间的依恋之情。这种喝彩，对于宝宝出生后的心理、智力、意志、爱好、情趣以及生长发育都将会产生良好的影响。因为许多胎教成功者的最深刻的体会是：宝宝蕴藏着神秘莫测而又巨大的生命力。

孕妈妈每天看完电视中的新闻联播及天气预报之后，定时自数1小时的胎动，并且把胎动次数记录下来，逐日逐月绘成一张胎动图，只要持之以恒，这幅图将会是一份保健图。

又是牢固母子之间感情、培养宝宝对外界的感受力与思维能力的基础。

早晨起床的第一句话是："早上好！我最可爱的小宝贝，让我们一起共同度过这美好的一天吧！"并且告诉宝宝早晨已经到来。打开窗户时说："啊！太阳升起来了，阳光洒满大地，今天是一个晴朗的好天气。"或者是："阴天，下雨了"、"天上飘着雪花"，同时描述风雨的声音、气温的高低、风力的大小。

洗脸美容时，常规地讲解如何刷牙护齿，如何梳妆打扮，为什么早晨要喝一杯凉开水，早晨散步的益处，早餐的营养学知识，饭后道别上班；见到一路上奔驰的汽车、自行车，公路上的行人；动物、鸟的形态；表现季节的树木花草；云彩的形状；橱窗陈列的各种商品；耸立的高楼大厦；工厂里有节奏的机器声；公园里嬉戏的宝宝们等。只要孕妈妈打开五官之门，启动想象之闸，必将对宝宝的创造力产生决定性的影响。

环境胎教

在十月怀胎历程中，宝宝能否顺利发育除与父母的遗传物质有关外，还与孕妈妈在妊娠期间的内外环境有密切联系。为了有一个保证宝宝健康成长的内环境，孕妈妈应避开一些有害物质的伤害，如放射线化学药品、农药、生物制剂等，以免宝宝生活的内环境发生异常变化。体弱患病的孕妈妈要及时诊治疾病，合理用药，以保身体健康，给宝宝一个优良的"温床"；在孕中期过性生活时，动作要轻柔，男性生殖器不宜人太深，选择孕妈妈感到舒适的体位，不要压到孕妈妈的腹部，并要注意频率不可过多。

为了保证宝宝顺利成长，不仅要注意宝宝生活的内环境，而且还要保证宝宝处于优良的外环境中，日本专家通过调查证实了这样一个事实：家庭环境嘈杂的孕妈妈，生下来的宝宝对门铃声、玩具碰击声，针刺的疼痛以及光线刺激等反应极为敏感，并且大都缺乏自制能力，待不住。夫妻经常吵架的家庭的宝宝也是这样。很显然，嘈杂的声响不仅使孕妈妈心烦意乱，而且能对宝宝产生极为不利的影响。因此，孕妈妈应当有一个安静的环境。在妊娠期间，要避免刺激性大的声响，说话也要心平气和。在这种情况下孕育宝宝，才会收到良好的效果。美化环境，能对人的神经起到调节作用，也能对孕妈妈的性格、心情起到改善、缓和的作用。一个干净整洁、安静舒适的居室还会使孕妈妈从精神上感到愉快。席勒曾经说过："真正美的东西，必须一方面跟自然一致，另一方面跟理想一致。"家庭环境的布置，是孕妈妈物质、精神生活统一和谐的黏合剂，不仅能对孕妈妈的精神生活起到一定作用，而且也对宝宝发生明显的影响。因此，准爸爸应用心搞好家庭布置。

抚摩胎教

宝宝5个月时，触觉功能渐渐发育起来，可以适时进行抚摩胎教，当宝宝开始有胎动时，即可进行抚摩。

孕妈妈仰卧床上，头不要垫得太高，全身放松，呼吸匀称，心平气和，面带微笑，双手轻放宝宝位上；也可将上身略垫高，采用半躺姿势，总之以孕妈妈自我感觉舒适为宜。用双手捧着胎头，从上到下，从左到右，反复轻轻抚摩。然后，再用一个手指反复轻压宝宝。在抚摩宝宝时，要随时注意宝宝的反应，如果宝宝对抚摩和刺激不高兴，就有可能用力挣扎或蹬腿，这时应马上停止抚摩。若宝宝受到抚摩后，过一会儿，就作出轻轻蠕动的反应，这种情况可以继续抚摩，一直持续几分钟再停止，或改为语言、音乐刺激。抚摩的时间一般可在傍晚或凌晨胎动频繁时进行，每次5～10分钟，每天1～2次。

美学胎教

胎教中的美育是通过孕妈妈对美的感受来实现的，它包括对宝宝进行音美、色美、行美的信号输入。音美即音乐胎教。孕妈妈工作之余可欣赏一些具有美的感召力的绘画、书法、雕塑及戏剧、舞蹈、影视文艺等作品，接受美的艺术熏陶，并常去公园及郊外领略大自然的优美风光，把内心感受描述给腹内的宝宝，如蓝色的大海、阵阵涛声、苍翠的山峦、灿烂的晚霞、鸟语花香等。形美是指孕妈妈应加强自身修养，言行举止大方，着装应色彩明快、得体、舒适，充分体现和享受孕育美。

学习一点美学知识，不仅能提高审美能力，培养审美情趣，而且可以美化人的内心世界。孕妈妈学点美学知识，能陶冶情趣，改善情绪，使宝宝能置身于美好的母体内外环境，受到“美”的熏陶。学习的内容，如庭院绿化，家庭布置，宝宝装和孕妈妈装的设计，纺织、烹调技术，美容护肤等，都不乏美学知识。在孕初期就和丈夫一起在庭院里种上西红柿、黄瓜以及花草；在房间贴上美丽聪慧的宝宝像；自己设计缝制宽松的优雅的服装，穿着舒适而高雅；利用家里的旧针织衣物，给宝宝改做背心；利用闲暇，给宝宝织毛衣、毛袜；晚上下班后或周末学习新的烹调技术，做上1～2道可口饭菜。这些都是很容易做到的事，对母子的影响都是很深远的。

4. 准爸爸参与

稳定孕妻情绪是丈夫的义务

为孕妻和宝宝创造舒适的环境，使妻子保持良好的心境是丈夫义不容辞的责任，丈夫在妻子怀孕的全过程要持之以恒。

宝宝躯体或精神方面的障碍，多与父母不和及不幸的婚姻生活有关。夫妻不和给宝宝带来的危害，比妊娠期生病、吸烟、劳累等原因带来的危害还要严重。而一些直接的精神刺激往往来源于丈夫，例如丈夫出门前说：“今晚6点钟回家。”于是妻子利索而准时地把饭菜准备好了，满心欢喜地等待着。然而，7点、8点过去了，仍不见人归。这时，孕妻的失望和焦躁的情绪会对她的身心产生相当大的伤害。即使事后丈夫声明种种客观原因，但妻子精神上受到的刺激和不安已经不可能抹去。如果这类事情反复出现，晚餐时和睦的气氛就不复存在，弄得不好还会出现夫妻间的争吵，使腹中宝宝受株连。

丈夫应该充分地认识到：在妻子妊娠的这段特殊时期，唯有温存与体贴、快乐和幽默、理解加包容，安排好孕妻的物质生活与精神生活，才是稳定孕妻情绪的良方。

丈夫调节家庭气氛4法

❶ 总是以一种舒畅的心情推开家门，即使因工作不顺心或在外面遇到不愉快的事情，从而归途中步伐沉重，也应该在跨入家门的一刻，将不良的情绪排除掉。

❷ 夫妻发生口角，原因不总是在丈夫身上，因为妻子在早孕期间，身体内的激素变化使人整天都感到不太舒服，故而往往焦躁不安。丈夫一旦发现有矛盾的苗头，除开导妻子以胎教为重外，可采用幽默的方式对待。因为幽默能使人的副交感神经兴奋，使

身体内环境稳定。

③ 重物由丈夫下班时买（捎）回家，晚餐时说一句“晚饭后由我来收拾”这样的话，会倍添温馨。晚上主动地把被子铺好，开窗通风换气。这些足以使孕妻从心理上感到满足。良好的思绪也可以通过神经递质传送给宝宝，从而有利于宝宝在性格及智力方面形成良好的基础。

④ 在将做爸爸的喜悦中，重视宝宝的存在：养成与宝宝讲话的习惯。起床时问：“早上好！”出门时道：“我走了！”回家时说：“我回来了！”睡觉时讲：“晚安！”以调节家庭气氛。

5. 效果评估

这是一个直观的评估，得分越高，说明你胎教的质量越好。

孕期进补	懂得营养均衡搭配食物，知道不同时期，不同反应应该吃什么。（3分）
	荤素搭配，刺激的不吃，吃点好东西。（1分）
	什么贵买什么，天天乌鸡王八。（0分）
准爸爸	工作虽然忙，但是老婆宝宝更重要，积极参与胎教。（3分）
	老婆需要照顾，宝宝还没显示顾不上，还得上班赚奶粉钱呢。（1分）
	老子上了一天班累死了，还得伺候你。（0分）
情绪胎教	已经完全融入孕妈妈这个角色了，和宝宝的关系一天比一天亲密。（3分）
	身体一天天重下去，常常心情不好。（0分）
运动胎教	每天都能坚持出去活动10～20分钟，自己会注意运动强度和运动方式。（3分）
	看心情了，不高兴就不去。（1分）
	我现在一个人吃养两个人，还是在家养着好。（0分）
抚摩胎教	认真地感觉宝宝的存在，相信他真的能感应到我的爱，与我交流。（3分）
	偶尔为之，感觉不到什么，不重要吧？（0）

续表

语言胎教	每天和宝宝打招呼，开始给她读一些儿歌，把我的心事和他分享。（3分）
	喜欢和宝宝交流，但是没有太刻意，什么时候想到了就说两句。（2分）
	我行我素，还是和以前一样大大咧咧，口无遮拦。（0分）
想象胎教	想象宝宝的样子，在肚子里快乐地成长。（3）
	房贷要还，奶粉很贵，婆婆合不来，以后宝宝园要花不少钱。（0）
美育胎教	经常看一些漂亮宝宝的照片，漂亮的风景，图画。（3）
	老公，晚上陪我去电影院看美国动作大片。（0）
音乐胎教	继续听一些舒缓、轻松的，并且我很喜欢的音乐。（3）
	别人说什么好，就听什么。（2）
	某高兴女生又出新歌啦。（0）
光照胎教	了解光照胎教，并试着去做。（2）
	什么是光照胎教？（0）
分娩育儿知识	我已经开始关注并学习一些关于生产、坐月子、育儿的知识了。（3）
	我已经开始担心如何生产和育儿了。（1）
	还有好几个月呢，到时候再说。（0）

第六节

怀孕第六个月——宝宝动得更厉害了

一、宝宝的样子和妈妈的变化

1. 宝宝器官发育完全，已经很结实了

此时的宝宝已长到身长28～34厘米，体重600～800克，身体逐渐匀称；皮下脂肪的沉着进展不大，因此还很瘦。从这时期开始，在皮肤的表面开始附着胎脂。所谓胎脂，是从皮脂腺分泌出的皮脂和剥落的皮肤上皮的混合物。它的用途是，在分娩前一直给宝宝皮肤提供营养，保护皮肤，同时在分娩时起润滑的作用，使宝宝能顺利地通过产道。

妊娠6个月时，宝宝的骨骼已经相当结实，关节开始发育，如果拍X射线照片，可清楚看到头盖骨、脊椎、肋骨及四肢的骨骼。宝宝的肌肉发育较快，体力增强，越来越频繁的胎动表明了他的活动能力。由于子宫内的宝宝经常活动，因此胎位常有变化。

宝宝的眼睛开始分开并会张开。

2. 妈妈的腹部继续增大，乳房开始变大

孕妈妈妊娠6个月身体变化有两大特点：一是孕妈妈子宫增大，腰部鼓起来；一是乳房变大，可流出稀薄的乳汁。

孕妈妈妊娠6个月，子宫进一步增大，子宫底已高达脐部，自己已能准确地判断出增大的子宫。下腰部隆起更为突出，腰部增粗已很明显，体重也增加了许多。孕妈妈的体形由于子宫增大和加重而使脊椎骨向后仰，身体重心向前移，出现孕妈妈特有的体态。孕妈妈身体对这种变化还不习惯，很容易出现倾倒，腰部和背部也因对身体的这种变化不习惯而特别容易疲劳，孕妈妈在坐下或站起时常会感到很吃力，甚至出现摔跤。

孕妈妈到妊娠6个月时乳房变大，乳腺功能发达，挤乳房时会流出一些黏性很强的黄色稀薄乳汁，内衣很容易被污染。

妊娠6个月时，因为血液中水分的增多，孕妈妈可能发生贫血。有些孕妈妈因钙质被宝宝大量摄取，出现牙疼痛和口腔炎。因此，在这段时间里，孕妈妈要注意补铁和补钙。

虽然初孕妈妈对胎动不很敏感，但在此阶段，几乎所有的孕妈妈都会感到胎动。

二、孕妈妈的营养和进补

1. 增加营养预防贫血

妊娠6个月时，孕妈妈和宝宝的营养需要猛增，许多孕妈妈在这个月会发现自己有头昏眼花的贫血症状，由于宝宝的快速发育使得孕妈妈的消耗增加，因此孕妈妈要注意适当地增加营养，以保证身体的需要。在增加营养的同时，要重点增加维生素的摄入量。怀孕6个月，孕妈妈体内能量及蛋白质代谢加快，对维生素B的需要量增加，由于此类维生素无法在体内存储，必须有充足的供给才能满足机体的需要。因此，孕妈妈在孕中期应该摄入富含此类物质的瘦肉、肝脏、鱼、奶、蛋及绿叶蔬菜、新鲜水果。

孕妈妈还应对食物有所选择，并限制一些不利于健康的食物。应忌吃的食物有辣椒、胡椒等辛辣食物；应限制咖啡、浓茶、酒等，因其有刺激神经兴奋作用，不利于孕妈妈休息，酒对宝宝还有毒性作用；孕中期应注意，不要吃得过咸，以免加重肾脏的负担或促发妊娠高血压综合征。

本月尤其要注意铁的摄入，应多吃含铁丰富的菜、蛋和动物肝脏等，以防止发生缺铁性贫血。此外，要保证营养均衡全面，使体重正常增长。

2. 饮食要定时定量，搭配要均衡

有的孕妈妈遇上自己喜欢吃的饭菜，就敞开肚子吃，吃得过饱，遇上不喜欢吃的饭菜，就少吃或不吃，结果形成饥饱不一，这对自己身体和腹中宝宝都是不利的。

吃得过饱时会感到不适，吃得过多会造成消化不良，同时使大量的血液集中到胃内消化食物，造成其他组织和宝宝供血不足。也有的孕妈妈经常吃得过饱，结果使自己体重增加过多，宝宝发育过大，导致分娩时难产。

有的孕妈妈遇到不喜欢吃的食物就饿着肚子，使营养不能及时供给，亏了自己也饿了腹内宝宝。因为宝宝是随着母亲进食而“进食”的，这对宝宝正常发育不利。

所以，孕妈妈要坚持正常进食，喜欢吃的也不要吃得过多，不喜欢吃的，也不要饿肚子。而应在定时定量的基础上适当多吃或少吃一些。孕妈妈可在尽量保证各种营养素均衡摄入的情况下，多吃一些自己喜欢吃的食物。

3. 少吃盐，预防水肿

由于女性在妊娠期间易患水肿和高血压，所以人们主张孕妈妈少吃咸食，特别是在妊娠期的最后几个月，由于此期是孕妈妈下肢静脉曲张和高血压综合征等病症的高发时期，有人主张孕妈妈应忌盐。事实上，一点盐都不吃是毫无道理的，对孕妈妈也并非全有益，只有适当少吃些盐才是必要的。如果孕妈妈患有某些疾病，可根据医生要求不吃盐或少吃盐。比如以下几种情况：

❶ 患有某些与妊娠有关的疾病（心脏病或肾病）时，孕妈妈必须从妊娠一开始就忌食盐。

❷ 孕妈妈体重增加过度，特别是还发现水肿、血压增高、有妊娠高血压综合征者忌食盐。

所谓忌食盐，就意味着每天不得吃超过1.5～2.0克盐。正常进食每天可摄入6～8克氯化钠，其中1/3由主食提供，1/3来自烹调用盐，1/3来自其他食物。多吃一些无咸味的调味品，可使孕妈妈逐渐习惯忌盐饮食，如新鲜番茄汁、无盐醋渍小黄瓜、柠檬汁、醋、香菜、洋葱、香椿等。

胎教小贴士

用鲜的调味品，不要用成品

孕妈妈限盐用调味品时，尽可能用新鲜的调味品，如醋、柠檬汁、香菜等，不要用炮制好的，如花椒、大料、胡椒粉等，因为这些炮制好的调味品基本是热性了，吃了对宝宝不利。辛辣的调味品均不宜多吃，如辣椒、姜、蒜、大葱等，大蒜和葱做熟的话可以适当吃一点。

4. 孕妈妈夏季饮食原则

盛夏，怀有身孕的女性，由于体内生理变化和宝宝生长发育的需要，致使血液循环量增加，心跳加快，新陈代谢旺盛。所以，在夏季里孕妈妈比一般人更怕热。

夏季高温常使人食欲不振，此时孕妈妈常有恶心、呕吐等妊娠反应，若不注意调理，必然会影响孕妈妈和宝宝的健康。为使孕妈妈安全度过夏季，更应合理安排孕妈妈的营养膳食。

首先，应让孕妈妈多吃新鲜蔬菜，如小白菜、黄瓜、番茄、扁豆、冬瓜等。

其次，孕妈妈应多吃豆制品，如豆腐、豆腐干、豆腐皮以及豆浆等。因为豆制品中含有35%～40%的植物蛋白质和人体所必需的氨基酸。

第三，孕妈妈可适量吃些鸡肉、猪肉，多饮爽口的菜汤、紫菜汤、金针木耳蘑菇汤。如果孕妈妈对肉类感到油腻，不爱吃，要改变烹调方法，如在肉末里加些面粉、蛋清，搅拌成糊状后，在铁锅上做成薄饼，或者做成肉丸子汤，这样可增加孕妈妈食欲且营养丰富。

第四，孕妈妈还要多吃些水果，如西瓜、龙眼、草莓等，多饮开水，及时补充因出汗而失去的水分，不宜饮用酒类、咖啡和可乐等刺激性饮料。

另外，孕妈妈可适当吃些苦味食品，苦味不仅可刺激孕妈妈的味觉神经，增强食欲，促使胃肠蠕动，有利消化。苦味食品还具有利水消暑、清热解毒的功效，如芹菜和苦荞麦等，但孕妈妈不宜吃苦瓜，因为苦瓜中含有的奎宁会刺激子宫收缩，引发流产。

5. 孕妈妈切忌因热贪凉

有的孕妈妈由于内热，喜吃冷饮，这对身体不利，应控制。

女性在怀孕期间，胃肠对冷热的刺激非常敏感。多吃冷饮能使胃肠血管突然收缩，胃液分泌减少，消化功能降低，从而引起食欲缺乏、消化不良、腹泻，甚至引起胃部痉挛，出现剧烈腹痛的现象。

另外，孕妈妈的鼻、咽、气管等呼吸道黏膜往往充血并有水肿，如果大量贪食冷饮，充血的血管突然收缩，血流减少，可致局部抵抗力降低，使潜伏在咽喉、气管、鼻腔、口腔里的细菌与病毒乘机而入，引起嗓子痛哑、咳嗽、头痛等，严重时还能引起上呼吸道感染或诱发扁桃体炎等。除以上孕妈妈病症外，宝宝也会受到外界影响，如腹中宝宝对冷的刺激很敏感，冷会使宝宝躁动不安，胎动频繁。

胎教小贴士

孕妈妈吃西瓜有讲究

西瓜是夏天孕妈妈最好的水果，吃的时候要注意：

❶ 只吃当天切开的。

❷ 不吃冰镇的，可以用自来水或井水冲一下。

❸ 北方孕妈妈白露过后少吃，立秋过后不宜吃。

6. 每天两三个鸡蛋，营养全面又补脑

鸡蛋是孕妈妈理想的保健食品，这是因为鸡蛋所含的营养成分全面且均衡，人体所需的七大营养素除纤维素外，鸡蛋中全部含有，而且它的营养几乎全部可以被人体吸收利用。

鸡蛋的最可贵之处，在于它能够提供较多的优质蛋白质，鸡蛋蛋白质含有各种必需氨基酸。每50克鸡蛋就可以供给5.4克优质蛋白质，是常见食物中蛋白质较优的食物之一，因为它的生物价值较高。这不仅有益于宝宝的脑发育，而且母体储存的优质蛋白质有利于提高产后母乳的质量。一个中等的鸡蛋与200毫升牛奶的营养价值相当。每100克鸡蛋含胆固醇680毫克，主要在蛋黄里。胆固醇并非一无是处，它是脑神经

等重要组织的组成成分，还可以转化成维生素D。蛋黄中还含有维生素A和B族维生素、卵磷脂等，是最方便食用的天然食物。

由于鸡蛋蛋黄中含有“记忆素”——胆碱，因此孕妈妈每天有计划地吃上3～4个蛋黄就能维持良好的记忆能力，能提高孕妈妈的思维、分析及判断力，孕妈妈吃蛋黄还可促进宝宝脑神经元之间的联系增多，促进胎脑发育，所以孕妈妈在妊娠期间可适当多吃些鸡蛋，一般每天吃2～3个鸡蛋为好，既能满足身体对营养素的需要，又不会增加肝、肾等器官的负担。

7. 怀孕第六个月的营养食谱推荐

鹌鹑肉片

【原料】鹌鹑肉100克，冬笋10克，水发口蘑5克，黄瓜15克，鸡蛋清半个，酱油、料酒、花椒水、精盐、水淀粉、味精、汤、猪油各适量。

【做法】

1.将净鹌鹑肉切薄片，用鸡蛋清和水淀粉拌匀；将冬笋、口蘑、黄瓜切成片。

2.勺内放入猪油，烧至四五成热时，将鹌鹑肉片放入，炒熟，倒入漏勺内。

3.勺内放入汤，加入精盐、料酒、花椒水、酱油、冬笋、口蘑、黄瓜和炒熟的鹌鹑肉片，烧开后，去除浮沫，放入味精，盛入碗内即成。

【特点】肉质鲜美，食而不腻。

蜜糖腌桃花

【原料】新鲜桃花50克，蜂蜜500克，白糖2匙。

【做法】

1.在春季采集新鲜桃花烘干，注意保持干净（防压、防水），约烘2小时后，将桃花倒入大口玻璃瓶中，然后倒入蜂蜜，用筷子搅拌5分钟，使之均匀，蜂蜜上面再覆盖一层白糖，密封，盖紧。

2.将瓶子放在阴凉处，蜜糖腌渍桃花10天后，即可饮服。每日1～2次，每次1匙；开水冲服，稀释后，弃桃花瓣。

【特点】本药膳养五脏，除水湿，通大小便，消中焦胀满，故能抗衰老益寿。

玉米面发糕

【原料】玉米面500克，红糖100克，小红枣150克，面种25克，碱面5克。

【做法】

1.小红枣洗净，放入碗内，加水适量，上屉蒸熟，取出晾凉。

2.面种放入盆内，加水溶开，倒入玉米面，和成较软的面团发酵，待面团发起，加碱面和红糖揉匀。

3.将屉布浸湿铺好，把面团倒在屉布上，用手沾水抹平，约2厘米厚，将小红枣均匀地摆在上面，用手轻按一下，上笼用旺火蒸30分钟即熟，取出扣在案板上，切成菱形小块即可。

【特点】香味浓郁，食而不厌。

莲子百合煨瘦肉

【原料】莲子50克，百合50克，猪瘦肉250克，葱、姜、精盐、料酒、味精各适量。

【做法】

1.将莲子去芯，用清水把莲子、百合洗净；猪瘦肉洗净，切成长约4厘米、厚0.5厘米的块。

2.将莲子、百合、猪瘦肉放入锅内，加水适量，再加入葱、精盐、料酒。

3.大火烧沸，微火煨炖1小时即成。

4.食用时，加入少量味精，吃莲子、百合、猪肉，喝汤。

【特点】养阴清热，清心安神。

楂曲粥

【原料】山楂30克，神曲15克，粳米100克，红糖适量。

【做法】

1.将山楂、神曲洗净去渣后捣碎，入沙锅煎取药汁。

2.将粳米淘洗干净，入沙锅加清水煎煮。

3.待水煮开后，再倒入药汁煮至米烂。加红糖，趁温热食用。

【特点】此粥酸甜可口，有健脾胃，消食积，散淤血之功。化酒谷陈腐积滞效果甚佳。

鱼香肝片

【原料】猪肝250克，泡辣椒20克，葱25克，蒜15克，酱油15克，姜10克，精盐2克，菜油150克，醋10克，料酒10克，水豆粉30克，汤25克，白糖10克，味精1克。

【做法】

1.将猪肝切成长约4厘米、宽约3厘米、厚约0.3厘米的片，加精盐及水豆粉（20克）拌匀；姜、蒜去皮，切成米粒；葱切成葱花；泡辣椒剁成碎末。

2.用1碗水豆粉（10克）、料酒、酱油、醋、白糖、味精及汤调成芡汁。

3.炒锅置旺火上，下菜油，烧至七成热时，放进猪肝炒散后倒入泡辣椒、姜、蒜末。待猪肝炒伸展时，下葱花勾芡汁，最后起锅入盘。

【特点】颜色金红，肝片细嫩，姜、葱、蒜味醇厚，最宜佐餐。

熘黄菜

【原料】鸡蛋200克，荸荠50克（或用嫩豌豆），豌豆苗50克，火腿30克，鸡汤300毫升（或用肉汤），淀粉10克，精盐3克，味精2克，料酒5克，花生油50克。

【做法】

1.豌豆苗择洗干净，用开水稍烫过凉待用。

2.熟火腿切末；荸荠去皮切成碎丁。

3.鸡蛋打入碗内，搅拌均匀，加入荸荠丁、精盐、料酒、淀粉、鸡汤再打均匀。

4.炒锅入油，烧至八成热，将打好的鸡蛋入锅翻炒，炒成糊状时加味精入盘，再撒上火腿末、豌豆苗即成。

【特点】鸡蛋系高蛋白的食物，生理价值最佳，又易消化，蛋中有清脆荸荠，食之爽口，又配上火腿、豆苗，色鲜味正。

三、妈妈和宝宝的安全

1. 休息充分妈妈宝宝都健康

孕妈妈的休息时间应比平时多一些。充足的睡眠对孕妈妈尤为重要，因为女性怀孕后身体方面的变化，使其容易疲劳，应当获得足够的睡眠才有利于孕妈妈精神和体力的恢复。

常人一般每日需要8小时睡眠，而孕妈妈睡眠时间最低不得少于8小时，最好每日的睡眠增加1个小时，这更有利于孕妈妈的身体健康。这1个小时的睡眠时间可以加到午睡上，也可以每天晚上比平时早睡1小时。

孕妈妈腹中的宝宝通过胎盘与母体进行气体和物质交换，获得氧气、养料，排出二氧化碳和废物。胎盘血液灌注与否，直接影响宝宝的发育与生存。因此，孕妈妈既要保证充足的睡眠，又要采取适于宝宝发育的左侧卧位。

孕妈妈比正常人身体负担重，容易疲劳。疲劳对孕妈妈本身健康和宝宝生长发育都不利。所以，孕妈妈在日常工作、生活中要注意休息。

❶ 在正常工作中，可能并不感到疲劳，但也要稍稍休息一下，哪怕是休息5分钟、10分钟也好。条件允许的话，要到室外或阳台上去呼吸新鲜空气，活动一下躯体。

❷ 做事务工作的孕妈妈，如话务员、打字员、计算机操作者，长时间保持同一姿态，难以坚持，容易感到疲劳，要不时地改变一下姿势，伸伸四肢，擦擦脸，搓搓手，都可以解除疲劳。

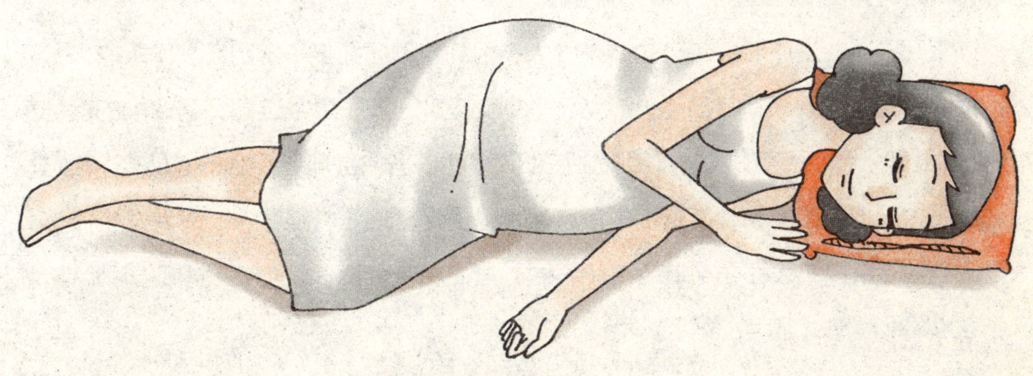

3 长时间在椅子上坐着工作的人，要在脚下垫一个小凳子，抬高脚的位置，防止下肢水肿。

4 孕妈妈妊娠早期尿频，总想上厕所，有尿意就去厕所，活动一下也是休息，憋着尿对身体不利。

5 随着宝宝的成长，母体血液循环加重，因此在动作时，不要突然站起，这样会造成暂时的脑缺血，容易摔倒。准备站起时，先活动一下，休息一会，再起立，动作要慢些。

6 冬季办公室或卧室暖气过热，空气不新鲜，会使人感到不舒服，要经常打开窗子，走到窗前呼吸新鲜空气，这也是很好的休息方式。

2. 注意，安全才能“性福”

孕妈妈在受孕后前3个月及最后3个月是不宜进行性生活的，特别是第10个月应是严禁进行性生活。孕妈妈在妊娠第4个月到第7个月可以适当地进行性生活，但要注意一些问题。

妊娠4～7个月，宝宝比较安定，孕妈妈也比较适应妊娠生活。此期间夫妻之间可每周性交1次。但要特别注意，过性生活时每次性交时间不宜过长，并注意不要直接强烈刺激女性的性器官，动作要轻柔一些，且不可动作过大或过猛，不要压迫孕妈妈的腹部。在性生活后让孕妈妈充分休息。倘若此阶段性生活过频，用力较大，或时间过长以及不注意保护孕妈妈的腹部，就会使胎膜早破，宝宝因得不到营养和氧气，会很快死亡，或者导致流产。即使胎膜不破，未流产，也可能使子宫感染，重者致宝宝死亡，轻者致宝宝的身体和智力发育受到不良影响，不利于优生。

夫妻在进行性生活时，丈夫精液中的大量前列腺素可经妻子的阴道黏膜吸收，参与多种代谢活动，影响局部的循环，产生一系列反应，在妻子受孕之后，精液中的前列腺素E和前列腺素F对子宫的收缩作用明显增强，可使子宫发生剧烈收缩，所以不少孕妈妈在性交后会出现腹痛现象，若是性生活频繁，子宫经常处于收缩状态，就有发生流产、早产的危险，所以夫妻在孕期进行性生活时，宜使用避孕套，以防精液中的前列腺素刺激子宫收缩而腹痛或流产、早产。

3. 夏天使用风扇、空调不要直对着风

孕妈妈的新陈代谢十分旺盛，皮肤的散热量也同时增加，在炎热的夏季出汗很多，因此常常借助电风扇纳凉。如果孕妈妈用电风扇久吹不停，就会有头晕、头痛、疲乏无力、食欲下降等不适出现。

这是因为，电风扇吹到皮肤上时，汗液蒸发作用会使皮肤温度骤然下降，导致皮肤毛细血管收缩，血管外周阻力增加，而使血压升高，表皮血管呈舒张状态，血流量增多，尤其是头部因皮肤血管丰富，充血明显，对冷的刺激敏感，所以易引起头晕、头痛症状。还有，为了调节全身体温，达到均衡状态，全身的神经系统和各器官组织必须加紧工作。因此，吹风时间长，并不感到轻松，反而容易疲劳。

孕妈妈出汗时，更不要马上吹电风扇，因为这时全身皮肤毛孔疏松，汗腺大开，邪风极易乘虚而入，轻者伤风感冒，重者高温不退，给孕妈妈、宝宝带来危害。

因此，孕妈妈应避免突然或长时间吹电风扇，更不可用吹电风扇的方法去汗。同样，使用空调也不宜将温度降得过低，更不应到空调下边吹风纳凉。

4. 孕期贫血了怎么办

贫血是妊娠女性常见症状。妊娠期贫血有两种情况：一种是生理性贫血，由于女性怀孕后血容量逐渐增加，而其中血浆的增加幅度超过了血细胞增加的幅度，造成血液稀释而使血红蛋白相对下降。如孕妈妈血红蛋白不低于100克/升，称为生理性贫血，这种贫血不需治疗，产后即能恢复正常；另一种贫血则属于病理性的，较常见的为缺铁性贫血，还有较少见的巨细胞性贫血。

孕妈妈发生贫血的原因主要是以下几个方面：

❶ 缺铁性贫血。妊娠期间宝宝发育成长和子宫增大需要铁。此外，还需要储备铁，供应分娩时失血和产后哺乳的消耗。因此，孕妈妈于妊娠晚期体内需要的铁量每日达28毫克左右，比妊娠前的需铁量18毫克/日高许多。

❷ 食物中营养不足。孕妈妈饮食中缺乏铁质、蛋白质、维生素B_{12}或叶酸等都可引起贫血。尤其早孕时因恶心、呕吐反应较重而少食、不进肉食等会造成营养不足性的缺铁。

❸ 铁吸收障碍。食物中所含铁质，必须先经胃液中盐酸的作用，转变为亚铁盐才能被小肠吸收到血液中，然后送到骨髓中造血。然而，孕妈妈有胃肠道反应者，胃液分泌不足，胃酸减少，使含铁物质在胃中不能转化，吸收困难，因此，体内因缺铁而产生贫血。

❹ 急性或慢性失血者。孕妈妈在怀孕前曾有急性出血未经彻底治愈而贫血者，或妊娠期间持续小量出血，如胃及十二指肠溃疡、肾盂肾炎、痔疮出血等，都可引起贫血。

❺ 肠道寄生虫病。如钩虫病引起的贫血相当多见。

❻ 多胎妊娠、生育过多过密、哺乳时间过长都会引起贫血。

防治孕妈妈的贫血，主要靠饮食调养和适当补充铁剂。

❶ 调整饮食，加强营养。孕妈妈每天都要适当多吃一些含铁丰富的食物，如瘦猪肉、猪肝、猪血、牛肉、蛋黄、黑木耳、海带、香菇、芹菜、白菜、豆制品等。由于氨基酸是血红蛋白的重要组成部分，所以在孕妈妈的饮食中要增加蛋白质的量，有些孕妈妈经补铁后效果不明显，就与缺少氨基酸有关。

❷ 补充铁剂。孕中期服用硫酸亚铁每次0.3克，每日服用3次，同时可服用维生素C0.1～0.2克，每日3次，以促进铁的吸收。服铁剂时，不要喝茶和牛奶，以免影响铁的吸收。

❸ 补充叶酸及维生素B_{12}。叶酸缺乏者，可每次口服叶酸10～20毫克，每日3次。维生素B_{12}缺乏者，每日肌注100～200微克维生素B_{12}。

❹ 如发生重度贫血，特别是血容量不足时，可适当输血，以保证孕妈妈和宝宝身体健康。

胎教小贴士

孕期贫血孕前补

健康女性孕期贫血主要跟吃有关，含铁元素摄入不足，除了孕期在饮食上注意以外，怀孕前就应该针对性的吃一些含铁丰富的食物，因为在宝宝发育最快的几个月，对铁的需求量很大，随吃随补的补铁方式可能会“供不应求”。

5. 孕中期如何安全运动

有许多女性怀孕后，常因反应较大或身体不便而很少参加运动，多卧床休息。研究表明，孕妈妈坚持运动可以保持良好的体形及分娩时可缩短分娩时间，对孕妈妈来说，适度的运动是十分必要的。运动不足，容易引起食欲缺乏、便秘和肥胖等症，对孕妈妈本身和宝宝都不利。分娩时需要体力，所以妊娠时要积存体力，积存体力就要适当参加运动，以防身体虚弱。这里所说的运动当然不是剧烈的体育运动。如果妊娠前就有参加体育运动的习惯，孕后适当控制点运动量。

孕妈妈参加运动大多数没有危险，除了高血压、心脏病、糖尿病和肾炎的孕妈妈患者外，其他人都可参加适当的运动，因为适度的运动对孕妈妈和宝宝具有以下好处：

❶ 体育运动能够增强人的心脏功能，这对于孕妈妈是非常有利的。女性在怀孕后，产生一系列生理变化，增加了心脏负担。若是孕妈妈心脏功能较强，则可保证供给宝宝充足氧气，有利于宝宝发育，对孕妈妈还可减缓出现腰痛、脚痛、下肢水肿、呼吸困难等症状。

❷ 体育运动能够增强肌肉力量。孕妈妈进行体育运动时，能使全身肌肉的血液循环得到改善，肌肉组织的营养增加，使肌肉储备较大的力量。增强腹肌，能防止因腹壁松弛造成的胎位不正和难产。有力量的腹肌、腰背肌和骨盆肌还有利于自然分娩。

❸ 体育锻炼能增强骨骼力量。可防止孕妈妈出现牙齿松动和骨质软化等症状。

❹ 体育锻炼能增强神经系统功能，使人体各个系统器官更有效地协调工作，可以帮助孕妈妈各个系统在妊娠期间产生一系列适应性变化。

❺ 体育运动能够增加抵抗力，减少疾病的发生。

孕妈妈在做体育运动时，要注意以下几点：

❶ 孕妈妈每周至少运动3次。运动量的大小以心率在每分钟140次以下为宜。需氧运动每次不超过20分钟。

胎教小贴士

最适合孕妈妈的两种运动

❶ 坚持日常家务。日常家务从某种意义上讲也是运动，选力所能及的家务活做，有利于身体和精神健康。当然要根据妊娠期的不同，适当控制某些不适合的家务活。怀孕后什么家务也不做的行为，并不利于孕妈妈和宝宝的健康。

❷ 散步。散步是很适合孕妈妈参加的运动。每天早、晚1～2次室外散步，一方面锻炼身体，一方面还可呼吸室外的新鲜空气。通过散步，产生适度的疲劳，能帮助睡眠，还可以变换心情，消除烦躁和郁闷。散步时不要走得太急，慢慢走，不要使身体受到振动。衣服和鞋要穿得适当，不受冷，不摔跤，保证运动的安全。冬天可围上围巾，夏天要戴凉帽和撑太阳伞。每次散步时间不超过1小时，夏天选在太阳不太强烈的上午或傍晚，冬天选在暖和的下午2～3点钟。散步地点应选在行人、车辆少的地方，最好是公园或路旁树荫下。散步累了也要休息一会。

❷ 孕妈妈应在运动前多喝水。喝水多，运动时出汗多，体温散得快，体温不会升高。

❸ 运动前要做好准备活动，使全身关节和肌肉活动开。

❹ 孕妈妈运动时衣着要宽松舒适，要穿运动鞋，戴乳罩。

❺ 孕妈妈要加强腿部力量和腹部力量的锻炼，以使双腿适应体重的快速增长和减轻宝宝对后背下部的压力。怀孕后期要加强阴道肌肉力量的锻炼，有助于分娩。

❻ 孕妈妈在闷热天、酷暑天要严格控制运动量。

❼ 孕妈妈在运动中，若感觉有头晕、恶心、局部疼痛、极度疲劳时，应立即停止运动，当及时休息。

6. 营造优质睡眠床头环境

营造优质的睡眠床头的舒适是第一原则。

我们总喜欢在床上半倚半靠，还会用一堆软垫子来找舒适。但假如长时间用脑袋在床头板上支撑半个身体，很易患上脊椎疾病，因此，床头设计一定要舒适。如果你喜欢躺在床上看书，最好选择柔软舒适的布艺床头；如果你喜欢浪漫优雅，古朴的木质床头、雕刻精美

胎教小贴士

营造健康的睡眠环境，保证室内的空气质量非常重要

活性炭、空气净化器等产品可以长期使用。活性炭含有大量微孔，能有效吸附各种有毒有害气体和杂质；空气净化器利用活性炭过滤网，吸附甲醛等有害气体的异味，记着在使用过程中要定期更换活性炭过滤网。

一些绿植如绿萝、芦荟、吊兰、虎尾兰等对清除空气污染也有奇效。木质床具有天然的亲切感。软床舒适性好，适合喜好赖床的人。这种电动按摩床可以根据需求停靠在任何位置。

的铁艺床头是最佳选择。

要想靠在床头很舒适，最简单的办法是选择一个床头可以活动的床，角度就可以根据需要来调节。

另外，床头可以选择可存储性的。我们临睡前会经常把小说、遥控器以及闹钟等一些常用的小物件放在身边，因此床头最好要有存储功能。床头的存储不应离我们太远，床榻之上是一个讲求舒适的地方，取物方便则是这种舒适的一部分。但是床头柜的抽屉一定要选装备良好的五金件，保证推拉时顺利流畅。

7. 什么时候易发生早产

早产多发生在妊娠28～37周，也就是妊娠8～9个月。早产是新生儿死亡的重要原因之一，而且还会影响到宝宝神经系统的发育，因此，孕妈妈必须重视。

早产的发生有孕妈妈方面的原因，也有胎宝宝本身的原因。

胎儿方面的主要原因有：双胎、多胎、羊水过多、胎儿畸形、胎盘位置不正常，如前置胎盘、胎盘早期剥离、胎盘功能不全等。

孕妈妈方面的原因有：急性传染病、慢性病，如心、肝、肾等疾病和严重贫血及孕期合并症状、子宫畸形、胎膜早破、阴道内上行感染、产前出血、孕晚期性生活、活动过多、震动性工作、持重物、外伤、腹泻、咳嗽等。

8. 如何预防低体重儿的降生

生下来就又瘦又小的低体重儿，会

给父母带来无穷的烦恼。低体重儿（出生时体重低于2500克）各系统器官发育不完善，功能也差，与一般婴儿相比，更易患各种各样的疾病。还可能伴有智力发育不全，生长发育障碍等疾病。

低体重儿的出现主要有以下几个原因：

早产：正常新生儿孕龄为38～42周，出生时体重为2500～4000克。一般来说，孕龄越短，体重越轻。早产儿多为出生体重不足2500克的低体重儿。早产儿在宫内生长发育正常，因娩出过早，器官尚未发育成熟，生活能力差，抵抗力低下，易感染。

孕妈妈营养不良：在孕期，要注意摄入易消化的高蛋白、高维生素食品，如鱼、蛋、肉、水果、蔬菜等。为预防贫血及缺钙，应多吃动物肝、血等。目前，真正因经济困难所致的营养不良已少见，因择食造成的营养不良却屡见不鲜。

孕期的并发症：孕期的妊娠高血压综合征、胎盘功能不全和宫内感染常造成胎儿死亡，即使活着，出生后也常为低体重儿。这是因为上述疾病导致子宫血管痉挛，胎盘供血不足，胎盘功能减退，从而使胎儿在宫内发育迟缓。

孕妈妈患有某些严重疾病：比如心脏病、糖尿病、肝炎、肾炎，这样都可能会发生缺氧，引起子宫收缩，出现早产或胎宝宝发育迟缓，生下低体重儿。

孕妈妈年龄过大或者过小：妊娠的最佳年龄是24～29岁，这段时期女性身心发育完善，腹部肌肉发达，骨盆韧带处于最佳状态。这个时期生育，胎宝宝发育最好，出现低体重儿的情况最少。如孕妈妈年龄超过35岁，或者不到20岁，出现低体重儿的可能较大。

孕妈妈不良生活习惯：吸烟、酗酒、滥用药物、接受大量射线等，都可能导致低体重儿的出生。

9. 孕期不可不在意的疼痛

孕中晚期时，随着胎宝宝不断长大，孕妈妈的腹部以及全身负担也逐渐增加，再加之接近临产，出现腹痛的次数会明显增加，原因也更加复杂。

❶ 宝宝逐渐长大，孕妈妈腹腔内压力也随之升高。如果孕妈妈的食管裂孔（食管通过此裂孔下行与胃相连）增宽，可能会出现“食管裂孔疝”，因而腹痛。此时腹痛多

伴有胸闷、气短、胸痛、胃里返酸、打嗝等症状。建议孕妈妈：少食多餐，少吃太甜、太辣、太粘的食物；饭后不宜平卧在床上、也不要躺得太低，尽量少弯腰以减轻胃部返酸；保持大便通畅。如果发现有胃部返流症状，可在躺卧的时候将上半身抬高。

2 随着宝宝长大，孕妈妈的子宫也在逐渐增大。增大的子宫不断刺激肋骨下缘，可引起孕妈妈肋骨钝痛。一般来讲这属于生理性的，不需要特殊治疗，左侧卧位有利于疼痛缓解。

3 在孕晚期，孕妈妈夜间休息时，有时会因假宫缩而出现下腹阵痛，通常持续仅数秒钟，间歇时间长达数小时，不伴下坠感，白天症状即可缓解。无需特殊治疗。

4 胎盘早剥：多发生在孕晚期，孕妈妈可能有妊娠高血压综合征、慢性高血压病、腹部外伤。下腹部撕裂样疼痛是典型症状，多伴有阴道流血。腹痛的程度受早剥面积的大小、血量多少以及子宫内部压力的高低和子宫肌层是否破损等综合因素的影响，严重者腹痛难忍、腹部变硬、胎动消失甚至休克等。所以在孕晚期，患有高血压的孕妈妈或腹部受到外伤时，应及时到医院就诊，以防出现意外。

5 如果孕妈妈忽然感到下腹持续剧痛，有可能是早产或子宫先兆破裂。应及时到医院就诊，切不可拖延时间。

10. 孕妈妈患阑尾炎有哪些特征，应采取哪些措施

阑尾炎是急腹症的一种。发生阑尾炎往往是在妊娠早期、中期。这是因为，孕妈妈子宫的不断增大，盲肠和阑尾从原来的右下腹逐渐被推移到右上腹。妊娠5个月时达到平脐水平，足月时可到胆囊下方。因而阑尾炎疼痛是在脐旁或右上腹。

阑尾炎症状是恶心、呕吐、压痛、反跳痛等，妊娠后这些症状变得模糊、不典型。需要孕妈妈注意自身保健，及时主动就医。

急性阑尾炎应及时采取措施，用药要讲究选择，避免致畸；手术治疗时应尽量避免刺激子宫。药物治疗、手术治疗有可能引起流产，所以在治疗期间应配以保胎药物，并注意休息。

11. 与公司产生纠纷，孕妈妈有哪些途径解决

如果孕妈妈或哺乳妈妈的劳动权利受到了侵犯，可向本单位劳动争议调解委员会申请调解；调解不成，当事人一方要求仲裁的，可以向劳动争议仲裁委员会申请仲裁。

按《女职工劳动保护规定》，也可以向当地劳动检察部门提出申诉，受理申诉的部门应当自收到申诉书之日起30天内作出处理决定，女职工对处理决定不服的，可以在收到处理决定书之日起15天内向人民法院起诉。

当事人一方也可以直接向劳动争议仲裁委员会申请仲裁。对仲裁裁决不服的，可以直接向人民法院提起诉讼。

四、第六月胎教

1. 胎教方案

方案一：注意口腔卫生

妊娠6个月时，宝宝成长迅速，孕妈妈体内的钙质等养分会被宝宝大量摄取，因此有些孕妈妈会患牙痛病或口腔炎，故孕妈妈要注意口腔卫生，预防各种疾病的发生。为了预防便秘，孕妈妈要多吃富含纤维素的食物如新鲜的蔬菜和水果等。孕妈妈还要注意多饮水，有水肿的孕妈妈在晚上要少喝水，但在白天要喝得多些，多喝水是保证尿流畅通、减少尿路感染的有效方法，孕妈妈每日饮水量1200～1500毫升较好。

方案二：重心前移，注意安全

此期孕妈妈肚子会越来越大，身体重心前移，很容易产生疲劳的感觉，所以孕妈妈要注意休息，保证充足的睡眠，有条件的中午最好能睡上1～1.5小时，没条件的也要抓紧时间休息一下。由于子宫增大，压迫血管，使血液回流不畅，此时的孕妈妈很容易产生下肢水肿，站立、蹲坐太久或腰带扎得过紧，水肿就会加重，所以孕妈妈应该

避免站立或蹲坐太久。此期的孕妈妈应该选择上腹部宽松的孕妈妈服装，衣料选用轻软、透气、吸湿性好的真丝、纯棉织品为佳，不宜用化纤类织品。不能让腹部长时间受到压迫，不能弯腰，注意对腹部的保护。注意鞋子的材质应该穿着舒适，不至于摔跤或滑倒。不要拿重物行走。避免急促的动作，特别是低血压的孕妈妈，下蹲时应慢慢地站起，身体的位置变化应慢慢进行。

方案三：抓住胎教最佳时机

尽管此期早孕反应已过，孕妈妈已接受了怀孕的事实，心情较为舒畅，但孕妈妈不可因此而忘掉胎教的任务，因为此期宝宝已具备了记忆、听力和学习的能力，是进行胎教的绝佳时机。

怀孕6个月应再作产前检查一次。

2. 胎教准备

给胎宝宝准备的故事：

安徒生童话：《海的女儿》，温柔、缓慢的语速阅读。

安徒生童话：《拇指姑娘》，一边读一边用拇指在肚皮上划动。

达芬奇学画鸡蛋的故事，一边讲故事一边自己画个圆试试。

农夫和金鱼的故事。

适合孕妈妈看的散文、诗歌：

一些清新婉约的宋词或乐府诗。

给宝宝念儿歌：

前几个月的继续重复，新添加2～3首。

一些带数字的儿歌

给宝宝放的音乐：

音乐磁带《秋夜》

《秋夜》是根据孕妈妈不同妊娠期的心理状态而编写的心理诱导词，同时还配有虫鸣鸟啼和潺潺流水声及宝宝的啼哭，给人以丰富的联想，把人引进优美、宁静、安谧的意境，仿佛走进了美丽的大自然，无比轻松。倾听那舒缓、轻柔及欢快相间的乐曲，乐声中款款而下的高山流水，让人在流连的意境中渐渐远去，胸中自是一片晴朗，使生命的律动悠扬如磬。好一个“闹中取静”。

最让人陶醉的是山林间的乐声，阳光自丛林叶隙间倾漏而下，幽静的山径日影斑驳，婉转的鸟鸣在其间飞珠溅玉般地撒泼下来，在翠叶间环绕不绝。清纯的山涧缠山绕石，潺潺的流水声宛如一曲大自然的绝唱，如古筝、如风琴……逆流而上；一挂山瀑自天而降，好似飘扬的白练，乐声亘古不绝；飞泻而下的音符溅出一身湿漉漉的情思。

突然，闻听一阵清脆的宝宝啼哭声，这哭声有一股无法表达的情感在心灵中冉冉升起。啊我就是母亲。

给妈妈和宝宝共同准备的图画：

一些轻松鲜艳的手绘本

一些带色彩的水墨国画

3. 胎教过程

运动胎教

妊娠6个月时，宝宝的发育处于稳定时期，孕妈妈应顺其自然地参加适量运动，这对于顺利分娩、给宝宝的健康出生打下良好的基础。孕妈妈愉快的活动，要有良好的兴致，要时时想着与宝宝同欢乐。

做孕妈妈操。做孕妈妈操能够防止由于体重增加引起的腰腿疼，能够帮助放松腰部和骨盆部的肌肉，为宝宝出生时顺利分娩做好准备，还可增强孕妈妈的信心，使宝宝平安降生。

游泳，游泳运动可以增强腹部的韧带力量和

锻炼骨盆关节，还可增加肺活量，避免在妊娠期间或产后患心脏和血管方面疾病。游泳运动借助水浮力，轻松愉快地改善血液微循环，可以减少分娩过程引起的腰痛、痔疮、静脉曲张等症状。还可以自然地调整宝宝臀位，是一项帮助孕妈妈顺利分娩的运动。

孕妈妈游泳要注意水温，一般要求水温在29℃～31℃，水温低于28℃会刺激子宫收缩，易引起早产，水温高于32℃容易产生疲劳，游泳时间最好在上午10点～下午2点。

以下几种情况禁止孕妈妈游泳：

1. 身孕未满4个月。
2. 有过流产、早产史。
3. 阴道出血、腹痛者。
4. 患有妊娠高血压综合征、心脏病等。

胎教小贴士

宝宝散步

宝宝散步：母亲双手捧着宝宝，摸清宝宝的头部与背部，先抚摩胎头并且告诉宝宝：“我们和爸爸一块儿在音乐下散步。”然后轻轻地反复推动宝宝6次，双手协调回荡，这就是“宝宝散步”。这种运动有利于宝宝肌肉发育。

医学研究表明：经过以上两项运动胎教的宝宝，出生后的动作发展要比一般宝宝早，肌肉的发育更好，手更灵巧。手巧心自灵，心灵智力好。

音乐胎教

孕妈妈进行音乐胎教应该每日定时，让宝宝养成按时“收听”的习惯和生物钟反应，每天早晚各做一次，每次20分钟左右。在进行音乐胎教时最好依照较固定的程序来做。

选择适合胎教的音乐。将收录机或CD机等放在离孕妈妈正前方1米以上的距离，这样一是保证孕妈妈左右耳收集到的声波相同；二是避免电磁波的辐射。选择那些音质柔和、优美，节奏明快、频率适中的音乐，不要选择那些节奏过于强烈、杂乱、频率过高的音乐，也不要选择旋律低沉、悲哀、沮丧、放荡、不正气的乐曲。具体的音乐在前面的音乐胎教中已做过叙述，孕妈妈们可以参考。

选择舒适的姿势。最好取半坐姿势，或者靠在沙发上，最好不要平躺下，以免宝宝活动不方便。然后轻轻拍拍肚子，说一声“宝宝，我们听音乐啦”。让宝宝做好准备，这样也可让熟睡的宝宝醒来，一般养成了习惯，宝宝在这个时间就不会睡着。孕妈妈要注意放松全身、让呼吸保持轻松、自然、通畅。

集中注意力。不管是欣赏专为孕妈妈制作的胎教音乐，还是为宝宝制作的胎教音乐，孕妈妈都必须集中注意力。毕竟音乐胎教的效果要通过母体才能作用于宝宝，所以孕妈妈在听音乐时要摒除杂念，入情入境，将自己完全沉浸于音乐所表达的意境和节奏中，然后随音乐充分发挥想象。想象带着爱意与宝宝一同徜徉在美丽的大自然中。若孕妈妈心不在焉，胡乱想或是做一些与音乐胎教无关的事，都不能收到预期效果。反复多次。国外专家认为，让宝宝在一段时间内反复多次听同一首曲子很有好处，不仅能使宝宝熟悉音乐，对音乐产生兴趣，而且还能使宝宝记住乐曲，最好在一段时间里放同一旋律的音乐，以免宝宝因旋律变化太大而出现不适应的情况。以上讲的是音乐胎教中的器物灌输法，其实音乐胎教中还有以下几种方法：

哼歌谐振法。孕妈妈每天可以哼唱几首歌，要轻轻地哼唱，不必放声大唱。最好选择抒情歌曲，也可唱些“小宝宝，快睡觉”等类似摇篮曲的歌。唱时要心情舒畅，富于感情，如同面对亲爱的宝宝，倾述一腔柔爱。这时，孕妈妈可想象宝宝正在静听你的

胎教小贴士

宝宝爱听什么歌

胎宝宝特别喜欢听大提琴的演奏，据说大提琴的音域宽广，与胎宝宝容易产生和谐的共鸣。还有柔美的小夜曲、摇篮曲、圆舞曲、中外古典乐曲，都会使他心境平和，精神愉快。孕妈妈应为胎宝宝准备以C调为主的乐曲，基调轻松、活泼、明快，能很快地激发出宝宝的情绪反应。在他活动比较频繁时，孕妈妈应选择一些舒缓、柔和的摇篮曲；在他活动比较少时，则应选择一些轻松活泼、节奏明快的圆舞曲。这些音乐对调整胎宝宝的心绪，促进他的活动和生长都有着明显的作用。

歌声，从而达到爱子心音的谐振。孕妈妈每天要定时欣赏一些名曲和轻音乐，如《春江花月夜》、《江南好》等传统轻音乐曲，斯特劳斯的《春之声》圆舞曲，莫扎特的那些轻松明快的室内乐曲，等等。孕妈妈在欣赏音乐时，要沉浸到乐曲的意境中去，如痴如醉，旁若无人，如同进入美妙无比的仙境，幻想翩翩，遐思悠悠，以获得心理上、精神上的最大享受和满足。

孕妈妈教唱法。宝宝虽然具有听力，但毕竟只能听不能唱。孕妈妈要充分发挥自己的想象，想象腹中的宝宝神奇地张开蓓蕾般的小嘴，跟着您的音乐和谐地“唱”起来，具体做法可先将音乐的发音或简单的乐谱反复轻唱几次，如多、来、咪、发、索、拉、西，每唱一个音符后等几秒钟，让宝宝跟着“学唱”，然后再依次进行。

准父母唱歌比录音机、CD机的效果更佳。准父母给宝宝唱歌，是任何形式的音乐都无法取代的。有些孕妈妈认为自己没有音乐细胞，不能给宝宝唱歌。其实，只要是带着深深的爱意去唱，对宝宝来说，都是悦耳动听的，所以我们更多地提倡准父母用哼歌谐振法和孕妈妈教唱法来进行音乐胎教。

语言胎教

怀孕的第6个月，宝宝的听觉器官已经发育得比较完善，对外界的声音刺激变得敏感了，并且已经有了记忆和学习的能力。因此，孕妈妈要时刻牢记宝宝的存在，而且经常与之谈话，这是一项十分重要的行为。

准父母与腹中的宝宝对话，是一种积极有益的胎教手段。虽然宝宝听不懂话的内容，但宝宝能够通过听觉听到父母的声音和语调，感受到来自父母的呼唤。用语言刺激宝宝听觉神经系统及其大脑，对宝宝大脑发育无疑是有益的。

在和宝宝对话之前，准父母首先给宝宝取个中性的名字，并经常和宝宝说话，呼唤宝宝的名字。这样做，一方面可以把父母的爱传递给宝宝，有利于母子感情交流的形成；另一方面，还可以使宝宝记住自己的名字，出生后呼唤他时，他会感到熟悉、亲切并有安全感。谈话内容应丰富多彩，但要以简单、轻松、明快为原则，要把生活中的一切活动和事物都讲给宝宝听，通过和宝宝一起感受、思考和行动，使母子间的纽带更牢固，并培养宝宝对母亲的信赖感及对外界的感受力和思考力。

准父母可以将生活中的衣食住行等都用于作为和宝宝对话的素材，如：今天好冷啊，多穿一件衣服吧，这件上衣配红色的领带比较好；呀，今天的饭真香啊，家里的墙壁刷得雪白雪白的，可好看了；嘀，公园里真漂亮，青青的草，红红的花，还有鼓眼睛的小金鱼在不停地游来游去……总之，生活中所有的事都可和宝宝交谈。通过和宝宝共同生活、共同感受，使母子间的纽带牢固，并且为出生后宝宝的智力发展打下良好的基础。

准爸爸和宝宝对话也是很重要的，男性低沉的声音更易透过子宫壁传递到宝宝，更易被宝宝接受，还可以培养与宝宝的感情，也能增进夫妻感情。准爸爸和宝宝讲话时，孕妈妈仰卧或端坐在椅子上，准爸爸把头俯向妻子的腹部，嘴巴离腹壁不能太近也不能太远，以3～5厘米为宜。

准爸爸同宝宝讲话的内容应是以希望、祝福、要求、关心、健康等内容为主，要切合实际，语句要简练，语调温和。

就寝前，可以由准爸爸通过孕妈妈的腹部轻轻地抚摩宝宝，同时可与宝宝交谈，如“爸爸来啦，让爸爸摸摸你的小手、小脚，在哪里呢？”“爸爸要走了，再见。”对话时间可以在晚上9点左右，每次讲话时间5～10分钟为宜。

内容可多种多样。

在开始工作前，孕妈妈要对宝宝讲：“乖宝宝，现在妈妈开始工作了，在我工作期间，精力必须集中在工作上，所以不能和你讲话。但是，妈妈并没有把你忘记，你暂时静听妈妈的工作节奏或者香甜地睡上一觉吧。”

在工休时间，孕妈妈主动地与周

胎教小贴士

和周围的人一起同宝宝说话

实子进行语言胎教的成功秘诀在于：把事物视觉化，再传递给宝宝。她刚开始做时，许多人觉得这位母亲得了“神经病”。因此，孕妈妈应该主动地对同事或邻居讲明自己语言胎教的意图，争取周围的人理解、支持及参与。

围的人交谈，让宝宝一同参与。同事们可以对孕妈妈的腹部说："你的妈妈很能干，热爱工作，待人和善，我们大家不仅喜欢她，而且非常喜欢她子宫中的你。我们这里有不少好吃的水果及糖果，还有书籍和劳动工具，你出生后就能吃到、看到或用到。"这类语言用于胎教是最理想、最有益的。周围的人还可以从书中挑出一首小诗、一段格言、一首儿歌、一则寓言故事，反复地朗诵或讲解给宝宝听，并将其内容记入胎教日记中。

阅读胎教

用医学的观点解释，人体必需的14种维生素都有促进大脑细胞的兴奋、维持人体各组织器官的正常功能。而持之以恒地读书，则使大脑充满活力。由此看来，兴奋与活力、维生素与读书对大脑的作用竟然如此的巧合及雷同。

胎教小贴士

孕妈妈适合看什么书

轻松幽默的杂志或小说。

优美、欢快的散文。

色彩艳丽明快的时尚杂志。

胎教、分娩、育儿的知识书。

孕妈妈通过阅读书籍，可以产生敏捷的思维和丰富的联想。医学研究表明：母亲的思维和联想能够产生一种神经递质，这种神经递质经过血液循环进入胎盘而传递给宝宝，然后分布到宝宝的大脑及全身，并且给宝宝脑神经细胞的发育创造一个与母体相似的神经递质环境，使宝宝的神经向着优化方向发展。因此，孕妈妈阅读有益的书刊，就犹如为子宫中的宝宝服用了"超级维生素"，使宝宝健康发育。

读科普书，就好比人们把节省下来的钱存入银行一样，积少成多，为美化生活及培养后代做准备。孕妈妈把学到的美德、学识、才能、修养等一点一滴地积累到大脑的"存折"上，以陶冶情操，尽消杂念。难怪宋代大文人韩驹说："唯书有真乐，意味久犹在。"

想象胎教

有不少孕妈妈在孕期里喜欢欣赏漂亮的宝宝照片，有的还在自家墙上张贴可爱的宝宝照片，有空时就凝神欣赏一番，希望自己的宝宝出生后也能像照片上的宝宝一样健康漂亮。

据说经常欣赏漂亮宝宝的孕妈妈，今后出生的宝宝也会漂亮。目前没有人对这种说法设计一个对照组，进行严格的科学验证，但无论这种说法有无科学根据，经常欣赏漂亮的婴宝宝照片，能使孕妈妈心情舒畅是可以肯定的。

我国自古就有“欲子美如，数视璧玉”的说法，现代科学记忆想象力也是一种，既可作用于自身，又可作用于宝宝，所以有些专家认为在孕期设想的宝宝形象在某种程度上相似于将要出生的宝宝。即孕妈妈经常设想自己宝宝的模样，还是较有益处的。我国古代就有人总结过这样的内容：看珠宝玉器，欣赏图画，可使宝宝有美感；音乐可融和人心；观看军人队列，听雄壮的乐曲，可有秩序感等。这也就道出了妻子的感受都会影响到宝宝。宝宝心智和情商方面的发展，更有赖于孕妈妈本身的文化素质、道德情操的提高和升华。

一般来说，孕妈妈可以把自己的想象通过语言、动作等方式传达给腹中的宝宝，并且要持之以恒。例如可以告诉宝宝：“眼睛要长得像妈妈，鼻子要像爸爸……”可以在临睡前与宝宝交流，亲切而愉快的情感沟通，能培养宝宝与妈妈的感情，理解妈妈的需求，也许出生后真能在外貌上取父母之长，成为健康美丽的宝宝呢！

孕妈妈对未来的宝宝的猜想，是孕妈妈本人美好的愿望。在想象的过程中，准爸爸应加以正确引导，让孕妈妈多想一些对宝宝有益的事，消除对宝宝不利的想法。在妊娠中期，可以多想一下宝宝是多么之聪明与可爱、活泼与健壮等。

胎教小贴士

想象可以无限延伸

除了想象宝宝的样子以外，孕妈妈还可以想象一切美好的东西，完全放开自己的思维不仅有助于缓解孕期紧张的情绪，对宝宝的大脑发育也有好处。

抚摩胎教

宝宝对触觉刺激具有较为灵敏的反应，在妊娠6个月时，孕妈妈可在腹部明显地摸到宝宝的头、背及四肢，这时正是进行抚摩胎教的好时机。

抚摩胎教宜在起床后或睡觉前进行，具体的做法是：孕妈妈排空小便，仰卧在床上，平静均匀地呼吸，眼睛凝视着上前方，全身肌肉彻底放松，用双手从不同方向抚摩宝宝，左右手轻轻交替、轻轻放压，用双手手心紧贴在腹壁上，轻轻地旋转，可以向左，也可以向右，这时宝宝会有相应的反应，如伸胳膊、蹬腿等。这种胎教运动坚持做一段时间，宝宝就会习惯了，形成条件反射，只要妈妈把手放在腹壁上，宝宝就会进入胎内运动，此时再伴随着轻柔的音乐，则效果就更理想。

准父母在为宝宝做抚摩胎教时，也别忘了还要轻轻地、充满爱意地和宝宝说话，让宝宝更强烈感受到父母的爱意。他们也可以在触摸宝宝的时候谈心，交流感情，憧憬一下宝宝出生后美好的生活，营造出温馨、亲密的气氛，这样有利于加深一家三口间的感情。

在进行抚摩胎教时，抚摩及按压动作一定要轻柔，以免用力过度引起意外。有的孕妈妈在怀孕中、后期经常有一阵阵的腹壁变硬，可能是不规则的子宫收缩，此时不能进行抚摩胎教，以免引起早产。孕妈妈如果有不良分娩史，如流产、早产、产前出血等，则不宜使用抚摩胎教。

帮助宝宝运动的时间应该固定，一般选在晚上8时左右较为适宜，每次运动5～8分钟即可，这对培养一个健康活泼的宝宝是大有好处的。

光照胎教

适当的柔和光照有助于增强宝宝的视网膜发育、刺激宝宝脑细胞活动，从而增强宝宝的智力和机体活动能力。

宝宝对光照不是毫无感觉的，当孕妈妈在阳光灿烂的地方晒太阳时，宝宝会显得很安详，或机体细胞活动处于很积极活跃的状态；而孕妈妈待在光线较暗的地方时，宝宝的机体活动程度明显减低。这说明光线对宝宝个性的活跃程度、身体健康程度都有一定的影响。

如果用手电筒对孕妈妈腹部照射，光线适中时，宝宝会有转过头来、眨眼等积极反应；光线太强时，宝宝会有皱眉、扭头避开光线等反应。从这一实验可以看出，一定的光线对宝宝有积极的刺激作用，它可以促使宝宝的视网膜感

光细胞进行活动，从而促使宝宝的机体也开展一系列活动，即通过视觉神经将此信息传入大脑皮层，通过大脑神经进行一系列复杂活动，再引导机体对此作出反应。所以专家们认为，适当的光照对促进宝宝眼睛、大脑、机体的积极活动和协调动作是很有好处的。

情绪胎教

父母的好情绪、好心情是胎教的最根本、最朴实的内容。如怀孕后，人们常称为有喜了，是件很高兴的事，这

胎教小贴士

如何摆脱消极的胎教情绪

❶ 告诫提醒法。明白了消极情绪对人的负面影响，因此在漫长的孕期生活中，要时时告诫自己不要生气，不要着急，不要烦恼，不要悲伤，为了宝宝，为了自己，想开点儿，尽量提高心理承受能力，遇到挫折要有思想准备，从而防患于未然。

❷ 摆脱转移法。有时消除烦恼的最好办法就是努力摆脱那些使人烦恼的人和事，离开那种使人不愉快的场合，转移自己的注意力，参加一些平时喜欢的活动，如听音乐、相声，看电视小品，欣赏山水风景画册，出去郊游，上街逛商店、购物等，使不良情绪转移。

❸ 宣泄释放法。不良情绪要疏导而不能堵塞，疏导的方法之一就是要让它有个宣泄释放的途径，这是相当有效的调剂方法。孕妈妈可向知心好友或日记本倾诉自己的处境和困惑，让烦恼通过宣泄有个出口。

❹ 外向社交法。那些内向性格的孕妈妈一旦有了不良情绪，常常闭门独居，郁郁寡欢，心中的结久久难解。所以，有了烦恼应走出去，向亲友倾诉，广交朋友，将自己置身于乐观向上的人群中，充分享受友情的欢乐，从而使情绪得到积极的感染，从中得到满足和快慰。

❺ 情绪放松法。每天应抽出不少于30分钟的时间与丈夫到居家附近草木茂盛的宁静小路上散散步，看看街景，逛逛商场，使自己脑子放松一下，心情会变得非常舒畅。尤其是美妙的鸟鸣声、清新的空气、悦目的花草树木，更能帮助您消除紧张情绪，使您深受感染而自得其乐。

个消息会给盼望已久的父母带来无限的欢乐和希望，这种喜悦的情绪是最原始的胎教。妻子讲："噢，这是一个聪明、漂亮的宝宝，眼睛会像你，嘴巴会像我，肯定会很漂亮。"年轻的夫妻沉浸在美好的想象之中，因为宝宝是他们爱的结晶，生命的延续。于是他们会格外地珍惜这个宝宝，慎起居、美环境；注意营养、戒烟酒，以其博大的母爱关注着自己宝宝的变化。这是一种极好的自然的胎教，宝宝通过感官得到的是健康的、积极的、乐观的信息，这也是胎教最好的过程。

相反，当一个母亲没有做好接受宝宝情感上需要的准备，内心不高兴这个宝宝的出现，更不愿承担责任，或者是持模棱两可的态度。丈夫也对此漠不关心。这样经过整个孕期，似乎是一种精神上的负担与痛苦。随之带来妊娠的强烈反应，恶心、呕吐、焦躁不安，这种心理与生理的反应形成了恶性循环。这种胎教是一种不良的负性胎教信息传递给宝宝，后果不堪设想。

孕妈妈学会控制愤怒情绪，愤怒，往往是自身的利益和价值受到侵犯，别人为自己做得太多或者太少，有些不合情理的事情应该加以改正的信号。愤怒并非恶意，而是具有建设性和公正性的呼吁。但是，妊娠期间无论碰上多么委屈的事情，孕妈妈都不能愤怒。孕妈妈愤怒难制可以导致流产或流血等。祖国医学《傅青主女科》中有"大怒小产"的论述。所以，孕妈妈必须用理智来控制愤怒情绪。如果碰上不愉快或利益受到伤害时，可用以下3种方法调节：

❶ 一分为二：对事态辩证分析，不要只看到不利的一面，也要看到有利的一面。既要宁静淡泊，又要乐观处事。

❷ 结合音乐熏陶法和哼歌谐振法：尽量在短时间内使自己的情绪得到缓解和松弛，时刻想到宝宝需要母亲的欢乐情绪及良好的精神状态。

❸ 用幽默处理愤怒：幽默是情绪改善剂，它可以使烦恼化为欢畅，痛苦变为快乐，尴尬转为融洽。同时，妙趣横生的语言无疑对宝宝是一种潜移默化的滋润。

环境胎教

现代医学证明，不良的环境可以导致孕妈妈情绪的变化，而孕妈妈的不良情绪在整个孕期都会对宝宝产生不良的影响。为了优生优育，有必要为宝宝创造一个优美寂静的生活环境。

孕妈妈居室环境的要求是：

❶ 居室中应该整洁、干净、安静、不拥挤、通风通气。

❷ 温度适宜，以20℃～26℃最好。温度太高会使人感到精神不振，头昏脑涨，全身不适；温度太低，又会影响人的正常生活，使人发冷，易感冒。夏天可用风扇、空调降温，但不宜让风直吹孕妈妈；冬季可使用暖气升温，也可使用煤炉，但需防止一氧化碳中毒。特别需要提示的是，孕妈妈不可直接睡在正在通电工作的电热毯上。

❸ 适宜的湿度，以50%的湿度为最理想。湿度太低易使人口干舌燥，鼻黏膜充血；湿度太高，让人关节酸痛，极为难受。湿度太低可使用加湿器或在室内洒水；湿度太高可开门窗通风。

❹ 安全方便，室内设施要便于孕妈妈使用，不能让孕妈妈有爬高、踮脚等危险动作发生，家中设施要摆放整齐，以免孕妈妈磕着碰着，光滑的地板上要注意添上防滑设施。

❺ 高频率的音响刺激、噪声不利于孕妈妈的健康和宝宝的发育，它会使孕妈妈心烦意乱，听力下降，会使宝宝不安，引起早产，甚至脑功能发育受损。但是，无声也不利于优生。过于寂静使孕妈妈感到孤独、寂寞，使宝宝失去听觉刺激。所以，两者均不可取。家中可以经常播放一些有益的胎教音乐，经常对宝宝说话。

此外，还要注意在室内作适当的装饰，如摆放一两盆花卉，贴几张胖娃娃的图像或风景画等，让孕妈妈有个良好的心情。

4. 准爸爸参与

坚持每天对宝宝讲话

声学研究表明：宝宝在子宫内最适宜听中、低频调的声音，而男性的说话声音正是以中、低频调为主。因此，父亲坚持每天对子宫内的宝宝讲话，让宝宝熟悉父亲的声

音，这种方法能够唤起宝宝最积极的反应，有益于宝宝出生后的智力及情绪稳定。尽情地说吧！因为人的大脑一生（包括宝宝时期）可以储存1000万亿个信息单位。

另据观察：没有经过胎教的新生儿常常会有这种情况，即使不熟悉的女性逗乐也会因逗乐而微笑，而父亲逗乐则反而会哭。这正是宝宝从宝宝期到出生后的一段时间里，对男性的声音不熟悉所造成的。为了消除宝宝对男性包括对父亲的不信任感，妊娠5个月后父亲应对宝宝讲话。

方法：首先让孕妻坐在宽大而舒适的椅子上，然后由妻子对宝宝说："乖宝宝，下面我们开始与你的爸爸进行十分愉快的对话！"这时，丈夫应该坐在距离妻子50厘米的位置上，用平静的语调开始对话，随着对话内容的展开再逐渐提高声音，不能一下子发出高音而惊吓宝宝。

父亲在开始和结束对宝宝讲话的时候，都应该常规地用抚慰及能够促使宝宝形成自我意识的语言对宝宝讲话。开场白的语言是："宝贝（或者叫乳名），我是你的爸爸，我叫×××，我会天天和你讲话，我会告诉你外界一切美好的事情。"父亲应将每天讲授的话题构思好，最好在当天的"胎教日记"中拟定一篇小小的讲话稿，稿子的内容可以是一首纯真的儿歌、一首内容浅显的古诗、一段优美动人的小故事，也可以谈自己的工作及对周围事物的认识，以刻画人间的真、善、美。用诗一般的语言，童话一般的意境，描述祖国的锦绣大地。还可以是生活中的理想，等等。如此集思广益、博采众长的教学内容，定能智慧两代人。对话结束时，要对宝宝给予鼓励："宝贝学习很认真，你是一个聪明的宝宝，但愿我对你讲授的一切都能对你将来的人生有用。好吧，今天就学习到这儿，再见！"

5. 效果评估

这是一个直观的评估，得分越高，说明你胎教的质量越好。

孕期进补	懂得营养均衡搭配食物，知道不同时期，不同反应应该吃什么。（3分）
	荤素搭配，刺激的不吃，吃点好东西。（1分）
	什么贵买什么，天天乌鸡王八。（0分）
准爸爸	工作虽然忙，但是老婆宝宝更重要，积极参与胎教。（3分）
	老婆需要照顾，宝宝还没显示顾不上，还得上班赚奶粉钱呢。（1分）
	老子上了一天班累死了，还得伺候你。（0分）
情绪胎教	已经完全融入孕妈妈这个角色了，和宝宝的关系一天比一天亲密。（3分）
	身体一天天重下去，常常心情不好。（0分）
运动胎教	每天都能坚持出去活动十几二十分钟，自己会注意运动强度和运动方式。（3分）
	看心情了，不高兴就不去。（1分）
	我现在一个人吃养两个人，还是在家养着好。（0分）
抚摩胎教	认真地感觉宝宝的存在，相信他真的能感应到我的爱，与我交流。（3分）
	偶尔为之，感觉不到什么，不重要吧？（0）
语言胎教	每天和宝宝打招呼，开始给他读一些儿歌，把我的心事和他分享。（3分）
	喜欢和宝宝交流，但是没有太刻意，什么时候想到了就说两句。（2分）
	我行我素，还是和以前一样大大咧咧，口无遮拦。（0分）
想象胎教	想象宝宝的样子，在肚子里快乐地成长。（3）
	房贷要还，奶粉很贵，婆婆合不来，以后宝宝园要花不少钱。（0）
美育胎教	经常看一些漂亮宝宝的照片，漂亮的风景，图画。（3）
	老公，晚上陪我去电影院看美国动作大片。（0）
音乐胎教	继续听一些舒缓、轻松的，并且我很喜欢的音乐。（3）
	别人说什么好，就听什么。（2）
	某明星又出新歌啦。（0）

续表

光照胎教	了解光照胎教，并试着去做。（2）
	什么是光照胎教？（0）
分娩育儿知识	我已经开始关注并学习一些关于生产、坐月子、育儿的知识了。（3）
	我已经开始担心如何生产和育儿了。（1）
	还有好几个月呢，到时候再说。（0）

开心驿站

孕妈妈穿衣有讲究

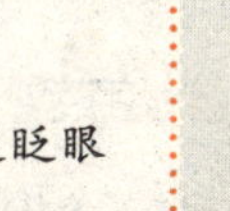

摘自晨晨爸爸的胎教日记：

记得老婆怀孕大约几个月时，一天晚饭后，她“命令”我和她一起整理衣柜。

我好奇地问：“大医生，干什么，不是这么快就准备孕妈妈装了？”

“当然，孕妈妈的衣服很重要，不光要宽松，还有很多讲究呢！”她眨眨眼说，“过来帮帮我，把纯棉、真丝质料的内衣拣出来放一边，化纤材料的内衣、贴身衣物全部要淘汰掉，不然平时活动时乳头摩擦衬里，乳腺导管被阻塞，将来哺乳不畅就麻烦了。”

我一边拣衣服一边说：“我姐怀孩子的时候，说她全身皮肤瘙痒，你没出现这种情况吧？”

老婆笑了：“哦，那可能是妊娠瘙痒症。要减轻瘙痒，身上穿的衣服适合与否很重要，粗糙的摩擦和静电都会刺激皮肤引起瘙痒，所以，减少瘙痒除了要注意清淡饮食，衣服的选择也很重要。”

她又接着发布“命令”，“把那些色彩鲜艳的衣服收起来，暂时不穿了，那些色彩漂亮的衣服都用化工原料染成的，一时半会儿有毒的东西也散发不出去。怀孕的人血管通透性增加，对不良刺激的抵抗力下降，加上又有个小宝贝的胎宝宝，所以啊，还是小心为上策。”

谁让老婆是医生呢，我只有乖乖听命的分了。

第七节

怀孕第七个月——宝宝的眼睛睁开了

一、宝宝的样子和妈妈的变化

1. 胎宝宝变得更结实，这个月他会睁眼睛啦

怀孕7个月时，宝宝体长已有35厘米，重量达1000克，脸面很像人样了。皮肤呈粉红色，皮下脂肪仍沉积不多，皮肤表面有一层白色或灰色的油脂物，称为胎脂；宝宝头发已长出5毫米左右，眼睑分界已经很清楚，眼睛已睁开了；男孩的阴囊明显，睾丸已经开始由腹部往阴囊下降，并降至阴囊内；女孩的小阴唇、阴核已清楚地突起。

宝宝的脑组织开始出现皱缩样，大脑皮质已很发达；胎膜内的羊水量显著增加，宝宝能够自由地“游泳”；胎位不完全固定，甚至出现胎位不正；内耳与大脑发生联系的神经通路已接通，对声音的辨认能力更为提高，宝宝开始能辨认妈妈的声音，同时对外界的声音也有喜欢和厌恶的反应。

此时若要流产，宝宝由于肺和气管还没有完全发育成熟，而较难存活下来。

2. 不仅肚子，妈妈的大腿和腰也明显开始变粗

孕妈妈从外观上已能看出，肚子明显有沉重感，身体动作更加笨拙、迟缓。孕妈妈腹部向前挺得更为厉害，身体的重心移到腹部下方，完全呈现出一副孕妈妈的体态，孕妈妈只要身体稍微失去平衡，就会感到腰酸背痛。有时疼痛会放射到下肢。

孕妈妈子宫底的高度上升到肚脐之上，不仅下腹部，连上腹部也大起来，肚子感到相当沉重。子宫越来越大，由于压迫下半身静脉，可出现静脉曲张。由于子宫压迫骨盆的深部，易患便秘和痔疮。此时孕妈妈挺着大肚子走路，不但不便，因挺胸走路，还会引起后背和腰部疼痛。有的人还会出现腿肚子抽筋、头晕等症状。此时，孕妈妈不可参加激烈的运动，以防引起早产。上下楼梯要注意安全，不要拿重东西，不要向高处伸

手，不要久站和突然站起。为防止便秘，每天早晨要喝牛奶和水，多吃些水果和蔬菜。

另外，孕妈妈的心脏负担加重，血压开始升高，心跳每次由原来每分钟65～75次，增加到每分钟80次以上。

二、孕妈妈的营养和进补

1. 盐少一点，油多一点

孕妈妈在妊娠7个月时的饮食要求和6个月时差不多，不过，此期的孕妈妈极易患妊娠高血压综合征，故孕妈妈在饮食上要少吃咸食，少吃咸菜、咸蛋等盐分高的食品，减少盐的摄入量，水肿明显者要控制每日盐的摄取量，限制在2～4克。同时，要保证充足、均衡的营养，必须充分摄取蛋白质，适宜吃鱼、瘦肉、牛奶、鸡蛋、豆类等。忌用辛辣调料，多吃新鲜蔬菜和水果，适当补充钙元素。

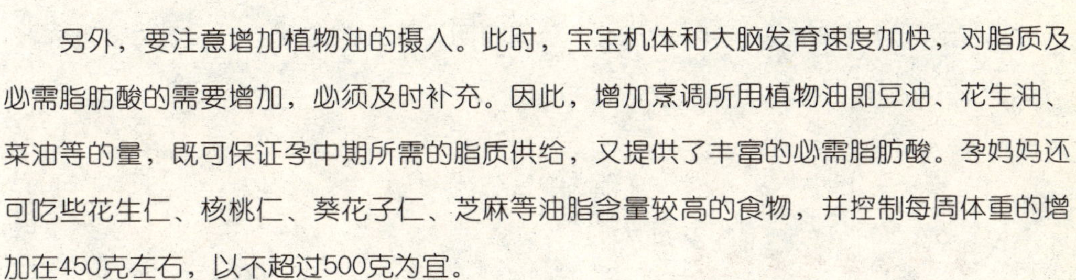

另外，要注意增加植物油的摄入。此时，宝宝机体和大脑发育速度加快，对脂质及必需脂肪酸的需要增加，必须及时补充。因此，增加烹调所用植物油即豆油、花生油、菜油等的量，既可保证孕中期所需的脂质供给，又提供了丰富的必需脂肪酸。孕妈妈还可吃些花生仁、核桃仁、葵花子仁、芝麻等油脂含量较高的食物，并控制每周体重的增加在450克左右，以不超过500克为宜。

2. 孕晚期警惕营养过剩

孕晚期，孕妈妈的的孕期反应基本已经消失了，胃口大开，这时候要小心营养过剩，孕期营养过剩有可能使母、胎出现许多并发症。孕妈妈在妊娠期间摄入营养过多，会使脂肪储存增加、细胞代谢异常、胞外间隙增大，出现以水肿、高血压、尿蛋白为主要症状的妊娠高血压综合征（妊高征）。蛋白质的过多摄入会增加母体的肾脏负担；摄入钙过多会导致宝宝骨骼过早钙化，妨碍成长；维生素A、D过多摄入，可造成中毒和宝宝畸形；碘、钙、锌的过多摄入也会导致体内无机盐及微量元素的紊乱；营养过剩还会造成孕妈妈血糖过高，这会加重胰脏负担，诱发糖代谢障碍，严重者日后就可能发展为糖尿病患者。有糖尿病的女性极易伴发真菌性阴道炎等生殖或泌尿系统感染。营养过剩的孕妈妈其宝宝往往过大。

宝宝过大容易发生早破水、胎位不正、自然分娩困难、手术率增加、产后出血、感染、产道损伤、伤口愈合不良等。同时，宝宝宫内缺氧、新生儿产伤如颅脑损伤、肩难产、肢体骨折等发生率也增加，胎、婴死亡率明显上升。

此外，孕期体重增长过多还会加重孕妈妈的心脏、肝脏负担，分娩后体重恢复到孕前水平的时间会延长，产褥期卵巢功能恢复缓慢，产后月经推迟，甚至会出现一系列卵巢功能不良的表现。

所以，女性在妊娠期间不应贪食，应保持均衡营养，多样化地摄取各种食品，以保证自身营养和宝宝发育的需要。

3. 孕妈妈要多吃植物油少吃动物脂肪

一些研究发现，母亲在怀孕期间吃植物油少，宝宝湿疹发生率就高。

宝宝湿疹是一种常见的与“变态反应”有密切关系的皮肤病，一般以剧烈的瘙痒，

胎教小贴士

买什么油吃最健康

怀孕期间，如果条件允许的话，可以吃橄榄油，但是橄榄油比较昂贵，一般家庭的孕妈妈还是吃植物调和油就可以了。尽量不要买单一的植物油，以保证营养均衡。虽然人体也需要一些动物脂肪，但平时的肉食就可以满足，所以不要吃任何成品动物油。

多种形态的皮肤损害、反复发作为特点。宝宝湿疹大多发生在出生后1～3个月，6个月后逐渐减轻，大多数患儿到一岁半后可逐渐自愈。

科学研究证实，人体所必需的脂肪酸，如亚油酸、亚麻酸和花生四烯酸等，人体自身不能合成，只能靠食物供给。而这些脂肪酸主要存在于植物油中，动物油含量极少。人体缺乏脂肪酸，可引起皮肤粗糙、头发易断、皮屑增多等，宝宝则易患湿疹。因此，为了预防宝宝患湿疹，孕妈妈应多吃植物油。

4. 热性香料孕妈妈不宜多吃

香料属于调味品，人们在日常饮食中常食用，可调口味，开胃口，增进食欲。

香料主要指小八角、花椒、桂皮、五香粉、辣椒粉等，一般为热性香料，因孕妈妈内热，如果再常吃这些热性香料则不利。女性在怀孕期间，体温相应增高，肠道也较干燥，而热性香料其生大热且具有刺激性，很容易消耗肠道水分，使胃肠腺体分泌减少，造成肠道干燥，出现便秘或粪石梗阻。肠道发生泌结后，孕妈妈必然用力屏气解便，这就会引起腹压增大，压迫子宫内的宝宝，极易造成胎动不安和宝宝发育畸形，或者出现羊水早破、自然流产、早产等不良现象。

当然，少量热性香料用作调味品还是可以的，但绝对不可多用。

5. 孕妈妈忌饮咖啡、可乐性饮料及浓茶

据研究表明，一瓶340毫克的可乐类饮料含咖啡因50～80毫克，如果一次口服咖啡因剂量1克以上，就可使人的中枢神经系统兴奋性增高，表现为呼吸加快、心动过速、失眠、眼花、耳鸣等。即使服下的咖啡因不到1克，由于对胃黏膜的刺激，也会出现恶心、呕吐、头晕、心悸、心前区不适等表现。人若长期过量饮咖啡易成为咖啡嗜好者，大多数会患失眠症，有的还会诱发心律失常、血压升高、冠心病和维生素B_1缺乏症。

宝宝对咖啡因尤为敏感。咖啡因能迅速通过胎盘而作用于宝宝。专家认为，孕妈妈每天喝8杯以上咖啡或较大量的含咖啡因饮料，生下的宝宝没有正常宝宝活泼，肌肉发育也不够健壮。这就是饮料中含丰富咖啡因的强烈作用结果。孕妈妈大量摄入咖啡因还会影响宝宝的骨骼发育，诱发宝宝畸形，甚至死胎。

孕妈妈若是喝太多的浓茶也会对宝宝造成危害。茶叶中含有2%～5%的咖啡因，每500毫升浓红茶中大约含咖啡因0.06毫克，如果每日喝5杯浓茶，就相当于服用0.3～0.35毫克咖啡因。咖啡因由于具有兴奋作用，会刺激宝宝增加胎动，甚至影响宝宝的生长发育。孕妈妈每天饮5杯浓红茶，就可使新生儿体重减轻。

此外，茶叶中含有多量鞣酸，可与食物中的铁元素合成一种不能被机体吸收的化合物。孕妈妈如果过多饮用浓茶，就有引起妊娠贫血的可能，也给宝宝留下先天性缺铁性贫血的遗患。研究发现饮白开水者铁的吸收率为21．7%，而饮浓茶者，铁的吸收率仅为6．2%。

从以上饮茶弊端看，孕妈妈不可多喝浓茶。

胎教小贴士

孕妈妈适合喝什么茶

虽然浓茶对孕妈妈没什么好处，但是适当喝一点淡茶对身体还是有益的，夏天喝一点绿茶，秋冬喝一点红茶，一是可以防暑防寒，二是可以调节心情。普洱茶和乌龙茶茶汤都比较浓，最好还是不要喝。

6. 孕妈妈不宜吃山楂

山楂开胃消食，酸甜可口，很多人喜欢吃，尤其孕妈妈在孕早期常有恶心、呕吐、食欲缺乏等妊娠反应，更愿意吃些山楂及山楂制品，调节口味，增强食欲。但是吃山楂对孕妈妈十分不利。

山楂对孕妈妈子宫有兴奋作用，可促进子宫收缩。倘若孕妈妈大量食用山楂或山楂制品，就有可能刺激子宫收缩，进而导致流产，尤其是以往有过自然流产史或怀孕后有先兆流产症状的孕妈妈，更应忌食山楂。

7. 孕妈妈不宜多吃甘蔗

甘蔗中含有大量蔗糖，进入胃肠道经消化分解后，会使人体内血糖浓度增高，吃得越多血糖就越高。当血糖超过正常限度时，会促进皮肤上的葡萄球菌生长繁殖，容易引发皮肤起小疖子或疖肿。若病菌侵入皮肤深部，则可能引起菌血症而威胁宝宝生存的内环境。过多地摄入糖分还可使身体内的酸性代谢产物产生过多，使孕妈妈血液变成酸性，也容易导致宝宝发生畸形。即使分娩后宝宝正常，但有可能在成年后诱发糖尿病。所以，孕妈妈对于含糖高的食物不要食之过多。

8. 怀孕第七个月的营养食谱推荐

玉米面发糕

【原料】玉米面500克，红糖100克，小红枣150克，面种25克，碱面5克。

【做法】

1.小红枣洗净，放入碗内，加水适量，上屉蒸熟，取出晾凉。

2.面种放入盆内，加水溶开，倒入玉米面，和成较软的面团发酵，待面团发起，加碱面和红糖揉匀。

3.将屉布浸湿铺好，把面团倒在屉布上，用手沾水抹平，约2厘米厚，将小红枣均匀地摆在上面，用手轻按一下，上笼用旺火蒸30分钟即熟，取出扣在案板上，切成菱形小块即可。

【特点】香味浓郁，食而不厌。

清炖牛肉汤

【原料】牛肉200克，香菇50克，熟豆油30克，干辣椒1个，精盐、味精、姜片、葱丝各适量。

【做法】

1.把牛肉洗净，切成3厘米见方的小块，放入沙锅；把香菇洗净，去蒂，切成4瓣。

2.沙锅放进干辣椒、姜片、葱丝、熟豆油、精盐和500克清水，用中火煨3个小时，加入香菇，继续煨1小时，撒入味精，即可出锅。

【特点】牛肉性味甘、温，能补中益气、益养脾胃、强健筋骨、消水肿，本汤尤宜于妊娠后身体虚弱之女性食用。

奶油鸭头

【原料】鸭头250克，陈皮10克，油炒面25克，葱头丝80克，人造奶油25克，牛奶100克，精盐、胡椒粉、辣酱油、高汤少许，植物油适量。

【做法】

1.将鸭头浸泡洗净，控净水，与陈皮一起煮至半熟捞出，撒精盐、胡椒粉，加葱头丝，用油煎熟，再放少许辣酱油，煨一会儿，待用。

2.取油炒面放牛奶、人造奶油、胡椒粉、精盐、味精、高汤拌成浆，浇在鸭头上，即可。

【特点】本菜呈白色，咸香适口。

肉丝炒鸡蛋

【原料】鸡蛋3个，腊肉100克，豆油少许，精盐、味精、酱油、料酒、高汤各适量。

【做法】

1.把鸡蛋打入碗内，加入精盐、味精、搅打均匀；腊肉蒸熟，切成细丝待用。

2.用旺火将勺烧热，加入豆油，油热下入肉，快速炒透，再将打好的鸡蛋倒入翻炒，待鸡蛋结成块，加入料酒、酱油和高汤，炒二三分钟即成。

【特点】鲜香不腻。

番茄鱼片

【原料】上好的鱼肉500克，番茄200克，料酒、精盐、味精、淀粉、香油少许，4个鸡蛋清，葱30克，姜4片，蒜末少许，白糖50克，鲜豌豆60克，米醋15克，植物油适量。

【做法】把鱼肉切成片，用少许料酒（去鱼腥）、精盐、味精稍腌一会儿，再用蛋清淀粉糊上浆。大勺放油，烧至四成热时，将鱼片下勺滑散，捞出，勺内留油少许，放葱、姜、蒜末煸锅，放入番茄，炒成酱样加白糖，添少许汤，放点鲜豌豆、米醋、精盐，见汤稠浓时，放鱼片颠翻几下，加少许味精，淋香油即成。

【特点】鱼肉外酥里嫩，酸甜之中微辣。

山药汤圆

【原料】山药150克，白糖150克，水磨糯米粉250克，胡椒粉适量。

【做法】

1.将山药蒸熟，剥去皮，放入大碗中加白糖、胡椒粉，拌匀成馅泥。

2.糯米粉揉成软料，将山药馅泥包成汤圆，煮熟即可。

【特点】香、甜、糯。补肾益气，适用于身体虚弱的孕妈妈食用。

芹菜粥

【原料】

芹菜连根120克，粳米250克。

【做法】

将芹菜洗净切碎，用粳米煮粥。

【特点】

温热服食，可清肝热，降血压。

三、妈妈和宝宝的安全

1. 看电视忌近、忌久坐

有些女性因怀孕后各种活动减少，使用更多的时间看电视，以充实生活和消磨时间。电视是可以看的，但要注意以下事项：

❶ 长时间接近荧光屏容易造成流产。据有关专家对每周接近荧光屏20小时的近700名孕妈妈的调查，发现其中的20%的孕妈妈发生自然流产；而对每周接近荧光屏40小时的孕妈妈调查结果表明，其自然流产率更高。所以孕妈妈看电视的时间不宜过长，每天不超过1～2个小时即可。

❷ 不要离电视荧光屏过近。电视机在工作时，显像管不断发出肉眼看不见的X射线，射线有一部分射到外边，如果孕妈妈看电视离荧光屏较近，且又时间较长，就会对宝宝有影响。它往往使孕妈妈容易流产或早产，还可能使宝宝畸形。特别是对1～3个月的宝宝，危害更大。如果看电视时间少些，距荧光屏的距离在2米以上，影响就不大。

在看电视的过程中要注意开启门窗，中途最好休息10分钟左右，收看完毕后注意清洗手和脸，以免正离子吸附的尘埃和微生物引起皮肤炎症。

❸ 看电视久坐对母子健康不利。孕妈妈看电视时久坐，影响下肢的血液循环，加重下肢水肿，更易导致下肢静脉曲张。所以孕妈妈看电视时，要随时活动，变换坐姿，以利于母子健康。

❹ 不要看情节紧张和惊险的场面。这些是劣性刺激，它会妨碍孕妈妈的睡眠和休息，对孕妈妈和宝宝都不利。

胎教小贴士

不要电视电脑接连看

孕妈妈每天在电脑前不应超过3小时，看电视不宜超过2小时，这是分别提示的，不要以为可以1+1来计算，看电视、玩电脑加在一起最好不要超过3小时。

2. 小腿抽筋要补钙

女性在怀孕后，特别是第一次怀孕的女性，在5个月以后，往往在睡梦中因小腿抽筋而疼醒。一般每夜内可发生4～20次，每次持续时间可达1～3分钟。这就是妊娠下肢痉挛症。

孕妈妈下肢痉挛有的是由于随着妊娠周数的增加，使腿部肌肉负担加重所致。孕妈妈可以在睡前进行足部按摩，或将腿抬高一些就寝，可预防下肢痉挛。孕妈妈要注意穿轻便的低跟（2厘米左右）鞋，不要穿高跟鞋等，也可预防下肢痉挛。

孕妈妈下肢痉挛主要还是由于缺钙造成的。当孕妈妈体内血钙过低时，人体的神经肌肉兴奋性就增加，容易被“激动”。当肌肉被激动时，其表现就是收缩，而肌肉的收缩如果呈现持久性状态，就称作痉挛。

女性在怀孕后，由于宝宝的骨骼和牙齿的发育需要相当多的钙质，当孕妈妈膳食中钙摄入量不足时，宝宝就会从母体摄取所需的钙，以满足自身的需要，故引起母亲缺钙，出现血钙降低，就会发生下肢痉挛症状。如果孕妈妈缺

钙严重时，就会出现骨质软化症，宝宝也可产生先天性佝偻病或缺钙性抽搐，其后果严重。

此时孕妈妈可每天服用安尔康来预防和辅助治疗缺钙问题。安尔康是专供孕妈妈及乳母服用的多维元素片。其每片含325毫克钙，一天服用2片即可为孕妈妈补充650毫克钙。此外，安尔康还含有充足的维生素D，有帮助人体促进吸收的成分，孕妈妈每天服用2片安尔康，可有利于孕妈妈和宝宝健康。

胎教小贴士

孕期要关注不起眼的症状

怀孕期间有一些特殊的病证，而且妈妈和宝宝都需要特别的呵护，所以要特别注意一些平时可能觉得不起眼的症状，如上面说的腿抽筋，另外还有低热、头晕、发冷等，如果反复发生，就应该引起足够的重视，及早就医。

3. 哪些体力劳动或运动有危险

女性怀孕后，身体发生一系列变化，子宫不断增大，腹部膨胀，同时心脏负担加重，新陈代谢加快，肺脏和肝脏的负担增大，机体的能量消耗也增多。此外，孕妈妈不但要排出本身的代谢产物，还需要不断替宝宝排出废物，所以肾脏的负担也明显增加，加之妊娠早期妊娠反应带来的恶心和呕吐。到了妊娠后期子宫增大，膀胱受压，还常常出现尿频现象。这一切说明孕妈妈负担明显增加，体力却有所下降。因此，孕妈妈不宜参加繁重的体力劳动。

❶ 剧烈的全身振动和局部振动的作业，如用人力进行土石方作业和使用风动工具的作业，孕妈妈承受不了。

❷ 孕妈妈不要参加有跌落危险、距地面2米以上的高处作业，由于身体不便，一旦跌落，孕妈妈和宝宝都会受到伤害。

3 孕妈妈应禁止参加弯腰、攀高或下蹲的作业及电焊作业等，这些动作会损伤腹内的宝宝，引起流产。

4 孕妈妈劳动时不要搬动超过25千克的重物或推拉超过200千克重的东西，以免引起流产或早产。

4. 双胞胎：双倍的幸福要付出双倍的小心

一般来说，性成熟后的女性每月只排出一个成熟卵，它只能接纳一个精子，成为一个受精卵，发育成一个宝宝。但是，如果受精卵进行特殊分裂，由一个变成两个或两个以上的受精卵；或者卵巢突破常规，一次排出两个或两个以上的成熟卵，并同时有两个以上的成熟卵受精，无论是哪一种受精卵，都可以各自发育成为胚胎。双胞胎、多胞胎就这样形成了。

经检查若发现是双胎妊娠时，孕妈妈应注意以下事项：

1 由于双胎孕妈妈的血容量比单胎者明显增多，极易发生贫血。因此，孕妈妈在妊娠期应尽可能多吃些营养食品，特别是要多吃含铁量高的食物，并要根据血红蛋白的情况及时补充铁剂，以预防和纠正贫血。

2 妊娠晚期容易发生急性羊水过多、胎膜早破、早产、宝宝过小等，死亡率也较高，对此应在医生指导下多加注意。

3 容易合并高血压综合征、仰卧位低血压综合征及宝宝宫内发育迟缓等，应多请医生检查，早发现早处理。

4 由于子宫过度伸展，胎盘过大，有时容易形成胎盘前置或低置，发生产前出

胎教小贴士

双胞胎和多胞胎要注意早产

由于两个宝宝在子宫内同时生长，常导致子宫过度膨胀，如果并发羊水过多，子宫的肌力就更大，往往难以维持到足月而提前分娩。一般来说双胞胎会提前1周左右分娩，多胞胎则更早，所以需要孕妈妈和家人提前做好分娩的准备。

血，也可因产后子宫收缩不良引起产后大出血。

❺ 如果一胎是臀位，二胎是头位，羊膜破后，分娩时可发生两胎头交错致难产。医生发现后，可在分娩时采取措施。

5. 安全晒太阳

一些孕妈妈在妊娠期间，不仅平时在饮食中不注意摄取足够的钙质和维生素D，而且在平时接触阳光也很少，这就有可能使宝宝缺钙。由于钙的吸收需要维生素D的参与，而食物中的维生素D含量很少。人体所需的维生素D大多靠阳光照射后的皮肤提供，若是接触阳光少，身体就可能缺乏维生素D，故孕妈妈平时应注意多晒太阳。

日光中的紫外线是一种具有较高能量的电磁辐射，有显著的生物学作用。人多晒太阳，能使皮肤在日光紫外线的照射下合成维生素D，进而促进人体对钙的吸收，有利于骨骼生长和钙化。所以孕妈妈应经常接受日光照射，但每次照射时间不宜过长，否则会对身体健康不利。这是因为，一定强度的日光也可使皮肤受到紫外线的损伤。长时间日光浴，可使孕妈妈脸上的色素斑点加深或增多，使本来就出现的妊娠蝴蝶斑加重，或未出现蝴蝶斑的孕妈妈出现较多的蝴蝶斑。日光对孕妈妈皮肤的损害，还可能发生日光性皮炎（又称日晒伤或晒斑），尤其是初夏季节，皮肤尚无足量黑色素起保护作用时更易发生皮炎。此外，由于日光对血管的作用，还会加重孕妈妈的静脉曲张。

孕妈妈适当晒太阳是必要的，有益的，但过多进行日光浴则不利。每天在非直射太阳下，进行日光浴1小时即可。

6. 久坐久卧不利分娩

顺利分娩需要多方面的条件，如孕妈妈身体健康、宝宝生长发育良好，胎位正常、产道畅通，一般说自然分娩没有问题。但在临产时孕妈妈宫缩无力，也会造成产程缓慢，出现滞产。

据调查，发生滞产的主要原因是女性在妊娠期，特别是妊娠中、晚期，孕妈妈卧床静养较多，甚至停止参加一切家务劳动，长期请假不上班工作，更不参加适当的活动。这样，孕妈妈长期缺乏活动和锻炼，使肌肉，特别是那些与分娩有关的腰、腹及盆腔肌肉变得松弛无力。再加上妊娠期营养充足或过剩，宝宝生长过大，因而造成分娩困难。

分娩的顺利是在产力、产道和宝宝均正常的状况下完成的。其中产力包括腹肌收缩力、子宫收缩力和提肛肌的收缩力。这些肌肉收缩力的强弱与日常活动和锻炼有关。如果孕妈妈平时身体不动，经常卧床，自然会在分娩时发生滞产。

7. 如何断定孕妈妈工作强度是否适度

怀孕期间女性生理发生较大的变化，身体负担较重，为保护母婴健康，进而提高全民族素质，《中华人民共和国劳动法》第六十一条规定："不得安排女职工在怀孕期间从事国家规定的第三级体力劳动强度的劳动和孕期禁忌从事的劳动。

第三级体力劳动强度的劳动是指国家标准《体力劳动强度分级》（GB3869－83）中规定的第Ⅲ、Ⅳ级的体力劳动强度。

体力劳动强度的大小是以劳动强度指数来衡量的，劳动强度指数是由该工种的平均劳动时间率，平均能量代谢率两个因素构成的。劳动强度指数越大，体力劳动强度也越大。反之，体力劳动强度就越小。

标准中规定：

强度指数<15	劳动强度Ⅰ
20<强度指数>15	劳动强度Ⅱ
25<强度指数>20	劳动强度Ⅲ
强度指数>25	劳动强度Ⅳ

若需了解某工种劳动强度的大小，可请当地劳动部门劳动安全卫生检测站实地测量和计算。

8. 为什么要数胎动

胎动是胎儿正常生理活动之一，它与胎儿肌肉张力、神经系统功能以及母体供氧有关。胎儿受到外界刺激如声音、振动时，胎动也会增多；胎儿缺氧时胎动也会减少；如果胎动消失24～48小时后，胎儿即可死亡、胎心也随之消失。

胎动反映了胎儿在妈妈子宫内的安危状态。就如同我们的跑步，在每次胎动的过程中，胎心都会加速，会比平时快10～15次。胎动减少直至消失后24小时内，胎心就会消失。因此，依靠妈妈的自我监控，每天掌握胎动变化的情况，可以随时了解宝宝在子宫内是否安然无恙，及早发现问题。

妊娠32周时，胎动最频繁，每天胎动的次数最多的时候能达到上千次。随着怀孕月份的增加，因为胎儿慢慢长大，子宫内可以供他活动的空间会越来越少，因此他的胎动也就会减少

每个胎儿都有自己的“生物钟”，昼夜之间胎动次数也不尽相同，一般早晨活动最少，中午以后逐渐增加。晚6点至10点胎动活跃。大多数胎儿是在妈妈吃完饭后胎动比较频繁，而当孕妈妈饿了的时候，宝宝也没劲了，也就比较老实，这也是他的一种自我保护行为。

胎教小贴士

孕妈妈依靠自己的感觉，可以数出胎动。每天早、中、晚各选1个时间段，数1个小时胎动。这个时间段可以根据自己的时间灵活掌握。例如早上起床前的1小时，中午午休的1小时，晚饭后1小时。然后将3个小时的胎动次数相加乘以4，即为12小时胎动次数。如果12小时胎动次数大于12次，为正常；如果12小时胎动次数少于10次，属于胎动减少，就应该仔细查找原因，必要时到医院进行胎心监测。

9. 宝宝胎动时妈妈的互动

妈妈要在胎动活跃的时候抓住机会和宝宝交流。跟他说话，呼唤他的名字，给他听音乐讲故事。

❶ 每次吃饭后

饭后，体内血糖含量增加，宝宝吸收了足够的营养，正是快乐玩耍的时候。

所以饭后是你们母子交流的好时机。

❷ 洗澡的时候

洗澡时，孕妈妈会感觉一天的压力都消失了，神清气爽，身心放松，这舒适的感觉会感染到宝宝，即时的呼唤他，你会感觉到宝宝和你一样开心。

❸ 夜晚入睡前

胎宝宝在晚上最活跃，在安静的夜里，妈妈会有更多的心力专注在宝宝身上，你会感觉到宝宝格外多的胎动，他仿佛知道晚上是你们一家三口相聚的时候。

10. 掌握宝宝的睡眠时间

妊娠6~10周，胎儿的身体便开始活动。无论睡着还是醒着，胎儿每小时会动上50或更多次。他们卷曲或伸展躯体，转动头脸和四肢，并通过触碰探究其温暖潮湿的弹丸之地

跟踪研究胎儿日常生活的科学家发现，胎儿大部分时间用于睡眠。胎儿的快眼动（REM）睡眠最早出现于妊娠23周。30周时，胎儿开始多梦的日子，这时他们做梦比出生后还多。32周时，胎儿一天用90%~95%的时间打盹，其中部分时间酣睡，部分时间为REM睡眠。

在REM睡眠中，胎儿的眼球如同成人的眼球一样前后快速转动。研究人员推断，胎儿的梦境多是他在娘胎中所感觉到的情形，也是他自己愉悦与不快的表达。是胎儿内在思维的创造性练习和认知活动。

至快要降生时，胎儿与新生儿一样，每天用85%~95%的时间睡觉。

四、第七月胎教

1. 胎教方案

妊娠中期，随着早孕反应的消失和胎动的发现，孕妈妈身心会出现较大的变化。早孕反应的消失，让孕妈妈胃口大开、心情舒畅，而胎动的出现则如同新生命的觉醒，使孕妈妈第一次真正地体验到腹中小生命的存在，给母亲带来幸福感和责任感，进一步激发了母性意识的发展。

方案一：

增加营养。在妊娠中期，宝宝发育生长很快，而且此期孕妈妈因早孕反应已过，胃口大开，故孕妈妈要注意多摄取营养丰富的多种食物。

方案二：

情绪培养。孕妈妈要保持愉快的情绪，多到大自然中去呼吸新鲜空气，欣赏美景，积极去掉那些消极情绪，以保证宝宝健康、顺利地成长。

方案三：

加强宝宝的感觉训练。在妊娠中期，孕妈妈要多对宝宝做轻拍和抚摩的动作，帮助宝宝做“宫内体操”和加强宝宝宫内活动的能力，使宝宝的大脑和四肢得到良性刺激。

方案四：

听觉训练。在妊娠中期，准父母可以为宝宝播放优美的乐曲，也可以和宝宝对话、聊天、讲故事、朗读诗歌、儿歌等，以促进宝宝听觉器官的发育与发展。

另外，注意个人孕期保健，讲卫生、宽着衣、慎起居、避寒暑；不饮酒、不吸烟、不喝咖啡、不浓妆艳抹；不与猫、狗多玩耍，以防污染宝宝，坚持每两周产前检查一次。

2. 胎教准备

给胎宝宝准备的故事：

安徒生童话：《海的女儿》，温柔、缓慢的语速阅读。

安徒生童话：《拇指姑娘》，一边读一边用拇指在肚皮上画动。

达·芬奇学画鸡蛋的故事，一边讲故事一边自己画个圆试试。

农夫和金鱼的故事。

适合孕妈妈看的散文、诗歌：

一些清新婉约的宋词或乐府诗。

给宝宝念儿歌：

前几个月的继续重复，新添加2～3首。

一些带数字的儿歌。

给宝宝放的音乐：

舒曼：《快乐的农夫》

本曲选自舒曼的《儿童钢琴曲集》，这首曲子又名《为喜欢钢琴的小朋友们而作的圣诞曲》。舒曼在给友人的一封信中写道："在写这一个集子的时候，似乎觉得自己已在开始了另一个新的作曲家的生活"，这是属于父母在回忆自己的童年，为成长的宝宝而写的，也是拥有先见的预感，为了宝宝们向往着未来而写的。"

因此舒曼在写作时，很明显地考虑到了使宝宝们容易弹奏，在技巧上比较浅显，但这些短小的乐曲都有着另人喜欢的旋律。

《快乐的农夫》清爽活泼，为我们呈现了一派田园风光，农夫笑眯眯地在田间劳作，互致问候。

给妈妈和宝宝共同准备的图画：

一些轻松鲜艳的手绘本

一些带色彩的水墨国画

3. 胎教过程

音乐胎教

宝宝是有听觉能力的，他的身体能感受到胎外音乐节奏的旋律。宝宝可以从音乐中体会到理智感、道德感和美感。孕妈妈可以从美妙的音乐中感到自己在追求美、创造美，是为了生活的美、人类的美贡献自己的力量。

胎教音乐要具有科学性、知识性和艺术性。不要违背孕妈妈和宝宝的生理、心理特点，也不要刻板地灌输正规理论，要在寓教于乐的环境中达到胎教的目的。

胎教音乐的内容一般可按孕期分为早、中、晚三个阶段。早期孕妈妈应听一些轻松、愉快、诙谐有趣、优美、动听的音乐，使孕妈妈感到舒心。中期的宝宝生长发育较快，营养需要丰富、宝宝的听觉能力有了明显的提高，胎教音乐的内容也更为丰富，如大提琴独奏曲或低音歌声或乐曲之类。准爸爸的低音唱歌或者哼一些曲调，宝宝会更容易接受。后期的孕妈妈面临分娩，难免有些忧虑紧张的感觉。由于体重的增加，孕妈妈会感觉身体的笨重、劳累。为此，这时期播放的音乐，音色上要柔和一些、欢快一些，这样对孕妈妈是一种安慰，可以增强孕妈妈战胜困难的信心，由衷地产生一种即将做母亲的幸福感和胜利感，并把这种愉快的感觉传给宝宝。

孕妈妈在听音乐，实际上宝宝也在“欣赏”。因为宝宝的身心正处于迅速发育生长时期，多听音乐对宝宝右脑的艺术细胞发育是有利的。婴宝宝更早地接受音乐教育，更早地开发和利用右脑有利于宝宝成长。宝宝出生后继续在音乐气氛中学习和生活，会对宝宝智力和接受程度带来更大益处。

胎教小贴士

固定乐曲的音乐胎教效应

选择一种频率范围不太宽而且节奏较明显的胎教乐曲，把它一遍又一遍地转录在空白磁带上，使磁带的每面都是同一首曲子。从今天开始每天都让宝宝先听这首曲子，反复播放，不断地强化；当宝宝出生后会对这首曲子有记忆的表现。这样就为宝宝出生后的音乐天赋提供了良好的信息。

光照胎教

准父母每天定时用1号电池手电筒作为光源，对宝宝进行光照胎教。其具体的做法是：

孕妈妈仰卧床上或将上身垫高躺下，在温室下将孕妈妈腹部袒露，准爸爸将光线照射到孕妈妈腹壁上，一闪一灭地进行照射，持续时间5分钟左右。开始及结束前可反复开关手电筒，让宝宝有适应的时间，以减少对宝宝视力的不良刺激。大多数时候，准父母可以用各种颜色的彩灯，先后照向腹部，1～2分钟变换1次，灯光要柔和，由近而远，逐渐形成多种形式。对宝宝进行视觉训练并促进视力发育，增加视觉范围，同时有助于强化昼夜周期（白天觉醒，晚上睡觉）和促进动作行为的发展。每次照射时都要记下宝宝的反应。切忌用强光照射，且照射时间不宜长。

孕妈妈也可以迎着阳光散步，让太阳柔和温暖的光线直射腹壁，促进宝宝的视觉发展。

美育胎教

《西斯庭圣母》完成于1514年，1574年后一直保存在西斯庭教堂，故得此名，现为德国的德累斯顿博物馆收藏。

意大利画家拉斐尔在画面里创造了一个具有崇高牺牲精神的母性形象。为拯救人类，圣母将儿子送向人间。画中，绿色帷幕刚揭开后，圣洁而美貌的圣母赤着双脚，怀抱耶稣，在光辉普照的天空的背景中正徐徐下落来到人间。她似乎正在挪动轻盈的步子，从云端里走下来，一对晶莹的目光注视着苦难的人间，被紧紧搂着的耶稣瞪着两只小眼睛，似乎等待圣母为他决断未来的命运。

整幅画面虚实相生而又流畅平稳，分散的人物实际上是在一个圆形的色彩联合体内。观者既能领悟到直观的形象，又可产生一种和谐的幻觉。

西斯庭圣母所具有的文雅、美貌与温柔，一位俄国画家曾说：“拉斐尔画的圣母，本身就是人类的想象力的创造。”《西斯庭圣母》尽管是对圣母的讴歌，但它其实歌颂

胎教小贴士

实施胎教忌懒惰

许多女性怀孕后，由于体内激素发生变化，很容易出现倦怠无力，发困的情形，也有的女性认为在怀孕后宝宝尚小，害怕过多的活动会惊动或伤着宝宝，对宝宝不利。有的人还美其名曰为"顺其自然"。实际上，这对宝宝是不利的。

根据研究，宝宝能够感知母亲的思想，孕妈妈与宝宝之间是有信息传递的，如果母亲既不思考也不学习，宝宝也会深受感染，变得懒惰起来，这对于宝宝的大脑发育是极为不利的。

因此，怀孕的母亲要始终拥有浓厚的生活情趣，保持强烈求知欲和好学心，充分调动自己的思维活动，从自己做起，勤于动脑，勇于探索，在工作上积极进取，在生活中注意观察，把自己看到和听到的事物通过视觉和听觉传递给宝宝，使宝宝不断接受刺激，促进大脑神经和细胞的发育。

的是人间的母性和母爱。孕妈妈通过对这幅画的欣赏，要激起做母亲的自豪感和即将成为母亲的母性意识。

抚摩胎教

南宋著名的妇产科医生陈自明在其所著的《妇人大全良方》中指出："女性在妊娠四五月时，宝宝如果有蠕动，孕妈妈可用食、中二指轻轻弹按腹部，逗宝宝玩，宝宝出现烦躁时，应立即停止，不可勉强，戏逗之法，每日一至二次。"法国心理学家贝尔纳蒂斯曾说："在母腹中做过体操锻炼的宝宝，肌肉的力量比较强，特别是竖向的肌肉力量比较强，甚至于刚一出生便能坐起来。"

为什么这样说呢?原来，孕5个月以后，宝宝体表绝大部分表层细胞已具有接受信息的初步能力，宝宝生活在充满羊水的子宫内，羊水流动着，不断地向宝宝提供更多的触觉刺激。而通常采用的触觉刺激方法，则是通过孕妈妈的腹部间接地抚摩胎体来给予良好的刺激，借以传递到宝宝大脑，促进大脑协调发育，增进宝宝的智能发育，并可使宝宝产生安全感。同时，这也是一种"宫内散步"或者叫做"和宝宝玩耍"，借以增加宝

胎教小贴士

“宝宝操”

妊娠7个月后，为了利于宝宝出生后肌肉组织的发育，特意安排“宝宝操”与“宝宝散步”运动，并与抚摩胎教及音乐胎教同步进行。

宝宝操：孕妈妈卧床，全身放松，用手指轻按腹部常有胎动的肢体部位，轻轻按下——抬起——轻轻按下——抬起，每天反复轻按6次。时间一长，宝宝一定会作出反应。你按一下，宝宝动一动，这就是有趣的“宝宝操”。这种体操，可促进宝宝大脑和身体的灵敏度的发育。

宝的肌肉活动，健全呼吸器官，激发宝宝运动的积极性。经过训练的宝宝，出生以后，站立、爬行、行走等动作都较一般宝宝为早，步履坚，更稳健。但是，应该注意的是，如果宝宝躁动不安、胎动频繁时，便应立即停止抚摩，以免发生脐带缠绕等意外事故。

情绪胎教

孕妈妈良好的情绪是胎教的最高境界。胎教的最大障碍是孕妈妈持有杂乱、不安、恍惚的心情，如在妊娠7～10周时孕妈妈情绪过度不安，可导致宝宝口唇畸变，出现腭裂或唇裂。在妊娠晚期，孕妈妈精神状态的突然变化，如惊吓、恐惧、忧伤、严重的刺激或其他原因引起的精神过度紧张，能使大脑皮层与内脏之间的平衡关系失调，引起循环紊乱，胎盘早期剥离，甚至造成宝宝死亡。

另外，当孕妈妈情绪不安时，胎动次数会较平时多3倍，最多达正常的10倍。如宝宝长期不安，体力消耗过多，出生时往往比一般宝宝体重轻。如有的孕妈妈与人争吵后3周内情绪不好，在此期间胎动次数较前增加1倍。孕妈妈在孕期的情绪长期受到压抑，宝宝出生后往往出现身体功能失调，特别是消化系统容易出现紊乱。

呼吸法——帮助孕妈妈稳定情绪和集中注意力

身体采取舒适的姿势，或坐或躺，腰背舒展，全身放松，双目紧闭，用4～5秒的时间缓缓地吸气，让自己有一种将气体储存于腹部的感觉，然后用8～10秒的时间呼气，直至出现无意识地深呼吸时为止。每天早晨起床时，中午休息前，晚上临睡前各进行一次这样的呼吸，对妊娠期焦躁的精神状态会有较大的改善。

笑——紧张情绪的放松剂

常言道：“笑一笑，十年少。”这话一点不假。研究表明：笑是一种全身运动，1分钟的笑能使全身放松45分钟。笑能舒肝理气，调节精神，称得上是人体紧张情绪的放松剂。

从医学的角度来看，笑是一种刺激。它可以激活人体的呼吸系统、循环系统、神经系统，兴奋大脑和肌肉，使内分泌系统包括脑垂体都能活动增强，分泌儿茶酚胺、肾上腺素、去甲肾上腺素，对调节人体各种功能有益。笑对心脏十分有益，它能够起到强心的作用。因为，笑能使动脉的平滑肌放松，血管内径增大，动脉压力相应减少，对高血压和心脏病有益。笑使胸廓得到全面运动，增加肺活量，有利于残存气体排出。

微笑可以缩短人与人之间的距离，改变自己周围的不利气氛，表白自己善意的为人；在获得友谊的同时，既消除了不利因素，又缓和了紧张的情绪状态。妊娠期间夫妻更应该笑口常开，微笑常驻。因为快乐的情绪不仅有益于宝宝的发育，还能消除早孕反应等不适。

胎教小贴士

克服胎教中的忧郁心理

有些女性怀孕后，情绪就会异常低落，心中烦闷，神情沮丧，打不起精神，这就是孕妈妈的忧郁心理。如果忧郁情绪持续一段时间，会造成孕妈妈失眠、厌食、性机能减退和植物神经紊乱。忧郁心理又会使孕妈妈心情压抑，体内血液中调节情绪和大脑的各种功能的物质含量偏低，直接影响到宝宝的正常发育。受母亲的影响，这样的宝宝出生后觉得好委屈，表现为长时间啼哭。长大后，又会表现为缺乏自信心，感情脆弱，郁郁寡欢。由此可见，孕妈妈忧郁不利于胎教，不利于宝宝的发育和发展。

为此，有了忧郁心理的人，一定要积极调整自己的心态。积极的人生观是克服忧郁心理的基础。丈夫此时要努力帮助妻子，可别被妻子的情绪所感染，要多体谅和理解妻子。

语言胎教

准父母坚持用文明、礼貌和富有哲理的语言，有目的地对宝宝讲话，能为宝宝后天的学习打下基础，准父母可以讲一些小故事以促进宝宝的语言学习能力。给宝宝讲故事是一项不可缺少的胎教内容，讲故事时孕妈妈应把腹内的宝宝想象成一个大宝宝，娓娓动听地讲，亲切的语言通过语言神经传递给宝宝，使宝宝不断地接受客观环境的影响，在不断变化的文化范围中发育成长。讲故事既要避免尖声尖气地喊叫，又要防止平淡乏味的读书，方式可以根据孕妈妈的具体情况而定。内容由孕妈妈任意发挥，讲随意的故事。也可以读故事书，最好是图文并茂的儿童读物。还可以给宝宝朗读一些儿歌、散文等。故事的内容宜短小、轻快、和谐，最好选择那些色彩丰富、富于幻想的故事。内容可以选择提倡勇敢、理想、幸福、友爱、聪明、智慧等的故事。那些容易引起恐惧、伤感以及使人感到压抑的故事，就不适宜讲给宝宝听。

宝宝的听觉器官在26孕周时发育成熟，宝宝在宫内时，其中耳内充满了中胚层的胶状物，因此，宝宝在妊娠26周后，耳就有了接受声波，将声波和机械能转化为“神经冲动”的能力。此时，由于宝宝越来越大，几乎要碰到子宫壁，同时由于宝宝变大，母体腹壁变得较薄，所以宝宝此时可以听到外界的各种声音，此时对话胎教的内容可以变得广一些，不仅是和宝宝说话，还可以教宝宝学习语言和文字等。

准父母可以利用彩色卡片教宝宝学习语言和文字。首先从汉语拼音ɑ，o，e，i，u开始，每天教4～5个。如果准父母想发掘宝宝的外语天赋，也可教宝宝26个英语字母，先教大写，然后是简单的单词。怎么教呢？如教ɑ这个汉语拼音时，一边反复地发好这个音，一边用手指写它的笔画。这时最重要的是能通过视觉将“ɑ”的形状和颜色深深地印在脑海里。因为这样一来你发出的“ɑ”这一字母信息，就会以最佳状态传递给宝宝，从而有利宝宝用脑去理解并记住它。

汉语拼音韵母教完后，可以接着教声母和简单的汉字，如“大”、

“小”、“天”、“儿”等，在教宝宝学习时，母亲要用真挚的感情和耐心，切忌急躁，敷衍了事。

在教宝宝学习数字时，孕妈妈要通过深刻的视觉印象将数字的形状及声音一起传递给宝宝，要以立体形象而不是平面形象传递，例如要将“1”想象成“竖起来的铅笔”、“电线杆”等，将数字具体化、形象化地告诉宝宝。只有这样，才能让宝宝容易记住。当然，这时要清楚地发好数字的读音。孕妈妈还可以让宝宝预先掌握生活中的智慧和一般常识，以便出生后对日常生活的事物更加感兴趣。如做菜时，可以讲述有关炊具和烹调的方法，通过视觉将菜的颜色“告诉”宝宝，通过嗅觉将菜的气味传递给宝宝。宝宝的大脑有如一张白纸，对外界的信息是没有什么难易之分的，好奇就接收，厌烦就一概拒绝。这样就不妨有选择地挑选一些有趣的话题通过感官和语言传递给宝宝以刺激宝宝的思维和好奇心。

胎教注意事项

妊娠7个月时的营养需求和妊娠6个月时大致相同，可略增加，但由于此

胎教小贴士

语言胎教与家务活的巧妙结合

制订做家务事的计划，不失为语言胎教的一种好方法。合理地安排家务，既能融语言胎教于家务活中，又能使夫妻的生活规律舒适。既能留出一段安静的时间进行语言胎教，又能节省时间去郊外观光野营。例如：安排星期一和星期四购物，外出采购注意改变路线，并且花一定的时间观察并向宝宝讲解生活中的各种现象，有意识地去幼儿园或学校观察学生上课以及在操场上玩耍的情景。星期二打扫起居室、卧室、家具，给宝宝讲述这个温馨的家。星期三擦拭窗户和门框，冲洗厕所和浴室，教宝宝爱劳动、讲卫生的科学知识。星期五打扫和整理厨房，安排星期六和星期日的食谱，给宝宝讲述各种营养素的作用，告诉宝宝自己怎样安排每天的膳食以保证孕期的营养需要。星期六和星期日这两天主要是在家里休息或者去植物园、动物园、花园、田野、沙滩等地方，除了享受日光浴外，还能向宝宝传授自然界的知识。

期正是宝宝脑细胞和脂肪细胞增殖的“敏感期”，所以，更要注意补充含蛋白质、磷脂和维生素丰富的食品，以促进智力的发育。对脂肪和糖类食品要限制，以免热量过多，使宝宝长得过大，影响分娩。

此时，孕妈妈体内大量孕激素使胃肠平滑肌松弛，水分被肠壁吸收，故常引起便秘。因此应增加粗纤维、新鲜水果和蔬菜的食量。此外，这期间要增加核桃、花生、芝麻、葵花子等食品。这些食品富含不饱和脂肪酸，可减少日后小儿皮肤病的发病率。多吃肝、木耳、青菜、豆豉等富含维生素B_{12}、叶酸的食物，可减少宝宝出生后贫血症的发病率。常吃些含碘食物，可减少宝宝痴呆等病的发病率等。水分与盐分摄取过量，很可能会引起妊娠高血压综合征，必须严加节制。

妊娠7个月时，孕妈妈的肚子越来越突出，身体越来越笨重，这时一定要防止早产的发生，所以平时要注意避免过度激烈的运动，上下楼梯次数要尽量减少，拿重东西、向高处伸手、突然站起等动作都是应避免的。腿抽筋和静脉曲张的孕妈妈，不要长时间站立，下半身不要系带子，为了防止曲张的静脉破裂出血可以在静脉曲张处用短袜或紧身衣加以保护，睡觉时把脚稍微垫高一些，有助于静脉血的回流。

妊娠7个月还必须做好乳房保健，以便为分娩后泌乳和授乳做好充分的准备，此期要注意接受产前检查，一月两次。

> **胎教小贴士**
>
> **不要忽视孕期检查**
>
> 随着怀孕日子的增加，孕期检查也越来越频繁了，从原来的一月一次逐渐变为两次或者更多，孕妈妈可千万不要厌烦，这是保证孕妈妈和宝宝健康、安全的最基本措施，一定要准时完成。

4. 准爸爸参与

坚持和宝宝交流

趴在孕妈妈肚子上听胎音，给宝宝讲故事，看图片，放音乐。

每天给小宝宝按摩

准爸爸也可常常抚摩胎宝宝，方法是将双手手指放在妻子的腹部，从上到下、从左到右，随着音乐轻轻触摸胎宝宝，每次5～10分钟。

做好兼职营养师

孕妈妈的胃口在这个月应该不错，准爸爸应该多准备一些好吃的。

5. 效果评估

这是一个直观的评估，得分越高，说明你胎教的质量越好。

孕期进补	懂得营养均衡搭配食物，知道不同时期，不同反应应该吃什么。（3分）
	荤素搭配，刺激的不吃，吃点好东西。（1分）
	什么贵买什么，天天乌鸡王八。（0分）
准爸爸	工作虽然忙，但是老婆宝宝更重要，积极参与胎教。（3分）
	老婆需要照顾，宝宝还没显示顾不上，还得上班赚奶粉钱呢。（1分）
	老子上了一天班累死了，还得伺候你。（0分）
情绪胎教	已经完全融入孕妈妈这个角色了，和宝宝的关系一天比一天亲密。（3分）
	身体一天天重下去，常常心情不好。（0分）
运动胎教	每天都能坚持出去活动10～20分钟，自己会注意运动强度和运动方式。（3分）
	看心情了，不高兴就不去。（1分）
	我现在一个人吃养两个人，还是在家养着好。（0分）
抚摩胎教	认真地感觉宝宝的存在，相信他真的能感应到我的爱，与我交流。（3分）
	偶尔为之，感觉不到什么，不重要吧？（0）
语言胎教	每天和宝宝打招呼，开始给他读一些儿歌，把我的心事和他分享。（3分）
	喜欢和宝宝交流，但是没有太刻意，什么时候想到了就说两句。（2分）
	我行我素，还是和以前一样大大咧咧，口无遮拦。（0分）
想象胎教	想象宝宝的样子，在肚子里快乐地成长。（3）
	房贷要还，奶粉很贵，婆婆合不来，以后宝宝园要花不少钱。（0）

续表

美育胎教	经常看一些漂亮宝宝的照片，漂亮的风景，图画。(3)
	老公，晚上陪我去电影院看美国动作大片。(0)
音乐胎教	继续听一些舒缓、轻松的，并且我很喜欢的音乐。(3)
	别人说什么好，就听什么。(2)
	某高兴女生又出新歌啦。(0)
光照胎教	了解光照胎教，并试着去做。(2)
	什么是光照胎教？(0)
分娩育儿知识	我已经开始关注并学习一些关于生产、坐月子、育儿的知识了。(3)
	我已经开始担心如何生产和育儿了。(1)
	还有好几个月呢，到时候再说。(0)

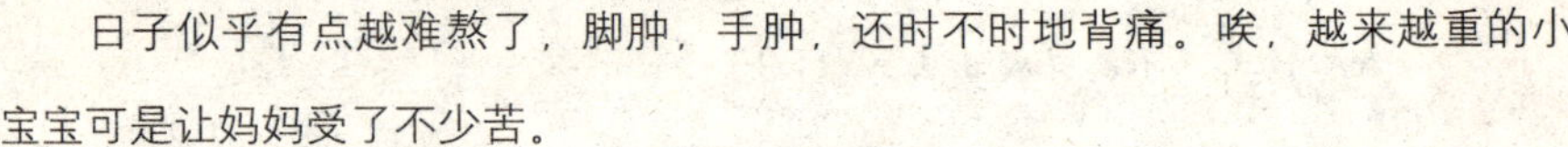

开心驿站 和宝宝玩下雨游戏

日子似乎有点越难熬了，脚肿，手肿，还时不时地背痛。唉，越来越重的小宝宝可是让妈妈受了不少苦。

如果再赶上天气热，孕妈妈会更是坐立不安了，这时，可以给胎宝宝模仿一下雷雨，既可以用声音给小宝宝描述一下自然界的雨是什么样子，还可以活动一个僵硬的手指，一举多得。

道具简单得很，没有什么要准备的，孕妈妈只需在桌前坐好，一双手就是全部了。

小雨滴用两个指尖轻敲桌面，滴答滴答。

小雨下起来了用所有的手指交错地轻敲桌面，沙沙，沙沙。

大雨如注声音加大，略显急促些。

闪电来喽用手在空中画一个大大的“Z”形，刷！

打雷口中发出“轰轰”的声音，如果你确信你的小宝宝是个胆大的宝宝，可以轻砸一下桌面。

小朋友快躲进屋子里手指轻快地在桌面上跑起来，然后把手藏在背后。

在用手指给胎宝宝再现以上画面时，你的解释也很重要哦——告诉他现在“雨”下到了什么程度；闪电的后面先提醒一下小宝宝要打雷了，让他做好心理准备；躲进屋里的时候要小心“跑”，当心摔跤，等等。

如果准爸爸在身边，四只手一起做“人工降雨”，这雨可就下得更大、也更有趣了。

第八节

怀孕第八个月——宝宝准备迎接外面的世界了

一、宝宝的样子和妈妈的变化

1. 到出生前，宝宝开始保持头朝下的姿势

妊娠8个月时宝宝的身长为40～44厘米，体重达1500克左右，从这时起，羊水量不再像以前那样增加了，迅速成长的宝宝身体紧靠着子宫，一直自由转动的宝宝，到了这个时期，位置也固定了。由于头重，一般头部自然朝下。

宝宝的主要器官已初步发育完毕，男胎的睾丸开始由腹内向阴囊下降。皮下脂肪开始丰满起来，但皮肤仍有皱纹，听觉神经已经发育完成，对声音开始有所反应。肌肉也发达起来，宝宝的活动更为激烈，有时可用脚踢蹬子宫壁。

假如在这个时期发生早产，如慎重保养，可以存活。因为肺等内脏器官和脑、神经系统都发展到了一定程度。

2. 妈妈的行动更困难了

孕妈妈到妊娠8个月时，子宫向前挺得更加明显，孕妈妈肚子越发突出，子宫底的高度在25～27厘米。身体沉重，行动困难，如较长时间行走，多会感到下腹部和脚跟疲劳和笨重，若稍微多走点路，孕妈妈就会感到腰痛或足跟痛。有的孕妈妈会出现水肿，故走路、上下楼梯要慎重。随着怀孕日期的增加，子宫底的高质上升，以至升到上腹的子宫顶压膈肌和胃，孕妈妈因胃受到压迫饭量减少，也会出现胸口上不来气，甚至需要肩协助呼吸。

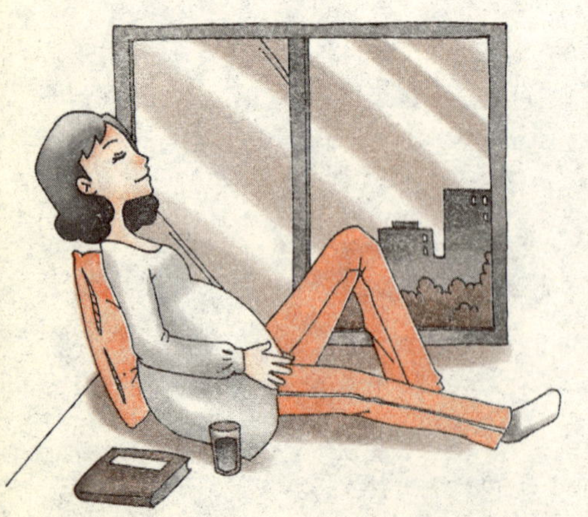

在这个时期最可怕的是妊娠高血压综合征。应注意在每天的生活中避免过劳，在饮食中避免

摄取过多的盐分，保持足够的睡眠，在中午要争取休息一会或睡一觉。只要接受产前检查，就能早期发现妊娠高血压综合征的征兆，为此要接受每两周一次的产前定期检查，还可预防早产。

此时期孕妈妈乳房高高隆起。乳房、腹部以及大腿的皮肤上的一条条淡红色的花纹更为增多。由于激素的作用，孕妈妈乳房周围、下腹、外阴部的颜色日渐加深。

二、孕妈妈的营养和进补

1. 保证基础热量，限制体重

随着妊娠月份的增加，此期孕妈妈子宫已占据了大半个腹部，孕妈妈的胃部被挤压，饭量受到影响，因而常有吃不饱的感觉。在这个时期，母体基础代谢率增至最高峰，而且宝宝生长速度也达到最高峰。这时孕妈妈应该尽量补足因胃容量减小而减少的营养，实行一日多餐，均衡摄取各种营养素，防止宝宝发育迟缓。第8个孕月，宝宝开始在肝脏和皮下储存糖原及脂肪。此时如碳水化合物摄入不足，将导致母体内的蛋白质和脂肪分解和动员，易造成蛋白质缺乏或酮症酸中毒，所以孕8月应保证热量的供给。除需大量葡萄糖供宝宝迅速生长和体内糖原、脂肪储存外，还需要有一定量的脂肪酸，尤其是亚油酸。此时也是宝宝大脑增殖高峰，大脑皮层增殖迅速，丰富的亚油酸可满足宝宝大脑发育所需。

为了减轻水肿和妊娠高血压综合征，在饮食中要少放盐。同时，饮食不可毫无节制，应该把体重的增加限制在每周450克以下。

2. 不要忽视粗粮，粗细搭配

大米、面粉等细粮内含蛋白质、糖类、矿物质、维生素等营养成分，但是大部分都含在稻和麦子的麦皮内，集中于胚芽周围。如果把米加工得过分精细，碾磨得特别白，就会使营养成分丢失很多。据有关部门统计表明，将糙米碾成精米，损失的糖类，丢失的维生素都很多。长期吃精米，不摄入其他含矿物质、维生素较多的食物，就会引起钙、磷等微量元素、维生素B、烟酸、核黄素等的不足，从而导致骨质疏松、人体功能紊乱、智力下降、食欲减退、恶心、呕吐、烦躁不安、健忘、精力不集中、多梦、胸腹胀满、心跳增快、气喘、水肿，从而诱发神经炎、口角炎、睑缘炎、角膜充血、脂溢性皮炎等病症。

土豆、红薯、玉米等杂粮作物，虽然没有精米、白面口感好，可营养丰富，纤维素多，摄入后不仅可营养身体，而且可刺激肠蠕动，减少毒素的吸收，防止便秘和肠道肿瘤的发生，被营养学家誉为人类的平衡食物。兼搭着吃，有益于身体健康。实践证明，土豆、玉米、大豆、红薯等一类杂粮，有的营养成分高于主食和鱼、肉。如2千克红薯或土豆，所含的蛋白质、脂肪、糖类、矿物质、维生素，比0.5千克粳米或面粉要多得多，还能弥补粳米、面粉中缺乏维生素C和胡萝卜素的弊病；玉米含有相当丰富的亚油酸、卵磷脂、维生素E，大大超过粳米和小麦；硒、镁等微量元素，有抗癌作用；赖氨酸，是人体必需的氨基酸之一，有利于人体新陈代谢和促使儿童的智力发育。因此，医学家认为，玉米可预防高血压、动脉硬化、冠心病、癌症等疾病。大豆的营养就更比米面食物丰富，蛋白质的含量高达36.3%，脂肪、糖类、钙、磷、铁和复合维生素B，都可与粳米、小麦相比拟，被营养学家称之“植物蛋白”之冠，受到发达国家人民的青睐。

胎教小贴士

孕妈妈吃多少粗粮合适

怀孕期间，粗粮和细粮的比例最好约为1：4，如果不好把握，每个星期的主食有三四顿是粗粮就可以了，吃多了反而会影响某些营养物质的吸收。

3. 孕妈妈不宜多吃菠菜

菠菜含有较多的草酸，而草酸对人体所需要的重要营养素钙、锌有不可低估的阻碍作用。如果锌和钙被草酸破坏，形成草酸钙、草酸锌之类的化合物，就难以被人体吸收，而排出体外，会使孕妈妈和宝宝得不到适量的钙和锌。宝宝期缺钙，宝宝有可能发生佝偻病，出现鸡胸、罗圈腿以及牙齿生长迟

缓，发育不良。在妊娠早期缺锌，可干扰宝宝中枢神经系统的发育，严重的可造成中枢神经系统畸形，在妊娠晚期缺锌，可使宝宝神经系统的发育异常。所以，孕妈妈不宜多吃菠菜。

若是孕妈妈喜欢吃菠菜，可在做菜前将其用沸水焯一下，以除去大部分草酸，然后烹饪。

4. 孕妈妈不宜多吃刺激性食物

刺激性食物主要是指葱、姜、蒜、辣椒、芥末、咖喱粉等调料和蔬菜。这些食物用于调味或做菜，可以促进食欲，促进血液循环和补充人体所需的维生素、微量元素（如锌、硒）等作用，这些食物正常人食用大为有利。

葱、姜、蒜少量当做调料调味，而且制熟后食用，其产辣性大大减弱，因而对人体的刺激性也大大减轻，孕妈妈还是可以食用的。甜椒因没有辛辣之味，制熟食用也无妨。但是，辣椒、生葱、生姜、生蒜以及芥末、咖喱辛辣过重，孕妈妈不宜食用。

这是因为，这些辛辣物质会随母体的血液循环进入宝宝体内，给宝宝造成不良刺激，影响正常生长发育。从孕妈妈身体来说，怀孕后大多呈现血热阳盛的状态，而这些辛辣食物从性质上来说，都属于辛温，而辛温食品会加重血热阳盛状态，使体内阴津更感不足，会使孕妈妈口干舌燥、生口疮、心情烦躁等症状加剧，这样不利于宝宝的正常发育。

5. 孕妈妈宜多吃玉米

有些孕妈妈不喜欢吃玉米，只是吃精米、精面，这就失去了玉米对宝宝健脑的大好机会。

玉米中含蛋白质、脂肪、糖类、维生素和矿物质都比较丰富。它特有的胶质蛋白占30%，球蛋白和白蛋白占20%～22%，尤其黄玉米含有较多的维生素A，这些营养物质对人的智力、视力也都有好处。玉米脂肪中的维生素E较多，对防止细胞氧化、抗衰老有益，从而有益于宝宝的智力发展。维生素E还有助于安胎，可用来防治习惯性流产、宝宝发育不良等。玉米中含有较多的维生素B_1，能对人体中的糖类代谢起重要作用，它能增进食欲，促进发育，提高神经系统的功能，使宝宝的大脑发育得更加完善。玉米中还含有维生素B_6，有助于减轻妊娠呕吐。

玉米中粗纤维多，食后宽肠，有利

于消除便秘，有利于肠子的健康，也间接有利于宝宝的智力的开发。有一种甜玉米，蛋白质的氨基酸组成中以健脑的天冬氨酸、谷氨酸含量较高，脂肪中的脂肪酸主要是亚油酸等不饱和脂肪酸。这些营养物质对宝宝的智力发展有利。

6. 怀孕第八个月的营养食谱推荐

肥肠扒白菜

【原料】熟肥肠150克，白菜250克，精盐、花椒水、葱块、姜块、味精、鸡汤、植物油、湿淀粉、香油各适量。

【做法】

1.把白菜剥去老帮，去掉菜根和菜头，洗净再切成两瓣，放入开水内焯一下，捞出放凉。

2.把白菜顺刀切成12厘米长、1厘米宽的条（根部相连），整齐地码在盘内，再把熟肥肠切成斜刀厚片摆在白菜盘内。

3.勺内放油烧熟，用葱、姜块炝锅，添鸡汤加精盐、花椒水、味精，烧开后取出葱、姜块，把白菜、肥肠投入勺内盖严，移在小火上煨几分钟，再移在中火上，用湿淀粉勾芡，淋香油翻个出勺即成。

【特点】色泽洁白，鲜香不腻。

鲜蘑豆腐

【原料】豆腐250克，鲜蘑150克，精盐2克，味精2克，鸡汤20克，葱、姜各2克，淀粉20克，香油2克，植物油10克，白糖2.5克。

【做法】

1.将豆腐切成1厘米见方的丁；选用个体与豆腐丁大小相似的鲜蘑，或选用个体较大的鲜蘑切成大小相似的丁也可以，用开水焯过，滤干水分。

2.葱、姜切片后放入碗中，加入精盐、味精、淀粉、鸡汤及白糖和少许香油，调好味汁。

3.炒锅上火，放入油，略热后加入豆腐和鲜蘑共同煸炒，炒匀及受热均匀后，放入味汁，迅速翻炒，即可装盘。

【特点】咸鲜略甜，色泽清淡。

小窝头

【原料】细玉米面400克，黄豆粉100克，白糖250克，小苏打0.2克，桂花5克。

【做法】

1.将细玉米面、黄豆粉、白糖、小苏打掺在一起，再逐渐加温水，慢慢揉和，和得与饺子面相仿即可。

2.将和好的面揪成剂，每50克面做10个；再蘸着桂花水团成小窝头，上屉蒸熟即可。

【特点】含有丰富的蛋白质、糖及其他微量元素。

香干芹菜

【原料】芹菜200克，香干50克，酱油10克，植物油10克，精盐4克，味精适量。

【做法】

1.芹菜连叶一起洗净，切成3厘米段，用开水焯过，盛在碗里待用。

2.香干洗过，切成细丝，先用热油锅炒芹菜，加精盐，把香干放入，加酱油，旺火快炒一会即成，起锅前加入味精。

【特点】色泽艳丽，口感丰富。

油焖大虾

【原料】对虾500克、葱末、姜末、青蒜、料酒、精盐、味精、白糖、熟猪油、高汤各适量，香油少许。

【做法】

1.将对虾剪去腿、须、尾，头部开一口，取出沙包，虾背剖开，抽去沙线洗净，切成段；青蒜洗净切段。

2.锅内放熟猪油，用旺火烧至六成热时下葱、姜末炝锅，下对虾翻炒，烹料酒，加精盐、白糖、味精、高汤适量、香油少许，烧开后移至微火上焖约5分钟，再改用旺火焖，待汤汁已浓，撒上青蒜即成。

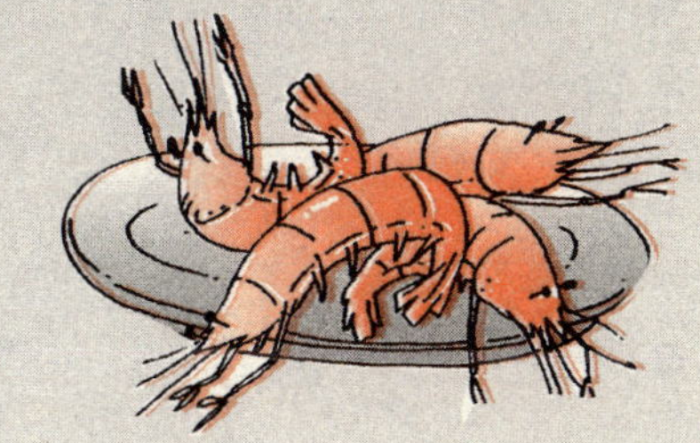

【特点】色泽鲜艳，味道鲜美。

柠檬煲鸭汤

【原料】鸭1只，鲜柠檬1个，姜3片，精盐适量，白糖半汤匙（或随意）。

【做法】

1.鸭放入滚水中煮5分钟，取出洗净。

2.柠檬洗净，切薄片。

3.将清水约10杯烧开，放入姜片、鸭，转慢火煲2小时。

4.将柠檬片放入，再煲约30分钟，放入精盐、白糖拌匀。即可趁热食用。

【特点】味道香浓，营养丰富。

柏子仁粥

【原料】

柏子仁15克，粳米100克，蜂蜜100克，清水1000克。

【做法】

柏子仁洗净，去硬壳，切碎；粳米淘净，去杂质，入锅加水煮沸，加柏子仁煮成粥，调入蜂蜜即可食。

【特点】

除风湿，安五脏，养心气，润肾燥，兴阳道，益智安神。

三、妈妈和宝宝的安全

1. 怎样了解宝宝生长发育是否正常

了解宝宝生长发育是否正常，方法很多，孕妈妈自己了解宝宝生长发育情况可采用以下几种简单易行的方法。

根据子宫的高度。

正常孕妈妈每周子宫底增长8.2毫米，一个妊娠月增加3.28厘米。宝宝生长发育的情况与妊娠的时间、子宫的大小是一致的。如子宫底的高度低于妊娠月数应有的高度，说明宝宝发育迟缓或成熟有问题。

孕妈妈的体重与腹围增大。

整个妊娠期体重增加9～12.5千克。腹围每周增长6.9毫米，一个妊娠月增大2.7厘米。如果孕妈妈情况与上述数值大致符合，说明宝宝生长发育正常。

胎动和胎心计数。

胎动计数：如宝宝发育正常，每小时胎动次数为3～5次。每小时少于3次，或12小时内胎动小于10次，都反映宝宝宫内缺氧。

胎教小贴士

身边的简单听胎心的工具

有时候准爸爸把耳朵贴在孕妈妈肚子上听胎心不是很清楚，可以用卫生纸中间的硬纸筒，一头轻轻贴在孕妈妈肚子上，耳朵凑在另一头听。

胎心计数：妊娠4个足月时，在腹部可听到胎心音。正常胎心音每分钟为120～160次。如果慢于120次或快于160次，或中间停跳，或快一阵慢一阵，或一阵响亮后又听不清，都是不正常现象。检查胎心音，一般都由医务人员用听诊器来检查，但也可以由家属耳朵直接紧贴在孕妈妈腹壁上，寻找一种均匀的"达达达……"像钟摆一样的声音，每次数一两分钟。

2. 胎位不正怎么办

胎位是指宝宝在母体内的位置。具体地说，胎位表明了宝宝先露部与母体骨盆的关系。宝宝的先露部是指最先进入骨盆入口的宝宝部分，包括头先露、臀先露、肩先露、面先露等。头先露又以胎头俯屈的程度不同、宝宝枕骨与母体骨盆的关系划分为不同的先露部。

如宝宝头后部的枕骨位于母体骨盆的左前方，其胎位叫做枕左前位；宝宝枕骨位于母体骨盆的右前方，胎位即是枕右前位，以此类推。妊娠30周前，约3/4以上的宝宝头在子宫上方，而臀部在下方，即臀位。妊娠30周以后，大部分宝宝自动转成头位（胎头朝下），只有3%～4%仍为臀位直到分娩。其他胎位如额先露、面先露、横位、高直位、不均倾位等均少见。

最常见的正常胎位为枕左前位，其次是枕右前位，临产开始时之枕左横及枕右横位尚属正常，如持续性枕横位或枕后位均为异常胎位。

孕妈妈胎位正常与否十分重要，它关系到分娩能否顺利进行。在妊娠28周前，宝宝尚小，而羊水相对较多，宝宝活动大，即使此时胎位不正，一般也能自行转正。若在30周后胎位仍不正，就要在医生指导下进行自我矫正。

绝大多数孕妈妈的胎位是正常的，但也有少数（约5%）孕妈妈的胎位不正，常见的不正胎位有枕横位、枕后位、臀位，也有因胎头俯屈程度不同的异常头先露，如额先露，以及横位、复合位先露等不正胎位，但均较少见。

有些胎位不正是可以纠正的，如枕

横位、枕后位、臀位、横位等。一般横位应随时发现及时纠正；臀位在妊娠7个月后纠正；枕横位则需在临产后宫口开大到一定程度或接近开全而产程受阻时再纠正。

妊娠30周前，大部分宝宝为臀位，30周后多数可自动转为头位。故即使是臀位，也没必要在30周前纠正；30周后仍为臀位或横位者，应考虑纠正。

孕妈妈自我胎位矫正可采用以下方法：

胸膝卧位法：适用于妊娠30周后胎位仍为臀位或横位。具体操作为孕妈妈于饭前或进食后2小时，早晨起床及晚上睡眠前，先排空尿液，然后放开腰带，双膝分开（与肩同宽），胸肩贴在床上，头歪向一侧，大腿与小腿成直角，双手下垂于床两旁或者放在头两侧，形成臀高头低位，以使胎头顶到母体的横膈处，借重心的改变来使宝宝由臀位或横位转变为头位。此法孕妈妈应该每天做2～3次，每次10～15分钟，1周后进行胎位复查。

侧卧位法：对于横位或枕后位可采取此法。做法为孕妈妈侧卧时，可同时向侧位方向轻轻抚摩腹壁。每天做2次，每次10～15分钟。

艾灸穴位法：孕妈妈采取坐位，脚踩在小凳上，放开腰带，用点燃的艾卷熏至阴穴（双侧脚小趾外缘）。这样做可以兴奋大脑的内分泌系统，使雌激素和前列腺素分泌增多，促进子宫的活动，从而使宝宝转位。孕妈妈应该每天艾灸1次，每次做15～20分钟，1周后进行复查。

孕妈妈若经以上方法矫正仍不能使宝宝转为头位，需请医生采用倒转术；若临产前还不能正常，就难以自然分娩，由医生采取适当方式分娩。

胎教小贴士

运动和抚摩减少胎位不正风险

调查显示，系统进行抚摩、运动胎教的孕妈妈胎位不正的几率远远小于不做胎教的孕妈妈，所以在怀孕期间，尤其是中晚期，要坚持抚摩和运动胎教。

3. 宝宝发育异常的原因有哪些

造成宝宝发育异常的原因，除父母带给宝宝的遗传性疾病外，还有在受孕前及母亲怀孕期间等诸多因素。

孕妈妈疾病：孕妈妈患糖尿病，其宝宝先天性畸形的发生率较高，为2.9%；孕妈妈患苯丙酮尿症，可引起宝宝心血管畸形。

食品添加剂：一些食品制作中加人防腐、着色、调味添加剂，其中有些化学物质有使宝宝发生畸形的可能。

药物影响：孕妈妈患病服药不当，尤其是在怀孕的头3个月，各系统尚未形成，受到药物影响而致畸。

射线影响：如医疗上用的放射线对人体有侵害，还有工业放射性物质的污染等对人体均有不同程度危害。这些放射线对孕妈妈有损害，可使宝宝死亡、流产以致出现小头症、无脑儿，心脏、泌尿道及眼畸形者。

4. 妊高征怎么办

妊高征是妊娠期常见的并发症，过去叫做“妊娠中毒症”。妊高征常发生在妊娠20周后或产褥早期，主要表现是高血压、水肿、蛋白尿，重症时可危及母胎安全，或导致远期后遗症，长期影响女性健康。

妊高征的基本病理改变是全身小动脉痉挛性收缩。子宫动脉痉挛性收缩的结果，使胎盘血液供应大为减少。宝宝在妈妈子宫内正常生长发育完全依赖于母体的营养供给，胎盘的功能如同是养料“转运站”，如果母体向胎盘供血下降，宝宝即无从获取充分的营养，生长速度势必随之减缓，甚至停顿，对宝宝生长发育十分不利，尤其对大脑发育有影响，常常到了学龄期才充分显示。

妊高征发病原因有以下几点：

❶ 妊娠新陈代谢的原因：主要与饮食有关，如水盐代谢异常引起氨基酸、矿物质、维生素缺乏等。

❷ 宝宝、胎盘的原因：如胎盘组

织坏死引起功能丧失，血液缺气等；另外，从胎盘产生的某种特别毒性物质，也影响宝宝的新陈代谢。

3 不能适应由于妊娠使体内发生的异常状态，加上妊娠带来的体内激素失调，肚子太大，增加腹压，引起血行异常等。

4 某些诱因亦不能忽视，如从前曾患高血压、肾病、肝病、糖尿病、猩红热等，以及在上一次妊娠中曾患妊娠高血压综合征的孕妈妈；又如本次妊娠中有多胎、羊水过多的情况，或患有糖尿病或贫血的孕妈妈；与气温、气压有关和冬长夏短的环境影响等，年轻的初孕妈妈和高龄的初孕妈妈；妊娠前体重在60千克以上的肥胖型孕妈妈；有高血压家族病史的孕妈妈发病率占50%；夫妻不和，对妊娠、分娩有厌恶感、不安感和喜怒不定性格的孕妈妈。

了解了上述导致妊娠高血压综合征产生的原因后，应有针对性地采取下述预防性措施：

1 孕妈妈必须定期到妇产科门诊检查，在病症轻微时就彻底治疗和控制。

2 平时要注意饮食调配，少进盐分，多吃含高蛋白质食物，并控制水分的摄入；盐量每天一般不超过15克，而且还要视病情的轻重严格控制，辣物、咖啡、米饭等不能过量；以吃到八成饱为宜；要注意保暖和保证睡眠，保持心身安宁，不要操劳过度。

3 生活要有规律，孕妈妈过度劳累和休息不好，是发生妊高征的诱因。

4 适量参加运动。孕妈妈要经常参加散步、做操、游泳及去树林中散步，可愉快和放松心情，并增加抵抗力，防止血压升高。

5 避免体重过重。孕妈妈每周增加体重应控制在500克之内，若超过500克，身体

胎教小贴士

妊高征孕妈妈要适时分娩

为了准确把握提前分娩的时机，妊高征孕妈妈应从29周起，去医院接受胎盘功能试验监护，待条件成熟时，当机立断娩出宝宝。这不仅可使宝宝得到良好的生长发育，也可使孕妈妈提前结束疾病的痛苦。

发胖或出现水肿，应马上请医生诊断，以利于控制体重。

5. 怀孕期间不要拔牙

大量临床事实表明，孕妈妈在怀孕最初的2个月内拔牙可能引起流产；在怀孕8个月以后拔牙可能引起早产；只有在妊娠3～7个月时拔牙，才相对安全一些。因此，孕妈妈除非遇到必须拔牙的情况在怀孕3～7个月间可以拔牙，一般以整个孕期不拔牙为宜。

这是因为，女性妊娠期间身体产生了一系列的生理变化，口腔常常出现牙龈出血、水肿以及牙龈乳头明显增生，如果再拔牙，很容易大量出血。更为严重的是，女性妊娠期对各种刺激的敏感性大为增强，即使轻微的不良刺激也有可能导致流产或早产。尤其有习惯性流产、早产的女性，如果拔牙，更易引起流产或早产。

对于妊娠期必须拔牙的孕妈妈，拔牙的时间要选择在妊娠3个月以后，7个月以前，并做好拔牙的一切安全准备工作。在拔牙前一天和拔牙当天可肌肉注射黄体酮10毫克，拔牙麻醉剂中不可加入肾上腺素；麻醉要完全，以防因疼痛而反射性引起子宫收缩导致流产或早产。

胎教小贴士

备孕要检查牙齿

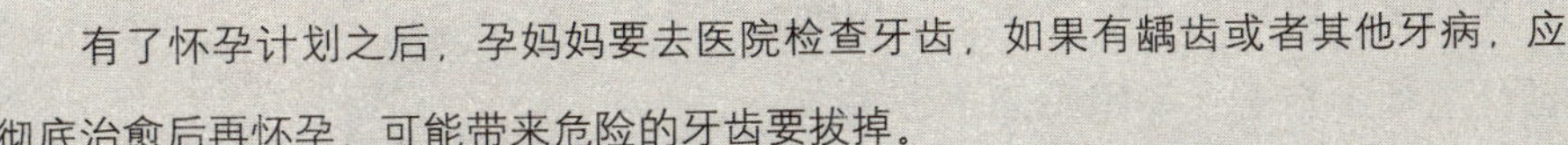

有了怀孕计划之后，孕妈妈要去医院检查牙齿，如果有龋齿或者其他牙病，应彻底治愈后再怀孕，可能带来危险的牙齿要拔掉。

6. 如何防治宝宝宫内发育迟缓

由于某种原因，影响宝宝在宫内生长发育，以及使其小于同等孕龄的宝宝，医学上称此种现象为宝宝宫内发育迟缓。

常见形成宝宝宫内发育迟缓的原因有：孕妈妈患有妊高征、慢性高血压、慢性肾炎、心脏病、贫血等，致使胎盘功能障碍或母体缺氧，从而影响了母体对宝宝的供血、供氧，造成宝宝的营养障碍。孕妈妈多胎，由于母体营养供应不足或营养不能充分分配给各个宝宝，可使多胎宝宝或其中某个宝宝发生宫内生长发育迟缓。如无以上并发症，其原因则主要是由于先天遗传因素，即父母身高、体重的影响。

怎样防治宝宝宫内发育迟缓?首先孕妈妈要定期进行产前检查，医生根据孕妈妈腹围大小、子宫高度及B超等各项检查来进行早期诊断，一旦确诊即应积极治疗。治疗主要包括：一方面针对所发现的并发症如妊高征等进行治疗，另一方面孕妈妈应加强饮食营养，保证热量的摄入，必要时进行高营养治疗，即静脉给予孕妈妈葡萄糖、能量合剂、维生素等以改善母体及宝宝的营养状况，纠正宝宝营养障碍。

四、第八月胎教

1. 胎教方案

方案一：坚持适量运动

到了妊娠后期，由于孕妈妈腹部膨隆，干什么都不方便，所以有些孕妈妈变得不爱动，整天待着，这种精神状态是不可取的，即使做什么都不方便，孕妈妈还是要进行一些轻体力活动或劳动，因为适当的运动对孕妈妈和宝宝都有好处，有助于孕妈妈的顺利分娩，有利于宝宝的健康成长，所以孕妈妈还是需做一些运动。

方案二：注意活动安全

孕妈妈走路时要特别注意脚下，不要摔倒或被绊倒。由于身体的原因，此时的孕妈妈很容易疲劳，所以孕妈妈要保证足够的睡眠，母亲睡觉宝宝也睡觉，宝宝生长所

需要的激素通过脑垂体制造出来，而充足的睡眠能促进其分泌，这对宝宝的成长有很大的影响。

方案三：防止宝宝过胖

孕妈妈要控制脂肪和淀粉类食物的摄人，以免宝宝过胖给分娩带来困难，应多吃营养价值较高的蛋白质以及含有矿物质和维生素的食物。为了使分娩顺利，孕妈妈从怀孕8个月起还应积极地练习各种分娩辅助动作。

方案四：预防先兆流产

孕妈妈此期一定要定期到医院接受产前检查，以防妊娠高血压综合征的发生。如果此期出现阴道流血情况，可能是早产，也可能是前置胎盘，一旦出现流血情况应立即到医院接受诊治。

方案五：节制性生活

在妊娠后期，由于孕妈妈不想动，性欲减退，所以禁止进行性生活，在进行性生活时，为避免压迫到孕妈妈下腹部，最好采取侧卧的姿势，丈夫从背后抱住孕妈妈的性交方式。性交的强度和时间也要减弱和缩短。

另外，还可以涵养母亲情感，准备宝宝用品，记得每两周产前检查一次。

2. 胎教准备

给胎宝宝准备的故事：

孙悟空大闹天宫的故事，宝宝踢你的时候可以读一读。

安徒生童话：《海的女儿》，温柔、缓慢的语速阅读。

安徒生童话：《拇指姑娘》，一边读一边用拇指在肚皮上画动。

达·芬奇学画鸡蛋的故事，一边讲故事一边自己画个圆试试。

愚公移山的故事。

适合孕妈妈看的散文、诗歌：

泰戈尔《宝宝的世界》

给宝宝念儿歌：

前几个月的继续重复，新添加2～3首。

一些带数字的儿歌，反复读。

给宝宝放的音乐：

蒙古民歌：《牧歌》

牧歌是民歌的一个类别。内容多表现放牧生活、爱情生活、赞美家乡、歌唱牛羊等。一般具有音调开阔悠长、节奏自由的特点。歌唱声音也比较高亢，有的自弹乐器伴奏，有的无奏。我们选的这一首蒙古族长调民歌，曲调开阔悠长，节奏自由，音调高亢。展现了美丽、壮阔的草原景象。

孕妈妈在听这首曲子或哼唱这首曲子时，脑海中可以想象一望无际的草原，绿得让人忍不住想多呼吸几口清新的空气，天空蓝蓝的，又高又远。云朵却是白白的，在草原上投下清晰的影子。

肖邦：《雨滴》

乐曲的开始非常抒情，吟唱般的旋律伴着“雨滴”声，仿佛是远远的田园牧歌。“牧歌”的情绪微微地起伏变化，开始是沉醉在大自然中的悠然，慢慢地有些激动，仿佛是对大自然发出的感叹。

中间的部分略显奇特，它把人们引进神秘的境界，像一群人，在庄严的赞歌中缓缓前行，在这时听，可以当成是他们向小宝宝唱赞歌吧。

在夹杂着各种情绪变化后，接下来是一段抒情的音乐，优美的旋律和歌唱性的低音线条综合在中声部隐约可见的“雨滴”声中，静谧而又美好。

结尾处，前奏的再现，虽然只是一个乐句，却意味深长：音乐渐渐远去，“雨滴”慢慢地停下来，让孕妈妈和胎宝宝留在了美好的想象中。

给妈妈和宝宝共同准备的图画：

一些轻松鲜艳的手绘本

一些带色彩的水墨国画

3. 胎教过程

音乐胎教

音乐是情感的表达，是心灵的语言。它能使人张开幻想的翅膀，随着优美的旋律翱翔于海阔天空。音乐可唤醒宝宝的心灵，打开智慧的天窗。

准父母在进行音乐胎教时，可以选择多种方法。前面我们已讲过的器物灌输法、母教子唱法以及哼歌谐振法等，其中对宝宝最为有利，影响最深的就是哼歌谐振法，为什么这样说呢？

孕妈妈在哼唱时，音乐渗入心灵，能够激起无意识超境界的幻觉，并能唤起平时被抑制了的记忆，音乐还能使孕妈妈心旷神怡，浮想联翩，从而改善不良情绪，创造良好的心境。母亲在唱歌时产生的物理振动，能使宝宝从中得到情感上的满足。哼歌谐振法还能让宝宝记住父母的声音和音乐的节奏，前者可以加强准父母与宝宝的感情，父母与宝宝会更加融洽、和谐，后者可使宝宝产生对音乐的爱好，进而陶冶其感情，培养其完善的性格。

有的孕妈妈认为，自己五音不全，没有音乐细胞，哪能给宝宝唱歌呢。其实，完全没有必要把唱歌这种事看得过难，要知道给宝宝唱歌并不是登台表演，不需要什么技巧和天赋，要的只是母亲对宝宝的一片深情。只要你带着对宝宝深深的母爱去唱，你的歌声对于宝宝来说，一定是十分悦耳动听的。唱的时候，尽量使声音往上腭部集中，唱得

胎教小贴士

音乐最好选用一些固定乐曲

音乐除了声波的作用之外，它和颜色一样对感觉器官的直接刺激可影响人的心理状态和情绪，并通过旋律、速度及力度的变化影响人的神经系统功能。

选择一些优美的胎教乐曲，每天重复播放，以不断地强化；跟踪测试证明，当胎宝宝出生后会对这些熟悉的曲子有记忆的表现，因为，这就为胎宝宝出生后的音乐天赋提供了良好的信息。

甜甜的，你的宝宝一定十分欢迎。此法每天可进行几次，每次不超过20分钟，孕妈妈可采用自己认为舒适的姿势，为宝宝唱一些摇篮曲、抒情以及欢快的歌曲。孕妈妈可以哼唱、清唱，随录音机唱或唱卡拉OK。唱歌时心情要舒畅，富于感情，如同面对着你可爱的小宝宝，倾述一腔柔肠和母爱，这时孕妈妈可想象宝宝正在静听你的歌声，从而达到母子心音的谐振。孕妈妈不妨平时多哼哼歌，不仅能使自己心情畅快，也于宝宝有益。

语言胎教

宝宝长到8个月时，已经是一个能听、能看、能“听懂”话、能理解准父母的有生命、有感情、有思想的“小人”了，准父母和宝宝谈话绝不是什么“对牛弹琴”。准父母和腹中的宝宝讲话，是一种非常积极的胎教手段，宝宝通过听觉、感觉来感受父母的声音和语调、感受来自父母的深深的爱，用语言来刺激宝宝的听觉神经系统及其大脑，丰富宝宝的精神世界，对宝宝大脑的发育无疑是十分有益的。

准父母在进行胎教时，最好是将针对日常生活内容和表达感情的话语加以简化，如“宝宝，爸爸妈妈都爱你。”“宝宝，今天的饭好香哟！”等等，经常重复说给宝宝听，以加深宝宝对这些话的印象，促进其记忆力和理解力。准父母也可系统性地给宝宝进行语言胎教，选择一个固定的时间（如晚上睡觉前）和宝宝说话，时间长短大体相对

胎教小贴士

减轻分娩痛苦的运动——腹式呼吸

腹式呼吸是指肩膀自然放平，仰卧床上，两脚自然放松，把手轻轻地放在腹部，不断地进行深呼吸，其方法是：先把气全部呼出，然后慢慢地吸气，使肚子膨大起来，在气吸足后，屏住呼吸，全身放松，然后将气慢慢地呼出。5～6秒一次。这种方法可在分娩开始时，孕妈妈感到有宫缩及阵痛出现时进行。

不变，每次10分钟左右，对话内容要在一段时间内重复，以加深宝宝对一些简单句子的理解。

在进行语言胎教时，孕妈妈不要对语言胎教理解得太狭隘，以为语言胎教就是“让宝宝学会一样东西”，然后就像在学校里给宝宝们上课那样，对宝宝进行僵化死板的“授课”，这样会把宝宝当成被动的学习工具，要知道宝宝也会不喜欢的。首先要把宝宝当成一个有生命活力的、有凭兴趣来选择能力的宝宝来对待，所以实行语言胎教的内容和方法都要活泼生动、简明，适合宝宝用感觉器官来感知一切的特点，即能刺激宝宝情感，引起宝宝兴奋的。孕妈妈进行语言胎教还应该采用一种能与宝宝互动的形式，即孕妈妈说话时必须自己是兴致勃勃的，选的文学阅读材料也是鲜活的、能引起自己兴趣的。

运动胎教

宝宝的正常发育需要适当的运动刺激。运动可以促进血液循环，增加氧的吸人，加速羊水循环并能刺激宝宝的大脑和感觉器官，平衡器官以及循环和呼吸功能的发育。

孕妈妈可根据妊娠需要，做以下的12种胎教运动。早晨散步、足尖运动、踝关节运动、搓脚心运动、膝胸卧位、骨盆韧带运动、盘腿坐、盆底肌肉运动、站立、行立、手指健脑操及腹式呼吸。如早晨散步即是孕妈妈最适宜的运动。孕妈妈可在绿树成荫、环境幽静的公园，绿色的田野、树林以及河畔等处散步，这些地方空气清新，空气中负离子较多，孕妈妈在散步时可吸进较多的氧气，既可改善和调节大脑皮层和中枢神经系统的功能，又能增强对疾病的抵抗力；既有防病功效，又有利于宝宝发育。不过，由于妊娠8个月时，孕妈妈的腹部膨大，行动缓慢，故运动量要适宜，若孕妈妈感觉疲劳可上床休息。

意念胎教

8个月圆满结束了，小家伙在你的腹中已长得白白胖胖了，说不定现在正微笑着呢。仍是深深地呼吸一下，闭上眼睛，在心中想象宝宝的样子。

美容胎教

怀孕后期，皮肤很容易过敏，所以不要随意改用化妆品，否则可能会使皮肤粗糙或留下斑点。化妆要尽量明快活泼一些，以掩饰住脸部的憔悴。

这时，到医院检查的次数越来越多。体检时不要化妆，不要涂胭脂、眼影、口红、指甲油，因为孕妈妈的脸色与指甲的颜色往往是医生检查时的指标。如果它们被化妆品掩盖住，就很难做出正确的诊断了。

到了怀孕后期，鞋子应宽大一些。因为在这期间，双脚会有轻微肿胀的状况。

应该选用布胸罩，合成纤维制作的胸罩会造成乳房的摩擦裂伤。有些孕妈妈要让乳房结实，就按别人介绍的经验，用酒精涂乳头。其实这样做不好，因为酒精会使皮肤变得过分干燥，引起乳头裂伤，妨碍哺乳。

孕妈妈如果有乳头扁平或是下陷，到第8个月的时候，就要开始做乳房的按摩了。将乳晕（乳头四周的黑色部分）往上下左右的方向推压，每天1～2次，每次做数分钟。到了第9个月时，就要每天做促使乳腺畅通的按摩，将乳房用拇指和食指扶住，轻轻推压，每次1～2分钟，每天坚持做。这种按摩能促使乳液的产生，并能使乳腺畅通。

怀孕后期，阴道分泌物增多，外阴部容易污染，所以要每天清洗以保持清洁。这时局部充血，皮肤黏膜特别容易受伤，所以洗澡时动作千万要轻缓，浴毕可使用爽身粉，保持身体的舒适与清爽。在住院待产前，就要事先洗好头，保持全身的清洁。怀孕后期，最好不要烫发。

在走路时，不要过分后仰。过分后仰会因过分挺胸而背痛，而且姿势不很雅观。为了保持良好的姿势，孕妈妈应选择一双合适的中跟鞋。

为了弥补体型上的不足，你应该更加注重脸部的美容。头发要梳理得整齐美观，化妆要仔细、自然。头发要剪短一些，服贴一些，这样你那略显沉重的体形就会显得轻松了许多。你可以把头发梳成一种使头显得小巧玲珑、完全露出脖子的发型。到了怀孕中期，你的身体日渐粗大，质地太软，颜色灰暗、皱褶明显的衣料，你都该避而远之。紧身的衣裙，粗毛绒衫或是耸肩缩领的衣服也不适合孕妈妈穿着。在穿连裤袜时，要穿与裙子颜色协调一致的，这样会显得身材修长。

通过种种努力，孕妈妈将变得更加美丽可爱，身体更加健康，精神更为舒畅，这会使腹中的宝宝处在一个安定、舒适的环境之中，这对宝宝的发育是大有好处的。而且，这也是胎教的良好基础。

情绪胎教

对一个怀有身孕的人来说，其精神状态和心理情绪不好，不仅对人的身体有害，而且影响宝宝的健康发育。因此，孕妈妈在孕期注意保持心绪宁静，对胎教十分重要。

早在2000多年以前，祖国医学中就有“喜、怒、忧、思、悲、恐、惊”七情在疾病中发生作用的记载。我国古代的“胎教之说”也特别强调孕妈妈心境对宝宝的影响。因此人们主张，孕妈妈应心境平和，善于修身养性，喜怒哀乐有节制。“和调则胎安，气逆则胎病，恼怒则气不顺，欲生好子者，必须先养其气”。于是古人提出了“宁静即胎教”的主张。由此可见，注意心境宁静对优生优育大有益处。

芳香胎教

孕妈妈也可以尝试一下芳香精油，稀释后涂抹于身上，搭配轻柔音乐，以达到全身舒缓的目的。值得孕妈妈注意的是，精油的选择应以茶树、洋甘菊等清淡香气的为主，尽量不要使用薄荷、茴香等呛鼻刺激的精油，以免胎宝宝有抵触情绪。

美育胎教

妊娠8个月时，宝宝已具有了初步的意识萌动，所以此时可以为宝宝进行较抽象、较立体的美育胎教。

美育胎教要求孕妈妈通过听、看，体会生活中一切的美，将自己的美的感受通过神经传导输送给宝宝。

听，主要是指听音乐，这时孕妈妈在欣赏音乐时，可选择一些富含主题、意境饱满的作品，比如贝多芬的《月光奏鸣曲》、肖邦的《英雄》、维瓦尔迪的《四季》等，这些乐曲都有较鲜明的主题和性格，能促使人们美好情怀的涌动，也有利于宝宝的心智成长。

看，主要是指孕妈妈要阅读一些优秀的作品和欣赏优美的图画。孕妈妈要选择那些立意高、风格雅、个性鲜明的作品阅读，尤其可以多选择一些中外名著。比如，我国现代作家朱自清和俄国作家屠格涅夫的散文；中国古代诗词及外国诗人普希金、雪莱等人的诗歌；西方著名作家雨果、托尔斯泰和我国现当代的著名小说等。孕妈妈在阅读这些文学作品时，一定要边看、边思、边体会，强化自己对美的感受，这样宝宝才能受益。

有条件的话，孕妈妈还可以看一些著名的美术作品，比如中国的山水画、西方的油画，在欣赏美术作品时，调动自己的理解力和鉴赏力，因此而产生的美的体验一定会传导给宝宝。

体会，既指贯穿听、看活动中的一切感受和领悟，也指孕妈妈在大自然中对自然美的体会。孕妈妈在这个阶段也要适度走动，可到环境优美、空气质量较好的大自然中去欣赏大自然的美，这个欣赏的过程也就是孕妈妈对自然美的体会过程，孕妈妈通过饱览美丽的景色而产生出的美好情怀，可以促使宝宝脑细胞和神经的发育。

胎教禁忌

胎教能够促进宝宝的智力发育，这已被现代科学所公认。然而，胎教不当也会带来胎害。除噪声能影响宝宝健康外，不合理的语言胎教、运动胎教以及孕妈妈的不良情绪

胎教小贴士

宝宝的作息习惯像妈妈

胎宝宝也会有自己的生活习惯，主要表现在睡眠与觉醒的交替周期上。虽然生活在漆黑的子宫内，但通过母亲的生活习惯，能够用大脑感觉到昼夜的区别。

因此，孕妈妈可不要扰乱胎宝宝的生活习惯，在他睡眠的时候，千万不要以做胎教为名，用声音、光亮或是动作去叫醒他，否则胎宝宝会不高兴的。试想一下，大人们在睡得好好的时候，被突然叫醒是不是也很难受？胎宝宝的这种感觉与大人一样的。

瑞士儿科医生舒蒂尔蔓博士研究发现，新生儿的睡眠类型，与孕妈妈的睡眠类型有关。舒蒂尔博士将孕妈妈分为早起和晚睡两种类型，然后对她们所生的宝宝进行调查。结果发现，早起型母亲所生的宝宝，一生下来就有早起的习惯，而晚睡型母亲所生的宝宝，一生出来就有晚睡的习惯。

所以，在胎宝宝出生前，胎宝宝和母亲就形成了相似的生活习惯。这一研究证明，母亲和子宫内的胎宝宝存在沟通。出生后母子间的情感沟通是出生前母子间沟通的延续。

等，都会给宝宝带来隐患，医生称之为胎害。

忌噪声。孕妈妈应避免接触刺耳的噪声，尽量不去强噪声持续不断的工厂、机场、火车站、舞厅等。

宝宝从6个月开始就具有听声的功能。这时要坚持早、晚各听一次音乐，可欣赏胎教磁带或其他轻松、优美的乐曲，以5～10分钟为宜。收录机应放在贴近母亲腹壁的地方，音量要控制在中度，如有耳机最好直接将其放在腹部。

忌不合理的语言胎教。语言教育时，孕妈妈可用收录机以中度音量向腹内的宝宝亲切授话，或吟读诗歌，或哼唱小调，或计算数字。如此都会给宝宝留下美好的记忆，切忌大声粗暴地训话。

忌不合理的运动胎教。与宝宝做运动联络时，要轻轻抚摩宝宝，每天2～4次为宜，有时宝宝也会不遵母命，此时就要耐心等待，不要急于求成。

忌不良情绪。孕妈妈要格外注意心理卫生，使自己精神愉快，心情舒畅，对生活充满希望。

4. 准爸爸参与

消除妻子的心理负担

丈夫应该持有“生男生女，听其自然”的坦荡胸怀，从思想观念上尽可能消除妻子的心理负担，不要让妻子为宝宝的性别担惊受怕。生男生女不是人的主观意愿所能决定的，任何责怪妻子或采取医疗手段保男弃女的做法，都可能增加妻子的心理压力，造成对胎教的不良影响。

调理好妻子的饮食

应过好生活调理关。众所周知，每个女人在妊娠期间都程度不同地有一些生理和心理反应。有的厌食，有的挑食，尤其是怀孕头3个月，大都反应较明显，常出现恶心、呕吐现象，甚至有个别孕妈妈承受不了这种妊娠反应，产生一些可怕的念头，这对胎教是十分不利的。作为丈夫应学会调理，想方设法去妥善安排好妻子的饮食起居，保证怀孕妻子吃好休息好，尽可能为妻子创造舒适的生活环境，使她随时保持良好的心境，从而使宝宝健康孕育。

关注妻子的健康

生儿育女是夫妻双方的责任，作为孕妈妈，更多关心的是宝宝的孕育成长，而当丈夫的应较多关注妻子的安危，如随时注意妻子的体重、血压以及胎动数，定期陪妻子散步，协助妻子做产前保健操，或与妻子一起欣赏音乐、歌舞等，使妻子感受到丈夫的温暖，增加对“十月怀胎”的信心和勇气。

注意孕期感情

男女的感情不仅体现在婚前，而且也应体现在婚后，尤其体现在妻子怀孕期间。作为丈夫，在情感上要给予孕妻更多的爱，让妻子从丈夫的爱中产生温馨宁静的心情。在这种环境中建立起来的夫妻之爱，最为真挚，最为笃厚，也最为长久。

坚持和宝宝交流

准爸爸贴近在孕妈妈肚子上听胎音，给宝宝讲故事，看图片，放音乐。

5. 效果评估

这是一个直观的评估，得分越高，说明你胎教的质量越好。

孕期进补	懂得营养均衡搭配食物，知道不同时期，不同反应应该吃什么。（3分）
	荤素搭配，刺激的不吃，吃点好东西。（1分）
	什么贵买什么，天天乌鸡王八。（0分）
准爸爸	工作虽然忙，但是老婆宝宝更重要，积极参与胎教。（3分）
	老婆需要照顾，宝宝还没显示顾不上，还得上班赚奶粉钱呢。（1分）
	老子上了一天班累死了，还得伺候你。（0分）

续表

情绪胎教	已经完全融入孕妈妈这个角色了，和宝宝的关系一天比一天亲密。（3分）
	身体一天天重下去，常常心情不好。（0分）
运动胎教	每天都能坚持出去活动十几二十分钟，自己会注意运动强度和运动方式。（3分）
	看心情了，不高兴就不去。（1分）
	我现在一个人吃养两个人，还是在家养着好。（0分）
抚摩胎教	认真地感觉宝宝的存在，相信他真的能感应到我的爱，与我交流。（3分）
	偶尔为之，感觉不到什么，不重要吧？（0）
语言胎教	每天和宝宝打招呼，开始给他读一些儿歌，把我的心事和他分享。（3分）
	喜欢和宝宝交流，但是没有太刻意，什么时候想到了就说两句。（2分）
	我行我素，还是和以前一样大大咧咧，口无遮拦。（0分）
想象胎教	想象宝宝的样子，在肚子里快乐地成长。（3）
	房贷要还，奶粉很贵，婆婆合不来，以后幼儿园要花不少钱。（0）
美育胎教	经常看一些漂亮宝宝的照片，漂亮的风景，图画。（3）
	老公，晚上陪我去电影院看美国动作大片。（0）
音乐胎教	继续听一些舒缓、轻松的，并且我很喜欢的音乐。（3）
	别人说什么好，就听什么。（2）
	某高兴女生又出新歌啦。（0）
光照胎教	了解光照胎教，并试着去做。（2）
	什么是光照胎教？（0）
分娩育儿知识	我已经开始关注并学习一些关于生产、坐月子、育儿的知识了。（3）
	我已经开始担心如何生产和育儿了。（1）
	还有好几个月呢，到时候再说。（0）

开心驿站

宝宝在妈妈肚里为什么会哭

成人的哭多是悲伤、委屈情绪的宣泄，儿童的哭多是要求得不到满足的表达，新生儿和宝宝的哭则比较复杂，是多种刺激后的反应，是在向妈妈传递一种引人注意的信号，那宝宝的哭是怎么回事呢？

某女性怀孕7个半月时，从自己耳朵里传出体内宝宝的微弱哭声，时长时短，持续了1～2分钟。医生为了验证此事，还收她入院，结果值班的医务人员从孕妈妈右耳听到了宝宝的哭声。科研人员还将孕妈妈宫内的宝宝哭声用仪器记录下来，并拍了照片，这则消息轰动一时。

我们知道宝宝可以用很多方式与妈妈进行交流，但宝宝宫内啼哭却是一个现代医学无法解释的现象。因为宝宝生活在妈妈羊膜腔的羊水内，肺内充满液体，不能进行自主呼吸，宝宝呼吸是依靠胎盘进行气体交换的，不可能哭出声来。那么孕妈妈为什么能听到哭声呢？有专家解释说，可能是这些孕妈妈曾患过中耳炎或耳鸣等耳疾，造成鼓膜松弛，听骨链松动，是鼓膜震动发出某种音响造成的错觉。宝宝宫内啼哭和耳朵认字一样不可信，但面对证人和录音，专家又有何高见呢？这种“荒谬”的事例确实并不鲜见。

有中医认为，古医籍所载并非怪诞不经的传说，可用现代科学方法解释，宫内儿啼可能与宫膜破口，空气逸入宫腔，刺激宝宝声带有关。并认为宝宝在宫内的哭声有两种类型：一是轻柔的呜咽，多发生在临产前及临产早期，宝宝无窒息，对宝宝无害；另一种大声喘息的哭声，多见于生产晚期，常伴有宝宝窒息。此外另一种宝宝的哭声，可能是由于高级神经中枢缺氧而引起的。

宝宝在宫内会啼哭吗？宝宝宫内啼哭到底预示着什么？对宝宝有害还是无害？大千世界充满问号，诱惑着我们对生命时刻保持着一颗探究、惊奇与感动的心，随着医学的进步，这个谜一定会被揭开的。

第九节

怀孕第九个月——宝宝完全发育成熟了

一、宝宝的样子和妈妈的变化

1. 宝宝除了瘦点，已经很像出生时的样子了

宝宝发育：妊娠9个月时，宝宝身长45～48厘米，体重达到2200～2500克。宝宝开始变得漂亮了。象征着成熟的特征正一点点地出现，皮下脂肪增多，使得皮肤有了光泽和颜色，并且比以前光滑了，原来长满全身的胎毛逐渐消退，面部皱纹消失，指（趾）甲已达指（趾）尖。内脏已完全形成，肺和胃肠的功能已开始发达，具备了一定的呼吸和消化功能。

若是男婴，睾丸已下降到阴囊中；若是女孩，大阴唇隆起，左右两侧贴在一起，生殖器官基本形成。这时宝宝头部大都已朝下，是娩出的准备姿势。宝宝此时动作经常激烈，手和脚能将妈妈的腹部顶起来。若此时早产，虽然个头并不大，但只要精心养护，在暖箱中宝宝可以健康地成长。

2. 妈妈体重更重了，需要时刻有人陪伴

母体变化：女性怀孕到9个月，是怀孕过程中最烦恼的时候。此时子宫继续在往上长，往大长，子宫底的高度为28～30厘米，已经升到心口窝，因此，会压迫心脏和胃，引起心跳、气喘或感觉胃胀，食欲缺乏。同时越来越沉重的子宫压在膀胱上，尿的次数更加频繁，阴道分泌物也增多。孕妈妈的腹部还在向前挺，身体变得更加沉重，所以孕妈妈行动笨拙，一不留意便可引起腰部外

伤，很容易使腰椎间盘突出。

由于胃部受压，一次吃不了太多的东西，一天可吃几次饭，每次少吃一些。

此时，孕妈妈应准备分娩和住院，并要做好提前分娩准备。

二、孕妈妈的营养和进补

1. 饮食宜慢宜少，注意加餐

在妊娠9个月时，孕妈妈的胃部还会有一种挤压感，所以每餐进食量不可能多，这时要注意适当加餐，以保证摄入充足的维生素和足够的钙、铁和其他营养物质。

在妊娠9个月，孕妈妈要特别注意补充维生素B和铁、钙。如果孕妈妈摄入维生素B不足，易出现呕吐、倦怠以及体乏等状况，还可影响分娩时子宫收缩，使产程延长，分娩困难。另外，宝宝肝脏以每天5毫克的速度储存铁，直到存储量可达300～400毫克。此时铁摄入不足，可影响宝宝体内铁的存储，产后易患缺铁性贫血。妊娠全过程都需要补充钙，但宝宝体内的钙一半以上是在怀孕期最后2个月储存的。如9个孕月里钙的摄入量不足，宝宝就要动用母体骨骼中的钙，致使孕妈妈发生软骨病。

此外在第9个孕月里，要继续控制食盐的摄取量，以减轻水肿的不适。由于孕妈妈的胃部容纳食物的空间不多，所以不要一次性地大量饮水，以免影响进食。

2. 孕妈妈怎样补水

水是生命之源，是人体必需的六大营养素之一。水可从食物和饮料中补充，身体内代谢时也能产生部分“内生水”补充需要。

孕妈妈选择什么饮品好呢？开水，对孕妈妈来说，最好的饮品就是开水，尽管各地区水中含的物质不尽相同，但我们可以通过其他途径补充水中所缺的物质，故不会出现营养物质的缺乏。开水经过煮沸消毒，清洁卫生，所以开水可作为孕妈妈补充水分的主要来源。

孕妈妈不要喝生水，以防腹泻或被传染其他疾病。咖啡及浓茶具有较强兴奋性，应该少喝。矿泉水有许多微量元素，可以饮用。市场供应的许多饮料含糖分高，不宜多饮。夏天，西瓜是较好的饮料，既可补充水也可补充一些矿物质，又可消暑解热，孕妈妈及孕妈妈都可吃。孕妈妈及孕妈妈不论喝什么饮料，均不宜冰镇时间过长，太冷的饮料对消化道有刺激，过急大量喝进去可使胃肠血管痉挛、缺血，以致发生胃痛、腹胀、消化不良等。

3. 孕晚期不宜进补

看到孕妈妈，周围的人都不忘提醒“多吃点补品”，不过，孕妈妈补得过火会造成营养过多，同时因活动较少，反而会使分娩不易，孕期女性特别不适合服温补药。

女性怀孕后身体发生一系列的生理变化，如血流量增加、心脏负担加重、内分泌旺盛、胃肠功能不好等，中医认为，这是“阳常不足，阴常有余”。这时，应适当服用些清热养阴或清润平补的食物，才能协调孕妈妈机体的阴阳气血平衡。人参是大补之品，孕后久服或用量过大，很容易导致气盛阴耗，阴虚火旺。

到了妊娠中、晚期，由于宝宝的压迫等负担，孕妈妈往往出现高血压、水肿，此时如进大补之品，结果不仅对宝宝和孕妈妈无益，反而会火上加油，加重孕妈妈呕吐、水肿、高血压等现象，也可促使阴道出血、流产、死产或宝宝窘迫等。调查显示，很多先兆流产的人是因为吃了人参、桂圆所致。现代药理研究发现，黄芪有升提、固涩、利水作用，妊娠晚期服用，可干扰宝宝正常下降，并引起难产。除此之外，像鹿茸、鹿胎膏、鹿角胶和胡桃肉等属温热、大补之品，孕后也不宜服用。

所以说，女性孕期加强营养是必要的，但营养应适当，并非多多益善。

胎教小贴士

孕期饮食慎用中药

中国人进补是和中药离不开的，正常人食补，适当对症放一点中药对身体是有好处的，但是对于孕妈妈而言，任何中药都要引起足够的重视。如果你身体健康，就完全没必要在食物当中加任何中药。如果是确实身体不适，需要严格按照医生的建议服用中药。

4. 怀孕第九个月的营养食谱推荐

椒盐排骨

【原料】排骨500克，植物油750克（约耗50克），鸡蛋1个，湿淀粉75克，面粉30克，精盐5克，白糖10克，料酒15克，味精1克，五香粉5克，咖喱粉2克，香油5克，椒盐少许。

【做法】

1.将排骨洗净，斩成约4厘米长、2厘米宽的块，放在盆里，加入精盐、料酒、咖喱粉、五香粉、白糖、味精抓匀，约腌渍15分钟；鸡蛋磕入碗内打散，加入湿淀粉、面粉调成蛋糊，再将腌好的排骨块放入蛋糊中挂匀。

2.将炒勺上火放入油，烧至五成热时，将挂匀蛋糊的排骨块逐一下入油勺中炸至八成熟时捞出；待勺内油再烧至七成热时，将排骨再投入炸至呈金黄色捞出，随后放入凉熟油中浸一下（使其皮酥）捞出，沥去余油，装入盘中，淋上少许香油，吃时随带椒盐上桌即成。

【特点】软嫩适口，含有丰富的优质蛋白质和及易被人体吸收利用的铁、锌等矿物质，并含有丰富的维生素A、D、B_{12}及尼克酸。

肉丁黄豆汤

【原料】猪肉250克，熟黄豆200克，精盐2克，味精1克，葱、姜末各10克，酱油15克，熟猪油50克，高汤500克。

【做法】将猪肉切成小方丁；锅置火上，下猪油烧热，放葱、姜末炝锅，放入肉丁炒之，待肉丁变白时放入酱油、熟黄豆、精盐，加汤烧开，撇净浮沫，再放点味精即可。

【特点】强壮身体，是家庭保健汤品，可预防小儿佝偻病，对孕妈妈增强体力有效。

红烧鲤鱼

【原料】鲤鱼750克，植物油100克，高汤750克，酱油、白糖各15克，料酒、蒜片各20克，精盐3克，湿淀粉30克，姜块、葱段、香菇、笋片各25克。

【做法】

1.鱼去鳞、鳃、内脏后洗净，鱼的一面用刀划十字花刀，另一面横划数刀。

2.把鱼炸至金黄色后捞出，原油锅放入蒜片、葱、姜、高汤、料酒，开锅后放入炸好的鱼，再放入调味料移至微火煨，至汤剩一半时将鱼盛入盘内；锅移旺火用湿淀粉勾芡，浇于盘中鱼上即成。

【特点】色金黄，味鲜美，汁浓鱼香。分娩前食用，有利于孕妈妈清除因水钠潴留所致的水肿。

奶汁烤鱼

【原料】鲜河鱼1条，重约500克，黄油1块，牛奶1小杯，洋葱1个，胡萝卜3根，芹菜1棵，香菜少许，精盐、胡椒粉、味精各适量。

【做法】

1.胡萝卜、芹菜切丁在水里略煮一下，滤干，洋葱切丁连同上面蔬菜一起在黄油里煸炒，煸炒时加精盐少许，炒好备用。

2.鱼洗净，煎锅烧热放黄油，油热时放入鱼，煎黄后放入盘中，铺上炒好的蔬菜丁。

3.小杯牛奶内调入味精、胡椒粉后淋在蔬菜上，鱼上刷黄油，整盘入烤箱，烤20分钟，逸出奶油和鱼的香味即可出炉。食用时鱼肉上撒精盐、胡椒粉。

【特点】鱼肉鲜嫩，奶香浓郁。

木耳粥

【原料】黑木耳30克，粳米100克，大枣3～5枚，冰糖少许。

【做法】先将木耳浸泡半天；再用粳米、大枣煮粥，待煮沸后，加入黑木耳、冰糖适量，同煮为粥。

【特点】润肺生津，滋阴养胃，补脑强心，适用于体质衰弱，虚劳咳嗽，以及慢性便血者食用。

烧萝卜

【原料】萝卜500克，植物油30克，蒜泥少许，明油10克，酱油、精盐、葱丝、姜丝各适量。

【做法】

1.将萝卜去叶、根、皮，削净节疤，清水洗净，沥干，切成粗条。

2.锅中放入油少许，用旺火将油烧热，把萝卜放入煸炒至八成熟时盛起；碗内放入酱油、精盐、葱丝、姜丝、蒜泥和温水，拌均匀作为调料汁。

3.再在锅内放入油少许烧热，将调料汁和萝卜条同时放入炒拌，加入明油，翻个身即可出锅。

【特点】色泽鲜亮，味道鲜美。

蛋面

【原料】面粉500克，鸡蛋250克，骨头汤、紫菜、淀粉各适量；酱油、香油、味精、精盐、香菜末、葱末、姜末各少许。

【做法】

1.把鸡蛋打在盆内搅匀，再加入面粉，揉拌均匀至光滑的面团，盖上湿布，饧好；用干淀粉作补面，擀成大张薄片，撒少许干淀粉，前后折叠起来，用刀切成细丝备用。

2.将骨头汤烧开，把面条下锅煮熟，撒入香菜末、撕好的小块紫菜、葱末、姜末，淋入香油，即可。

【特点】醇香、味鲜、适口。

三、妈妈和宝宝的安全

1. 仰卧综合征怎样防治

孕妈妈妊娠8个月后，腹部增大，有的孕妈妈喜欢仰卧，若睡眠时仰卧的时间长久，则会出现头晕、心慌、发冷、出汗、血压下降等症状，甚至神志不清和呼吸困难，这就是仰卧综合征。

为何引起仰卧综合征？因为日渐增大的子宫在孕妈妈仰卧时会压向脊柱，使得脊柱两旁大静脉和大动脉也受压，从而使大静脉中的血液不能顺畅地流回心脏，造成回心血量减少，导致心脏向全身输出的血量减少，出现一系列血压下降的症状。这不仅影响孕妈妈健康，对宝宝也同样有危害。由于心输血量的不足及大动脉的受压，都会减少对子宫的供血。胎盘的血液供应因而也减少，导致宝宝缺氧，很快出现胎心或快或慢或不规则，严重时会导致宝宝窒息和死亡。

怎样预防呢？孕妈妈不管是夜晚睡眠，还是白天躺卧，必须采取左侧位。若由于仰卧发生不适时，孕妈妈应迅速改为左侧位或半卧位，症状会得到缓解。

2. 妊高征的饮食调理

妊高征分为轻度、中度和重度（包括先兆子痫）三种，无论哪一种，都必须采取必要的治疗控制，除治疗外，孕妈妈的饮食调理也十分有必要。

限制水分和食盐的摄入：水分在体内的积蓄是引起水肿的重要原因。一般轻度妊高征孕妈妈自己掌握尽量减少水分的摄入，中度或高度妊高征患者，对水的摄入要定量控制；一般中度妊高征者，每天水摄入量不超过1200毫升；重度者，可按头一天尿量加上500毫升计算摄入的水量。食盐的钠有潴留水分、加重水肿、收缩血管、加重妊高征的作用。轻度高血压时，可不必过分限制食盐摄入，只要不吃过咸的食物就可以了，每天摄入盐不超过10克为宜；中度、重度时，要限制食盐的摄入，每天摄入量分别不超过7克或3克。另外，小苏打、发酵粉、味精也含钠，要注意限量食用。

摄入足够的优质蛋白和必需脂肪酸：妊娠中、后期还是宝宝发育的旺盛时期，需要足够的蛋白质。同时由于蛋白尿的发生，从尿液中损失一部分蛋白质，所以除了并发严重肾炎者外，一般不要限制蛋白质的摄入。必需脂肪酸的缺乏，往往会加重病情，所以宜多吃植物油，增加必需脂肪酸。禽类、鱼类蛋白质中含有丰富的蛋氨酸和牛磺酸。这两种成分可调节血压的高低。大豆中的蛋白质能降低胆固醇而保护心脏和血管。孕妈妈多吃禽类、鱼类和大豆类能够改善妊高征孕妈妈血压症状，同时保证宝宝发育。

增加钙、锌摄入量：孕妈妈要做到每日喝牛奶、吃大豆及其制品和海产品，可预防血压升高。

多吃蔬菜和水果：孕妈妈每天保证摄入蔬菜和水果500克以上，有利防止高血压的发生。

热量摄入要控制：妊娠前体重过重的肥胖孕妈妈，应少用或不用糖果、甜点、饮料、油炸食品以及含脂肪高的食品。

3. 羊水过多怎么办

羊水过多大多发生在妊娠7～10个月，发生愈早，症状愈严重。羊水在短时间内很快增加者，称为急性羊水过多；若是在较长时间内慢慢增加者，称为慢性羊水过多。

羊水过多是如何产生的呢?引起羊水过多的原因比较复杂。羊膜上皮分泌力增强是主要原因之一。宝宝先天性畸形也往往伴有羊水过多，如宝宝患无脑畸形或脊柱裂者，因其脑膜或脊髓膜常暴露在外，使渗出液增加；同时脑和脊髓受到过度的刺激又使宝宝尿量增加，胎尿混入羊水内，也增加了羊水量；在正常情况下，宝宝可吞咽大量的羊水，若宝宝患有先天性食管闭锁和胃肠道闭锁时，因宝宝吞咽羊水发生障碍，也引起羊水过多；患糖尿病的孕妈妈，由于羊水内含糖量高，刺激羊膜细胞，使其分泌羊水增加，所以常伴有羊水过多。

羊水如果增加过多、过快，对母体和宝宝都能产生不良影响。

对母体来说，羊水过多，使子宫极度增大，可引起肺部受压，发生呼吸困难，孕妈妈常不能平卧，气喘，口唇发紫；胃部受压，引起消化不良，食欲降低，甚至呕

胎教小贴士

怀孕的过程中，每个月孕妈妈都会去医院走一些检查，当看到检查结果什么偏高、什么偏多等心理就害怕，其实这种担忧是没有必要的，绝大多数都是怀孕期间的正常反应，只要听从医生的指导就完全没有问题。如果因为这些影响心情甚至影响到宝宝就得不偿失了。

吐、腹胀，孕妈妈常腹痛难忍。由于腹腔内压力高，使静脉回流发生障碍，可引起下肢会阴静脉曲张或水肿。分娩时，由于子宫极度膨胀，可引起宫缩无力，发生难产和产后出血。如果羊水急速外流，宫腔内体积突然缩小，可引起胎盘早期剥离。对宝宝的影响也是很大的。宝宝浮动于羊水中，若活动范围过大，容易发生胎位异常。羊水多易发生早产，破水后还易发生脐带脱垂。由于羊水过多常伴有宝宝畸形，所以宝宝的死亡率比较高。

妊娠6～7个月以后，如果子宫增大比较快，应及时到医院检查，以明确子宫增大的原因。一般慢性羊水过多，若孕妈妈仅略感不适，可继续观察，多数在短时间内可自动调节，不需特殊治疗，倘为急性羊水过多，孕妈妈出现明显呼吸困难，而且应用利尿剂无效者则应及时去医院治疗。

4. 孕妈妈下肢静脉曲张怎么办

女性在怀孕时，在小腿部常常隆起一条条似蚯蚓样的东西，弯弯曲曲，孕妈妈下肢还会有沉重感、肿胀感及蚁走感，这就是下肢静脉曲张。

造成孕妈妈下肢静脉曲张的重要原因，是由于孕妈妈子宫逐渐增大，压迫骨盆的血管，使下肢及外阴部的血液回流受阻，从而引起下肢静脉血循环不畅而发生曲张。

静脉曲张常伴有许多不适，如腿部沉重感、热感、肿胀感、蚁走感或疼痛、痉挛等。这种不适可由于站立、疲劳和天气炎热而加重，在黄昏时更为严重。有的孕妈妈由于静脉曲张不适便不愿做任何活动，甚至卧床不起，这也是不对的。为了防止和减轻静脉曲张的不适，可采取以下措施。

❶ 适当休息，不要久坐或负重，要减少站立和走路的时间。

❷ 养成每天步行半小时的习惯，穿合脚的鞋子（不穿高跟鞋和高筒靴），在行人较少的路上慢慢走半小时。下班回家，如是木地板，可赤足或穿拖鞋，以改善足部血管循环，并使肌肉得到锻炼。

❸ 每天午休或晚间睡眠时两腿应稍微抬高，比如在脚下垫一个枕头或坐垫，使足部抬高30厘米左右。

❹ 尽量减少增加腹压的因素，如减少咳嗽、便秘等症。去厕所蹲的时间不宜过长。

❺ 避免使用可能压迫血管的物品，如太紧的袜子和靴子不要穿，也不要用力按摩腿部。

❻ 已有静脉曲张的孕妈妈，应避免靠近热源，如暖气片、火炉或壁炉，因为热气能加重血管扩张，并应禁止长时间日光浴。

❼ 不要用太热或太冷的水洗澡，以免引起血管膨胀或收缩。洗澡用水的温度要与人体温度相同。

❽ 严重的下肢静脉曲张需要卧位休息，用弹力绷带缠缚下肢，以预防曲张的静脉结节破裂出血。

一般静脉曲张在分娩后会自然消退。有时静脉曲张发展严重，产后需要考虑外科手术治疗。

5. 缺铁性贫血孕妈妈喝牛奶不要太多

妊娠贫血的防治，要在平时的饮食生活中注意多吃含铁蛋白质和维生素丰富的食物。牛奶虽然营养丰富、蛋白质含量高，但缺铁性贫血孕妈妈忌喝牛奶。

❶ 牛奶虽然营养丰富，但铁的含量很低，不适合作为患者的补铁食品。

❷ 食物中的铁摄人人体内，必须在消化道中转化成亚铁后才能被吸收利用。但这一转化易受牛奶中高磷、高钙的影响。如果患者喝牛奶，铁与牛奶中的钙、磷盐结合成不溶性的含铁化合物，使体内的铁排出体外，就会使人体内铁质更不足。

由于以上两个原因，患妊娠缺铁性贫血的病人，一定不要多喝牛奶。

6. 尽量少用电脑

电脑和电视一样，也会产生不少放射线，同时电脑周围会产生低磁的磁场，对孕妈妈会产生不利影响。

电脑显示终端对妊娠女性的影响主要是自然流产和畸胎。在美国驻亚洲的一个军事机构从事电脑显示终端操作的15名妊娠女性中，就有7人发生流产，3人发生明显畸胎；加拿大航空公司的13名妊娠女性中，有7名发生流产；另一个新闻中心7名电脑显示终端操作女工中有4人发生畸胎。加拿大劳工协会对从事电脑显示终端操作的妊娠女性进行优生优育调查，结果表明，电脑显示终端引起的畸胎率为3.2%，自然流产率为140‰，而非电脑显示终端操作者的自然流产率则为57‰。电脑显示终端所致的畸胎主要有畸形足、眼发育不全、兔唇、房室隔缺损等。

电脑显示终端引起的流产和畸胎与其发射的放射线及其产生的弱电磁场有关。当电脑显示终端荧屏内表面磷光体受到电子束的撞击时，即可产生低能量的X射线和紫外线、可见光、红外线以及弱电磁力线，这些辐射线作用于孕妈妈就能引起自然流产和畸胎。电脑显示终端所致的自然流产率和畸胎发生率还与操作者接触电脑显示终端的时间和剂量有着密切关系。加拿大专家的调查研究证实，每周工作不到15小时的电脑显示终端操作孕妈妈，其自然流产率为85‰，而工作时间超过15小时者则为94‰。美国的研究也表明，坐在电脑显示终端前每周工作15小时的女性，其流产率是正常女性的2倍，但是，若每周在电脑显示终端前工作不足15小时，其流产率仅比正常女性高10%。

另外，孕妈妈长时间坐在电脑前，将影响心血管、神经系统的功能，盆底肌和肛肌也会因劳损而影响正常分娩。

电脑室的负离子较少，妊娠头3个月，应尽量减少电脑操作。

胎教小贴士

防辐射孕妈妈装不是万能的

现在很多年轻的孕妈妈是电脑迷，为了防止辐射，怀孕期间买专门的防辐射孕妈妈装。虽然这对减轻电脑辐射有一定的作用，但是还不应该长时间待在电脑面前，因为长时间使用电脑除了辐射以外，对情绪的影响、久坐对宝宝的影响、过度疲劳等对宝宝的伤害都很大。

因此，孕妈妈操作电脑不要一次时间过长，中间应该有离开电脑换换环境的机会，以减少电脑对孕妈妈的影响。

7. 尽量少用手机

现在青年男女使用手机者为数不少，手机携带方便，有利于交往和工作，而孕妈妈使用手机不利，在怀孕期间应控制使用手机。手机的天线能接发强有力的微波，所产生的能量有60%能被人脑组织所吸收。大脑、眼睛、生殖系统是人体对微波辐射最敏感的部位，其对人体健康的影响主要是长期、缓慢的影响。

手机严重的电磁波辐射对宝宝有致畸作用，手机还能引起内分泌紊乱，影响泌乳。因此，孕妈妈不要常用手机，以免影响宝宝健康成长和影响孕妈妈分泌乳液，分娩后给哺乳造成困难。所以，孕妈妈要慎用手机。如必须要用，应尽量缩短通话时间，使用次数和时间越少越好。

8. 孕妈妈长胡子正常吗

无论男性还是女性，体内都产生雄激素和雌激素。雄激素常常与油发、多头垢和某些类型的秃发有关。而雌激素对头发的健康有一些好的作用。当体内激素处于不平衡状态时，就会发生异常情况。例如，怀孕会使孕妈妈体内的激素发生变化，有的孕妈妈雄激素会偏多，就会脱发，甚至长出胡须来。整个现象在怀孕期间是正常的，分娩结束后，激素会逐渐回归正常，这个现象自然就会消失。

9. 为什么孕妈妈爱打鼾

打鼾是一种普遍存在的睡眠现象，普通人在劳累或者睡姿不当时，会偶尔出现打鼾。但是经常性的打鼾会使睡眠和呼吸反复暂停，造成大脑、血液严重缺氧，形成低血氧症，而诱发高血压、脑心病等。

所以，在怀孕期间打鼾的孕妈妈得当心了，因为这可能是一个讯号，告诉你血压正在上升。

10. 妊娠中晚期出现心慌气短是怎么回事

健康的孕妈妈虽然没有疾病，但是由于身体各种变化及胎儿生长发育，增加了全身各组织、器官的工作量。故孕妈妈通过加深呼吸来增加肺的通气量，以获得足够的氧气及排出二氧化碳废气。在肺泡中交换的氧气经血循环被输送到组织、器官及胎盘中。

由于孕期母体血容量比非孕时平均增加1500毫升；血浆增加的比例远远超过红细胞的增加，出现所谓妊娠期生理性贫血，致使血液带氧能力下降；再加上增大的子宫使心脏向上、向左移位，心脏处于不利的条件下工作。

种种因素都加重了心脏的负荷。机体只能通过增加心率及心搏出量来完成超额的工作，一般情况下尚不至于出现症状，但遇活动量稍多，氧气需要量增加，再进一步加重心肺负担时，在妊娠中、晚期便容易出现心慌及气短现象。若心脏没有器质病变则无大妨碍。所以，妊娠中、晚期孕妈妈要安排适当的休息，避免激烈的活动和较重的劳动。

四、第九月胎教

1. 胎教方案

此期宝宝已逐渐成熟，对话、语言、运动、光照等胎教可以全方位地实施，全方位胎教刺激可促使宝宝身心全面地发展，只是在实施这些胎教时要进一步加强。比如对话内容可以更复杂些，可讲故事、谈话、讲画册、教儿歌等；语言胎教可增加外语的播放；运动胎教以帮助宝宝做体操等较大的“运动”训练为主；光照胎教则建议孕妈妈直接到大自然中去迎着太阳走，让太阳

柔和自然的光源照射在母亲腹部，给宝宝以自然光的照射。

这几种胎教还可以在同一时间内综合运用，比如孕妈妈在散步时，一边让宝宝接受光照胎教，一边推动宝宝在腹内运动，与此同时，孕妈妈再给宝宝描述温暖的阳光、美丽的景色，让宝宝在腹内通过视觉、触觉、听觉等立体感觉“外面的世界”，为他对未来世界的认识开启萌动的意识。

从妊娠8个月至分娩为妊娠晚期。这一时期，随着宝宝的长大，母体负担日益沉重，往往身体后倾，行动不便，出现心跳气喘、食欲不振等现象。孕妈妈一方面急切地盼望分娩，另一方面又对分娩怀有恐惧感，这一时期胎教的主要任务是：

❶ 情绪放松，保持镇静。孕妈妈要意识到怀孕、分娩是每个女性的必经之路，它给人生增添了一份幸福与痛苦交错的体验。一个渴望做母亲的人就必须勇敢地去面对它，以安详的心态去迎接新生命的到来。

❷ 继续给宝宝以音乐、语音和触摸的刺激。

❸ 保证营养，控制糖类和脂肪的摄人。一方面孕妈妈要保证宝宝旺盛生长所需的营养量，另一方面要适当控制糖类和脂肪的摄取量，防止宝宝生长过大，给分娩带来困难。

❹ 禁止性生活，防止早产。

2. 胎教准备

给胎宝宝准备的故事：

孙悟空大闹天宫的故事，宝宝踢你的时候可以读一读。

安徒生童话：《海的女儿》，温柔、缓慢的语速阅读。

十二生肖故事，可以准备一些生肖的卡通画和拼音、文字，一边讲故事一边看。

狐假虎威的故事，可以准备几张鲜艳的狐狸和老虎的卡通画，一边讲故事一边看。

曹冲称象、孔融让梨的传统美德故事。

爸爸妈妈自己编的一些简单的小故事，或者平时看到的其他小故事。

适合孕妈妈看的散文、诗歌：

朱自清《春》，泰戈尔《我的歌》

给宝宝念儿歌：

前几个月的继续重复，新添加2～3首。

根据孕妈妈的爱好，准备一些简单的手工：

如给未出生的宝宝准备小衣服。

做一些小玩具。

玩一些拼字、组合类的简单益智游戏。

3. 胎教过程

情绪胎教

妊娠9个月，距离预产期越来越近，孕妈妈一方面会为宝宝即将出世感到兴奋与激动，另一方面又会为分娩而紧张，特别是一些农村孕妈妈听了一些老人的话后更是害怕、恐惧。其实，现在医疗水平先进，医疗设备完善，完全可以保证母婴安全，孕妈妈大可不必为安全担心。在妊娠9个月时，孕妈妈怎样以一种平和、欢快的心情度过呢?

孕妈妈在此期，不可多思多虑，对于您的“高血压怎么办”、“心率过速怎么办”医生自会处理，对于您“能否顺利分娩”的问题，更用不着去多虑，还没有发生的事，想它又有什么意义呢?况且您也并不一定会难产。让还没有发生的事，徒然增添一些精神紧张，这多可笑。孕妈妈尤其不要听别人说分娩如何如何可怕，生活中自有喜欢夸大其词的人，您干吗去听人家的闲谈呢?

胎教小贴士

看看晴朗的天空能放松心情

这可是一种解压的好办法，孕妈妈情绪不安的时候可以坐在窗口或是坐在公园的长椅上，抬起头来，看看天空中的云，看看它们像什么？像一只船？还是像只小熊？

有资料说，这种形象的思维还对开发右脑还大有帮助呢，将来等宝宝大一些的时候，照样可以和他常做这种简单的游戏。

孕妈妈应该做到的是放下这种不必要的担心心理，想到孕期是一个正常的生理过程，从怀孕时的“合二为一”到分娩时的“一分为二”就像瓜熟蒂落一样自然，没必要过于紧张不安。作为生命延续的分娩，只是一个自然的生理过程，难免会有些疼痛，疼痛程度应是大多数人都能够承受的，而且疼痛也是宝宝脱离母体降临世界时第一次“按摩”，对宝宝也是有好处的。孕妈妈在这个期间，应是吃好、睡好，养足精神，以平稳的情绪、冷静的头脑度过此期，要是孕妈妈产前检查的指标都较为正常，就更应该去做自己感兴趣的事，既对自身有利，对宝宝也是有好处的。

音乐胎教

中国人自古便对胎教极为重视。近年来，随着科学技术的日新月异，透过超声波扫描及胎心音监测等精密仪器，使得从前对子宫内的宝宝原本一无所知的问题，均逐渐得到解答。研究人员经过种种实验后发现，宝宝可以听见母体以外的各种声音，在噪声的刺激下，宝宝会心跳加速、胎动增强；相反，在轻柔的音乐声中，宝宝会由烦躁转为安静，心跳及胎动也会逐渐恢复正常。

古典音乐能提供宝宝良性的听觉刺激，对胎教有相当的助益。甚至有学者指出，古典音乐中特别是巴洛克时期的音乐，会促进大脑形成α波，使精神较易安定。

所以准父母可多选择一些这类音乐欣赏。另外，由于宝宝此时已有了意识，所以音乐胎教在选取乐曲时要选择那些注重抒发作曲家内心的情感、充满深切的情感关怀、旋律流畅、意境深远的作品，如贝多芬的《致艾丽丝》、德沃夏克的《新世界》、海顿的

《小夜曲》等。

在妊娠9个月，孕妈妈很快就要分娩，心理上难免有些紧张，况且这时宝宝发育逐渐成熟，体重已达3～4千克，会使孕妈妈感到笨重。这时应选择既柔和而又充满希望的乐曲。如《梦幻曲》、《让世界充满爱》、《我将来到人间》，以及奥地利作曲家海顿的乐曲《水上音乐》等。特别是《梦幻曲》是舒曼的钢琴套曲《童年情景》共13首曲子当中最脍炙人口的一支乐曲。柔美如歌的旋律，各声部完美的交融以及充满表现力的和声语言，刻画了一个童年的梦幻世界，表现了儿童天真、纯洁的幻想。孕妈妈随着柔美平缓的主旋律，正如进人沉思的梦境，在梦幻中出现美丽的世界，在那梦幻中升腾，就像是进人一层比一层更美丽、更奇异的梦境中，仿佛看见了一个圣洁的小天使，您那期盼了好久好久的可爱的小宝宝向您走来。

对话胎教

有关专家研究，宝宝对母亲的声音最熟悉，听得最清楚，也喜欢听，因为母子一体相连，孕妈妈的声波容易传给宝宝。丈夫靠近妻子的腹部讲话，宝宝也能听到，但效果没有孕妈妈讲话好。因此，进行语言胎教，和宝宝对话的责任主要落在孕妈妈的身上。

孕妈妈必须充满感情地对宝宝讲话或讲故事，发出的声音要欢快、明朗、柔和，最好带着笑声，这样容易感染宝宝。孕妈妈在向宝宝叙述事物时应选择自己熟悉的、能理解的，而且要声情并茂、绘声绘色地讲述，就像托儿所老师对两岁左右的宝宝讲话一样。要注意追求形象性和形象美。

不能对宝宝只念画册上的文字解释，而要把每一页的画面进行描绘，仔细地讲给宝宝听。例如画册上画着金鱼，你就可以对宝宝说：“这叫金鱼，多有趣啊。你看，它有红红的头，红红的尾，身上的鱼鳞闪耀着金色的光芒。它在水中游起来慢悠悠的，圆圆的眼睛瞪着你，好像在对你说，‘你看，我这个金鱼公主是多么美丽呀！’……”这样，就是把画面的内容视觉化了。宝宝虽然不能看到画册上画的形象或外界事物的形象，但孕妈妈用眼看到的东西，宝宝可以用脑感受到。孕妈妈看东西时受到视觉刺激，这种视觉刺激通过生动的语言描述就视觉化了，这种视觉化的语言让宝宝对外界事物会有一种感性认识。

其次，要将形象与声音同时传给宝宝。先在头脑中把所讲的内容形象化，像看到影

胎教小贴士

将形象、声音、情感结合起来

例如你到公园里去散步，一边走一边看，感到轻松愉快，有一种安详、宁静的情绪荡漾在心头。这时，你就要把这种感觉通过形象化的语言讲给宝宝听：儿童乐园里的小朋友们玩得多么高兴呀，小宝宝，你看见了吗？你听到了吗？等你长大了，你也会与他们一样，妈妈带你到这里来和他们一起笑，一起跳。在和宝宝对话时，只有将形象、声音、情感三者统一在一起，形象才活了、生动了、美了，母亲才能感到对话的有趣和快乐，这样宝宝的听觉才会感受到美好的信息，心灵才会留下美好的痕迹。

视的画面一样，然后用动听的声音将头脑中的画面讲给宝宝听，这就是“画的语言”。例如讲“小猫钓鱼”的故事时，孕妈妈要声情并茂地描绘小猫兴冲冲地去钓鱼和后来在河边三心二意的样子。有声有色地讲述河边美丽的花草和翩翩飞舞的蝴蝶，栩栩如生地表现小猫又想抓蝴蝶又想钓鱼的不专心的心情，惟妙惟肖地表露小猫最后连一条小鱼也没有钓到的懊丧感觉。这样，宝宝就会和你一起进入了小猫活动的世界。小猫遇到的种种事物及其个性特点，就通过形象和声音输入到宝宝的头脑里了。

抚摩胎教

妊娠9个月时，宝宝体表的绝大部分细胞已具有接受信息的能力了，并且能够通过触觉神经来感受体外的刺激，而且反应越来越灵敏，故孕妈妈或准爸爸在孕妈妈腹壁轻抚宝宝，可给予宝宝触觉上的刺激，促进宝宝感觉神经和大脑的发育。

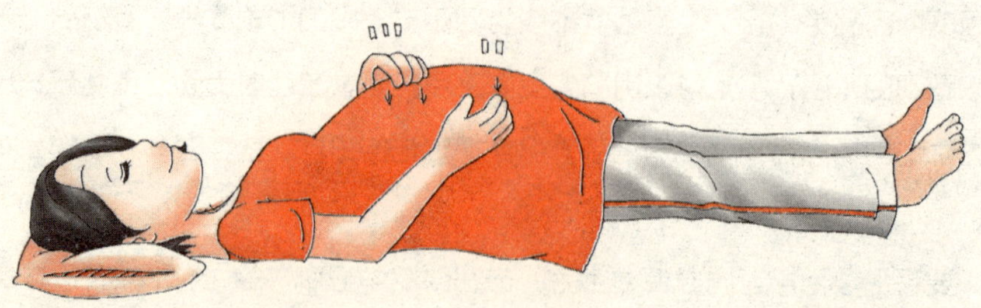

抚摩可由孕妈妈进行，也可由准爸爸进行，也可轮流进行。先用手在腹部轻轻抚摩片刻，再用手指在宝宝的体部轻压一下，可交替进行。有的宝宝在刚开始进行抚摩或按压时就会做出反应，随着孕周的增加，宝宝的反应会越来越明显，当宝宝习惯指压后，他会主动迎上来。怀孕28周以后，轻轻的触摸配合轻轻的指压可区别出宝宝圆而硬的头部、平坦的背部、圆而软的臀部以及不规则且经常移动的四肢。当轻拍宝宝背部时宝宝有时会翻身，手足转动，此时可以用手轻轻抚摩以安抚之。

需要注意的是，给宝宝做抚摩胎教应坚持，即使是在妊娠晚期孕妈妈活动不便时也要坚持，此时可以让准爸爸为孕妈妈抚摩。另外，给宝宝做抚摩应该定时，比较理想的时间是在傍晚胎动频繁时，也可以在夜晚9时左右，但不可太晚，以免宝宝兴奋起来，手舞足蹈，使母亲久久不能入睡，每次时间也不宜过长，5～10分钟即可。

想象胎教

想象自己的宝宝是什么样子，胎宝宝能够区别声音的种类，听出音调的高低、强弱，能分辨出是爸爸还是妈妈在讲话。有人做了这样一个试验，孕妈妈在妊娠期间，给胎宝宝起个小名，并让孕妈妈在孕期经常向腹中的胎宝宝唤他的小名。胎宝宝出生后，当听到唤他的小名时，会突然停止吃奶或从哭闹中安静下来，有的还露出高兴的表情。这项试验说明，胎宝宝不但有听力，还有一定的领悟力。

光照胎教

这个阶段的胎宝宝，如果孕妈妈用强光照射腹部，胎宝宝会为了避免受到光线的刺激而将脸转到一旁，或闭上眼睑；若改为弱光，胎宝宝则会有眨眼的动作，并且会感兴趣地将头部转向光源位置。只要是不太刺激的光线，皆可给予胎宝宝脑部适度的明暗周期，刺激脑部发达。利用晴朗天气外出散步时，也可让胎宝宝感受到光线强弱的对比。

4. 准爸爸参与

帮助孕妈妈缓和情绪

对于妻子的紧张心理，丈夫一定要想办法帮助妻子消除，因为在妻子紧张的时候，也会造成宝宝心理的紧张，这样致使母子无法很好地相互配合，造成分娩的障碍。妻子的后期生活，全靠丈夫照料，妻子的挑剔和耍脾气，丈夫要尽量耐住性子。妻子找碴，很可能是心情不畅的发泄，在这个时候，可不能和妻子针锋相对。一定要照顾好妻子的饮食和睡眠，千万不可马虎应付。

坚持和宝宝交流

趴在孕妈妈肚子上听胎音，给宝宝讲故事，看图片，放音乐。

亲手为宝宝做摇篮

如果你有时间，可以亲手为宝宝做摇篮。

学一些分娩的护理知识

下个月你可能会非常忙，所以现在就该为宝宝降临储备知识了，除了胎教、孕期营养的书以外，应该开始看一些分娩前后的安全、营养、护理等方面的知识了。

童言有趣

为什么小宝宝是从妈妈肚子里生出来的，不是从爸爸肚子里生出来的？

1. 男的生男宝宝，女的生女宝宝。
2. 爸爸的肚子里都是啤酒，生出来的宝宝都是醉的。
3. 爸爸没有产假，妈妈有产假。
4. 爸爸是男的，如果生宝宝，就会难产的。

5. 效果评估

这是一个直观的评估，得分越高，说明你胎教的质量越好。

受孕	我们是计划内受孕的，孕前做好了充足的准备。（3分）
	这是个意外的惊喜，但我们两个人生活很规律。（1分）
	这纯粹是个意外。（0分）

续表

环境	我居住的小区很安静，周围环境很好，绿化也不错。（3分）
	一个普通的居民小区。（1分）
	靠近马路，关上窗户也吵，打开还进灰尘。（0分）
知识	我们懂得一些怀孕、胎教的知识，并且在继续关注和学习。（3分）
	得知怀孕后，我们打算学习一些相关知识。（1分）
	反正有老人照顾，无所谓啦，他们让怎么样就怎么样。（1分）
工作	我们为怀孕做好了充分准备，工作生活都计划好了。（3分）
	我们的家境很好，到时候不工作也无所谓。（1分）
	老公没时间怎么办？公司裁掉我怎么办？产假不发工资怎么办？（0分）
音乐胎教	已经找了不少胎教音乐素材，挑了其中一些我喜欢的。（3分）
	找了不少名曲，不经典的咱不听。（1分）
	我喜欢双截棍哼哼哈嘿。（0分）
情绪胎教	得知怀孕以后有点紧张，可是在老公的帮助下很快就调节回来了。（3分）
	老公很忙，我自己没问题的，可以调节好。（1分）
	第一次当妈妈，好紧张，好几晚上睡不好。（0分）
运动胎教	本来就经常运动，现在仍能坚持，不过一些危险的不做了。（3分）
	要当妈妈了，我要开始锻炼身体。（2分）
	终于可以心安理得赖在沙发上了。（0分）
美容胎教	全面检查，更换自己的化妆品，别让化学物质伤害宝宝。（3分）
	我几千块的化妆品啊，丢了太可惜了，用完了再说吧。（1分）
语言胎教	虽然宝宝还什么都感觉不到，但是我也要每天和他打招呼。（3分）
	宝宝现在还是个小胚胎呢，等他大点再说吧。（1分）

胎教小贴士

孕9月的安全细节

9个月的孕妈妈行动很不方便，稍微动一下就会感觉心跳，要注意多休息，但为了顺利分娩，还要进行适当的活动，例如做一些简单的家务活。由于各种分泌物增多，外阴部容易污染，因此每天要清洗，内裤要勤换，注意经常保持清洁。

产前检查要坚持每两周一次。除此之外，有腿肿、头痛、恶心等症状时，要尽早接受医生的检查。应注意控制体重的剧烈增加，特别要注意胎盘前置性出血和破水。如果有突然大出血，羊水流出，应马上入院。

这段时期进食不要一次吃得太多，以少量多餐为佳，并摄取易消化且营养成分高的食物。避免高糖、高脂肪食物。吃太多高糖、高脂肪食物如汽水、糖、薯片，令孕妈妈过胖，从而增加妊娠性糖尿病、妊娠性高血压的情况，除增加日后患糖尿病和高血压的机会之外，分娩时也会有困难。

这个时期还要为分娩和入院做好物质和精神上的各种准备。

第十节

怀孕第十个月——宝宝做好出生准备了

一、宝宝的样子和妈妈的变化

1. 宝宝已经做好了降生的一切准备

宝宝进入10个月，体重增加迅速，每天大约长30克。到10月末，宝宝已经长到48～50厘米，体重增加到3000～3500克。

宝宝皮肤呈粉红色，皮下脂肪发育良好，已无皱褶，外观体形丰满，圆圆胖胖的。头发密生，有3～4厘米长，手和脚的肌肉也很发达。

宝宝的心脏、肝脏、肺脏、肾脏等已经发育成熟。除肩、背外，其余地方的毳毛已脱落。指（趾）甲已超过指（趾）尖。男性宝宝睾丸已全部降入阴囊，女性大小阴唇发育良好。

此时宝宝头部已进入孕妈妈的骨盆中，身体的位置稍稍下移，准备出世。若此时分娩，宝宝已经具备在体外生存的能力，而且哭声响亮，四肢活动有力，但吸吮力弱，有尿和胎便排泄出。

2. 妈妈体重不再增加，但更需要心情上的调节

孕妈妈刚进入第10个月时，子宫继续往前挺，为了保持身体的重心，孕妈妈不得不上半身向后仰。因为，此时孕妈妈子宫底的高度达到30～35厘米。孕妈妈因而会感到腰痛、脊背痛，有时甚至肋间也痛，沉重的身体加重了腿部的负担，腿出现抽筋和疼痛。

孕妈妈到妊娠10个月的后半月，由于胎头下降，孕妈妈的心脏和胃逐渐被“解放”，呼吸顺畅多了，食欲也倍增。但是，由于下降的子宫开始压迫膀胱和直肠，孕妈妈因此尿意不断，而且还经常便秘。

经过10个月怀胎，现在将近一朝分娩的时刻，孕妈妈会更加精神紧张不安，对分

童言有趣

为什么大人能生宝宝，小朋友不能？

大人肚子里有小孩儿，小朋友肚子里都是饭。

小朋友的脸是干什么用的？

1. 我的脸可以用来洗脸。

2. 没有脸的话，舌头、牙齿、鼻子、眼睛和嘴巴都要露在外面了。

3. 我的脸是给爷爷奶奶捏的。

娩，内心感到有些惶恐和不知所措。这种心情应尽快减少，要以期盼和愉快的心情迎接宝宝的诞生。

二、孕妈妈的营养和进补

1. 注意别让紧张的心情影响饮食

孕妈妈在进入孕10月后往往因心情紧张而忽略饮食，此时丈夫要帮助孕妻调节心绪，做一些妻子爱吃的食物，让妻子减轻心理压力，正常地摄取营养。

在这个月应该限制脂肪和糖类等热量的摄入，以免宝宝过大，影响顺利分娩。为了储备分娩时消耗的能量，孕妈妈应该多吃富含蛋白质等能量较高的食品。在这个月里，由于宝宝的生长发育已经基本成熟，如果你还在服用钙剂和鱼肝油的话，应该停止服用，以免加重代谢负担。

2. 顺利分娩宜补锌

近年，国外有人研究表明，孕妈妈分娩方式与其妊娠期间血液中锌水平的高低有极为密切的关系。他们测定一批孕妈妈血锌浓度，然后按其后来的分娩方式分组对比研究，结果发现，自然分娩的孕妈妈，妊娠期间血锌浓度最高，需要产钳帮助分娩的孕妈妈次之，行胎头吸引分娩的孕妈妈又比产钳助产者低，而需要剖宫产的孕妈妈，妊娠期间血锌浓度最低。

锌是人体必需的一种微量元素，对人的许多正常生理功能的完成，起着极为重要的作用。锌对分娩的影响，据专家研究，主要是锌可增强子宫有关酶的活性，促进子宫肌收缩，把宝宝驱出子宫腔。当缺锌时，子宫肌收缩力弱，无法自行驱出宝宝，因而需要借助产钳、吸引等外力，才能娩出宝宝，严重缺锌则需剖宫产。因此，孕妈妈缺锌，会增加分娩的痛苦。此外，子宫肌收缩力弱，还有导致产后出血过多及并发其他妇科疾病的可能，这又影响孕妈妈健康。

在正常情况下，孕妈妈对锌的需要量比一般人多，这是因为孕妈妈自身需要锌外，还得供给发育中的宝宝需要。因此，妊娠的女性，如不注意补充锌，就极易缺乏。所以，孕妈妈要多进食一些含锌丰富的食物，如面粉类食品、牛肉、羊肉、蛋黄、芝麻、花生、豆类以及橘子、苹果等水果，以利于分娩及母子健康。

开心驿站

童言有趣

谁记得自己刚出生时是什么样子？

1. 头很小，像一个乒乓球。
2. 小时候是光头，头发还没长出来。
3. 很小的，像个热水瓶一样。
4. 我生出来的时候就爬呀爬的。

头发有什么用处？

1. 冬天不会被雪砸破头。
2. 给理发师一点事情做。

3. 临产前孕妈妈的饮食安排

在一般情况下，初孕妈妈仅第一产程就需12～16小时。而孕妈妈摄人的营养，既要满足自身呼吸、心跳、排泄等基础生命活动的消耗，又要为宝宝生存提供必需的养分，还要为子宫收缩所需提供大量的能量。所以孕妈妈在分娩前必须进食富含高能量、易消化的食物以满足分娩中营养的需求。

传统习惯中，中国人的家庭多吃鸡蛋，认为既可免去多尿，又能充饥。但大多数医务工作者认为吃熟鸡蛋并不合适，其养分被人体吸收得很慢，再说水分过少也不利于孕

开心驿站

童言有趣

为什么没有带我一起去

父亲回忆他在童年时代："那时候真好，在野外捕蝉，到溪中捞虾子，整天睡在草地上，无忧无虑真好！"

宝宝睁大眼睛，听得入神，忽然哇的一声哭了出来。

"怎么啦？"父亲惊讶地问。

"我不要啦！你为什么没有带我一起去！哇……"说着宝宝又大哭起来。

你为什么吃掉他

一个小女孩儿在公园玩耍时，看见一个挺着大肚子的孕妈妈，便走过去指着孕妈妈的肚子问道："里面是什么？"

"是我的小宝宝。"孕妈妈答道。

"你爱你的小宝宝吗？"小女孩儿又问。

"当然了。"

"那你为什么要吃掉他？！"小女孩儿大声责怪道。

妈妈分娩。很多专家向大多数孕妈妈推荐的分娩食品为巧克力。巧克力含有丰富的营养素，每100克巧克力中含糖类55～56克、脂肪30～38克、蛋白质15克，还含有铁、钙以及维生素B等，同时，巧克力中的糖类可迅速被人体吸收利用。此外，还可以准备一些易消化吸收、无渣、可口味鲜的食物，如面条鸡蛋汤、面条排骨汤等，让孕妈妈吃饱、吃好，为分娩准备足够的能量，促进分娩的尽快完成。

下面例举两种催生食品：

紫苋菜粥：将紫苋菜250克洗净切丝；粳米100克洗净，加水煮粥，粥将成时加入适量猪油、精盐、味精、紫苋菜，粥熟即可食用。孕妈妈临盆时食用，能利窍滑胎易产。

空心菜粥：将空心菜150克洗净切碎；粳米100克洗净，加水煮粥，粥半熟放入空心菜、精盐、猪油、味精各适量煮至粥成。孕妈妈临盆食之能助滑胎易产。

4. 怀孕第十个月的营养食谱推荐

糖醋三丝

【原料】鸭梨两个，山楂糕50克，嫩黄瓜1条，精盐半汤匙，白糖2汤匙，醋2汤匙，香油1汤匙，味精少许。

【做法】将嫩黄瓜洗净控干，切成细丝，放盘内，放点盐腌渍一下；鸭梨洗净削去皮和核，切成细丝，放凉开水中过一下，捞出沥干水，放入黄瓜丝盘内，加入精盐、白糖、醋和味精，拌匀；将山楂糕切成丝，放入黄瓜丝盘内，淋上香油，拌匀即可食用。

【特点】此菜鲜艳美观，甜酸适口。

红根拌银芽

【原料】胡萝卜150克，绿豆芽200克，香油、精盐、味精、葱花各适量。

【做法】

1.胡萝卜洗净切细丝和绿豆芽分别放开水稍煮捞出，晾凉装盘。

2.将香油、精盐、味精、葱花掺兑一起，浇在胡萝卜丝和绿豆芽上，拌匀即成。

【特点】本菜色泽清新，脆嫩爽口。

脆皮豆沙

【原料】绿豆沙150克，面包75克，鸡蛋1个，面粉、植物油、青红丝少许，白糖150克。

【做法】

1.把绿豆沙做成10个球，裹一层面粉；面包切成丁；把鸡蛋打在碗内，用筷子搅匀；把裹面粉的豆沙球挂满鸡蛋糊，再滚上面包丁。

2.勺内放油烧至五六成热时，放入滚满面包丁的豆沙球，炸透时取出。

3.勺内放少量清水，放入白糖150克，糖溶化后，由浅黄色起大泡变成深黄色起小泡，能拔出丝来，倒入炸好的豆沙球，离开火口，颠翻均匀，撒上青红丝出勺，倒入抹油的盘中即成。

【特点】富含高纤维，低脂肪。

鱼香肉丝

【原料】猪肉150克，青椒1个，鸡蛋1个，精盐、葱丝、蒜泥、料酒、淀粉、米醋、酱油、豆瓣酱、白糖、熟猪油各适量。

【做法】

1.猪肉切细丝加精盐、料酒、蛋清、淀粉抓浆；青椒切细丝；将米醋、酱油、白糖、湿淀粉兑成芡汁。

2.锅上火烧热，加入熟猪油，烧至五成热时，下入肉丝滑熟捞出，青椒丝也入油滑一下捞出。

3.锅留底油下入葱丝、蒜泥、豆瓣酱煸炒出香味，再将肉丝、青椒丝、芡汁同时倒入，快速翻炒颠匀即成。

【特点】色泽红亮，味酸辣甜咸。

珍珠丸子

【原料】猪肉馅150克，糯米100克，葱花、姜末、味精、淀粉、蛋清、精盐、酱油各适量。

【做法】将糯米洗净；肉馅内放进葱花、姜末、味精、淀粉、蛋清、精盐、酱油并拌匀，盛入大饭勺或碗内，经反复摔制，使肉馅成圆形大肉丸，再外沾糯米粒，上笼蒸半小时左右即成。

【特点】香甜可口，营养丰富。

红烧鳕鱼

【原料】鳕鱼500克，肥猪肉丁50克，菜油65克，精盐4克，酱油35克，白糖40克，料酒50克，葱段20克，姜片10克，蒜片10克，味精1克，清水250克，干辣椒15克，香油10克。

【做法】

1.将鳕鱼刮净鱼鳞洗净，在肉厚处剞上3刀，加料酒25克、酱油10克腌渍一下。

2.锅置旺火上，加入菜油烧热后，放入鳕鱼煎至两面鱼身泛黄时，烹料酒加盖略闷，然后，揭盖加酱油、葱段、姜片、蒜片、精盐、白糖、干辣椒和清水及肥猪肉丁烧沸，撇去浮沫，改用小火续烧15分钟，再转旺火加味精烧至汤汁将尽时，淋香油，出锅装盘即成。

【特点】低热量，低脂肪。

乌梅粥

【原料】乌梅15～20克，粳米100克，冰糖适量。

【做法】先将乌梅煎取浓汁去渣，放入粳米煮粥；粥熟后加冰糖少许，稍煮即可。

【特点】生津止渴，敛肺止咳，适用于虚热烦渴，夏季口干渴饮，慢性久咳、久泻、久痢以及孕妈妈产前心烦急躁时食用。

三、妈妈和宝宝的安全

1. 孕妈妈尿频怎么办

女性的子宫位于小骨盆腔的中央，其前方为膀胱，后方为直肠，子宫体可因膀胱和直肠充盈程度的不同而改变位置。正常情况下，膀胱储存尿液达400毫升时可使人产生尿意，平时约4小时排尿1次，饮水量多则时间相应缩短。

女性妊娠后，由于宝宝的发育，子宫逐渐增大，13个月左右的妊娠子宫尚未升入大腹腔，在盆腔里占据了大部分的空间；妊娠8个月后，胎头与骨盆相接，此时由于妊娠子宫或胎头向前压迫膀胱，膀胱的储尿量比非孕时期明显减少，因而易发生尿频现象。有些孕妈妈总觉得有尿意，但又排尿不多。特别是在临产前的1个月，宝宝头部入盆，进一步压迫膀胱，更觉尿频。

孕妈妈感到有尿时，不管排尿多少，只要有尿意应及时排尿，千万不可憋尿，憋尿对孕妈妈和宝宝都不利。

为防止尿流不畅，压迫右侧输卵管引起肾盂肾炎、肾盂积水，孕妈妈的卧位需经常变化，多左侧卧位。

另外，孕妈妈尿频应检查是否有泌尿系统感染，不要把疾病引起的尿频与压迫膀胱引起尿频混淆起来。泌尿系统感染引起的尿频往往伴有尿痛、尿急、尿液混浊，发生此种情况要到医院检查治疗。

2. 前置胎盘是怎么回事

正常妊娠时胎盘附着于子宫体的前壁、后壁或侧壁。如果胎盘部分或全部附着于子宫下段或覆盖在子宫颈内口上，则称为前置胎盘。根据胎盘遮盖宫颈内口的多少不同，可分为完全性、部分性前置及低置胎盘。

前置胎盘主要表现为妊娠晚期或分娩开始时无诱因、无痛性的阴道出血。完全性前置胎盘出血时间早（约妊娠28周），出血量多且反复发生；部分前置及低置胎盘者的出血时间比重者晚些、少些。由于胎盘位置在子宫下段，易发生胎位不正或胎头高浮，增加了难产率。

前置胎盘是一种对宝宝有多方面影响的孕期并发症。孕妈妈反复出血所致的贫血可使宝宝处于惯性缺氧状态，从而影响其生长发育，胎盘纤维化使胎盘功能不足也可影响宝宝发育。前置胎盘影响宝宝的生长发育，33周以后尤为明显。其对宝宝体重、身长、头围、胸围均有影响，但以影响宝宝体重增长为甚。在标志着宝宝骨骼发育的身长、头

围、胸围的发育中，前置胎盘对胸围发育的影响较明显，尤其是最后3周。前置胎盘宝宝自36周之后体重、身长、头围、胸围基本不再发育，甚至体重有所下降。

前置胎盘处理原则是止血及补足血容量。根据出血量多少及孕周、宝宝情况决定具体措施，如急性大出血，孕妈妈休克，应分秒必争地抢救孕妈妈，同时迅速终止妊娠；如出血不多，孕妈妈一般情况尚好，宫口已开大，宝宝先露部已压迫胎盘，估计短时间内能以阴道分娩，可考虑人工破水自阴道分娩；如阴道出血不多，孕期不足37周，估计宝宝成活能力低者，为保证母儿安全，可以在治疗、严密观察情况下待产。

不论属于哪种情况，均应考虑母儿安全。孕妈妈应绝对卧床，可疑前置胎盘者应禁止肛查。要随时做好大出血的抢救准备，剖宫产是终止妊娠的主要手段。

3. 临产八忌

“十月怀胎，一朝分娩”是自然现象，对孕妈妈来说是一个较大的生理变化与心理刺激，孕妈妈要愉快、健康地度过这一时期，应注意以下几点：

忌怕：大多数孕妈妈缺乏分娩的生理常识，对分娩有不同程度的恐惧心理，担心分娩时疼痛、出血过多和难产。临产前孕妈妈的这种焦虑、恐惧情绪，会通过中枢神经系统抑制子宫收缩，造成产程延长，甚至发生难产和产后子宫收缩不全，流血不止。情绪紧张又会使交感神经兴奋，血压上升，使宝宝缺血、缺氧引起窒息。因此，孕妈妈产前应消除对分娩的恐惧感，只要认真进行产前检查，会平安地生下宝宝，分娩的安全性几乎近100%。

忌急：有些孕妈妈在分娩上也是一个“急性子”，没到预产期就焦急地盼望能早日分娩，到了预产期，更是终日寝食不安。她们不懂得预产期有一个活动范围，提前10天

或错后10天左右，都是正常现象。俗话说“瓜熟蒂落”，不必着急。

胎教小贴士

家人注意，不要让你的关心变成压力

最后一个月，家人对孕妈妈的安全更加关怀备至了，这是好事。但需要注意，不要让自己的这份关心变成压力，在旁边默默做好就可以了，不要经常当着孕妈妈的面挂在嘴上，不要给孕妈妈已经有些焦虑的情绪火上浇油。

忌粗心：一些孕妈妈大大咧咧，到了妊娠末期仍不以为然。结果临产时常常由于准备不充分而弄得手忙脚乱，这样很容易出差错。

忌累：是指身体或精神上的过度劳累。到了妊娠后期，活动量应该适当减少，工作强度亦应适当减低，特别是要注意休息好，睡眠充足。只有这样才能养精蓄锐，使分娩时精力充沛。

忌懒：有些女性怀孕早期担心流产，怀孕晚期害怕早产，因而整个孕期都不敢活动。有些孕妈妈则是因为懒惰而不愿意多活动。实际上，孕期活动量过少的孕妈妈，更容易出现分娩困难。所以孕妈妈在妊娠末期不宜生活得过于懒散，也不宜长时间卧床休息。

忌饥饿：孕妈妈分娩时要消耗很大的体力。因此，孕妈妈临产前一定要吃饱、吃好。此时家属应想办法让孕妈妈多吃些营养丰富又易于消化的食物，切忌什么东西都不吃就进产房。

忌远行：一般在接近预产期的半个月前后，就不宜再远行了，尤其不宜乘车、船远行。因为旅途中各种条件都受到限制，一旦分娩出现难产是很危险的事情，它有可能危及母子安全。

忌滥用药物：分娩是正常的生理活动，一般不需要用药，也没有能使孕妈妈腹痛减轻的药物。因此，孕妈妈及亲属万不可自行其是，滥用药物，更不可随便注射催产剂，以免造成严重后果。

4. 正常分娩的决定因素有哪些

所谓分娩，就是人们常说的生宝宝，是一种自然的生理过程，具体地说是指宝宝发育成熟或接近成熟时，宝宝及其附属物（羊水、胎膜、胎盘等）排出母体的过程。

能否正常分娩，即孕妈妈腹中的宝宝顺利出世，这里有三个决定因素，即产道、产力和宝宝，若三者均为正常，并可相互协调，宝宝即可顺利分娩，否则可能会出现难产。

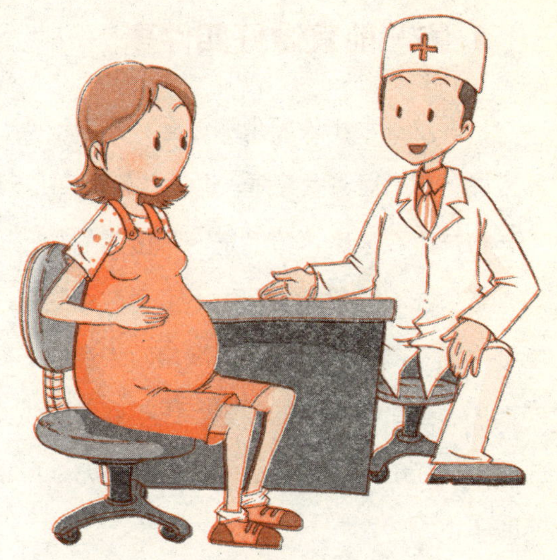

所谓产道：是指宝宝分娩的必经之路，由骨产道和软产道组成，其中骨产道，就是骨盆，软产道则由子宫下段、子宫颈、阴道及骨盆下软组织构成。在妊娠晚期时，由于体内激素变化，产道的各组成部分会产生相应的伸展扩张，为宝宝顺利通过做好准备。

所谓产力：是指挤出宝宝的力量，因为并不是宝宝自己钻出产道的，而是需要一种力量把他挤出来。产力包括子宫收缩力、腹肌膈肌收缩力和肛提肌收缩力。

子宫收缩力：即宫缩，指子宫体部平滑肌的收缩，是阵发性的，收缩与间隙反复交替，不随孕妈妈的意志控制，它在分娩中的作用至关重要，只有通过有效的宫缩，才能使宝宝不断地沿产道下降来完成分娩。

腹肌膈肌收缩力：此为重要的辅助收缩力，但是它们是在宫颈完全扩张后，也就是俗话说“骨缝开全”时才起作用。

肛提肌收缩力：此指辅助腹肌膈肌收缩之力，可增加腹腔压力，压迫宝宝向产道出口方向下降，以顺利完成分娩的全过程。

宝宝在分娩中的作用，亦很重要，原因是产道是一个圆筒形管道，其内容积对宝宝通过并不宽裕。宝宝的方位、宝宝的姿势皆可影响正常分娩，在正常情况下的枕前位，即胎头缩屈、宝宝面部向着妈妈的后面、枕骨向着前方时可以顺利娩出，而其他胎先露和方位可能会造成不同程度的难产。

当然影响分娩的因素还不止这些，要做到宝宝安全降落在人间，必须加强产时的保健。

胎教小贴士

不要担心剖宫产

现在高龄产妇比例增大，头胎生产比例增大，孕妈妈的体重超标的比例也增大，所以破腹产的比例也随之增大。顺产还是破腹产医生会做出正确的判断，孕妈妈和准爸爸不要坚持自己拿主意。

5. 临产前宜做好四件事

分娩是一个比较复杂的过程，临床证明，如果孕妈妈在分娩的过程中能密切配合助产人员，其产程将会缩短，分娩也较顺利，对母子的健康都有好处。

精神不要紧张：分娩是一个正常的生理现象，若已做好产前检查，又未发现什么毛病，每个孕妈妈都能平安生下宝宝。即使有一些不平常，也不要害怕，要相信助产人员能够根据不同的情况，而采取相应的治疗措施，母婴的健康是有一定保障的。另外，不必过多考虑生男生女的问题，更不要有怕生女孩的思想，否则，将因此而影响大脑对子宫收缩功能的调节，导致子宫收缩无力，产程延长，甚至发生难产和产后子宫收缩不全流血不止。

不要憋着大小便：在分娩过程中，孕妈妈要保持每两三个小时排尿一次，另外，临产前也应把大便排尽，以利于宝宝下降，还可避免因腹压增加，孕妈妈不由自主地将大便溢出而污染外阴，容易引起产道细菌感染，如大小便不易排出的话，可通过灌肠和导尿，促使大小便排出。

要保持正常的饮食：分娩过程的时间较长，要消耗大量的能量和水分，而孕妈妈在宫缩时都需要充足的体力。不吃不喝，能量及体力得不到补充，必将影响体力的发挥。所以，孕妈妈在临产前要适量摄入一些食物。食物宜营养丰富又易于消化吸收，像米粉或面条煮鸡蛋、鸡蛋羹等。如果产程比较长，中间还应当加餐几次。

学会一些有助分娩的无痛手法：孕妈妈要学会呼吸，当子宫阵缩开始时，就自然缓慢地深吸气；阵缩过后，把气慢慢呼出来。当子宫开全后，阵缩强烈，孕妈妈可用力握住床边的把手，并向下屏气。若阵缩强烈，疼痛难忍，吸气时，可用双手从下腹部两侧按摩到腹部中央；呼气时，又从腹中央按摩到腹部两侧、反复多次。也可用手压迫腹部最不舒服的部位，都有减轻疼痛的效果。

6. 临产前有哪些迹象

尽管随着医疗条件的改善，有不少孕妈妈享受到了住院待产的种种便利，但她们毕竟是少数的幸运者。绝大多数孕妈妈还得在有了临产的迹象之后，才能匆匆忙忙地赶去医院。然而由于孕妈妈及其家属对临产时会出现的各种迹象缺乏足够的认识，因而不能做好入院前的自我监护，结果是类似上述的急产（包括临时入院，医生来不及接生者）情况时有发生。那么临产时究竟孕妈妈会有哪些表现呢？

宫底下降：怀孕足月前后，位于上腹部的子宫底会从剑突（心窝）部下降至心窝与肚脐之间。这时，孕妈妈自感上腹部胀满大为减轻，呼吸也较以前轻松，但盆腔内的坠胀感加重起来，行走不便，并出现大便秘结、尿频及尿急等症状。这是由于胎头下降入盆，压迫直肠和膀胱所致。

见红：临产前24小时内，阴道会流出少量血性黏液，俗称见红。此系子宫颈口扩张，使接近宫颈内口的胎膜（包裹宝宝及羊水的一层薄膜）与宫壁下段分离出血，混同宫颈管内的黏液栓脱落的结果。表明分娩即将开始。

规律性腹痛：怀孕的子宫呈间歇性的收缩和松弛，且有规律地进行。孕妈妈感到一阵阵腹痛。如果本人或者家属将手掌平放在隆起最高的腹壁上，会明显地触到子宫收缩和松弛交替进行，即一硬一软交替出现。医生正是通过这种检查，算出每次收缩及放松（间歇）的时间。随着临产的到来，腹部胀痛的持续时间会越来越长（20～90秒），子宫变硬如板状，间歇时间越来越短（15～20分钟）。这种规律性腹痛的出现，表示正式分娩已经开始。

阴道流液：多发生于见红或规律性腹痛之后。阴道流出的这种液体，在医学上称为“羊水”，量不多，无色无味。有些孕妈妈，尤其头胎孕妈妈分辨不清，常常误认为是尿液。如果同时伴有不由自主地向下屏气及排便感，即意味着宝宝将于2小时内降生。

行将临盆的女性，离预产期1～2周时，就应对宝宝降生的四步曲开始留意，届时切勿迟疑，排除一切牵挂，及时到邻近医院就诊或请接生员到家检查，避免发生急产，以确保母婴平安。

7. 怎样处理过期妊娠

在医学上认为，孕妈妈从末次月经第一天开始计算，40孕周（即280天）为足月妊娠，超过42周（294天），就称为过期妊娠。过期妊娠的发生率占妊娠的3.5%～17%。过期妊娠宝宝，新生儿的患病率及病死率为足月妊娠的3倍。这是由于在过期妊娠时宝宝所赖以生存的环境发生了恶劣的改变。宝宝是生活在羊水中的，羊水能缓和腹部外来压力，使外力不至于直接伤及宝宝；羊水能保持子宫温度，使宫内环境不至于剧烈变化；羊水能使宝宝得到一定的活动度，不致受到阻碍而成畸形；此外，羊水还有轻度溶菌作用。在妊娠期，羊水量进行性增加，足月妊娠时羊水平均为1000毫升。

过预产期以后，每周羊水量开始明显减少，可达33%。羊水减少，使得胎动减少，胎盘功能不全，也就是说胎盘出现钙化、坏死、梗死，因而导致胎盘功能低下，影响了宝宝氧和营养物质的交换，使宝宝缺氧，发生胎心改变、羊水粪染，宝宝及其附属物胎盘、脐带全被染成黄绿色，即发生“宝宝宫内窘迫”，会出现死胎、死产。

另外，过期妊娠由于营养供给不足，还会出现胎脂和皮下脂肪减少，皮肤干燥、松弛，有较多的角化细胞和皱褶，有全身表皮发生脱落现象，指（趾）甲长，头发增多，形似“小老人”。也有的宝宝体重继续增加，出生体重可至4000克以上，身长增加2～3厘米或更多，颅骨钙化变硬，宝宝肩部宽大，以至于阴道分娩时容易发生颅内出血、肩难产，母儿产伤率大为增加，甚至不得不剖宫产。

综上所述，过期妊娠对孕妈妈不利，对宝宝有害。因此，过期妊娠应按41孕周或287天计算为妥。因为在41孕周分娩时，宝宝、新生儿的危险度明显下降。因此，怀孕到41孕周时，必须请医生帮助促使分娩。

8. 孕妈妈要调整好分娩心理

随着产期的临近，大多数初产孕妈妈内心越发忐忑不安，过多地去想象分娩时的疼痛，担心分娩不顺利，忧虑宝宝不健全，甚至有传统意识的孕母还会担心宝宝的性别等，以至于使自己终日处于惶恐不安之中，这种心态对于即将出世的宝宝是十分不利的。

一方面，孕妈妈的焦虑不安将导致母体内的激素改变，对宝宝产生不良刺激。另一

方面，伴随着焦虑和恐惧而引起的神经性紧张，往往会产生许多不适的感觉，使您肌肉紧张、疲惫不堪，并且会导致分娩时子宫收缩无力、产程延长及滞产等现象，甚至造成难产，这也往往使宝宝发生宫内窒息，使对缺氧敏感的大脑细胞受到伤害，进而影响宝宝智力，甚至危及生命。

因此，在分娩前您应做好心理准备。阅读一些有关分娩的书刊，了解分娩的过程，做到心中有数。要想到您的情况并不特殊，全国每天大约有5万名宝宝出世，而其中的一名则是由您所创造的。

所以，孕妈妈不必紧张和忧虑，要记住自己是完全能够胜任这个使命的，这样，当阵痛开始时，孕妈妈就会意识到，这正是腹中的小生命在投奔光明世界冲破重重阻力时自己发出的求援信号，此时，孕妈妈应以必胜的信念和爱心迎接新生命的到来。

9. 做好分娩的准备工作

妊娠10个月，孕妈妈要每周去医院做一次产前检查，做好随时入院的准备；由于行走不便，要更加小心地走路，绝对不要做对母体不利的动作；避免向高处伸手或压迫腹部的姿势；抛开不安与担心，安心地考虑产后的事情；保证充足的营养和睡眠，以积蓄体力；清洁身体，淋浴或擦身都可以，特别要注意外阴部的清洁；严禁性生活。

做好分娩前的精神准备，孕妈妈对分娩要有正确的认识，以愉快的心情迎接宝宝的降临；重视并积极接受产前教育和分娩知识，学习、掌握分娩时的呼吸动作；正确认识先兆临产和临产表现，并熟悉处理办法。这样可以避免分娩时的紧张和惊慌，有利于宝宝顺利分娩。

做好分娩前的物质准备，孕妈妈应将入院分娩所需的物品整理好并放置于一处，以备用时迅速拿取。这些物品有：洗漱用品、水杯、小勺等日用必需品；少量的鸡蛋、点心、红糖（蒸过）等营养品；卫生纸、卫生棉、卫生巾（消毒）、胸罩等卫生用品；根据分娩所处季节准备宝宝衣服、帽袜、被褥、尿布和孕妈妈出院时穿戴的衣物。

此外，孕妈妈、宝宝的住室应打扫干净，保持清洁。如在寒冷季节，应准备好取暖设备，以免母、婴受凉。如决定在家中分娩时，应准备好接生时的洗刷、消毒用品和消毒器械用的蒸锅，以及筷子、火炉、卫生纸（消毒）、塑料布和足够使用的温开水等。并且要请有医疗营业许可的医生上门接生。

四、第十月胎教

怀孕的最后一个月，孕妈妈们的心情难免激动难耐，胎教也没有心思做下去了，这时候我们最重要的是要安静下来与其为胎宝宝的降生坐立不安，不如有张有弛地度过这最后一个月中的每一天，静等瓜熟蒂落的喜悦，经历过十个月的心灵接触，终于和自己的天使宝贝见面了。

1. 胎教方案

妊娠晚期，宝宝的各系统已经发育得比较完善，此时各种胎教方法对宝宝都可以使用，所以孕妈妈在这时要将各种胎教方法综合进行，灵活应用，对宝宝进行胎教。

一般的做法是，每天清晨起床，都要拍着腹中的宝宝对其说一些关于天气或问候的话语；然后到户外散步，可以边散步边对宝宝进行抚摩和说话；晚上睡觉前则进行音乐胎教，一边听音乐一边抚摩宝宝。当然每个孕妈妈可以根据自己的实际情况来选择适合自己的胎教方法，只要是对宝宝有益的都可进行。另外在进行胎教时，应按照各种方法提出的要求进行，这样做，收效会更大。

方案一：本月的重中之中——安全

本月是宝宝即将降临的一个月，也是孕妈妈活动最不方便的一个月，所以，一定要做好各种安全工作，在保证妈妈和宝宝安全的前提下进行胎教。

方案二：缓和孕妈妈的焦虑情绪

最后一个月，所有的妈妈在经历了十个月辛苦的怀孕生活，终于等到了宝宝降生的一天啦。心情难免激动和初为人母的紧张。有些妈妈甚至会感到焦虑

胎教小贴士

不能放松的第十个月

第十个月，宝宝就要降生了，很多父母在激动之余，不经意就放弃了日常的胎教，其实最后一个月是胎教很重要的一个月，坚持抚摩胎教和运动胎教可以帮助生产，音乐胎教和情绪胎教可以缓解妈妈和宝宝的焦虑不安情绪。

不安，甚至恐惧，这些负面情绪会直接影响到宝宝，所以本月胎教的一个重要内容就是缓和，消除这些负面的情绪，比如听一些舒缓的音乐，看轻松的心情故事，经常跟家人朋友聊天等。

方案三：重复、巩固前几个月的胎教成果

胎教的重复性很重要，只有不断重复，宝宝才会得到持续的有效刺激。之前几个月常给宝宝讲的故事、常放的音乐、常用的抚摩动作，本月都要继续。

2. 胎教准备

给胎宝宝准备的故事：

蜗牛和黄鹂的故事，讲故事的同时可以哼唱《蜗牛与黄鹂鸟》。

小马过河的故事，不必完全照着书念，孕妈妈或爸爸可以临时发挥，效果更好。

十二生肖故事，可以准备一些生肖的卡通画和拼音、文字，一边讲故事一边看。

狐假虎威的故事，可以准备几张鲜艳的狐狸和老虎的卡通画，一边讲故事一边看。

曹冲称象、孔融让梨的传统美德故事。

爸爸妈妈自己编的一些简单的小故事，或者平时看到的其他小故事。

适合孕妈妈看的散文、诗歌：

朱自清《春》，泰戈尔《我的歌》

给宝宝念儿歌：

前几个月的继续重复，新添加2～3首。

根据孕妈妈的爱好，准备一些简单的手工：

如给未出生的宝宝准备小衣服。

做一些小玩具。

玩一些拼字、组合类的简单益智游戏。

对之前几个月胎教的一些资料、用具进行整理。

接受了良好胎教的胎宝宝已经做好了吸收更多新知识的准备，因此，在宝宝出生后，你在照顾他的吃喝拉撒之余或是过程中，还是要微笑着重复那些胎教的内容，以前，你对他温柔地讲述的一切，已经在他头脑的某个地方扎下根来了，出生后，别让他把这些美好的记忆作有用的知识忘掉。

让他看到他在胎儿期“看”到的物品。在胎宝宝出生后，你第一次教他数数时，如果把曾用于胎教的实物，如玩具、发光卡片等再次摆在他面前，这时，他在他胎内学过的东西，就会逐渐反馈回来，很可能会作出令你吃惊的反应。

给他读读过的故事。你喜欢的故事，胎宝宝喜欢的故事，在胎宝宝出生后，你一定如数家珍，再将那些故事讲给他，看看他会不会露出满意的表情。

胎教音乐常常放。那些美妙的音乐，我们曾经称之为“胎教音乐”，实际上可以一直伴随宝宝的童年。那些优美的旋律在宝宝的头脑中根深蒂固，对持续提升宝宝的智力和加强修养很有帮助。

胎教小贴士

铭刻宝宝每一个人生足迹

很多家庭从宝宝出生就开始记录宝宝的每一个重要的日子，其实，这个工作在怀孕的时候就可以开始了，等宝宝长大以后，一家人可以回顾宝宝的成长历程，是一份无价的宝贵回忆。

3. 胎教过程

音乐胎教

妊娠10个月时，宝宝的听觉功能发育已基本完成，此时，孕妈妈宜给宝宝倾听各种各样的声音，以促进听觉更一步完善。孕妈妈可根据不同的情况选取不同的声音，做家务事时可听轻快的《米努哀小步舞曲》；独自一个人冥想时最好听《弥撒曲》或《米赛亚》等宗教歌曲；整理一天的工作和写日记时听小夜曲类的音乐才够格；忧郁时，与其立即听高兴的音乐，不如开始先听一会儿单调的悲伤的音乐，然后再听高兴的音乐；稍微有点不安时，听旋律一定的弦乐器演奏的音乐能使情绪镇定；不要只听古典音乐，也可听自己喜欢的流行歌曲或歌谣等来调节心情。

这里需要说明的是一般人在欣赏音

胎教小贴士

胎教名曲巴赫的G大调小步舞曲

轻松愉悦的节奏，就像胎宝宝即将踏入尘世的脚步声。听着这样优美的音乐，还有什么可以忧虑的呢？

这首乐曲巴赫创作于1796年的3月，以“六首钢琴小步舞曲”的标题所出版的小步舞曲集中的第二首，由原来为管弦乐队而写的乐曲改编而成的。本曲既可用来伴舞，又颇具欣赏性，因此二百年来久盛不衰，是通俗名曲中的精品。

小步舞曲原为法国民间流传的一种三拍子舞曲，后来传入宫廷，形成速度缓慢、风格典雅的三拍子舞曲。

小步舞曲旋律优美，中速，节奏平稳，风格典雅、明快、轻巧，让听者的心中产生一种荡漾感。

乐时，往往只满足于感官欣赏，也就是说，仅仅满足于悦耳动听，轻松愉快，其实这是很不够的。音乐是一门艺术，作为艺术欣赏，还需要加人丰富的感情色彩。在听觉器官接收音乐的同时，根据不同乐曲在人们心理上、感情上产生的不同反应，引起各种不同的联想，诗情画意联翩而至，在头脑中凝成生动的具体形象。例如，蓝天、白云和草地上奔跑的小鹿；高山、峻岭，山谷中静静流淌的小溪；夜幕下，月亮时隐时现，摇篮旁幸福慈爱的母亲等。这就是我们所说的“感情色彩”。显然，与单纯的感官欣赏相比，效果更好，更有利于强化胎教的作用。

语言胎教

宋代名医陈自明在《妇人大全良方》中说：“子在腹中，随母听闻。”经现代医学证实，宝宝的确具有一定的听觉和记忆能力。宝宝在母腹中能经常听到的是母亲的讲话声。宝宝对母亲的声音感到亲切，最喜欢听，也容易在他头脑中留下记忆的痕迹。因此，不管孕妈妈是否意识到，实际上她已经时时在对宝宝进行语言胎教了。自然，如果孕妈妈缺乏文化修养，语言粗鲁，信口开河，不注意语言美，那么这种无意语言胎教就对宝宝不利了。反之，孕妈妈有比较高的文化修养，语言生动、幽默，注意语言美，那么即使是无意语言胎教对宝宝也很有好处。

孕妈妈用优美的语言和宝宝对话

胎教小贴士

胎教散文推荐——朱自清《春》（节选）

盼望着，盼望着，东风来了，春天的脚步近了。

一切都像刚睡醒的样子，欣欣然张开了眼。山朗润起来了，水涨起来了，太阳的脸红起来了。

小草偷偷地从土里钻出来，嫩嫩的，绿绿的。园子里，田野里，瞧去，一大片一大片满是的。坐着，躺着，打两个滚，踢几脚球，赛几趟跑，捉几回迷藏。风轻悄悄的，草软绵绵的。

桃树、杏树、梨树，你不让我，我不让你，都开满了花赶趟儿。红的像火，粉的像霞，白的像雪。花里带着甜味儿，闭了眼，树上仿佛已经满是桃儿、杏儿、梨儿！花下成千成百的蜜蜂嗡嗡地闹着，大小的蝴蝶飞来飞去。野花遍地是：杂样儿，有名字的，没名字的，散在草丛里像眼睛，像星星，还眨呀眨的。

“吹面不寒杨柳风”，不错的，像母亲的手抚摩着你。风里带来些新翻的泥土气息，混着青草味儿，还有各种花的香都在微微润湿的空气里酝酿。鸟儿将窠巢安在繁花嫩叶当中，高兴起来了，呼朋引伴地卖弄清脆的喉咙，唱出婉转的曲子，与轻风流水应和着。牛背上牧童的短笛，这时候也成天嘹亮地响。

雨是最寻常的，一下就是两三天。可别恼。看，像牛毛，像花针，像细丝，密密地斜织着，人家屋顶上全笼着一层薄烟。树叶子却绿得发亮，小草儿也青得逼你的眼。傍晚时候，上灯了，一点点黄晕的光，烘托出一片安静而和平的夜。乡下去，小路上，石桥边，有撑起伞慢慢走着的人；还有地里工作的农夫，披着蓑，戴着笠。他们的房屋，稀稀疏疏的，在雨里静默着。

……

可产生很好的效果，准爸爸在进行语言胎教时也会有审美效果吗？会产生有利宝宝学习语言、促进宝宝良性发育的效果吗？斯瑟蒂克式胎教的成功无疑肯定了这一说法，拥有4个天才女儿的老爸约瑟夫总是这样对妻子说：“宝宝在出生前就已开始学习。到第5个月耳朵就能听得见声响，并逐渐能听懂我们的话

了。宝宝在你腹中无事可做，一定无聊极了。快！大点声音用温和的语调给她念书吧，对她讲动物、花草，让她了解外边的世界是多么美好。”看，约瑟夫不仅热心于胎教，而且他在语言胎教时充满感情、充满爱心和信心，具有父亲语言胎教特有的审美效果。

事实上，父爱和母爱虽然有所差别，但父亲和母亲对于宝宝的爱是一样真挚、一样浓郁的，都是宝宝急需的。因此，父亲语言胎教产生审美效果是完全可以达到的。当然，由于男性行为和女性行为有所差异，男女语言胎教时产生的情调不可能一样，比如说父亲语言胎教的情调会带上一种男子的阳刚之气，而母亲语言胎教的情调则带上更多的女子的阴柔之气。不要担心这种差异，实际上这种差异对宝宝更好。因为宝宝的教育，包括胎教，既要有阳刚之美，又要有阴柔之美。

光照胎教

怀孕第10个月还应该对宝宝进行视觉胎教，因为孕妈妈这个时期的腹壁、子宫壁已变得较薄，光线易于透过，用不刺眼的柔和光线可以增加宝宝对于明暗的感觉和节奏，以此提高宝宝对光的敏感度，初步促进生物钟的建立，对大脑的发育和成熟有利。具体的做法是：每晚在听音乐之前和之后，用一号电池的手电筒，玻璃光罩直贴在腹壁上，约在宫底以下三横指处对宝宝进行照射，每次照射2～3分钟。

情绪胎教

随着妊娠天数的一天天增加，尤其到了妊娠10个月，孕妈妈身体越来越沉重，开始盼望宝宝早日降生。孕妈妈的这种心理越接近分娩越是强烈，临到预产期，有的孕妈妈会变得急不可待了。是的，熬过了漫长的孕期，着急看看宝宝是什么样的，这种心情可以理解，但不可取。要知道，新生儿所具有的一切功能，产前的宝宝已完全具备。一条脐带，连接了母子两颗心，无论是在情感上，还是在品性上，母亲都会无可辩驳地影响着宝宝心智的发育。母亲着急，心境不好，也会影响到宝宝在最后一段时间里生活不宁，这实在要不得。

十月怀胎，一朝分娩。分娩到时候自会降临，所以，根本不必为最后的几天急切。10个月都熬过来了，最后这几天，孕妈妈要安下心。要知道，孕期马上就要终止，孕妈妈所能享受的孕育生涯也只有几日之遥，要好好珍惜才对。在孕期的最后一段日子里，教一教宝宝出生后该做的事，给宝宝讲一讲他所能看到的这个大千世界。然后告诉宝宝，父母会爱他，保护他，会给他以安全和保障，父母在热切地等待他的安全降生。给宝宝以信心，教宝宝愉快地降生，这同时也在增强孕妈妈自身的分娩信心，增加分娩的愉快心理。

妻子着急分娩，丈夫又何曾不想早日见到自己的结晶。但是作为男人，丈夫还是藏起自己的急切心理，做好妻子的工作，陪妻子愉快地度过分娩前的时光。分娩前，妻子行动不便，丈夫对妻子要多方照料，体贴入微。每日与妻子共同完成胎教的内容，这已到了胎教的最后一课，也是很重要的一课，夫妻一定要把胎教坚持到底。此外，丈夫还需要每日陪妻子活动、散步，这有利于宫缩，但不可让妻子太疲劳了。

胎教小贴士

数字缓解心情法

请你尽你所能，安静下来，仔细想一想下面的问题。

一些很大的数字

1．宇宙有多少岁了？

大约150亿岁，注意，是150亿。

2．离我们最远的星系有多远？

大约130亿光年，也就是说，如果从地球向那个星球发射一束光，光以每秒30千米的速度传播，仍需要130亿年的时间。

3．太阳离银河系的中心有多远？

2.8万光年。

4．银河系外有多少个天体？

目前已知的河外星系已经有上千亿个，并且所有星系都是由数十亿甚至上亿颗恒星以及星云和星际物质组成。

一个很小的数字

你的胎宝宝多少岁了？

这个，你最清楚了。

运动胎教

妊娠10个月时，腹中的空间对宝宝来说已太狭窄。此时孕妈妈最好采用腹式呼吸法给宝宝运送更多的新鲜空气。

腹式呼吸可在任何地点进行，当孕妈妈感到疲劳时，可坐在椅子上，挺直脊背进行深呼吸。姿势要正确，双背挺直，紧贴椅背，双膝与地面成90°角，全身放松，双手放在腹上，想象宝宝目前正居住在一个宽广的空间，然后用鼻子吸气，直到腹部鼓起为止，吐气时稍微将嘴撅起，慢慢地、用力地将体内空气全部吐出，吐气时要比吸气更为缓慢且用力。

为了避免方法错误，必须经常练习。

腹式呼吸法每天做3次以上，要持之以恒。早上起床前、中午休息时间、晚上睡觉前各做一次，尽量放松全身。轻轻地告诉宝宝："妈妈现在就把新鲜空气传送给你！"以这种平静的心情练习，可以达到事半功倍的效果。

据说使用腹式呼吸法分泌微量的激素会使心情愉快，孕妈妈的这种愉快心情也会影响宝宝，使宝宝的心脏感觉非常舒服。

想象胎教

十月怀胎，一朝分娩。妊娠的过程凝聚了孕妈妈浓浓的爱，在即将见到宝宝的前夕，孕妈妈可通过想象继续向宝宝传输浓浓的情。

孕妈妈先将精神放松，将全部精神集中到宝宝身上，想象自己的眼睛可以

透过腹壁和胎盘，看到纤巧而俊美的宝宝，在宽阔的羊水中，自由自在地游玩的情景。青白色的细长脐带，从胎盘联系到子宫壁。想象一些小小的氧气泡，维生素和其他各种营养素，正源源不断地通过脐带传输到宝宝身上。

然后告诉自己："我要把所有必需的营养素都传给宝宝，宝宝在我细心的照顾之下，必然长得强壮、俊美。"

接着让想象延伸，让满载深切关爱的小气泡随着养分一起通过胎盘传递给宝宝，让世界上最宝贵的情感，在宝宝的体内奔涌。不但要想象这股强大的亲情力量流进宝宝体内，而且要确信宝宝能体会到这股暖流，因而觉得安定而温暖。

再进一步感觉，宝宝也透过脐

带，将那些代表温馨的小泡泡传送到你身上。

请将你的心情完全浸润在这种想象当中，并吸收这种想象所释放出来的能量，以便牢牢地将宝宝与你联系在一起。

现在你可以休息一下，再发出声音来读这段话：“我已充分给了宝宝所需要的精神支援，宝宝在我祈求幸福的心意之下，必能过着圆满、快乐的宝宝生活。”

至此，将灌注于宝宝身上的注意力抽出来，闭上眼睛，放松自己，你会觉得全身都充盈着一种幸福的满足感。睁开双眼，周围是温馨的景物和亲密的爱人。

试试看，宝宝是不是与你更加亲密了？

视觉胎教

看一些色彩明快的手绘图书或者杂志，轻快的色彩可以让你心情愉快；可以到离家比较近的公园或绿化好的小区里呼吸一下新鲜空气，看一看蓝天白云、绿叶红花；中国传统上有这么一种观念，妈妈看漂亮的东西多了，生的宝宝就会好看，所以不妨多看一些好看的宝宝绘图或画，心理想象即将出生宝宝的样子，一来可以培养自己的母性，二来可以使出生的宝宝更漂亮。

> **胎教小贴士**
>
> **雷诺阿的母子油画**
>
> 雷诺阿（1841—1919）是卓越的法国人物画大师，他笔下的女性丰满娇丽，妩媚动人，仪态万方，他笔下的儿童，天真烂漫、聪明伶俐，纯洁可爱。他喜欢以日常生活为题材，描绘人们的欢愉情景。
>
> 晚年的时候，他偏好以沐浴在阳光下的女性为主题，她们柔和的肌肤、柔软的发丝，让人有触摸之感。
>
> 《母爱》作于1885年，画面细腻，感情真挚，宝宝吮乳的嘴、舒服惬意的眼神，都描摹得十分到位。宝宝的小胖手扳住一只翘起的小胖脚（这个动作，将在你未来的几个月内真实地出现在你眼前），脚趾头刻画得都那么精致！

抚摩胎教

准爸爸和孕妈妈在宝宝活跃时用手轻轻抚摩胎宝宝或轻轻拍打胎宝宝，通过孕妈妈肚皮传达给胎宝宝，形成触觉

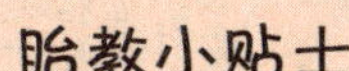

胎教小贴士

手语与未出生的宝宝对话：我们就要见面了

我们：一手食指先指胸部，然后掌心向下，在胸前平行转一圈。

就：一手打手指字母“J”的指式，并打另一手掌心。

要：一手平伸，掌心向上，由外向里微微拉动。

见面：两手各伸出拇、小指，由两旁向中间靠近，象征两个人会见。

了：一手食指书空“了”字。

上的刺激，促进胎宝宝感觉神经和大脑的发育。还可以边触摸，边说话，加深胎宝宝和爸爸妈妈的感情。

4. 准爸爸参与

当好出气筒和调解员

在最后一个月，因为宝宝就要降生了，孕妈妈又是紧张又是兴奋，这个月是孕妈妈情绪最不稳定的几个月之一。所以准爸爸们要做好思想准备，虽然可能工作本来就忙，家里的事情也都归你了，你也很劳累，但是为了妈妈和宝宝，还是需要你扮演出气筒和调解员的角色，和妈妈宝宝一起度过这最关键的一月。

当好安全员

宝宝即将降临的时刻，安全上不能有丝毫的放松。一是孕妈妈的运动安全，本月还是需要孕妈妈出去散散心，呼吸一下新鲜空气的，孕妈妈不能负重，上下楼梯最好有人，坐、躺、卧要舒适。

提前确定生产的医院，最好选择离居所比较近的医院，在预产期前两周就要做好一切。

胎教小贴士

怎样准确判定宝宝来到这个世界上的时间

7万例怀孕27周以上的妇女进行调查，其中，54%在280天以前分娩，4%在预产期分娩，42%在预产期后分娩。46%在推算日期前后1周内分娩，74%在其前后2周内分娩。双胎的孕期比单胎要短，往往提前3周分娩。3胞胎提前约5周，4胞胎提前约6周分娩。

全程参与胎教

和妈妈一起给宝宝念儿歌，讲故事，听音乐。抚摩宝宝，和宝宝对话。

为宝宝的出生做好所有准备

宝宝就要降生了，宝宝生下来的一切“硬件”都需要准爸爸来负责，分娩医院的确定、产期的安全准备、宝宝房的布置、宝宝生下来穿什么衣服喝什么奶粉等等。

5. 效果评估

这是一个直观的评估，得分越高，说明你胎教的质量越好。

孕期进补	懂得营养均衡搭配食物，知道不同时期，不同反应应该吃什么。（3分）
	荤素搭配，刺激的不吃，吃点好东西。（1分）
	什么贵买什么，天天乌鸡王八。（0分）
准爸爸	工作虽然忙，但是老婆宝宝更重要，积极参与胎教。（3分）
	老婆需要照顾，宝宝还没显示顾不上，还得上班赚奶粉钱呢。（1分）
	老子上了一天班累死了，还得伺候你。（0分）
情绪胎教	已经完全融入孕妈妈这个角色了，和宝宝的关系一天比一天亲密。（3分）
	身体一天天重下去，常常心情不好。（0分）

续表

运动胎教	每天都能坚持出去活动十几二十分钟，自己会注意运动强度和运动方式。（3分）
	看心情了，不高兴就不去。（1分）
	我现在一个人吃养两个人，还是在家养着好。（0分）
抚摩胎教	认真地感觉宝宝的存在，相信他真的能感应到我的爱，与我交流。（3分）
	偶尔为之，感觉不到什么，不重要吧？（0）
语言胎教	每天和宝宝打招呼，开始给他读一些儿歌，把我的心事和他分享。（3分）
	喜欢和宝宝交流，但是没有太刻意，什么时候想到了就说两句。（2分）
	我行我素，还是和以前一样大大咧咧，口无遮拦。（0分）
想象胎教	想象宝宝的样子，在肚子里快乐地成长。（3）
	房贷要还，奶粉很贵，婆婆合不来，以后宝宝园要花不少钱。（0）
美育胎教	经常看一些漂亮宝宝的照片，漂亮的风景，图画。（3）
	老公，晚上陪我去电影院看美国动作大片。（0）
音乐胎教	继续听一些舒缓、轻松的，并且我很喜欢的音乐。（3）
	别人说什么好，就听什么。（2）
	某高兴女生又出新歌啦。（0）
光照胎教	了解光照胎教，并试着去做。（2）
	什么是光照胎教？（0）
分娩育儿知识	我已经开始关注并学习一些关于生产、坐月子、育儿的知识了。（3）
	我已经开始担心如何生产和育儿了。（1）
	还有好几个月呢，到时候再说。（0）

胎教小贴士

胎教的延续——早教

宝宝在降生之前，准父母已给了宝宝听觉、触觉、视觉等的刺激，这给宝宝的感觉器官和大脑产生了一定的影响，能促进宝宝感觉器官的发育发展和神经元结构的形成。一般人的想法是，随着分娩过程的完成，胎教也就随之告一段落。然而，由于新生宝宝在人间的前6个月是大脑细胞增殖的另一高峰期。因此，为了继续促进宝宝的智力发育，需要在产后6个月内继续给予宝宝适宜的信息刺激，进一步促进神经系统的发展。所以胎教还要持续一段时间，直到与早期教育衔接上。

第三章 早教是胎教的延续

PART 3

初生宝宝的大脑是极不成熟的，必须经过无数次丰富的“感觉学习”，即通过视、听、嗅、味、触、平衡等六种感官刺激，才能使大脑把多种感觉信息统合起来，由不协调向协调发展。“感觉教育”越早，内容越丰富，宝宝的神经系统发育得就越快，进步的速度也会日新月异。

第一节 早教从出生开始

一、婴幼儿早教的相关理念

1. 智能提升的含义

目前，热衷于儿童早期智能开发的人很多。许多爸爸妈妈很早就教宝宝认字、算术；有的家长还对宝宝进行早期定向培养，比如很小的小孩就在家长的逼迫下学画画，学书法，学钢琴、小提琴等。其实这种教育增强的并不是宝宝的智力，充其量不过是一些知识和技能，但其后果往往会妨碍宝宝正常的智能发育，引起宝宝情感上的许多问题，导致宝宝讨厌学习、身心不健康等问题。

什么是智能？说穿了就是人适应环境的一种潜能。人类之所以能够生存，就是因为人有能够根据环境不断改造自己，探索世界未知数，解决生活中面临的问题的能力。所以，智能不是只表现在读、写、算等技能方面，还包括解决其他各种问题的能力、与其他人友好相处的能力等方面。比如，一个学习成绩好的中学生在上了大学、独立生活后，需要对自己进行正确评价，调整时间，自主地学习和生活，克服不安定的心理，协调同学之间关系以适应大学的学习生活，这也是一种智能，一种自己主动调节心理状态的能力。一个人若不具备这些能力，只会被动地记忆些死的知识，那么他的一生是不会有大出息的。

早教小贴士

初生宝宝的知识的确是“零”，但吸收学习的能量却巨大得令人震惊；无论你教给他多少资讯，他都可照单全收，就像大海能容纳百川一样。这种能力在出生后的第一年最大最强，第二、三年以后就逐年缓和下来。所以，智能提升一定要抓住这关键的头三年。

联合国儿童基金会对早期教育作了这样的描述："早期刺激可以看成是早期教育的一个组成部分。对于0～3岁的宝宝，它更具有生理学——心理学色彩。它是通过节律感（声音、音乐、颜色形状变换、运动物体、时间间隔）、语言、触觉、动作运动的安排等方式进行的。在宝宝早期刺激训练中，玩具起着极其重要的作用。"

真正的智能提升，就是要针对宝宝的年龄特点，按照规律，通过环境和教育的作用，使宝宝圆满地完成每一个年龄阶段的发展任务，在智能、性格诸方面协调发展，成为有较高的认识能力和健康人格的社会成员。

2. 婴幼儿的学习能力

一个刚出生的宝宝，到底能做哪些学习活动呢?

过去的观念总认为新生儿的大脑是一片空白，既不会说也听不懂，学习能力几乎是"零"。之后，在大人的悉心调教之下，才慢慢地学会一些事。换句话说，宝宝的学习能力是从完全没有逐渐到有，而且是年龄越大学习能力越强。

然而，最近的研究并不认为如此。0岁时因为一切都是无，学习潜能反而是无限的大。此时人了的大脑就像宇宙中的黑洞一般，任何物体靠近时都会被它强大的引力吸进去。这种学习优势是随年龄的增长而逐渐减弱的，这刚好跟我们传统的观念大相迳庭。

或许你会质疑："难道一个0岁或1岁的宝宝，会比一个6岁的宝宝更容易学会交通规则吗？"这当然不能一概而论。就吸收能力来讲，越小的宝宝的确越旺盛；就分析判断的能力来讲，3岁前的宝宝自然会有先天上的限制。了解这种学习层面的差异，我们才不至产生误解。

3. 婴幼儿的学习特征

用感官学习

2岁以前的宝宝，只能用感官去研判眼前的状况，没有办法进行抽象思考、逻辑推理等高级的心理活动。因此，显而易见的，味觉、嗅觉、视觉、听觉、触觉等，是他们认识环境的主要途径。他们用舌头来感觉食物的酸、甜、苦、辣；用鼻子来闻出食物的味道；

用眼睛来观察物体的颜色、人的脸孔、家里的东西，乃至光影的变化；用耳朵来听人声、鸟叫声、车声、音乐声；用手来摸、敲、打、把玩各种物品。

认知心理学派的开山祖师皮亚杰在观察过数以千计的宝宝后，也得到同样的结论，他特别把0～2岁这个阶段叫“感觉运动时期”。所以，想要培养零到两岁的宝宝，一定要把重点放在“感觉”和“运动”上，让宝宝实际地去看、去听、去摸、去操作，以便得到实际的经验。任何人若想跳过“感官学习”这个阶段，勉强宝宝去做抽象的学习，不但会徒劳无功，还会减低宝宝的学习热忱。

针对0～2岁宝宝的这种学习特性，游戏是这个阶段最好的学习方式。部分家长有一种误解，以为学习就是要宝宝正正经经地坐在那里，然后由大人一样一样地去教。看到宝宝不安分学习的样子，总以为他们学不到东西，其实这样教宝宝会影响他们的自然化、生活化的发展，还是按照每个阶段孩子不同的发展特点来教，是最好的选择。

会主动学习

婴幼儿的学习是自主的，他们从一出生便能在没有人逼迫、没有人主导的情况下，主动地进行各种学习活动。如果用心观察，就可以发现他们这种主动学习的过程。

一个3个月大的宝宝，表面看起来是安安静静地躺在在那儿，实则他正竖起耳朵，专心地在听周遭的声音。这些声音包括人的谈话声、走路声，东西互相碰撞的声音，洗脸、洗澡、刷牙、冲马桶的流水声，还有电话声、炒菜声，狗叫声、汽机车的引擎声、喇叭声……凡是在他的听力范围内，他都会很专注地、一次又一次地听。等声音听多、听熟了以后，他又开始学会区分哪些是人的声音、哪些不是人的声音；在人的声音中再继续去辨认哪些是妈妈的，哪些不是。这种分辨声音的过程并没有人刻意教导，他们却在有意无意中学会了。

学习语言更是如此，不管在使用哪一种语言的家庭中，宝宝大多在1岁时就能听懂爸妈的话，2岁时能讲一些片语、短句，3岁时就能顺畅地表达出来。他们会仔细地盯着大人说话的嘴巴，用心地从大人的腔调、表情、动作去了解语意，并且尝试着去振动自己的舌头、喉咙、嘴唇，努力练习说话的技巧。

再看看他们学爬的样子。宝宝通常不喜欢总躺在同一个地方，他们的内心一直有一种向外移动的渴望。他们会先练习把身子蠕动一下，在床面上努力地向前蹬或向后退。这时他如果不是在狭窄的宝宝床上，也没有被紧抱在手上，而是在宽阔松软的弹簧垫上，那么他便可随心所欲地练习这种动作。慢慢地，他学会了翻动自己的身子，接着又能抬起腹部，一步一步地向前爬去。

日常生活中，大人的一些例行动作，譬如拿碗、舀汤、抓筷子、持杯、套衣服、穿钮扣、用扫把扫地等等，他们都会很仔细地观看整个过程，等肌肉发展成熟了，他们就会跟着做同样的动作。许多事我们并没有特意告诉宝宝该怎么做，但他们却能自动自发地学会了。

当宝宝会爬、会走时，他们学习的范围就更加广泛了。他们会像一个忠于勤务的搜索兵一样，积极地游走于各个房间的各个角落，展开一连串的探索行动，摸一下沙发，推一下桌椅什么的。

每一个宝宝内心都潜藏着神秘的心理本能，靠着这种本能，宝宝会在所接触的环境中，主动地展开学习工作，并努力的发展自己的智能，以适应人类生活。在整个过程中，主导者并非大人，而是宝宝自己。

刹那间的专注力

0～3岁的宝宝在学习上还有一个特质，他们的注意力是专注而短暂的。他们时常在左顾右盼中，瞄一两眼、听一两下。别以为他们不专心，这是他们这个埋藏的学习特征。为配合这个天性，我们给宝宝看图画书、图片、文字等，也应用一晃而过的方式，在刹那间完成。

不只是看图画书，任何事物他们都是用这种昙花一现的习性在进行学习。他们的大脑好像一块强而有力的磁铁，一遇见铁质的东西，就能立刻吸取过来一样；也正因为他们能够“快而无量”的吸收新资讯，所以才能很快的适应生活。

反复学习

1～3岁的宝宝最需要做的潜意识学习活动，是大量的看图画书、图片、文字、数点、听大量的名曲、儿歌等，这些活动要每天规律地做，就好像三餐进食一样，让宝宝形成习惯性的接收；他的大脑也会配合这种规律自动调适，时间一到就会准备学习。

反复练习也是这个阶段的学习特征之一。0～2岁宝宝没有什么创造性的活动，他会针对自己中意的题材，不断的重复学习这种重复学习可能会使大人生厌，但对宝宝而言却是一种乐趣；同一首歌他们喜欢一遍一遍地听，同一本书也是喜欢一遍一遍地看。不明就里的爸爸妈妈总认为这样做会妨碍他们的学习，因此一味地拿新材料给他们，但宝宝却总是采取排斥的举动。我们来做个简单的实验便可以发现这个事实：你摆两本书在宝宝面前，一本是念过好几遍的，一本是全新的，让他自由选择一本的话，他十之八九会选择很熟悉的那一本。

这种对旧有经验做重复反应的行为，正是他们的天性之一。透过多次的重复反应，他们才能建立良好的神经通路，就像一个篮球选手必须常常练习投篮，一个棒球手必须时时练习挥棒一样。

我们对宝宝做智能提升活动，是为他未来的学习作储存各种资讯的准备工作，家长别期望宝宝在0～3岁期间就能表现得超人一等。这就跟农夫种田一样。农夫大多在初春的时候深耕土地，以便能提供作物一个肥沃的生长环境，在这个时候是看不到任何成果的；但等到播下种子，就会因为有良好的滋养，而迅速成长起来。

相反地，有些爸爸妈妈不知道趁宝宝还小的时候用心诱导，等宝宝大了才发现他的学习能力很差，学科样样不如人，那时才忙着为他找家教、送他上补习班，但宝宝没有坚实的学习能力做后盾，不论怎么加强终究是很吃力的。与其如此，倒不如未雨绸缪，及早为宝宝的将来做好准备。

4. 早期教育多早才算早

许多家长在宝宝刚刚会说话时就教唱儿歌、背诗等，进行早期教育，以期早日开发智力。其实，这还不算早，在宝宝处于婴儿期，只知道吃和睡的时候就应该进行智力开发了。

婴儿期宝宝和妈妈接触最多，这一重任自然落在妈妈身上。日本医学博士高桥悦二郎对此进行研究后发现，正规的早期教育，应始于母婴间的四种交流。

触觉交流

母婴间的触觉交流，最常见的是妈妈为宝宝授乳。因为，授乳已不单是为宝宝提供生长发育的营养，而且为宝宝大脑的触觉产生和发展提供条件。宝宝以其最为敏感的口角、唇边和脸蛋，依偎着妈妈温暖的乳房，能在大脑中产生安全、甜蜜的信息刺激，这对其智力发育起催化作用。妈妈经常抚摸、拥抱宝宝所产生的肌肤接触，也会获得同样的效果。高桥的研究发现，一生下来就失去上述交流的宝宝，在成长过程中会表情冷淡，发育迟缓，性格孤僻而难以与同龄儿和睦相处。

视觉交流

宝宝出生1个月左右，视网膜已经形成，但中心凹尚未发育成熟，故其可见距离不会超过40厘米，可见区限于45°，几乎只能见到眼睛正前方。不过，此时他们对于人脸，特别是人眼已有识别能力。妈妈在授乳时，总会发现宝宝边吃边用眼睛直视着自己的眼睛，这是宝宝情感发育过程中的视觉需要。因此，这种视觉交流，宝宝可在吃奶速度和进奶量上，达到所需要的标准。如果失去这种交流，其吃乳时会频繁转身摇头，甚至烦躁不安。当然，除授乳以外，平时多与宝宝做对视交流，大多会得到宝宝甜蜜的微笑，从而有益于其心理健康发育。对于人工喂养的宝宝，妈妈在使用奶瓶授乳时，更应有这种视觉交流。

嗅觉交流

生物学研究证实，人类在视觉相当发达后，嗅觉便开始退化了。但是，宝宝的嗅觉却相当灵敏。刚出生几天的宝宝，便能闻出气味的好坏。在试验中，如果把浸过母乳的布片靠近宝宝一端，宝宝会顿时止哭而做出寻乳的姿态。由于宝宝能嗅出是不是妈妈，故高桥提出，婴儿期由妈妈陪睡可产生良性刺激，有利于其智力发育。他指出，那种不停更换陪睡者的宝宝，心理常处于紧张状态，睡眠时间和质量均大幅度下降。这对其身心发育不利，严重者可导致宝宝发育迟缓和幼儿期心理障碍。

听觉交流

研究表明，宝宝出生1周后，即能分辨出人声或物声。这是因为，宝宝自出生起，便有声响需求，并能从各种声响中产生“诱发效应”，从而很快以声音辨别是不是妈妈。可别小看妈妈与宝宝间毫无意义的“对话”，细心的妈妈会发现，在对宝宝说话时，他会动手动足，一副满足的模样。更重要的是，多与宝宝“对话”，可使大脑正处在急剧发育中的宝宝，很快牙牙学语，为日后语言发展奠定良好的基础。事实上，缺乏母婴语言交流的宝宝，发语均迟于有母婴语言交流的同龄儿，且发语不清，表情不活泼。

由此可见年轻妈妈和宝宝的密切接触与交流多么重要。养儿育女绝不是一件简单的事，身为现代爸爸妈妈是相当辛苦的，尤其是当我们想把宝宝教养得出色一些时。但是，千万不要因为快节奏的生活等诸如此类的种种原因，忽视了身边的宝贝。别忘了，对您完全依恋、相信的宝宝，是多么需要妈妈带他认识这个充满爱的新世界啊！

爸爸妈妈来互动：0～6岁宝宝的成长期，对个人的未来成长及发展，具有深远的影响。宝宝天生的潜能，必须在学龄前开发才能得到尽情发展。一旦错过这段黄金时段，也许会被埋没。爸爸妈妈们，您已经没有时间也没有理由再等了，无论您的宝宝处于哪个年龄阶段，从现在开始早教对您的宝宝来说都是最合适的。

5. 宝宝的资优倾向

我的宝宝智能发展正常吗？有没有资优儿的倾向？有没有成为神童的可能？

这是许多年轻爸爸妈妈想要知道的。由于资讯取得不易，一般家长只能和同龄的宝宝做评比。那么，我们应该从哪些方面来了解宝宝的智能水准呢？我想由爸爸妈妈亲从平日生活中，做全面而完整的观察和评估才是最可靠的。

一个资质优异的宝宝，在婴幼儿阶段会有什么重要的行为、能力和倾向呢？下述的现象可供家长做参考：

在还不会说话以前，甚至是初生期时，就很会用肢体、脸部表情来传达他的感觉和需求。会说话以后，遣词用字也很流利，而且变化多端富创造性。能说出较长、较复杂的句子，对看过的事、物能正确地描述，也能纠正别的宝宝错误的用语，并懂得用说话技巧影响别人。

早教小贴士

值得强调的是，以上这些情况仅供参考，并不见得一定要具有这些特质才算资优宝宝；没有这些特质的，也可能怀着优异的禀赋，只是一时还没具体表现出来而已。爸爸妈妈无需因此而烦恼。

在视觉上，很早就会凝视某个定点一段时间，对书本和图片表现高度的兴趣和学习能力，能耐心地看书。

在听觉上，能听懂一般口头指示并照着做，也能正确地复述听过的故事。歌曲听过几遍后便能哼唱，诗词朗诵几遍后便能牢记。

有敏锐的观察力，屋内摆设稍有变动便能察觉，做事、生活规律稍有改变也会发现。有强烈的好奇心，喜欢学习新事物，勇于尝试一些看来困难的事。个性非常独立，自己能做的事就自己做，不依赖别人。富幽默感，对有趣的、奇怪的事情感兴趣。有强烈的自我意识，会维护自己的需求和想法。有充分的自信心和领导能力。记忆力很强，经历的事物能记得很清楚。

喜欢玩排列、分类、组合、拣先的游戏。同一项玩具或工具能创造出多种不同的玩法。活动力强，精力旺盛，比同年龄宝宝睡得少，喜欢拆解、组合物品。喜欢和大人交谈，喜欢和较大玩伴一起玩。

对文字、数字、时间感兴趣。喜欢玩文字游戏，很早就会组合文字，且符合正确的文法。会主动学习新字而且拿来应用，会自己阅读。对时钟、日历感兴趣。

有良好的基本概念，富于理想和讲求完美，比一般宝宝有较多的正义感和道德感。知道一些因为所以的因果关系，喜欢提出问题，并且希望得到答案。能做一对一的计数。注意力特别集中，学习新东西的速度很快。

6. 如何培养资优的宝宝——“神童”的培养

古今中外都有关于“神童”的记载，人们常把这些智力非凡的宝宝称为天才。中国科学院心理研究所近来调查了22.8万个宝宝，智力非凡的宝宝占3%左右；呆傻宝宝占3%～4%；居中常智力的人数最多，可见“神童”是存在的。那么，这些“神童”是如何练就的呢？

天赋潜能要在良好环境中才能发展，一个资优宝宝，也就是我们所说的“神童”，其形成显然跟遗传、环境两大因素有密切关系。这就好像栽培植物一样，品种再好的幼苗，在培植期间也要肥美的土壤、充分的阳光、适宜的水分来帮助它成长；宝宝也是这样，不论天分多高，都须靠教养环境配合才能发展出来。

在环境因素中，最重要的是爸爸妈妈的教养观念和教养态度。爸爸妈妈如果通用下列这些符合资优教育原理的方法来调教宝宝，将可大幅提高宝宝的智能：

❶ 重视宝宝的感受和需求。宝宝不管是高兴、生气、饥饿、口渴、尿湿或疲倦、不舒服，都会用肢体语言或脸部表情、啼哭等方式告知大人。我们应敏锐的积极回应，细心照顾，让宝宝知道他很被重视、很被关爱；宝宝有了这些感觉，才能进一步充分发展他的智能。

❷ 要相信宝宝有高度的潜能，把宝宝当成一个很有发展性的人来看待。当我们把宝宝当资优儿来教养时，他真的很可能成为资优宝宝；当我们认为宝宝的资质很平庸时，他也果真优秀不起来。宝宝常从爸爸妈妈对他的看法中评估自己，并构成自我概念的一部分，也无形中影响了他未来的发展。

❸ 勤于训练宝宝的动作技能，例如翻身、爬行、走路、跳跃、跑步、攀登、滚翻、投掷等，这些动作表面看来似乎跟智能发展没有关系，实则是智能发展的根基；因为每做一个动作，都会使宝宝的脑细胞大量活跃起来。

❹ 对宝宝提出的问题，要认真而耐心地回答。对不知道的问题绝不可随便敷衍，要慎重其事地去查书，正确而详尽地回答他每一个问题。这样做不但满足了宝宝的求知欲，也让他感觉自己的问题很受重视，间接鼓励了他再发问的兴趣和勇气。

❺ 培养宝宝主动探索环境的能力。宝宝经由亲身操作所获得的知识最可靠，大人不宜做过度的引导，而应让宝宝依自己的意愿和成熟度，自由的展开各种探索活动。毕竟我们不能永久地教导宝宝，给他一条鱼不如给他一支钓竿，培养宝宝自动自发的探索能力老师根本之道。

❻ 每天要有和宝宝单独相处的时间。在这些时间里可以和宝宝看书、说故事、吟诵诗歌、做游戏等。

❼ 鼓励宝宝多和其他宝宝一起玩，多和成人交谈，见到熟人要打招呼，让他能从小学会和别人建立和谐的关系。

❽ 多启发宝宝的创造思考力。例如利用旧物品玩游戏，即兴编故事，玩假装游戏等等。宝宝其实是很有创意的，只要我们不从中干扰，他们经常会提出一些超乎我们意料之外的构想。

❾ 多带宝宝到超级生鲜市场、百货公司、博物馆、公园、儿童乐园、动物园、美

术馆、音乐厅、展览会场、风景名胜等地去。这种环境教育往往有潜移默化之功，宝宝虽然不是每样资讯都能了解，但在实地的耳濡目染中，却可感受到科学、艺术、运动、音乐等等气息。

⑩ 培养阅读兴趣。多准备些图书，把家里布置成一个书香环境，每天按时读书给宝宝听，培养他阅读的兴趣和习惯。

⑪ 培养宝宝独立的心性。把宝宝当成独立自主的成年人，尽量尊重他的意见和想法。让他对自己有充分的信心，但也要求他对自己的行为负责。

⑫ 对宝宝有合理的期望。不拿宝宝和别人比较，不求宝宝样样精通，处处比别人强。容许宝宝依照自己的兴趣和进度去自由发展。

7. 影响智力发育的因素有哪些

中枢神经系统损伤对宝宝智力的影响

脑组织受到直接或间接的损伤，会影响宝宝的健全发育，并使智力发育受到影响。影响的程度取决于脑组织损伤的程度。因此，加强妈妈孕、产期保健，积极防治宝宝早期易致中枢神经系统损伤的疾病，以利其大脑的健全发育，对宝宝日后智力的正常发育十分重要。

爸爸妈妈的文化程度与职业对宝宝智力的影响

爸爸妈妈的文化程度与职业作为构成家庭智力环境的基本因素，对宝宝智力发育起着不可忽视的作用。爸爸妈妈不仅通过自身的文化素质对子女产生潜移默化的作用，还通过对子女教育的形式与投资产生影响。爸爸妈妈职业对宝宝智力发育的影响，主要是由其文化程度决定的。因此，提高宝宝爸爸妈妈的文化素质，对宝宝的智力充分发展是十分有利的。

心理行为偏异对宝宝智力的影响

儿童心理行为偏异对宝宝智力发育是不利的，此类问题的发生率达50%以上，应引起足够的重视。心理行为偏异是由多种因素造成的，主要可归为两大因素，即宝宝自身的因素和环境因素。因此需从这两方面入手，采取综合措施，积极防治。

8. 及早发现智力发育异常儿

宝宝的智力发育是否正常，在婴幼儿时期就可以发现。老人们常常称赞那些不哭不闹、不给大人添麻烦的宝宝为“乖”，殊不知这正是宝宝行为障碍的表现之一。这种乖是他们对周围事物缺乏兴趣，注意力和反应能力较差的表现。由于家长们的误解，致使这些宝宝在早期没有及时得到训练，直到宝宝上学后才发现跟不上学习进度，智力存在问题。但随着年龄的增长，用训练来提高宝宝智力方法则越来越难以奏效。所以早期观察宝宝的智力发育情况非常重要。

胎教小贴士

爸爸妈妈要及时发现问题，但不要主观断言宝宝将来会很聪明，或寄希望于他们长大会聪明，这样会耽误最佳的训练时间，以致影响一生。

婴幼儿智力障碍的行为表现主要有：

各种生理功能（听觉、视觉、嗅觉、咀嚼、运动等）发展晚，社会活动能力（注意他人谈话、对外界事物反应）落后。

另外，智力低下宝宝多表现为多睡和无目的地多动。

除了观察上述行为以外，对于两岁以上的宝宝，心理医生可以用心理测验的方法来测查宝宝的智力发展水平。

9. 玩耍在智能提升中的重要作用

英国儿童教育专家提出：对宝宝的早期教育应从娱乐和游戏开始。他们的研究资料显示：宝宝入学前几年间所学的东西，比一生中任何时候都要多，学得也快，且绝大部分知识是在玩耍中学到的。

英国支持儿童玩耍全国志愿委员会协调人安娜·卢尔卡斯基的观点更为鲜明，玩耍同正式教育一样重要，没有机会进行各种玩耍的宝宝，在感情、身体以及成年后的社交与科学研究方面的发展速度，远不如拥有这种机会的同龄者。此说已得到美国科学家一项试验证实：让100名宝宝玩一种带有铜腿的红盒子，盒的顶部有一个直立的棍子，拨动棍子，盒子的四壁就出现图画。5年后，常玩此玩具者显示出较多的创造性和好奇心，而不常玩这种玩具的男孩在所有方面都没有强烈的好奇心和冒险精神。至于不常玩此玩具的女孩则表现出一些个性问题，在适应社会方面遇到一些困难。专家们的解释是：好玩是人的天性，在人生的最初几年间尤其如此。玩耍时宝宝的大脑敏锐度显著增强，对渗透于其间的知识特别容易接受，对智能的激发作用最强，因而可收到事半功倍的效果。

当然，这种玩耍的种类和质量在这一效果中起着核心作用。为此，爸爸妈妈应该做到：

第一，要主动热情地参与，使宝宝玩有所得。成年人对宝宝能起到“催化”作用，为宝宝提供玩耍的素材与方式，在宝宝产生新想法时给予鼓励与帮助。英国早期教育专家蒂娜·布鲁斯建议：“大人应观察并帮助宝宝，开拓其视野，放任自流是错误的”。当然，大人不能包办代替，应尊重宝宝的创造精神。

第二，要教给宝宝玩耍的规则，培养其自理能力，养成其良好的玩的习惯。

第三，要有合理的时间安排，不能因玩耍而影响吃饭、睡眠等正常活动，确保宝宝身心全面发展。

关于玩耍的种类和方式，可根据宝宝的年龄选择或交替进行。专家们推荐如下几种：

感官刺激型：如看颜色形态、听声音、尝味道等使宝宝得到感官方面的锻炼，进而刺激大脑的发育。

运动型：跳、蹦、追逐、打闹是对肌肉、骨骼、手眼以及四肢协调最好的运动，可促进宝宝包括大脑在内的全面发育。

语言表达型：如朗读、唱歌、绕口令等既是声音的锻炼，又是语言的练习。对周岁以内宝宝亦可进行。

胎教小贴士

和宝宝玩的过程，也是让他掌握新的技能的过程。一步一步地教宝宝完成一些有价值的任务，比如包礼物、使用瓶子开盖器等。完成这些有意义的活动所获得的成功，能让宝宝获得满足感。这时不需要你的表扬，他就已经自我感觉非常好了。教他切面包片，打开鸡蛋放进烤箱里，然后，让他把自己做好的早餐端到餐桌上，他会觉得非常自豪和幸福。

竞赛型：如引导宝宝进行赛跑、捉迷藏等，对宝宝的体格、智能与心理发育都很有意义。

智力型：如讲故事、猜谜语、玩智能玩具等，这对智力发育的促进有着不可取代的作用。

二、智能提升的主要内容

智能是在特定的文化背景下或社会中，解决问题或制造产品的能力。智能不是智力测验的得分，而是一种实践能力、解决问题的能力。

根据多元智能理论，我们每人拥有八种以上的“智能”：身体运动智能、语言智能、音乐智能、数理逻辑智能、空间视觉智能、人际关系智能、自我认识智能、自然观察智能。正如每个人的长相和个性皆不相同，每个人的智能组合也不相同，表现为有人用手便利，有人善于诗文，有人唱歌出色等。而人的各种智能水平的差异正是造成人的差异的重要原因，所以你就是你，我就是我。因此，对宝宝的评价不应当是谁更聪明，而应当说是谁在哪方面更聪明，评价应该是多元的。传统的智商（IQ）测验只反映了宝宝在数学与语文两方面的能力，因此，按照按照IQ得分来评价宝宝，对每个宝宝来说都是不公平的，同时也会埋没很多有独特天赋的宝宝。

理解多元智能意味着更多地关注个人的特征。想像一个人除了写诗或解决几何问题外，什么都不会将是怎样的情形。每天的日常生活像开车或烹饪，一个人需要多方面的能力才能应付，单一的智能让人很难适应生存。

早期教育的重要性就是抓住每一个智能发展的关键期，顺强补弱，因材施教。

通过开发宝宝们所有的智能，使他们成为生活中的成功者。爸爸妈妈和幼儿教育者必须认识到在宝宝身上表现出的不同能力。有的宝宝语言智力多点，有的宝宝音乐智力多点——关键是大人要让宝宝们表现他们自己。如果宝宝们有机会学习他们所喜欢的领域，并在不强的领域发展他们，他们将在更多的方面发展成为智者，而不再是单方面的智者。

1. 语言智能

定义：是指有效运用语言文字的能力。是人类最早表现出来的智能。

特征：说话早，对声音和单词的意思很着迷。在讲故事、背诵古诗词、学习儿歌、谜语、绕口令等方面均表现良好。

开发宝宝语言智能的最佳时机

4岁是言语发展一个重要的里程碑，在这一年中宝宝的言语发生了翻天覆地的变化。

一项研究表明3～6岁宝宝声母发音正确率为66%、97%、96%、97%，韵母发音正确率分别为66%、100%、99%、97%。由此我们可以看出整个幼儿期的发音能力都在逐步加强，但四岁时的进步尤为明显。四岁时，绝大部分宝宝基本能发清普通话中的韵母，但对声母的正确率相对较低，一部分宝宝的错误较多集中在zh、ch、sh、z、c、s、l等辅音上。此时，宝宝对语音的意识也明显发展起来了，他们开始自觉地、有意识地对待发音。你会发现他们有时喜欢纠正、评价别人的发音；并且特别专注自己的发音，他们会有意识地重复练习，或故意回避难发的音，或为自己的错误申辩。

四岁左右是词汇量飞跃发展的时期。在词汇量不断增加、词类不断扩大的同时，宝宝所掌握的每一个词的含义也在逐渐确切。如四岁的宝宝知道不仅自己是儿子，而且爸爸也是爷爷的儿子。随着宝宝交往范围的扩大，4岁的宝宝能够独立地讲述事情，但仍具有情景性，而且在游戏中在遇到困难和疑惑时常出现自言自语的现象。

四岁是语音口腔定型期，与讲不同方言的人接触能学到比较地道的口音，这一时期是学习母语和外语的关键期。因此，要提高宝宝的语言文字智能，爸爸妈妈等成人要提高自身的修养。成人在日常生活中要尽力规范自己的发音，注意自己的措词，与宝宝一起惟妙惟肖地描述周围的人和事物。为宝宝创造交往和活动的机会，让宝宝充分地自由表达。

“人生识字聪明始”。宝宝识字后就可以大量阅读，提早认识外部世界。而3～4岁的宝宝已经有了口语的基础，同时也具备了一定的智能，完全有能力在游戏、唱儿歌、讲故事的过程中自然识字。对宝宝来说，这是一件令人兴趣盎然的事情，不应有任何负担。

2. 运动智能

定义：指运用全身或身体的某一部分，解决问题或创造作品的能力。它分为身体运动智能和用手智能。

特征：能协调肌肉动作，举止优美而恰当，表现出运动天赋。能惟妙惟肖地模仿他人的动作。喜欢从事各种体育运动项目。

宝宝运动能力发展的三项规律：

1. 运动能力从整体动作到分化动作：最初的动作是全身性的、笼统的、散漫的，以后逐渐分化为局部的、准确的、专门化的。
2. 从身体上部动作到下部动作：宝宝最早的动作发生在头部，其次是躯干，最后是下肢。其顺序是沿着抬头—翻身—坐—爬—站—行走的方向发展。
3. 从大肌肉动作到小肌肉动作。

宝贝自己说：一般而言，出生到4岁宝宝的运动发展大概分为：原始反射支配、步行前、步行、粗略运动、调整运动等5个时期，其动作发展顺序大约是：俯卧抬头、翻身、蠕行、坐、爬行、站、步行、攀登、跑、跳跃、滚翻、单脚立跳等。

3. 数理逻辑智能

定义：指有效地运用数字和逻辑推理的能力，以及有效地进行科学分析的能力。

特征：着迷于数字、顺序、序列和计数。常常问一些不着边际的问题。甚至在很小的时候就能很好地集中精力进行计算，往往数学很好并擅长解决难题。

提高数理逻辑智能有哪些具体方法：

学习分类法

即把日常生活中的一些东西根据某些相同点将其归为一类，如根据颜色、形状、用途等。爸爸妈妈应注意引导宝宝寻找归类的根据，即事物的相同点。从而使宝宝注意事物的细节，增强其观察能力。

认识大群体与小群体

首先，应教给宝宝一些有关群体的名称，如家具、动物食品等。使宝宝明白每一个群体都有一定的组成部分。同时，还应让宝宝了解，大群体包含许多小群体，小群体组合成了大群体。如动物——鸟——麻雀。

了解顺序的概念

这种学习有助于宝宝今后的阅读，这是训练宝宝逻辑思维的重要途径。这些顺序可以是从最大到最小、从最硬到最软、从甜到淡等，也可以反过来排列。

建立时间概念

宝宝的时间观念很模糊。掌握一些表示时间的词语，理解其含义，对宝宝来说，无疑是必要的。当宝宝真正清楚了“在……之前”、“立即”或“马上”等词语的含义后，宝宝也许会更规矩些。

具备基本的数字概念

不少学龄前宝宝，有的甚至在两三岁时，就能从1“数”到10，甚至更多。与其说他们是在“数数”，不如说是在“背数”。因此，爸爸妈妈在宝宝数数时，不能操之过急，应多点耐心。让宝宝从一边口里有声，一边用手摸摸物品，逐渐过渡到用眼睛“默数”。日常生活中，能够用数字准确表达的概念，爸爸妈妈们应尽量讲得准确。同时，还应注意使用“首先”、“其次”、“第三”等序数词。也可用日常生活中的数字关系，帮助宝宝掌握一些增加、减少的概念。

形成基本空间概念

成人们往往以为宝宝天生就知道“上下左右、里外前后”等空间概念，实际并非如此。爸爸妈妈可利用日常生活中的各种机会引导宝宝，比如：“请把勺子放在碗里”。对于宝宝来说，掌握“左右”概念要难些。

4. 音乐智能

定义：音乐智能是指对节奏、音调、旋律、音色的敏感度。其中包括察觉、辨别、表达、欣赏和创造音乐的能力。

特征：很小就表现出在音准方面的特长。能模仿声调、节奏和旋律，一段曲子只要听一两遍就能记住并唱出来。

开发音乐智能的最佳时期

多元智能理论认为，音乐智能在人类个体天赋中是最早出现的。并且，童年期是一个人音乐智能发展的决定性时期。尤其是3~5岁，是发展宝宝对节奏和音调敏感性的关键期。因此，从小培养宝宝的音乐智能，不仅有利于宝宝的学习和智能发展，还是他们今后人生道路走得精彩纷呈的需要。

5. 空间视觉智能

定义：指针对所观察的事物，在脑海中形成一个模型或图象，从而加以运用的能力。

特征：能够用大脑里的眼睛来“看”物体，甚至能想象它旋转起来是什么样子，喜欢在头脑里把图画、物体甚至事情的进展视觉化。在一个城市，或多层建筑里很容易就能找到路。他们注意细节，只看一次就能把东西画在纸上。他们喜欢画画，喜欢复杂的拼图游戏或设计火箭、建筑或雕塑。

具有高度空间视觉智能的宝宝的特点

1. 对色彩有敏锐的感受力，喜欢对颜色进行搭配。
2. 喜爱绘画和各种不同的色彩、图形，能将文字转换成图画， 较早地表现出绘画的兴趣和才能，善于用多种颜色和形状的组合来表达画的主题。
3. 喜爱空间感、视觉刺激，整体化的呈现。
4. 能将构思转换成立体图形。在脑海中从不同的角度透视一个物品。
5. 具有比较清晰的方位概念，如上下、前后、左右。
6. 喜欢想像，经常玩想像和装扮游戏。
7. 喜欢玩拼图、迷宫、堆高积木及其他建筑类玩具。

6. 人际关系智能

定义： 人际关系智能是指察觉及分辨他们的情绪、感受、企图、目的，并与别人合作、保持良好关系、表现同情和关怀的能力。

特征： 从小就能理解别人的感受，能很好地与人交流，并能轻易地成为小伙伴中的领导者。

如何发展宝宝的人际关系智能：

寻找关注点

关注点是指有意地去发展理解他人的能力。对年幼的宝宝来说，爸爸妈妈如果通过和宝宝交流来培养他们的意识的话，就能达到这样的效果。这是开始发展人际智能的一种良好的途径。当他人对动作和情感做出反应时，可问宝宝“为什么他会这么做呢？”“还有别的方法可以解决这个问题吗？”“为什么那些人不能在一起很好地工作？”“是什么使他成为领导者的呢？”这些问题可以帮助宝宝开始理解人们那些反复无常的行为（有时，在看电视和电影的时候问这些问题，考察他们的个性，比谈论现实中的人物会更简单些）。

多让宝宝练习

所谓练习，顾名思义是指：给宝宝一些情境，练习“人的技能”，即人际智能。宝宝需要学习怎样和他人相处，需要学习如何成为一个领导或员工。让宝宝置身于这些问题发生的情境中去，让他们参与俱乐部或其他社会组织，有助于这些技能的发展。

为宝宝找玩伴

这是很简单的事，一个日托中心或一个操场的角落就能给宝宝找到不少的玩伴。

让宝宝同时担任领导者和被管理者的角色

有些宝宝比较特别，有在角色间串来串去的倾向。宝宝需要熟悉领导者的角色，同时也要习惯被人领导，这是很重要的。爸爸妈妈经常希望宝宝扮演领导者的角色，而不演其他角色（有时宝宝也是这么希望的）。事实上，成为一个好的领导者最好的准备就是先成为一个好的被管理者。

运用电影引导宝宝思考和理解人类行为

当我们去思考电影或电视中的角色思想的行为时，这些角色显示的经常比现实生活中的更夸张、更富有讽刺意味，他们的动机也更明显。看看男女主角的表演，然后想想这些，不管是杰克·查，西尔富斯特·史泰龙，哈里·波特，还是梅格·瑞恩，他们都能给宝宝提供一条简单而又安全的途径去发展他们的人际智能。

运用文学给宝宝提供观察和推测的安全办法开始

给宝宝念完故事，爸爸妈妈可以问“你为什么觉得他会这么想呢？”“在这种情况下你会怎么想呢？”“你曾经这么想过吗？什么时候？”当宝宝更大些时，可以要求宝宝谈谈书或故事中的那些和他们最相近的角色，然后可以和他们分享一下处世的方法。

和宝宝分享你自己的个人经历

宝宝常常不理解为什么他们的爸爸妈妈的感受会那么特别，他们的行为那么特别（大人们通常不向宝宝解释自己的行为）。不管这种表现是表达对别人行为的失望、对自己行为产生的挫败感，还是由于学成了一些东西而感到高兴，爸爸妈妈都需要退回去和宝宝们谈谈为什么他们会这么想、这么做（不要用一本正经的口气和宝宝说这些，爸爸妈妈必须记住：对年幼的宝宝来说，自信的分界线经常是很不明显的。不管怎么样，注意这几点，我可以帮助宝宝从爸爸妈妈的经验中学到东西）。

7. 内省智能

定义：指个人对自己的了解和认识，对自己的情绪和感受的认识与调节，以及自律、自我规划的能力。

特征：喜欢独处、独立性强、从小就有自己的主意，正确地了解自己，能很好地规划自己的事情。

如何发展宝宝的内省智能：

❶ 让宝宝学会面对反馈。尽管所获得的反馈并不总是他们想要的，但这是学习的一部分，并且是有益的。事实上，不积极面对反馈的人总是以自我保护的形式关闭自我：他们不想听到别人在说什么，他们不愿意让自己的感情受到伤害。因此，爸爸妈妈

们能做的就是让宝宝懂得一个人的成长是需要依靠外在反馈的。对此，最行之有效的方法是树立行为的榜样。

❷ 和宝宝共同搞一些互动活动，爸爸妈妈可以参与到活动中帮助宝宝发展他们的内省智能。不过，爸爸妈妈必须一开始就为宝宝创建一个良好的、安全的、舒适的环境，让宝宝能够以多种形式讨论这些问题。

❸ 爸爸妈妈相互交流关于成人行为的自我反省。如：相互交流那天你做了哪些成功的事，受到了哪些挫折等。这些将生动地让宝宝知道这样的思考和交流是可以接受的，甚至是期望的。因为这是成长的一部分（交流的“表现”可能涉及一些其他智能，像拉小提琴或是打羽毛球，或者它可能是某人的一项工作，或者它甚至也代表着一个人在一个新的社会团体中表现得怎么样）。

❹ 和宝宝谈论其他人的行为。有必要让宝宝将自己与他人做比较，从而了解他们自己做得怎样。毕竟，只有当我们将自己与他人做比较的时候，我们才会知道自己是胜出还是落后。爸爸妈妈们可以通过了解宝宝，再进行分析，有针对性地帮助他们。帮助宝宝既不要过分批评，又不要过分肯定。

❺ 给宝宝反省的机会。内省智能的一个重要部分就是从错误中学习，从一个人的行为表现中获得知识，这样的话就不会再犯同样的错误了。我们应该鼓励宝宝将自我反省的内容写下来，包括坚持写日记，也可以通过画图来捕捉所感所为。爸爸妈妈可以要求宝宝与他们分享所写的内容，但这应该取决于宝宝自己的意愿。不管是什么样形式，的自我反省都是有意义的。

8. 自然观察智能

定义：指对生活周遭环境的各个物种的认知与喜好，包括植物、动物、天文、地理等都有诚挚的兴趣、强烈的关怀。

特征：从小就表现出对植物与动物的强烈兴趣、喜欢探索大自然的奥秘。

9. 记忆能力的开发与培养

记忆是一种比较复杂的心理过程，是过去经验在人脑中的反映。记忆在宝宝生活中起着重要的作用。如果没有记忆，就没有日常生活经验的积累，也不可能发展宝宝的思维、情感意志等；如果没有记忆，任何感知觉都将消失得无影无踪，人们永远只能处于新生儿的状态。

培养婴幼儿记忆力的方法：

人的记忆潜能是巨大的，其潜能能否得到充分发挥，关键在于记忆方法是否具有科学性、有效性。因此，应该教宝宝掌握一些记忆方法。

联想记忆法

这是一种利用联想来提高记忆力的方法。它要求我们在培养宝宝记忆力的过程中，重视培养宝宝的联想能力，引导宝宝展开相关的联想进行有效的记忆，学会自己进行联想记忆。

直观形象记忆法

实验研究证明，直观形象记忆法是帮助宝宝提高记忆力的有效方法之一。它要求我们根据宝宝直观形象记忆的特点，充分利用直观教具帮助宝宝记忆。

例如，教宝宝记忆地球是圆的，自西向东运转，地球上有海洋和陆地等基本地理知识，可以拿地球仪做教具，并通过操作指点，教宝宝学习这些知识，通过直观形象来识记。

另外，还可以把直观形象记忆法同游戏活动结合起来，让宝宝在玩的过程中学习新知识。据说维纳小时候就有一大堆玩具，如小电话机、万花筒、幻灯机、小型电动马达。小维纳经常摆弄这些玩具，在玩的过程中，直接获得了许多浅显的科学知识，为以后的学习打下了良好的基础，同时激发了他强烈的求知欲，最终使他成为举世瞩目的科学巨匠。

重复记忆法

这是一种适合宝宝的记忆方法，它通过不断重复的方式让小孩来进行巩固识记。重复识记虽然是一种单调的活动，但小宝宝并不会对此产生厌倦情绪，因为小宝宝本来就喜欢重复。一个简单的问题，他会翻来覆去地问上好几遍。同一个故事，他可百听不厌。反复感知事物，能让宝宝"温故而知新"。比如，在重复一个故事的时候，可以逐步深入地给宝宝提出一些问题让他回答，甚至讲了一段后停下来，让宝宝根据以前的印象接着讲。

多种感官参与记忆法

在记忆过程中，让多种感官参与记忆，能有效地提高记忆效果。

有人曾做过有关试验：让三组记忆水平相当的被试者分别用三种方法识记10张画的内容。第一组，只告诉他们画中的有关内容；第二组，让被试者看这10张画；第三组，让被试者看这10张画，并给他们介绍画中的有关内容。过了一段时间后，测试被试者记忆效果。结果发现：第一组只记住了60%；第二组记住了70%；第三组记住了80%。

在培养宝宝记忆力的过程中，要让宝宝用多种感官参与的方法来识记。例如，教宝宝识字的时候，可以让宝宝边看边读边写，加强识记效果。

歌诀记忆法

一般来说，有节奏、押韵的材料比较容易被记住。可以选择一些宝宝容易理解的儿歌或诗歌让宝宝背诵，开拓宝宝的知识面，从小培养宝宝对歌诀识记的兴趣。为了让宝宝记得快而又有兴趣，可以将一些事物编成儿歌唱读，使印象记忆和形象记忆结合起来。例如：粉笔会画画；鸭子水上划；耳朵会听话等。宝宝大点之后，可以把某些知识用歌诀的形式传授给宝宝，并在此基础上引导宝宝，与宝宝一起把某些难记的知识编成便于识记的歌诀进行记忆。

关于提高记忆效果的方法有很多，不一一列举。总之，家长要注意从宝宝的生理、心理特点出发，指导宝宝有意识地运用一些恰当的记忆方法，加强记忆力的锻炼。让宝宝在实践的过程中掌握记忆方法，提高记忆水平。

智能提升小贴士

要让宝宝笑口常开，快乐常驻，经常为宝宝设置各种能激起积极情绪的环境，并帮助宝宝疏导消极情绪，如踩踩沙子、踩踩泥巴、捏捏万变青蛙、涂涂画画等。

10. 关注感觉统合

这些问题是怎么回事

看起来聪明、灵活，但坐在书桌前，就是这么的不安定，姿态上东倒西歪，颈部无力，头部稳定不住，致使注意力无法作较长时间的集中，耐心严重不足。

这种宝宝在幼儿园或小学低年级时，学习的表现上或许还没有太大的问题，但越长越大以后，抽象思考越是重要，必须应付越来越多的思考题目时，就显出应付无力了。特别是人际关系和生活常规，这些越是复杂社会适应技巧，更常让他手忙脚乱了。

由于这种长期连串的挫折和自我责备，这些宝宝变得自暴自弃、情绪不稳，脾气古怪了。

这类型的宝宝的现象大多是感觉统合不良所引发的学习困难，小时候表现得活泼灵敏、颇富小聪明，但到了初中、高中、大学就越来越无法应付了。

当然也有的宝宝比这个要严重多了，怎么练习发音就是不好，唇部僵硬、舌头打结、发音模糊不清、词汇经常出错、语句组句更是颠三倒四、沟通对话能力相当的差。

特别在握笔和写字时手指无力、字形歪七扭八、写不到格子内，动作慢，要花上比别人好几倍的时间和努力，才能作完功课。

看书眼睛容易酸，阅读经常跳字跳行、错误百出，严重的话甚至无法认字，致使信心低落，学习情绪恶劣，这一切的困难也大多是感觉统合不足惹的祸。

什么是感觉统合

感觉统合也称之知觉运动，这是人类高层次和脑部运作。透过大脑的组织架构，神

智能提升小贴士

怀孕时的胎位变化和子宫内环境，出生时母体产道的挤压，一直到初生后前六个月感觉讯息的刺激，大多属较纯粹的感觉讯息输入，统合的功能尚未发挥，所以各感官的反应均较强，凡属胎位不正或剖腹生产及出生时不顺利所造成的脑力受伤都可以在这个阶段做有效的补救。

经体系和身体感官的协调，从简单到复杂直接感应发展成综合性的思考，这便是感觉统合的过程。

简单地说就是：我们的眼睛、耳朵、皮肤、鼻子、舌头等，都是感觉接受器。当这些接受器感受到刺激时，会将刺激转变成电流传送给脊髓和大脑。大脑接收到这些感觉讯息以后，会进行统合整理的工作，而产生认知、学习、动作、情绪、思想等行为。这个统合整理的工作要是做得很顺当，便能产生良好的适应行为；要是做得不顺当，便会造成适应上的困难，即所谓的感觉统合失调。

感觉有六种——视、听、嗅、味、触及平衡感，这六感也是我们通常所讲“七情六欲”中的六欲，这是人类和环境互动的基本反应，也是人格情绪发展的基础。

感觉统合越完整，情绪、人格的发展才能健全，七情奠基于六欲，六感完整，喜怒哀乐爱恶欲等七情的健全发展自然便较没有问题了。

感觉统合不足是小家庭后遗症

不论在东方或西方，小家庭都是近30年才有的制度，由于缺乏这方面的实际经验，过去或目前的教育、制度和方法，都未考虑到小家庭下宝宝成长环境的巨大变化，因此造成了在早期学习过程中的缺憾。

几乎从怀胎时候的母体开始，现代妈妈肚子里的胎宝宝，已面临严重的不利条件。

小家庭分工上的不足，使妈妈在怀孕时几乎无法有足够的休息，工作上的忙碌、焦虑，行动上的姿势不佳、运动不够，都会影响胎位变动的正确，进而影响及平衡能力的学习。抽烟、喝酒、浓茶、咖啡等刺激物，会引起脐带毛细血管的萎缩，影响营养的输入，造成胎宝宝大脑发展上的不足，引起出生后触觉学习不良的现象。

怀胎期间，已经是先天不良了，出生后，妈妈很快恢复工作，初生的宝宝又无法受到传统妈妈的细心哺育。

小家庭使兄弟姐妹减少了，家中可模仿的对象不多；都市生活更使邻居的友伴也不见了。现代的小孩大多是陪伴着大人和电视机长大的。人类是群居动物，但大多数宝宝在0～3岁间缺乏这方面的足够经验，有的更到6岁左右才首次接触到同龄的宝宝。

另外，现在有很多宝宝是由祖父母带大的，过去养育我们还算成功的爸爸妈妈们，到了照顾子孙的时候，反而因小家庭及都市生活的环境巨变，局限了他们的经验，使他们一直在太松或太紧的管教上打转，无法和宝宝有良好的沟通，因而影响宝宝幼儿期的正常发展。

另一项危机来自于居住的环境。都市生活使居住空间大为减少，小时候我们在沙堆上滚动、跳跃，在庭院玩水、玩沙的童年，现代的小宝宝再也享受不到，所以现在宝宝身体发展期间，应有的运动完全不足。

现代家庭很少使用可以强化平衡感的摇篮，又使得现代宝宝普遍欠缺平衡能力。新近流行的宝宝车床及学步车，都不是为宝宝设计的，而是站在妈妈的立场，在没有时间照顾又不必担心宝宝危险的需求下使用的，这对成长中的小小身躯是非常不利的。

知道原因后，接下来的工作是补救和治疗。爸爸妈妈可根据宝宝的情况有针对性地选择感觉统合游戏来跟宝宝玩儿。

感觉失调现象

好动而很难安定下来：好动不安不见得都是感觉统合失调，周围的环境或大人的误导也可能产生此种现象，但如果所有可能因素一一过滤后仍然找不出原因时，感觉统合扮演经常是好动的最主要原因。

动作不灵活：运动企划发展不良的宝宝，动作大多不灵活。这些宝宝在学习折纸和使用剪刀方面特别困难，甚至于不会翻筋斗，跳高和跳箱也较差，不敢玩秋千、走平衡台。

语言发展迟钝：语言的发展包括发音技巧、词汇的认知及语言相关逻辑的使用习惯等属于比较知性的层次。不过发音涉及听觉的辨识能力，唇、舌、声带的使用技巧，词汇的认知更必须靠视、听、嗅、味、触的综合作用；感觉统合不佳，经常会影响语言能力的发展。

讨厌被抚摸：平常的身体接触都受不了的宝宝，人际关系的发展将严重受阻。其他如洗头发、洗澡、抓痒、剪指甲或换衣服都会反抗，这种情形通常会引发注意力不集中、耐心不足等现象。触觉过于敏感或过于迟钝都在可能造成感觉统合失调，所以笨手笨脚、懒惰、涣散等现象都得小心观察。特别是缺乏痛觉或味觉等不平常（极端偏食或咬指头）的情形，有必要做较详细的追踪。

极端或异常的害怕：宝宝由于缺乏经验而害怕是很平常的，对某种虫类或动物特别害怕，也许只是幼年经验或情绪发泄而产生的，不用特别担心。但有些同龄宝宝很容易做到，而您的宝宝却极害怕尝试的，就要加以观察了。例如讨厌摇晃、不敢爬高、无法顺利下楼梯、不敢去游乐园玩、怕旋转木马、甚至旋转椅都不敢坐等等。如果还在重心不稳、情绪特别不安定、身体不灵活等现象，就明显有感觉统合不佳的症状了。

反应迟钝：有时候身体固然还算灵活，但对高度的恐惧迟钝、转圈圈根本不会晕、对痛的感觉也较少，甚至有自虐现象的，可能也是脑神经中枢感觉统合不良的原因。反应太极端或反应不良经常是一体的两面，对某件事情反应太极端的，在另一方面常又太迟钝。

学习障碍：学习跟不上虽令人头痛，但有些爸爸妈妈认为宝宝本来就不该有太大的学习压力，因而疏忽了异常现象。认字有困难，可能是掌控阅读的视觉不成熟所致；无法写字，有可能是大小肌肉发展不良或手眼协调不佳的症候；眼球运转困难，也会千万注意力分散及耐心不足。

宝宝感觉统合失调的表现

1. 好动不安，注意力不集中；
2. 看似聪明，却胆小不敢表现；
3. 容易跌倒或撞墙；
4. 笨手笨脚，容易受挫，缺乏自信；
5. 固执、脾气暴躁；
6. 粘人、爱哭、性情孤僻；
7. 挑食、偏食、餐饮习惯不佳；
8. 怕别人碰触身体，容易吵架；

早教小贴士

即使智商高的宝宝一样会有情绪暴躁、缺乏团队精神、人际关系不佳、偏食、反应迟钝、身体功能动作失调现象。这一切，通常都属于感觉统合不佳所产生的学习障碍。

9 眼睛容易酸，讨厌阅读；

10 毫无原因惧怕某些学科，心理障碍多；

11 自言自语，无法和人沟通；

12 咬手指或无法戒除奶嘴；

13 爱旋转游戏，久不会晕眩；

14 写字无法在框内，笔划经常颠倒；

15 发音不佳，语言发展缓慢；

16 坐立不安、姿势不良、无法安静；

行为表现与游戏建议

宝宝的行为表现	问题根源	建议的游戏
怕生、害羞、依赖	触觉	用各种触觉材料按摩、摇摇花生球、羽毛或毛刷刷身
情绪不稳定、易怒	触觉	弯腰垂臂向前走、大龙球压身
说话不清楚、口吃、言语表达困难	口部肌肉张力	随音乐摇摆、各种吹和吸的游戏、细嚼慢咽训练口腔肌肉、打舌响等舌头灵活游戏、模仿怪腔怪调
容易分心、注意力不集中、过于好动	平衡系统	毛毯裹身再抖开；俯趴大龙球够物；玩球投篮
抓不住东西、不会用筷子或剪刀	手眼协调	推动大球走；穿珠
运动神经较不发达、晕车、怕高、习惯踮脚尖走路	前庭平衡	抛接球；荡秋千；上下跳跃；攀爬；旋转游戏
动作较慢、记性不好	初级反射整合不良	玩黏土；俯趴大龙球；大人提脚宝宝用双手走路；弹跳时够物
视觉焦距较差、追视能力较弱	空间感	弹簧床；弹跳运动；转椅等可旋转的活动
过于安静	听觉	随音乐做毛巾荡船
怕吵、爱咬指甲、不喜欢箭头或剪指甲	触觉防御	玩土、沙、泥、水；触觉球触身；用手指在身体上画或写让宝宝猜

第二节 新生宝宝的早教养护

一、早教要点

1. 母乳喂养好
2. 与宝宝多接触，多抱，多抚摸
3. 学笑，练抬头和“爬行”
4. 继续听胎教音乐
5. 与宝宝多说话，要懂得宝宝哭所表达的意思

二、宝宝的成长

1. 身体发育

从小宝宝胎动腹中开始，分别称为胎儿、新生儿、婴儿和幼儿。

胎儿——在母体内，由受精卵着床于子宫，从胚胎逐渐生长发育，在怀孕第9～10周结束胚芽期，一直到临产，在母体子宫内度过的生长发育过程，全都称做胎儿。

新生儿——从出生时候算起，生长到28天的宝宝被称做新生儿，既指满月前的宝宝。

从母体怀孕算起，胎龄满37周或者大于这个时间，初生体重在2500克以上的新生儿为正常。

在母体中怀孕不足37周而出生的新生儿，一般称作早产儿，也叫未成熟儿。

妊娠期满37周，体重不足2500克的新生儿，称足月小样儿，也叫低体重儿。

一般说来，新生儿的正常指标如下：

体重2500～4000克；身长47～53厘米；头围33～34厘米；坐高（颅顶～臀）约33厘

米；呼吸每分钟40～60次；心率每分钟140次左右。

体温：新生儿的正常体温36～37℃。但因为体温中枢功能尚不完善，宝宝的体温不稳定，受外界环境温度影响，新生儿体温变化很大。新生儿皮下脂肪少，体表面积相对产热大，容易散热，要注意保暖。冬季室内温度宜保持在18～22℃之间，室温不能太低。

粪便：出生12小时后，新生儿开始排胎便。胎便呈深绿色、黑绿色或黑色粘稠糊状，这是胎儿在母体子宫内，吞入羊水中的胎毛、胎脂、肠道分泌物而形成的大便。一般在出生3、4天后，胎便能排尽。喂奶后，新生儿的大便逐渐转成黄色。牛奶喂养的婴儿大便呈淡黄色或土灰色，并且呈固体，还常常会便秘。母乳喂养的婴儿大便多为金黄色糊状，次数多少不一，每天1～4次或者5～6次以上。

尿量：出生第一天尿量约10～30毫升，出生后36小时内排尿均属正常。随着哺乳摄入水分，宝宝的尿量逐渐增加，每天可排尿10次以上，每日总量可达到100～300毫升，满月前后可能达到250～450毫升。宝宝尿的多是正常现象，不要因为尿多嫌换尿布麻烦，就减少喂水，尤其是夏季，喂水少，气温高，会让宝宝出现脱水热症。

2. 动作发育

新生儿一出生，就具备了运动和判断能力。父母亲温柔地和宝宝说话时，宝宝会随着声音有节律地运动。一开始，会转动头，上举手，伸直腿。继续谈话时，宝宝可能表演一些舞蹈样的动作，还可能会扬眉、伸足、举臂，有时候面部会有凝视或微笑的表情。

3. 感知发育

视觉：人类学习知识的积累过程，有85%是通过视觉而来，眼睛看东西的过程，能刺激大脑发育。新生儿一出生就具有视觉能力，34周以上的早产儿与足月儿的视力相同。父母和宝宝对视，是情感表达的最重要方式。宝宝睁开睛时，可让宝宝看你的脸，因为新生儿视焦距调节能力差，你的最佳距离应当是19厘米。还可以在离宝宝20厘米处放一个红色的圆形玩具引起宝宝的注意，然后上下左右移动，宝宝会慢慢移动头和眼睛追随玩具。健康的宝宝睡醒后，一般都有注视和眼睛及头随着目标移动的能力。

听觉：宝宝的听觉很敏感，如果宝

宝醒着时，拿一个小塑料盒装些豆子，在离宝宝耳边约19厘米处轻摇，新生儿的头会转向小盒的方向，有的还能用眼睛找到盒子。如果在宝宝的耳边轻轻地说话，宝宝也会转向说话一侧，你转到另一侧，宝宝也会找到另一侧。新生儿很喜欢听母亲说话的声音，因为在母腹中习惯的声音，会使宝宝感到亲切。宝宝不喜欢过响的声音和噪声，太吵或者有噪声，宝宝会转头向相反的方向，甚至用哭声来表示抗议。

触觉：新生儿对不同温度、湿度、物体质以及疼痛有触觉感受能力，喜欢接触质地柔软的物体，嘴唇和手是触觉最灵敏的部位。触觉是新生儿安慰自己，认识世界和外界交流的主要方式。宝宝从生命开始时，就有了触觉。习惯包裹在子宫内的胎儿，出生后自然喜欢紧贴母体的温暖环境。抱起宝宝时，宝宝会喜欢紧贴着、依偎着你。宝宝哭时，父母抱起来并轻轻地拍一拍，就能满足新生儿触觉安慰的需要。

嗅觉：新生儿能认识和区别不同的气味。闻到一种气味，宝宝有心率加快、活动量改变的反应，并且能转过头朝着气味发出的方向，这是宝宝对这种气味有兴趣的表现。

味觉：出生后，宝宝就能精细地辨别食品的滋味。给出生仅一天的新生儿喝不同浓度的糖水就会发现，宝宝对比较甜的水吸吮力强，吸吮快，喝得多；比较淡的糖水喝得少；对咸的、酸的或苦的液体会表现不愉快。喝酸桔子水时，会皱起眉头。

自己宝宝的健康聪明与否，是一个综合判断。这里列出的数据和现象是一般情况下新生儿的指标，不要因为自己的宝宝某一项或几项达不到而惊惶失措，怕自己的宝宝有什么不正常。既使是早产儿、低体重儿，按照正确科学的方法喂养，也能很快达到正常婴儿的水平，对此要有充分信心。

4. 睡眠

新生儿时期，是人在一生中睡眠最多的时期，一般来说，每天要睡到16～17个小时，约占一天的70%时间。总是在睡又总会睡睡醒醒，周期很短。睡眠周期约45分钟左右，随着成长，睡眠周期会越来越长，到成年时，会达到90～120分钟。

睡眠周期包括浅睡和深睡。新生儿期浅睡要占到一半儿左右，伴随着成长，以后浅睡逐渐减少，到成年时仅占总睡眠量的1/5～1/4。

深睡时，新生儿很少活动，平静

安详、呼吸规则、眼球不转动。浅睡时则会伴有吸吮动作，面部有很多表情，有时似乎在做鬼脸，有时微笑，有时噘嘴，虽然闭着眼睛，但眼球会在眼睑下转动；四肢时时伴有舞蹈样动作，有时会伸伸懒腰或突然活动一下。浅睡时这些表现并不代表宝宝有什么不适，没必要用过多的喂养和呵护去打扰宝宝。

新生儿出生后，睡眠节律尚未养成，夜间要尽量少打扰，喂养间隔时间应当由2～3小时逐渐延长到4～5小时，让宝宝晚上多睡，白天少睡，尽快和成人生活节律同步。只有父母休息好了，才能更好地抚育宝宝成长。

5. 新生儿的哭

新生儿一开始是用哭声和成人交流，宝宝的哭，是生命的呼唤，是提醒不要忽视自己的存在。如果仔细观察新生儿的哭声，会发现其中有很多学问。

正常的新生儿哭声响亮、婉转，听起来很悦耳。正常情况下，宝宝的哭声有很多种原因，会用不同的哭声表达不的需要。可能是诉说感觉到饥饿、口渴或是尿布湿了不舒服等等。在入睡以前或刚醒时候，可能会出现不同原因的哭闹，但一般哭过后，宝宝都能安静入睡或进入觉醒状况。有病的新生儿哭声往

胎教小贴士

△降生后先啼哭数声后，开始用肺呼吸。前两周每分钟呼吸40～50次。

△脉搏每分钟120～140次。

△正常体重3000～4000克，低于2500克属未成熟儿。

△头两天大便呈黑绿色粘冻状，无气味。喂奶后逐渐转为金黄色或浅黄色。

△出生后24小时内开始排尿。

△出生体温在37～37.5℃之间为正常。

△出生后第2～3天皮肤轻微发黄，出生后2～3周黄疸不退或加深为病态。

△出生后有觅食、吸吮、伸舌、吞咽及拥抱等反射。

△照射光可引起眼的反应。自第二月开始视线会追随活动的玩具。

△出生后3～7天听觉逐渐增强，听见响声可引起眨眼等动作。

往高尖、短促、沙哑或微弱，遇上类似情况应尽快看医生。

在新生儿哭的时候，抱起来竖靠在肩上，宝宝不仅会停止哭闹，而且会睁开眼睛。这时候父母亲在前面逗嬉，宝宝会注视你，用眼神与你交流。一般情况下，通过和宝宝面对面的说话，或者把你的手放在宝宝腹部，或按握住宝宝的小臂膊，大多数哭闹的宝宝会接受你的触觉安慰，停止哭闹。

三、宝宝的各项能力

1. 新生儿具备的反射能力

觅食反射：妈妈用手指头抚弄一下宝宝的面颊，宝宝会转头张嘴，开始吸吮动作，准备吸吮乳汁。这种反射出生后半小时就会出现。

抓握反射：碰到宝宝的手掌时，会握紧拳头。这种反应到一周岁后才消失，可以用来检查和判断宝宝的神经系统发育是否成熟。

惊跳反射：这是一种全身动作，在新生儿躺着时最清楚。突如其来的刺激，例如较大的声音，宝宝的双臂会伸直，手指张开，背部伸展或弯曲，头朝后仰，双腿挺直。这种反射一般要到3~5个月时消失，如果不消失，则有可能神经系统发育不成熟。

强直性颈部反射：新生儿躺着时，头会转向一侧，摆出击剑者式的姿势，伸出宝宝喜欢的一边手臂和腿，屈曲另一边手臂和腿。这种反射机能，在胎龄28周时就出现了。

巴宾斯反射：碰到新生儿的小脚心，脚趾会张开成扇形，脚会朝里弯曲。6个月以后这种反射会消失。

踏步反射：托住新生儿腋下，让脚板接触平面，宝宝就会做迈步的姿势，好像要向前走。这种反射会在8周左右消失。

蜷缩反射：当新生儿缩起脚背碰到平面边缘时，会做出与小猫动作相似的蜷缩动作，这种反射在8周左右消失。

视觉、颈部反射：眼前闪过亮光时，宝宝会扭转颈部，尽力避开亮光。

这些先天性反射机能，既是宝宝成长以后形成条件反射的重要基础，又可作为新生儿神经系统发育的检查标准。

2. 与生俱来的感知能力

人的智能培养，应当从出生之后就开始，从新生儿期就开始。世间的一切，对于新生儿来说都很新鲜，接受众多的复杂事物的刺激，大脑会形成条件反射。宝宝原先空白的大脑中，每一天都增添各种各样的声音和图像等感官知识，接触得越多，对大脑的刺激也就越多。

新生儿的条件反射功能有主动、被动之分。主动的条件反射是通过耳、眼、鼻、口和皮肤等器官感觉而形成。被动的生理条件反射功能是一种纯本能。用手指触摸宝宝的口角、面颊时，宝宝会认会有吃的，会顺着被触摸的方向张开小嘴做吸吮动作。这是寻找食物、用以维持生存的本能。了解了宝宝的这些反应，就可以进行训练了。

新生儿最敏感的是触觉，尤其是嘴唇、面颊部位，亲亲宝宝的小脸儿，宝宝会很安详地接受母亲的这份爱。宝宝的小手碰到东西就会握紧，同时，对冷、热都很灵敏。嗅觉也很灵，能辨别不同气味，如果闻到某种刺鼻的味道，宝宝能做出不安的表情，会有不规则的深呼吸，脉搏也会加快跳动频率，还会尽力躲开臭味。

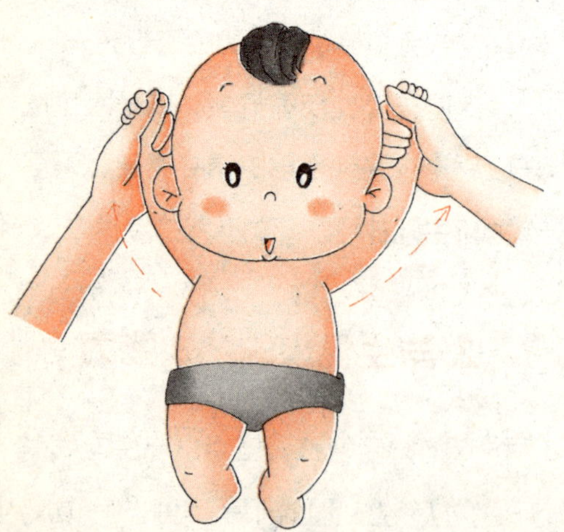

宝宝还会挑食，出生第一次吃到什么奶，就喜欢吃什么奶。如果初生吃母乳，改换牛奶或羊奶就很难，宁可饿着也不吃，甚至会哭着不吃。

味觉也是与生俱来的，新生儿对甜味的表现会很愉快，尝到苦味、酸味、咸味时，会皱眉头，闭眼睛，或者抽搐性地紧闭小嘴。

3. 四肢触抚促进宝宝的健康

对宝宝进行四肢的抚触，有助于新生儿的血液循环，促进皮肤的新陈代谢，增强宝宝皮肤抵抗疾病的能力。

四肢抚触的方法，是母亲用双手抓住新生儿胳膊，交替从上臂向手腕方向轻轻捏动，好象挤牛奶一样，从上到下搓滚。对腿部的抚触方法与胳膊相同。

脚和手的触抚，同时也是对于功能的唤醒，有利于宝宝精细动作的发展。触抚的方法，是用两个拇指的指肚从婴儿脚跟向脚趾方向推进，推完后再逐个捏拉宝宝小脚趾的各个关节。

对宝宝小手的触抚方法与脚相同。

4. 视觉训练要循序渐进

在出生两周后，新生儿就有了模仿母亲面部表情的能力，母亲张嘴，宝宝也会张，母亲伸出舌头，宝宝也会伸出。

新生儿半个月后，就可以进行视觉训练。用一些色彩明快的图案给宝宝看，应当注意光线不要太强，包括室内光线都要很柔和，不要用强光直接照射到宝宝的眼睛。家里的电视机一定要远离宝宝，避免让新生儿看电视。

5. 用柔和悦耳的声音训练宝宝的听觉

新生儿能分辨声音，人们用仪器记录新生儿的肌肉活动、心跳速度和呼吸变化，发现宝宝对不同的声音有不同反应，对人的语音发应较为强烈。听到人说话时，会有动作反应，可以做出符合讲话内容的动作。

在新生儿睡觉醒来状态下，母亲可以多用和蔼亲切的语音对宝宝说话，进行听觉训练。也可以轻声给宝宝唱一些歌，也可以听一些柔和悦耳的音乐，但音量一定要小。当然，一定要避免过强烈的声音刺激，避免让宝宝受到惊吓。宝宝睡觉时，室内和周边环境一定要安静。

四、新生宝宝的早教

1. 教宝宝“认妈妈”

宝宝出生一两周后，就可以在他醒着的时候把他抱起来，让他的脸对着妈妈的脸，距离20～30厘米。母子眼睛对视，轻轻地跟宝宝说话，同时轻抚小脸蛋，或者让宝宝握住妈妈的手指，慢慢地摆动。妈妈可以轻轻哼着儿歌，或说些亲昵的话，每天抱着宝宝玩一会儿。简单的交流过程中，可以促进母子间感情交往，宝宝感受到母亲怀抱中的安全、温馨和母爱，会令宝宝重温在母亲子宫内包裹时候的安祥与温暖，打消宝宝初到人世间对陌生环境中的孤独、恐惧感，有益于宝宝脑部情绪中心发育，既可以促进宝宝感知能力发育，又熟悉妈妈的声音，认识妈妈。

2. 新生儿也会“行走”

别以为婴儿身体很软，连头都抬不起来，不会行走。宝宝天生就有行走的反射能力，这种反射一般会在出生56天左右消失。早期，可以充分利用宝宝的这种能力进行锻炼。

具体做法：妈妈双手托在宝宝腋下，扶好宝宝的头，不要给宝宝穿鞋袜，让宝宝光脚接触床的平面。这时你会惊奇地发现，宝宝竟然能协调地迈步。要当成游戏来做，一边逗宝宝做，一边可以喊节奏。行走训练可从出生后第8天开始，在吃奶半小时后或睡醒后，每天3～4次，每次2～3分钟。如果宝宝不喜欢走不要勉强；宝宝生病时不要做；早产儿不宜做这项训练。

3. 早期感知训练

抬头：妈妈竖着抱起宝宝，让宝宝的头靠在自己肩上，轻轻拍打宝宝的后背，让宝宝打几个嗝。然后不要扶宝宝的头部，让宝宝自然地把头立起片刻。每次喂奶后都这样做，训练宝宝颈部肌肉发育。还能防止吐奶。

俯卧：宝宝没吃奶前，妈妈仰卧床上，把宝宝放在妈妈胸腹部俯卧着，逗宝宝抬头。虽说抬头还很困难，但努力做就成。还可以让宝宝俯卧在床上，用玩具逗引宝宝的头向左右转动并稍抬起。

抓握：把宝宝平放在床上，宝宝会把左手放在右手里，把右手放在左手里，百玩不厌。同时，妈妈轻轻抚摸宝宝的手，宝宝会握住妈妈的手指不放。

逗笑：越早会笑的宝宝越聪明。新生儿一般在出生第10～20天时学会笑，如果一两个月后还不会笑，需要请医生检查。宝宝的笑需要学习，从出生第一天起，爸爸妈妈要向宝宝笑，并逗宝宝笑。妈妈要经常与宝宝面对面地说话、逗笑。新生儿视力差，要离宝宝近一点。

4. 给宝宝读儿歌

别看宝宝才刚刚出生不久，他已经能够从你的话音中捕捉到你的情绪，所以应该跟他多说话，你会帮助他了解，交谈是能够表达情感的。也可以给宝宝朗诵、读书、读文章或其他读过的东西。读的内容无关紧要，宝宝喜欢的只是你的嗓音。应该站在宝宝的床头躲开他的视线跟他说话，然后一边说话一边进入他的视野。这样他就能把你的话音与你的存在联系在一起。

5. 哄着宝宝“玩”

游戏和宝宝的交际、智力和身体发育是互相关联的。婴儿与其他人之间的互通对他是最有刺激性的经历，玩游戏就是最好的互通。

对于刚出生1个月的宝宝，我们可以做下面的游戏：

照电筒游戏在不太亮的房间里，打

开电筒，在宝宝面前来回地照（不要把光照到宝宝脸上）。观察他的眼睛是否跟踪光线。这个练习有助于跟踪移动物体所需的肌肉的发育。

床边图画从杂志上或其他东西上把醒目而简单的线条粗而色彩鲜明的图画剪下来，诸如太阳、人脸画等。把画靠在小床边上一会儿，再轻轻将它挪到另一边，这样他的头就跟过去看了（当你离开时，不要把画留在小床里）。特制的婴儿安全镜可以长久地挂在小床的一边，当宝宝在镜中看到自己时，也会令他兴奋不已。

做鬼脸把你的脸靠近宝宝的脸，然后慢慢来回移动你的头部；发出声音，夸张性地张开并闭上眼睛，然后把宝宝的手靠近你的睫毛以便使他感觉到你的动作；轻轻对着他的脖子吹气，有助于宝宝集中他的注意力并且能指导他注意力的移动。

当与宝宝做游戏互相交流时需要注意的是，要密切注视着他，当他往旁处看，辗转不安，变得烦躁、踢腿、打呵欠或者表现有些不高兴的时候，就要结束游戏，让宝宝休息一下。

6. 安慰哭闹的婴儿

宝宝饿了、尿了、累了都要哭叫。他厌烦的时候哭叫，过度受刺激的时候也哭叫。这是他现在和别人互通的唯一方式。

宝宝哭，如果妈妈不理睬，会使宝宝失去接受大脑刺激的机会。所以，做妈妈的一定要回应宝宝的啼哭声，多给予宝宝安慰，这样做对宝宝大脑的发育是有好处的。

如何让宝宝不哭？慢慢地你会发现包裹着宝宝时他很安静，包裹会使他感到安全，也有助于使他精神集中。摇晃并轻拍他或是给他一个橡皮奶嘴也是安慰他的不同方式。有些宝宝听到单调的声音会安静下来，比如真空除尘器的开动声。当你紧抱或哺喂宝宝时，与宝宝之间的皮肤接触会使他感到安全，这也能提供给他轻柔的刺激。要尽可能多的给他这种接触。这样会使妈妈和宝宝建立一种更强的情结。婴儿需要抚慰时要用不同的方法试试看。

7. 常叫宝宝的名字

常叫宝宝的名字非常重要。用双臂抱着宝宝，或者坐在地板上，把宝宝放在大腿上抱着，看着他的眼睛，叫宝宝的名字。改变说话的声调，用“父母的话儿”和宝宝交谈。

“父母的话儿”是一种高扬的、

像唱歌一样的声调，宝宝会很喜欢听。用宝宝的名字编成摇篮曲。给宝宝轻轻唱一支有趣的歌曲时，可以用宝宝的名字代替歌儿中的名字。经常说起他的名字，这样他就会明白自己的名字了。

8. 抚摸皮肤传递亲子情

婴儿按摩是父母和宝宝之间感情互通的一个极好的方式，宝宝会渐渐感觉到对他的抚触是表示对他的爱和感情，抚触他会让他感到安全。

给婴儿找一个安静、暖和的地方进行按摩。在床上铺一块毛巾，保持光线暗，让婴儿躺在毛巾上，家长的双手涂些油好让它们在宝宝身上平稳地滑来滑去。用你放平的手掌着实地但是轻轻地抚摸他的脚，再顺他的腿向上移动你的手，继续向上移动到躯干，然后抚摸他的手和胳膊。进行这种长长的而平滑的接触，你会发现宝宝很喜爱这种互通。

9. 不断和宝宝说话

宝宝不会说话，只会哭。但是哭的时候，爸爸妈妈可以学着宝宝的声音发声，宝宝一般对这种学他的声音反应会很敏感，会停下哭声来听，然后再接着哭。经常与宝宝对答声音，他会对爸爸妈妈的声音很注意。以后，宝宝会发出“啊”、“噢”的声音，这时，爸爸妈妈也发出与宝宝相类似的声音对答，这就是与宝宝谈话的开始。

妈妈可以与宝宝细声低语地说悄悄话。还可以在离宝宝20厘米的距离处，嘴巴做夸张动作，教宝宝嘴唇张合。这种早期语言训练，对将来学说话很有作用。

尽可能地经常跟宝宝说话，别在乎他懂不懂，宝宝听到你说话的声音就是至关重要的。给他唱歌——即使你的声调不怎么样！唱着告诉他你在做什么或什么事正在进行；当他吵闹不安时给他奏安慰性的音乐，这会使他安静下来。

当你和宝宝说话时，他把注意力都集中在你身上。他会用眼跟踪你一会儿。当他处于这种状态时要和他交流感情，紧紧地抱着他，注视他的双眼；或者在他的小床上弯下身子，温柔地跟他说话。一边给他唱歌一边抚摸着他，轻拍他的后背同时摇晃他。这些活动有助于你们之间建立感情的交流。

第三节

婴儿的早教养护

一、早教要点

1月

1. 充分的皮肤接触，多搂抱，多抚摩。
2. 尽量让宝宝触摸不同物品。
3. 逗笑。
4. 时刻不忘和宝宝对话。
5. 进行发音练习。
6. 练翻身、抬头、匍行。
7. 给宝宝唱歌、讲故事。

2月

1. 继续丰富感觉学习内容如抚摩、对话、对视、看物等。
2. 练习俯卧抬头，每天至少2次，每次半小时以上。
3. 教宝宝看自己的小手。
4. 逗引发音。
5. 训练规律的生活习惯。

3月

1. 丰富感觉学习内容，多看、多听、多触摸。
2. 增加手部精细运动能力训练。
3. 准备家庭“小运动场”，教宝宝学会翻身/给宝宝讲故事、唱歌，对宝宝说话。

4 协助宝宝够取、拍打、触摸眼前的玩具。

4月

1 丰富环境信息，加强感官学习，促进感觉综合健康发展。
2 让宝宝尽情地多看、多听、多摸、多运动、多闻、多尝。
3 教宝宝翻身并够取玩具。
4 丰富视听训练内容，如儿歌、童谣、音乐、母子舞蹈等。

5月

1 每日扶坐、扶站、扶蹦，引导抓悬吊玩具。
2 发音练习："啊－啊"，"喔－喔"，"咯－咯"，"爸－爸"，"妈－妈"。
3 学认人、认物，听儿歌、童话、音乐。

6月

1 培养好情绪，注意心理卫生。
2 教宝宝坐稳，翻身打滚，传递积木。
3 训练宝宝认知物品的存在。
4 教宝宝认物及身体五官部位。
5 培养宝宝的自理能力，在大小便前出声或用动作表示。

7月

1 教宝宝发辅音：爸爸、妈妈等。
2 匍行取物，协助宝宝进行手膝爬行。
3 让宝宝模仿拍手、点头、认物、找物。
4 做主动体操。

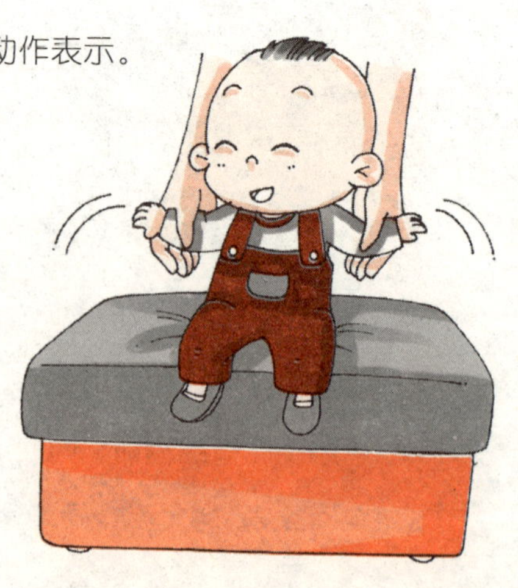

5 学拿勺，用杯喝水。

8月

1 出门怯生，培养与人交往。

2 要宝宝充分爬行，不爬或爬行不足是造成以后感觉统合失调的主要原因。充分爬行是全方位的感觉统合训练。

3 学坐便盆。

9月

1 让宝宝充分爬行，促进感觉系统协调发展。

2 扶走，并增加户外活动时间。

3 增加家庭益智游戏项目。

4 对宝宝的语言、动作发展予以表扬。

10月

1 教宝宝有意识地叫爸爸、妈妈。

2 学迈步。

3 鼓励在玩水、玩泥、玩沙、玩玩具中练习手及四肢的协调性。

4 看图、认人、认物，在潜移默化中认字。

5 培养良好的生活习惯和生活能力。

11月

1 训练手足爬行。

2 学搭积木、踢皮球、用棍够玩具。

3 学翻书、找图画。

4 随音乐、韵律扭动身体。

5. 天天绘声绘色地念儿歌、童话、诗歌，听音乐。
6. 对宝宝这个未来“语言大师”的特殊语言要理解，并善于沟通，要多表扬。

12月

1. 蹒跚学步。
2. 和宝宝一起涂涂抹抹，教他认颜色。
3. 教宝宝指认身体部位，如手、脚、肚子等。
4. 竖起手指表示“1”。
5. 听声取物2～3种。
6. 用点头、摇头表示意见。

二、宝宝的运动早教

宝宝动作发展是一个连续性、阶段性的发展过程，父母应根据各阶段的发展特点进行具有针对性的、有序的训练，以促进各方面能力的发展。

初生宝宝的动作是全身性的，笼统的、泛化的，进一步发展分化为局部的、准确的、专门化的。新生儿的体态呈蛙状，四肢屈于身体两侧，有需要时，总是全身运动，不论是愤怒的哭，还是高兴的笑，也不论是想吃奶，还是想睡觉，总是四肢挥动。

任何一个宝宝大动作能力的发展总是沿着：抬头→翻身→坐→爬→站→走→跑→跳→攀登，从上肢到下肢的方向发展成熟的。

任何一个宝宝精细动作能力的发展总是沿着：双手紧握拳（1个月）→伸开手（2个月）→被动握持（3个月）→主动抓握（4～5个月）→抓不准（5个月）→伸双手满把抓物（5个月）→双手握积木（6个月）→倒手（7个月）→拇指、食指、中指捏（8个月）→拇指、食指捏（9个月）→食指扣、按、抠（10个月）→盖瓶盖（10个月后），从无意识到有意识，即向多意识支配的方向发展。

在获得某些成熟的、随意的技能之前，必须吞掉相应的原始反射心房活动。如，握持反射、觅食反射、惊吓反射、踏步反射、爬行、够物行为等。

1. 抬头

竖抱抬头（1～3月）

喂奶后，将宝宝竖着抱起，使宝宝的头部靠在自己肩上，轻拍几下背部，使其打个嗝以防吐奶。然后不要扶住宝宝的头部，让头部自然立直片刻。每日进行竖抱抬头4～5次，以促进宝宝颈部肌肉张力的发展。

俯腹抬头（1～3月）

宝宝空腹时，妈妈（或爸爸）仰卧在床上，将宝宝放在自己胸腹前，并使宝宝自然地俯卧在自己的腹部，把双手放在宝宝脊部轻柔地按摩，逗引宝宝抬头。宝宝不但能抬头，而且当妈妈（或爸爸）抓他的足心时，会十分高兴。

俯卧抬头（1～3月）

两次喂奶中间，让宝宝俯卧，抚摩宝宝背部，用带有响声的玩具逗引宝宝抬头，并左右转头寻找声音的来源。

2～3个月后要使宝宝俯卧时头部能稳定地挺立达45°～90°，用前臂和肘能支撑头部和上半身的体重，使胸部抬起，脸正视前方。不要忘记用手抵住足底练习爬行，观察宝宝何时由蹿行变为匍行，并记录。

转头练习

将宝宝背靠妈妈胸腹部，面冲前方，爸爸在妈妈背后时而向左、时而向右伸头呼唤宝宝的名字或摇动带响玩具，逗引宝宝左右转头。

2. 四肢运动

天生“会爬”

在俯卧练习抬头的同时，可用手抵住宝宝的足底，虽然此时他的头和四肢尚不能离开床面，但宝宝会用全身力量向前方蹿行。这种类似爬行的动作是与生俱来的本能，与8个月时爬行不同，练的目的也不是让宝宝马上会爬，而是通过练习，促进宝宝大脑感觉统合的健康发展，同时，也是开发智力潜能，激发快乐情绪的重要方法。

做被动体操

宝宝清醒状态时，给宝宝做四肢被动体操。将宝宝置于铺好垫子的硬板床上，保持室内空气新鲜，双手轻轻握住宝宝的手或脚，和着音乐节拍做四肢运动，使宝宝感到舒适、愉快。如果宝宝紧张、烦躁，可暂缓做操，改为皮肤抚摩，使之适应。

练“走路”

做完体操后，托住宝宝的腋下，用两手大拇指控制好头部，让其光脚板接触硬的床面或桌面，宝宝会做出踏步的动作。宝宝的步行反射是原始反射之一。如果得不到巩固和强化，就会在30～40天前后消失。如果每天坚持练习2～3次，每次走10步左右，这种本领就会一直保持。经过每天的强化练习，宝宝在10个月前后就能独立行走。早期站立行走，视野比躺着扩大，认知能力大大加强、加快。对早产宝宝、佝偻病患儿不宜练“行走”。

3. 手部运动

手不仅是宝宝的动作器官，而且是他探索世界的工具和智慧的来源。多动手，大脑才能聪明，切不可因为怕宝宝抓脸便给他戴上手套，或捆起来不让动。在不同生长阶段，应当创造条件，让宝宝充分去抓、握、拍、打、扣、击、打、挖、画……这样，宝宝就会心灵手巧。

把宝宝平放在床上，让他自由挥动拳头，看自己的手，玩手，吸吮手指，给宝宝做手部按摩。

抓握训练

轻轻抚摩宝宝的双手，按摩手指，不断引起抓握反射，输入刺激信息。当你用手指（细棒）接触宝宝的手掌时，他的小手能握住不放。宝宝的小手还可以做出各种不同的动作，可以用水果等各种安全、无毒的物品逗引宝宝活动手指。

2～3月的时候可以将小棒放入宝宝的手心，宝宝会马上抓住小棒。父母经常抚摩宝宝双手，用手握住宝宝的小手，帮助他坚持握紧的动作，也可以让宝宝学习抓住父母的手指。

可以把质地不同的旧手套洗净，塞入泡沫塑料，用松紧带吊在宝宝床上方其小手能够得着处，父母帮助宝宝够握吊起的手套。让小手抓握毛线、橡皮或皮手套，还可让宝宝触摸不同质地的玩具，以促进感知觉的发育。

看小手

1～3个月的宝宝特别喜欢看自己的手、玩自己的手、吸吮自己的手，这是宝宝心理发展的必然阶段，不仅不能干涉，还应提供条件帮助宝宝玩手，比如，手上拴个红布，戴个哗啦作响的手镯等。

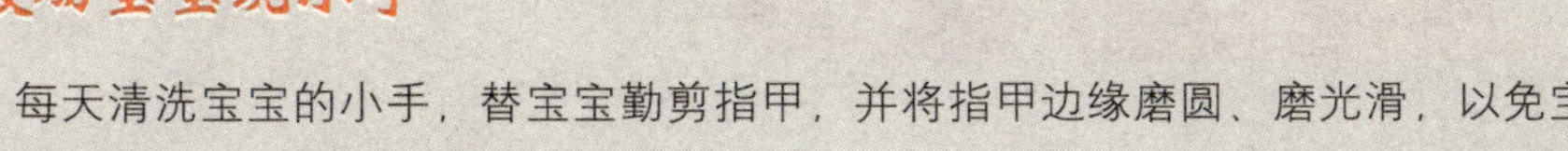

早教小贴士

鼓励宝宝玩小手

每天清洗宝宝的小手，替宝宝勤剪指甲，并将指甲边缘磨圆、磨光滑，以免宝宝抓破自己的小脸。

有的妈妈因为害怕宝宝会抓破自己的脸而将宝宝的小手束缚起来，其实，宝宝只有懂得了手抓脸不舒服——痛，才懂得“还是不抓好”，“这是我的脸”，于是，改为用手背蹭脸，渐渐才学会拿玩具玩。

有的父母听说戴手套不好，就盲目摘掉，采取更加严密的监护，一看见宝宝的手动，立即抓着宝宝的双手，不许他动，这样做是没有必要的。

4. 翻身

随着宝宝的中枢神经系统、骨骼和肌肉的不断发育，在这一时期，宝宝的随意运动能力开始发展了。宝宝逐渐开始有意识地抓取眼前的物品、玩具等，若这些物品和玩具在身体的一侧，他会努力地想通过翻身来抓取。

翻身是宝宝最早出现的运动能力，虽然此时还只是有翻身抓物的意识，而不能自己翻身，但是父母一定不要忽略了宝宝的这种意识，坚持帮助宝宝进行翻身练习，很快他就会自己翻身了。

两次喂奶中间，宝宝处于觉醒状态时进行，将宝宝放置于床上，取仰卧位，衣服不要太厚。

在宝宝仰卧时，你可以在其一侧放一个玩具，逗引他翻身去抓，可握住宝宝的一侧手臂，另一只手刺激宝宝背后，引发宝宝翻身，把他的身体引向玩具一侧，帮他学习翻身。

当身体呈俯卧位后，他会很自然地做抬头练习，宝宝吃力地尝试抬头，并且左右顾盼，还不时用肘部撑着前胸，抬一抬胸部，这些笨拙的行为动作在成人看来是在“受苦”，实际上，宝宝会从中体验到快乐，并发出“嗯嗯”的声音，以示他在努力学习。并由此，大大开发了他的各种能力。

每日数次，3个月末宝宝就会自己翻身了。

三、宝宝的语言训练早教

1. 悄悄话

当宝宝哭时，妈妈要用温和而亲切的语调哄他，如“哎呀，宝宝怎么了？别哭了，妈妈在这儿呢”，并观察宝宝的反应。

在喂奶时，轻轻呼唤宝宝的乳名，反复对他说：“××饿了，妈妈给你喂奶来了。”

无论给宝宝做什么事，都要用柔和亲切的声音、富于变化的语调与宝宝讲些“悄悄话”。

2. 逗笑

从出院第一天起，父母要经常逗宝宝笑。宝宝学会在大人逗乐时报以微笑，与自己在睡觉时脸部肌肉收缩的笑不同。大人逗乐是一种外界刺激，宝宝以笑来回答，是宝宝学习的第一个条件反射。当宝宝第一次出现逗笑时，切记记录下日期，作为宝宝的心理发展的重要资料。宝宝在快乐的情绪中，各感官（眼、耳、口、鼻、舌、身等）最灵敏，接受能力也最好。

宝宝常在10～20天左右学会逗笑，过7～10天宝宝会笑出声音，这是一个应该记录的日期。

如果42天仍不会逗笑应当密切观察，到56天还不会笑，宝宝就可能存在智力问题了。

3. 无声的语言

在宝宝情绪好时，母子面对面，相距约20厘米，宝宝会紧盯着你的脸和眼睛。当你们的目光碰在一起时，即和宝宝对视进行无声的语言交流，并作出多种面部表情，如张嘴、伸舌、龇牙、鼓腮、微笑等。

4. 回声引导发音

在宝宝啼哭之后，父母发出与宝宝哭声相同的声音。这时宝宝会试着再发声，几次回声对答，宝宝会喜欢上这种游戏似的叫声，渐渐地宝宝学会了叫而不是哭。这时父母可以把口张大一点，用“啊”来代替哭声诱导宝宝对答，渐渐地宝宝发出第一个元音。如果宝宝无意中出现另一个元音，无论是“噢”或“咿”，都应以肯定、赞扬的语气用回声给以巩固强化，并且应当记录。

5. 模仿面部动作

在宝宝情绪很好、很稳定的时候搂抱他，并在他面前经常张口、吐舌或做多种表情，使宝宝逐渐会模仿面部动作或微笑。

6. 引逗发音发笑

用亲切温柔的声音，面对着宝宝，使他能看得见口型，试着对他发单个韵母a（啊）、o（喔）、u（呜）、e（鹅）的音，逗着宝宝笑一笑，玩一会儿，以刺激他发出声音。快乐情绪是发音的动力。

四、宝宝的认知能力早教

1. 视力集中

在宝宝卧位的上方，挂一些彩色的花环、气球等。每次挂一件，定时更换，最好是红色、绿色或能发出响声的玩具。触动这些玩具，能引起宝宝的兴趣，使他的视力集中到这些玩具上。每次几分钟，每日数次。

高对比度的黑白图形对宝宝最有刺激性。在床栏的右侧挂上父母自画的黑白脸形，大小与人脸相仿。先画似妈妈的脸形，让宝宝在觉醒时观看，父母可用钟表记录宝宝集中观看的时间。新的图形会引起宝宝注视7～13秒。当宝宝看熟了一幅图后，注视时间缩短到3～4秒就应该换另一幅图。

观察注视时间是宝宝第一个智力测验方法。宝宝以时间反应来区分新图和旧图，表明新生儿具有分辨能力和记忆能力。可在给宝宝看图时，对宝宝说话、逗笑以缓解疲劳，使这种视力分辨与视力记忆训练成为快乐的活动。

当宝宝视力集中后，可将人（或物）距离变远；也可缓慢移动人（或物），让其追视。

宝宝喜欢看彩色的图画，当看到喜欢的图画时会笑，挥动双手想去摸；看到不熟悉的图画时，会因为新奇而长久注视。把宝宝所表示的偏爱记录下来，作为日后进一步培养的参考。

2. 视听定向

非生物视听定向

距宝宝眼睛20～25厘米处，将彩色带响声的玩具边摇边缓慢移动，使宝宝的视线随玩具移动。

生物视听定向

和宝宝面对面，待宝宝看清你的脸后，边呼喊宝宝的名字，边移动脸，宝宝会随着你的脸和声音移动，以此可以促进宝宝视听识别能力和记忆的健康发展。

宝宝对盯人比盯物更有兴趣。

在宝宝的视线内，将各种发声玩具弄响给他听，缓慢、清晰、反复地告诉他名称，待其注意后，再慢慢移开，让他追声寻源。

细察宝宝对胎教录音和父母唱歌的兴趣，看他听到哪一段时不哭闹，或者笑、手舞足蹈、表情兴奋，让他经常反复听，观察他感兴趣的部分，并作记录。

3. 嗅、味觉训练

宝宝在5个月时其舌面的味蕾对酸、甜、苦、辣、咸有了感知觉辨别能力，在7个月时就具有闻气味的能力。

出生后，宝宝对香味、酸味等相当敏感，你可以拿醋瓶盖让宝宝闻一闻，他会表示不喜欢。抱宝宝到餐桌旁看大人吃饭，闻闻饭菜香味，用筷子头蘸点菜汁，让宝宝尝尝各种菜汁的味道。

怎样给宝宝选择毛绒玩具

选玩具的小经验：

毛绒玩具深受各个年龄层次的宝宝喜欢，由于它质地柔软，刚出生的宝宝也可以玩，但是只有质量安全，使用得法才能给宝宝带来快乐。

有些毛绒玩具内部的填充物都是些工业边角料，不但是碎屑，颜色也都发黑发暗，对宝宝身体健康造成影响；有些看上去是雪白干净的，但如果闻上去会有味道，手摸质地粗糙，千万不要购买。

零件边缘摸一摸有无尖刺，拉一拉是否牢固固定，如果玩具上的鼻子、眼睛、扣子等小零件承受不住拉力而松动，当宝宝咬、啃、抠这些小零件时，它们极易脱落被生性好奇的宝宝吞食，会造成生命危险。

用手捏一捏玩具，感受一下质感，凡感觉坚硬或有块状的填充物不合格，若玩具里填充了金属碎屑、钉、针、碎玻璃等不安全物品，宝宝玩时，有可能被扎伤。

看看产品及其包装袋上是否有标注适用的年龄范围和警示说明，是否标明洗涤和消毒的方法。

不要贪图便宜购买存在不安全隐患的毛绒玩具。

定期清洗消毒玩具，至少一周洗一次，并在太阳底下暴晒。

经常用吸尘器吸去上面的灰尘。

由毛绒玩具携带的细菌感染可以引发皮肤过敏、哮喘和一些呼吸道疾病，有过敏体质的宝宝最好不要玩毛绒玩具，即使是合格产品。

五、宝宝与人相处的社交能力

1. 眼睛跟着动作走

将宝宝放在清洁、明亮、空气新鲜的环境中（光线不能太强，以能看清亲人的表情为准），并经常在其视线内走动，让宝宝看到亲人的陪伴，同时对宝宝说话和微笑，使他注视你，并让他的视线追随你移动的方向。

2. 动作随着声音走

在床前悬挂色彩鲜艳或能发声的玩具，使它们在宝宝视线内摇晃，让宝宝注视，并随着玩具发声，手足舞动。

3. 熟悉周围的环境

出生半个月后，每天可将宝宝竖抱片刻，使宝宝能看到房间内各种形态的物品，并向宝宝介绍周围景物。

4. 逗宝宝笑

在宝宝面 前走过时，要轻轻抚摩或亲吻宝宝的鼻子或脸蛋，并笑着对他说“宝宝笑一个”，也可用语言或带响的玩具引逗宝宝，或轻轻挠他的肚皮，引起他挥手蹬脚，甚至咿咿呀呀发声。

注意观察哪一种动作最易引起宝宝大笑，经常重复这种动作，使宝宝高兴而大声地笑。这种条件反射是有益的学习，可以逐渐扩展，使宝宝对多种动作都大声快乐地笑。经常快乐的宝宝招人爱，也能合群，是具有良好性格的开端。

5. 水浴、空气浴、阳光浴

水浴是宝宝天生就喜欢的运动，洗澡不仅能清洁皮肤、预防感冒，更重要的是洗澡时的皮肤按摩，擦身本身就是很好的触觉训练。

阳光、空气是生命不可缺少的因素，阳光浴、空气浴也是宝宝健康发展不可缺少的。天气好的时候，一定要抱宝宝外出接受微风吹拂、阳光沐浴。但是，不可让宝宝接受暴晒。沐浴时间一般每日3～5分钟，以后逐渐增加。

六、宝宝的生活自理能力

1. 把大小便

出生半个月起，开始定时定点培养宝宝大小便的习惯。在便盆上方用“呜”声表示大便或用“嘘”声表示小便。通过视——便盆，听——声音加上姿势形成排泄的条件反射，在满月前后宝宝就懂得识别大小便了。

2. 吃手指

宝宝通过吃手指，进而学会抓玩具，这种探索心理、行为能力发展的初级阶段，是

胎教小贴士

把大小便时应注意的问题

父母给宝宝把大小便时，应注意挺胸坐正，不可压迫宝宝胸背而妨碍呼吸，当宝宝打挺表示不愿意让把便时，应马上放下，停止训练，以免使宝宝疲劳。只要你有耐心，宝宝很快会建立起条件反射，而且很早就不尿床了。

一种认识过程，也是一种自我满足的行为，可以为日后手眼协调打下基础。父母应该鼓励宝宝尽情玩耍双手。

七、宝宝的饮食健康

1. 母乳喂养优缺点对比

世界卫生组织（WHO）和联合国儿童基金会（UNICEF）最初6个月纯母乳喂养标准（仅供参考）母乳喂养可分为纯母乳喂养、部分母乳喂养和象征性母乳喂养。WHO与UNICEF于2001年5月通过第55届世界卫生大会，向全球联合提出出生后最初6个月纯母乳喂养最新标准，并建议孕妈妈坚持哺乳2～4个月以上，以此作为人类哺育宝宝的最理想方式，同时能预防各种妇科慢性疾病甚至乳腺癌：

1. 在分娩后最初1小时内开始母乳喂养。
2. 6个月内宝宝除母乳外不得接受任何其他食物、饮料甚至是水。
3. 母乳喂养应按需进行，不分昼夜。
4. 不得使用奶瓶、人造奶头或安慰奶嘴。

母乳喂养的优点：

1. 营养丰富。母乳含有各种适合宝宝成长的营养成分，且容易消化吸收。
2. 含有抗体。在宝宝的免疫系统尚未发育完全时，母乳可以帮助宝宝抵御疾病以及抗过敏。
3. 方便卫生。乳汁是现成的，不用消毒，不用调配，温度也合适。
4. 妈妈的享受。宝宝的依偎，小嘴的吮吸，小手的抚摩，都会激发出妈妈强烈的母爱。
5. 安抚宝宝的好方法。吮吸妈妈乳房时宝宝会有强烈的安全感。
6. 有助于妈妈恢复身材。妈妈在哺乳时释放的荷尔蒙可以促进子宫很快恢复到正常大小，而且乳汁的分泌会消耗妊娠期间积蓄的脂肪。

母乳喂养的不足和困难：

1. 一些传染病可能通过母乳传播给宝宝。
2. 喂养宝宝的任务只能由妈妈一人承担。
3. 妈妈疲劳、生病、精神紧张等时候会影响母乳的分泌。
4. 不易掌握宝宝每次的进食量。
5. 母乳中维生素K含量较少，单纯用母乳喂养会导致维生素K不足。
6. 母乳含铁量很低，100克母乳含铁量一般只有0.21毫克，不能满足宝宝的生长需要。
7. 母乳里的锌元素不易吸收。

母乳含有新生儿生长发育所需的各种营养物质，适合新生儿胃肠功能的消化和吸收，而且其质和量会不断变化，以适应宝宝的生长发育所需。母乳，尤其是初乳中含有丰富的免疫球蛋白、乳铁蛋白、溶菌酶和其他免疫活性物质，可以增强新生儿抗感染能力。因此，母乳喂养是最佳的哺喂方式。

宝宝如果患有苯丙酮尿症、半乳糖血症等疾病的话，就不能进食母乳了。

2. 正确的哺乳姿势

母乳喂养时抱宝宝有数种姿势。新妈妈不妨每种都试试，选择一种自己和宝宝都感觉最舒适的姿势。无论选择哪种姿势，请确定宝宝的腹部是正对自己的腹部，这有助于宝宝正确的“吮住”或“攀着”。也不要只用双手抱着宝宝，而是要将宝宝搁在自己的大腿上。否则，哺乳后往往会腰酸背痛！

喂养小贴士

哪些妈妈不适宜哺乳

妈妈如果患有严重的心脏病、心功能不全、肾脏疾病、肝脏疾病、精神病、癫痫病等均不宜哺乳。另外，妈妈在患乙型肝炎、艾滋病等病毒感染疾病期间也不能哺乳，以免感染宝宝。

❶ 搂抱（轻松且常用的姿势）。

❷ 交叉搂抱、垂直搂抱或中间姿势（宝宝头下垫上东西，有助于宝宝含住乳头。适合于早产儿或吮吸能力弱或含乳头有困难的小宝宝）。

❸ 紧抱或“像抱橄榄球一样”（可让妈妈看到并控制宝宝的头部。适合于乳房较大或乳头内陷而非凸出或扁平的妈妈）。

❹ 换位（有助于鼓励拒绝在不太喜欢的乳房上吃奶的宝宝吃奶）。

宝宝的嘴唇包住乳头和乳晕，其鼻子和面颊接触乳房。宝宝的嘴唇在外面（或外翻），不是向内收回。

有的妈妈喜欢躺在床上给宝宝喂奶，认为这样母子都比较舒适轻松，但是，这种喂奶方式有一定的危险性。躺着喂奶时，有时会有奶或宝宝的呕吐物流到宝宝的耳朵里去，加之这时宝宝的免疫机能尚不健全，极易诱发急性化脓性中耳炎，如治疗不及时，还可能导致耳聋。

3. 剖宫产的妈妈应该怎样喂奶

现在许多妈妈选择剖宫产，剖宫产的妈妈由于最初几天腹部切口疼痛，因此在母乳喂养体位方面建议采用以下方式：

床上坐位喂奶法：妈妈取坐位或半坐卧位，在身体的一侧放小棉被或枕头垫到适宜高度，同侧手抱住宝宝，宝宝下肢朝妈妈身后，臀部放于垫高处，胸部紧贴妈妈胸部，嘴巴和下颌能贴住妈妈乳房为宜。用乳头触及宝宝口唇，宝宝就会张大嘴巴含住同侧乳头及大部分乳晕吸吮。

床下坐位喂奶法：坐椅一张放于床边，妈妈坐于椅上靠近床缘，身体紧靠椅背，以使背部和双肩放松，妈妈身体的方向要与床缘成一夹角。宝宝放在妈妈床上，可用棉被或枕头垫到适宜高度，妈妈环抱式抱住宝宝哺乳，其他姿势同床上喂奶法。

4. 如何提高母乳的质量

母乳是宝宝最理想的天然食品，为保证宝宝健康，哺乳妈妈要注意提高母乳质量。为此，新妈妈不仅要维护好自己身体的健康，而且要保持快乐、舒畅的心情。

哺乳妈妈所需的营养物的质和量，比一般女性要高。饮食要多样化，不要偏食。所食的粮食要新鲜。多吃含有丰富蛋白质的食物，如牛奶、豆制品、鱼、鸡肉、蛋、瘦肉等。同时，尽量多吃各种新鲜蔬菜、水果。要多喝汤。妈妈吃得好，自身健康，泌乳充足，才能保证宝宝健康成长。

喂养小贴士

月经来潮会影响母乳质量吗

月经来潮时，一般会有乳量减少的现象。乳汁中所含蛋白质及脂肪的质量也稍有变化，蛋白质的含量偏高，脂肪的含量偏低，这种乳汁有时会引起宝宝的消化不良。但这是暂时的现象，等经期过后，就会恢复正常。因此，无论是处在经期或是经期后，都不用停止哺乳。

哺乳妈妈不要吃刺激性的食物，也不要吃寒凉生冷之物。过冷过热都会影响乳汁分泌，对母子健康不利。

哺乳期妈妈的生活要规律，以保证充足的睡眠和休息。晚上少看电视，少干重活，不过度疲劳，才能分泌高质量的乳汁。

哺乳期要坚持做好避孕，一旦怀孕就要做人工流产，既影响妈妈身体，又影响妈妈的情绪，最终影响乳汁的质量。特别需要注意的是，口服避孕药含有抑制乳汁分泌的成分，哺乳妈妈不宜服用。

哺乳妈妈一定要保持情绪稳定、精神愉快。七情过度则乳汁不畅。任何精神因素的刺激，都会影响泌乳激素的分泌，使乳汁减少。特别有些年轻的妈妈，在哺乳期内，面对宝宝的哭闹、疾病等，承受不了，总是着急上火，结果导致奶水不足，宝宝因为吃不饱更加哭闹。因此，哺乳妈妈一定要对哺乳期内的情绪重视起来。

5. 哺乳期的乳房保健

哺乳本身就是对妈妈乳房的一种保健。怀孕之前患有的乳腺小结、乳头发育不良等都可以在哺乳后不治而愈。不少年轻的妈妈担心哺乳会使自己的乳房变得难看，其实，只要在哺乳的同时做好乳房保健，这种担心完全是不必的。

哺乳前，揉一揉乳房，或是用热毛巾敷一下乳房，有利于刺激排乳，宝宝吮吸也更省力。

哺乳时，一定要将乳头及乳晕的大部分放入宝宝口腔中，吸吮时对妈妈乳房的牵扯较小，宝宝也容易很快吃饱。

结束前，要用食指轻轻地压宝宝的下颌，让宝宝自然地吐出乳头，千万不要硬拽乳头，否则有可能引起乳头或乳房的损伤。

哺乳后，可以用少许自己的乳汁涂抹在乳头上，母乳含有丰富的蛋白质，能对乳头起到保护作用。

❶ 如果一侧乳房有乳腺小结，应该让宝宝多吸这一侧的乳房，这样可以促进乳房疾病的好转。

❷ 学会正确的挤奶方法，以免造成乳房的人为损伤。

❸ 妈妈应戴上合适的棉质胸罩，托起乳房以改善乳房的血液循环。

❹ 妈妈最好每天用温水洗浴乳房1～2次；每天坚持做胸前肌肉的运动，如俯卧撑、扩胸等，可以加强前胸部肌肉的力量，从而增强对乳房的支撑。

6. 胀奶与暂时性缺奶

胀奶时，乳房会变得比平时硬挺，有胀痛、压痛甚至发热的感觉。乳房看起来光滑、充盈，乳头也变得坚挺，并有疼痛感。这时宝宝不容易含住妈妈的乳头。

之所以发生胀奶，是由于妈妈体内泌乳激素大量增加，刺激乳汁的产生，并使乳腺管及周围组织膨胀。这个时候如果宝宝吮吸不及时，或是吃奶不多，妈妈就容易胀奶。

热敷：当妈妈胀奶疼痛时，可以采取措施，自己用热毛巾热敷乳房，使阻塞的乳腺变得通畅，改善乳房循环。注意避开乳晕和乳头部位，因为这两处的皮肤较嫩。热敷的温度不宜过热，以免烫伤皮肤。

按摩：热敷后，可以进一步按摩乳房。一般以双手托住单侧乳房，并从乳房底部交替按摩至乳头，再将乳汁挤在容器中的方式为主。只有乳房变得较为柔软了，宝宝才容易含住奶头。

借助吸奶器：妈妈若感到奶胀且疼得厉害时，可使用手动或电动吸奶器来辅助挤奶，目前市售的吸奶器效果还是不错的。

冲热水澡：当乳房又胀又疼时，

不妨先冲个热水澡，将全身洗得热乎乎的，感觉会舒服些。

冷敷： 如果奶胀疼痛的情形非常严重的话，不妨以冷敷的方式止痛。特别需要注意的是，一定要记住先将奶汁挤出后再进行冷敷。

暂时性缺奶大多发生在产后3个月内，几乎每一个初产妈妈都可能发生。表现特点是宝宝出生后，原本乳汁分泌旺盛，可是有一天突然就没有了奶胀的感觉，乳房胀不起来，宝宝饿得哭闹。检查时也没有发现妈妈有什么症状。

引起暂时性缺奶的原因很多，如环境突然改变，身体疲劳，对母乳喂养缺乏信心，或是孕妈妈月经恢复，或是宝宝突然生长加快等。

暂时性缺奶只是暂时现象，在确定不是乳房损伤或者妈妈身体疾病的前提下，一定要坚持不加喂牛奶、奶粉或其他辅助食品，一定不用奶瓶，最多坚持7～10天，暂时性缺奶就会好转。同时，可以采取以下措施：

1. 妈妈要保持精神愉快，保证足够的休息，要相信绝大多数母亲完全有能力以母乳哺喂宝宝。
2. 多吃一些促进乳汁分泌的食物。
3. 坚持勤哺喂，每次喂奶双侧乳房都要给宝宝吸吮至少10分钟；坚持夜间哺乳。
4. 母亲因患病暂时不能哺乳，坚持将乳房排空，每天6～8次或更多次。
5. 月经恢复时母乳可能少一些，此时可增加哺乳次数来补救。

7. 早产儿的哺乳

早产儿的胃肠道处于相对缺血缺氧状态，消化功能相对较弱。同时，由于食管下端发育不完善，容易发生胃食管反流，哺喂后也常发生呕吐。因此，对早产儿的哺乳不同于正常宝宝。

早产儿摄入量计算公式：

出生10天内早产儿每日哺乳量（毫升）=（宝宝出生实足天数+10）×体重（克）÷100

10天后每日哺乳量（毫升）=1/5~1/4体重（克）

以上为最大摄入量，有的宝宝也许吃不完。

按早产儿成熟情况不同而异，对出生体重较重的、吮吸反射良好的，可直接哺乳。如果吮吸反射较弱，则可以先把母乳挤出或吸出，再用滴管或胃管喂养。

早产儿胃肠功能相对较弱，并且食管下端发育不完善，容易发生胃食管反流，哺喂后常常发生呕吐，不仅影响胃肠对营养物质的吸收，而且可能造成反流物误吸入气管而引起窒息，有生命危险。

哺乳后让宝宝俯卧可以预防这种危险的发生，并且能明显改善早产儿的消化功能。当早产儿取俯卧位时，肺功能得以改善，血氧分压增加，胃肠道缺氧缺血状态得以纠正，胃肠消化吸收能力增强。尽管采取俯卧位不能很好预防早产儿的胃食管反流，但这种体位可防止反流物的误吸，使安全性增高。

8. 上班族妈妈怎样母乳喂养

许多妈妈在宝宝4个月或6个月以后，就得回单位上班了。然而，这个时候并不是让宝宝断掉母乳的最佳时期。那么，怎样才能继续母乳喂养呢？

如果你是一位希望将母乳喂养坚持到底的妈妈的话，每天就要至少泌乳3次（包括喂奶和挤奶），因为如果一天只喂奶一两次，乳房受不到充分的刺激，母乳分泌量就会越来越少，不利于延长母乳喂养的时间。

让宝宝提前适应：在即将上班的前几天，妈妈就要根据上班后的作息时间，调整、安排好哺乳时间。可以让家人给宝宝喂奶瓶，并要注意循序渐进。应尽量地把喂辅食的时间安排在妈妈上班的时间。

上班时收集母乳：妈妈上班时携带奶瓶，在工作休息时间及午餐时在隐秘

喂养小贴士

存乳喂养禁忌

❶ 不要用微波炉，因为微波炉加热效果并不均匀。

❷ 不要直接在火上加热、煮沸会破坏母乳的营养成分。

❸ 解冻的母乳不可再冷冻，只可冷藏；冷藏的母乳一旦加温后就不能再次冷藏了，需丢弃。

场所挤乳。然后放在保温杯中保存，里面用保鲜袋放上冰块。妈妈每天可在同一时间吸奶，这样到了那个特定的时间就会来奶，建议在工作时间每3个小时吸奶一次。下班后携带母乳的过程中，仍然要保持低温。回家后立即放入冰箱储存。

收集的母乳怎样哺喂：喂食冷冻母乳时，先用冷水解冻，再用不超过50℃的热水隔水温热，冷藏的母乳也要用不超过50℃的热水隔水加热。均匀温热后，合适的奶温应该和体温相当。

9. 特殊乳房的哺乳

相比大多数女性，有些妈妈的乳房有些特殊，大体有悬垂乳、平坦乳、大乳头和乳头内陷等几种类型。这些特殊乳房在哺乳时各自有一些需要注意的问题。

悬垂乳

整个乳房下垂，乳头却在上部。悬垂乳会造成输乳管弯曲，使部分乳汁积聚于乳房下方，既不利宝宝吸吮，也易淤积成块，诱发乳腺炎的可能性较大。

正确的哺乳方法是用手将乳房托起，使输乳管与乳头保持平行位，以便于宝宝把乳房内的乳汁吸空。

平坦乳

以平坦胸及身体消瘦的妈妈多见，乳房不够丰满突出，宝宝吸吮困难。

在哺乳前宜做热敷，按摩乳房，并适当用力牵拉乳头，使其突出，同时上身前倾有利于宝宝吮奶。

大乳头

妈妈乳头较大，直径超过1.5厘米

喂养小贴士

乳头破裂的预防和处理

预防：

❶ 孕后6～8个月时，每天用毛巾蘸热水反复擦洗乳头，使之表皮增殖、变厚、富于弹性，经得起宝宝吸吮。

❷ 分娩后保持乳头清洁，用植物油或矿物油涂在乳头上，不让宝宝含乳头睡，否则乳头浸软易裂。

处理：

局部消毒，擦鱼肝油。严重者需要停哺24～48小时，期间可以把奶挤出来喂宝宝，等乳头伤口痊愈时，才能恢复哺乳。

称为大乳头。

哺乳前应用两手拇指将乳头搓十几次，哺乳时用拇指和食指向外牵拉乳头，使其形状变得细长，然后送人宝宝口中。

乳头内陷

正常情况下，乳头应高于乳晕平面1.5～2厘米。乳头凹陷有以下几种情况：乳头较扁或较短；脐状乳头，即乳头内陷，但尚能被拉出；内陷乳头，即乳头内陷，但不能被拉出。

在哺乳之初可能会有些困难，但仍应坚持哺乳。方法是：每次将乳头轻轻拉出，送人宝宝口中。如果乳头凹陷很严重，就不能强行往外拉。确实不能哺乳的，就应该尽早回乳，以免发生急性乳腺炎。

10. 哺乳妈妈用药

研究表明，哺乳妈妈服用的药物，大多可以通过血液循环进入乳汁中，经过哺乳，药物又会进入到宝宝的身体里。所以，哺乳期妈妈用药千万慎重。

需要用药时，应向医生说明自己正在喂奶。当然，更不能自作主张，自我诊断，自己给自己开药吃。

除了少数药物在哺乳期禁用外，其他药物在乳汁中的排泄量，很少超过妈妈用药量的1%～2%，这个剂量不会损害宝宝的身体，只要服药在安全范围内，就不应该中断哺乳。

服用药物时，为了减少宝宝吸收的药量，妈妈可以在哺乳后马上服药，并尽可能推迟下次哺乳时间，最好是间隔4个小时以上，以便更多的药物代谢完成，使母乳中的药物浓度达到最低。

避孕药中含有抑制泌乳素生成的药物成分，会使乳汁分泌量下降。而且，避孕药物中的有效成分会随着乳汁进入宝宝体内，使男婴乳房变大及女婴阴道上皮增生。

“中药无毒”只是相对而言，有些中药成分会进入乳汁中，使乳汁变黄，或有回奶作用。

下列药物对新生儿、宝宝影响较大，哺乳的妈妈不宜使用。必须使用时，一定要在医生的指导下进行，并应暂停哺乳，停药后也要隔数天才可以继续哺乳。

抗生素：如红霉素、氯霉素、四环素、卡那霉素、庆大霉素等

镇静催眠药：如鲁米那、安定、氯丙嗪等

镇痛药：如吗啡、可待因、美沙酮等

抗甲状腺药：如碘剂、他巴唑、硫氧嘧啶等

抗肿瘤药：如5-氟脲嘧啶等

其他药：如磺胺药、灭滴灵、痢特灵、异烟肼、阿司匹林、麦角、水杨酸钠、泻药、利血平等

11. 0～1岁不同时期宝宝营养方案

第1周

对于出生1周以内的宝宝来说，最理想的营养来源莫过于母乳了。可以采取勤哺喂、小间隔的方式，每天哺乳约10～12次。

母乳确实不足时，可以采用混合喂养的方式，采取补授法或代授法。

补授法，就是每天哺喂母乳的次数照常，但每次喂完母乳后，补喂配方奶。

代授法，就是以配方奶完全代替一次或几次母乳哺喂，但总次数以不超过每天哺乳次数的一半为宜。

配方奶（适用于人工喂养或混合喂养宝宝）

向奶瓶里倒入适量温开水，然后加入规定比例的配方奶粉，摇动奶瓶至均匀。一般的配方奶粉都含有足够的糖，

不需要另外添加。冲好的奶要等凉到和体温相同时再喂宝宝。

第2周

宝宝的最佳食品仍是母乳。

如果母乳不足或完全没有，就要选择相应阶段的配方奶粉，定时定量地哺喂。配方奶粉中的营养成分与母乳十分接近，基本能满足宝宝的营养需要。每天哺喂次数比刚出生时适当减少，平均约为8～10次。

第3～4周

宝宝的最佳食品仍是母乳，为了增

加泌乳量，妈妈要注意自身的营养，生活要有规律。如果母乳确实不足，就要考虑采取配方奶哺喂的办法了。

新生的宝宝，特别是冬季出生的宝宝，比较容易缺乏维生素D，为尽早预防佝偻病，同时适量补充维生素A，这个阶段就可以开始给宝宝添加鱼肝油。

第2个月

满月起，宝宝进入一个快速生长的时期，对各种营养的需求也迅速增加。生长发育所需的热能大约占总热量的25%～30%，平均每天热量供给约需95千卡/千克体重。

此阶段继续提倡母乳喂养，如果母乳量足，完全可以不必添加其他配方奶。可以给宝宝喝一点水果蔬菜煮的水。每天1次给宝宝适量喂食鱼肝油。

第3个月

这个阶段继续提倡母乳喂养，如果母乳量足，仍然坚持不必添加其他配方奶。如果根本没有母乳或无法进行母乳喂养，可以实行人工喂养。从母乳改换到配方奶后，应当密切观察宝宝的生长、食欲和大小便等情况。

此阶段宝宝体内的维生素储存量已经基本耗尽，必须从母乳或已强化维生素的配方奶中摄入。由于代谢活动增强，宝宝身体还需要摄入更多的水分。人工喂养可加温开水、菜水、果水、米汤等，但是注意不要放盐。每天1次给宝宝适量喂食鱼肝油。

第4个月

4个月宝宝的体内，铁、钙、叶酸和维生素等营养元素会相对缺乏，有些代乳品已经不能完全满足其生长需要，因此对辅食提出了更高的要求。此阶段继续提倡纯母乳喂养，但对人工喂养具有辅食添加指征的宝宝应适当增加淀粉类和富含铁、钙的食物。如宝宝营养米粉、菜泥、果泥等。4个月的宝宝会对异种蛋白产生过敏反应，导致湿疹或荨麻疹等疾病。因此，不足半岁的宝宝不能食用鸡蛋清。

第5个月

此阶段的宝宝生长发育迅速，应当让小家伙尝试更多的辅食种类。添加的原则是由稀到稠，由少到多，由细到粗，由一种到多种。根据宝宝的消化情况而定。每加一种新的食品，都要观察宝宝的消化情况，如果出现腹泻，就要立即停止添加这种食物。

在第4个月添加的果泥、菜泥和蛋黄的基础上，这个阶段可以再添加一些稀粥或汤面，还可以开始添加鱼肉。当然，宝宝的主食还应以母乳或配方奶为主。

在给小宝宝喂食面条时，如果面条长度较长，不易咬断或吞食，引发宝宝呕吐。应当在烹调前切短或是折短，面片应软而薄，使宝宝更容易食用。而且，在宝宝咀嚼、吞咽的能力还未完全养成的时候，要记得烹煮至熟透为止。

第6个月

从第6个月起，宝宝身体需要更多的营养物质和微量元素，母乳已经逐渐不能完全满足宝宝生长的需要，所以，依次添加其他食品越来越重要。除了本书前面几章介绍的几种辅食之外，这个阶段的宝宝还可以开始吃些肉泥、鱼泥、肝泥。如果宝宝是乳糖不耐症体质，可以用豆制品来代替配方奶。同时注意相比配方奶的进食量需要多吃一些，以达到同量配方奶所含的钙量。

目前市场上相继推出了一些宝宝强化食品，这些食品大多以谷物、大豆、奶粉为主要原料，以砂糖、蔬菜、水果、蛋类、肉类为选择性配料，再加入钙、磷、铁、锌和维生素等，加工精细，哺喂方便，对宝宝而言也是一种不错的选择。

第7个月

第7个月的宝宝对各种营养的需求继续增长。鉴于大部分宝宝已经开始出牙，在喂食的类别上可以开始以谷物类为主食，配上蛋黄、鱼肉或肉泥，以及碎菜或胡萝卜泥等做成的辅食。以此为原则，在做法上要经常变换花样，并搭配些碎水果。

具体喂法上仍然坚持母乳或配方奶为主，但哺喂顺序与以前相反，先喂辅食，再哺乳，而且推荐采用主辅混合的新方式，为以后断母乳做准备。

一定要选用新鲜的蔬菜、水果，以保证含有充足的营养成分。

提倡给宝宝食用带皮的水果，如橘子、苹果、香蕉、木瓜、西瓜等，这类水果的果肉部分受农药污染与病原感染机会较少。

第8个月

第8个月时，妈妈乳汁的质和量都已经开始下降，难以完全满足宝宝生长发育的需要。所以添加辅食显得更为重要。从这个阶段起，可以让宝宝尝尝配方奶的味道，为断掉母乳后添加乳类食品做好准备。

辅食方面，可以让宝宝尝试更多种类的食品。由于此阶段大多数宝宝都在学习爬行，体力消耗也较多，所以应该供给更多的碳水化合物、脂肪和蛋白质类食品。

第9个月

此阶段的哺喂原则与第8个月大致相同，喂奶次数应逐渐从3次减到2次，每天哺乳600～800毫升左右就足够了，而辅食要逐渐增加，为断奶做好准备。

从现在起可以增加一些粗纤维的食物如茎秆类蔬菜，但要把粗的老的部分去掉。9个月的宝宝已经长牙，有咀嚼能力了，可以让其啃食硬一点的东西，这样有利于乳牙的萌出。

这个月龄的宝宝要注意面粉类食物的添加，其中所含的营养成分主要为碳水化合物，可以为宝宝提供每天活动与生长所需的热量。另外还有一定含量的蛋白质，促进宝宝身体组织的生长。

罐头食品和密封的肉类食品加工时都要加人一定的防腐剂、色素等添加剂。由于宝宝身体各组织对化学物质的反应及解毒功能都低，食人了上述成分，会加重脏器的解毒排泄负担，甚至会因为某些化学物质的积蓄而引起慢性中毒。因此尽量不要给宝宝食用此类食品。

第10个月

这个阶段原则上继续沿用第9个月时的哺喂方式，但可以把哺乳次数进一步降低为不少于2次，让宝宝进食更丰富的食品，以利于各种营养元素的摄人。可以让宝宝尝试全蛋、软饭和各种绿叶菜，既增加营养又锻炼咀嚼，同时仍要注意微量元素的添加。

第11个月

11个月的宝宝普遍已长出了上下中切牙，能咬下较硬的食物。相应的，这个阶段的哺喂也要逐步向宝宝方式过渡，餐数适当减少，每餐量增加。宝宝期最后两个月是宝宝身体生长较迅速的时期，需要更多的碳水化合物、脂肪和蛋白质。

在每次喂餐前的半小时给宝宝喝20毫升的温白开水，有助于增加宝宝的食欲。

这个月龄的宝宝开始表现出对特定食品的好恶。对于宝宝喜爱的食品，不能让其上顿下顿地吃，在保证营养足量的基础上，合理安排宝宝的食谱，还要注意变换烹调方式，引起宝宝对食品的兴趣，以防养成偏食习惯。

喂养小贴士

纯母乳喂养也有局限性

尽管母乳是宝宝最好的天然食品，但是纯母乳喂养也是有一定局限的，所以我们要循序渐进的为宝宝选择一些科学的辅食，一方面营养更全面；另一方面为将来的断奶做好准备。

第12个月

有些12个月的宝宝已经或即将断母乳了，食品结构会有较大的变化，乳品虽然仍是主要食品，但添加的食品已演变为一日三餐加两顿点心，其提供总热卡2/3以上的能量，成为宝宝的主要食物。这时食物的营养应该更全面和充分，除了瘦肉、蛋、鱼、豆浆外，还有蔬菜和水果。食品要经常变换花样，巧妙搭配。

有些宝宝不爱吃菜，但是，如果把菜包进包子、饺子、馄饨中，大多数宝宝就爱吃了，通过这种方式，许多宝宝能改掉不爱吃菜的坏毛病。

这个阶段的宝宝开始咿呀学语，但是，在喂饭时，不要再逗宝宝说笑。否则，食物颗粒有可能呛人气管，引发危险。同时，也不利于良好进食习惯的养成。

12. 如何给宝宝断奶

宝宝的断奶实际上包括断母乳、断奶瓶和断奶嘴三个阶段。成功的断奶，可以最大程度地降低由此对宝宝的哺喂造成的不良影响，使宝宝能够及时地将注意力转移到更多的辅食上去，以得到生长发育所需要的各种营养成分。

宝宝3～4个月时，在给宝宝换用奶瓶之前，应该先培养宝宝在固定时间进食的习惯，为下一步换用奶瓶喂奶打下基础。

先将母乳挤出保存在奶瓶里，到宝宝的正常进食时间时，由爸爸或是宝宝熟悉的人喂奶。

宝宝会因为不习惯而产生不快乐或恐慌的情绪，这个时候喂奶人要用亲切的语言和宝宝交流。

有些宝宝会十分依赖妈妈，并且不容易妥协，那么，不要一味地勉强他，让给妈妈来喂吧。不过，要注意姿势的改变，妈妈可以将宝宝放在大腿上，让宝宝的头朝外，用奶瓶给他喂食。在宝宝进食的时候，爸爸或家庭的其他成员可在一旁与宝宝交流，然后，在宝宝情绪愉悦的时候换人，让他渐渐习惯新的进食方式。

❶ 宝宝在一天的中间时段比较容易接受新鲜事物。可以先用奶瓶逗逗他，然后喂他吃几口，使他熟悉奶瓶，接着在他情绪稳定的时候多用奶瓶给他喂食。

❷ 在妈妈的乳头上涂一些芥末或风油精的办法可能会伤害宝宝的感情，妈妈的乳头也会被辣到，不要使用这种方法。

宝宝约五六个月时，可以自己拿住东西了。在给宝宝喝喜欢的东西时，将它们装在水杯或者小碗里面，让宝宝看见水杯或碗就能产生美味的联想，这样，宝宝对水杯的好感会逐渐建立起来，再用水杯喂吃东西就不会抗拒了。

宝宝一直在尝试使用自己的小手。在宝宝的塑料水杯里放少量的水，让宝宝可以轻易地拿起来，在他喝完杯中的水之后，可以让他多拿一会儿杯子，这样宝宝会很有成就感，并把用杯子喝水当成一个快乐的游戏，进一步接受杯子成为进食的工具。

宝宝的模仿能力和模仿欲望都是很强的，所以，让宝宝和家人一起进食，有助于宝宝接受新的进食方式。在宝宝拿着水杯和家人一起像模像样地进食以后，宝宝会产生兴趣，并逐渐知道，只有用大口杯或碗进食，才能像爸爸妈妈一样地吃。而且，这对培养今后的进食习惯也是十分重要的。

❶ 让宝宝用的杯子和碗应该是轻巧和牢固的，有那种专门给宝宝用的底部带吸盘的杯和碗，有条件的话可以尝试使用。

❷ 杯和碗上的图案和颜色也很重要。宝宝喜欢颜色鲜艳的东西，红、黄、橙色等都容易吸引宝宝的注意力，

如果杯壁上有一些小而可爱的图案就更好了。

3 为了方便宝宝拿住，最好选择双耳杯或是有柄的碗。

宝宝2岁之前在无聊的时候，会特别依赖奶嘴。因此，尽量不要让宝宝无聊。增加与宝宝游戏的时间，让宝宝的注意力转移，宝宝对游戏的兴趣足以让他放弃奶嘴。

多跟宝宝说话，教他念儿歌，说单字，小嘴巴动个不停，自然就减少了含奶嘴的时间了。告诉宝宝："拿掉奶嘴再说话。"

有的时候，宝宝会含着奶嘴跟你说话，这时，你一定要轻轻地帮宝宝拿掉奶嘴，并且告诉他，你含着奶嘴我就听不清你说话了，这样宝宝就知道不能一直含着奶嘴了。

宝宝哭闹的时候，不要再把奶嘴放在他的嘴里，陪他玩个游戏吧，可以转移他的注意力。并且可以让宝宝知道别的东西也能让自己愉悦。

尽量别让宝宝养成含着奶嘴入睡的习惯。如果含着奶嘴入睡以后，奶嘴掉落了，就不要再给他含回去，妈妈用温柔的语言哄哄宝宝吧。

有的妈妈奶水充足，迟迟不给宝宝断母乳，有的直到两三岁以后还在喂奶。实际上这样做对宝宝的生长发育很不利。

喂养小贴士

因为后期母乳中蛋白质、矿物质含量明显减少，已经不能满足宝宝生长发育的需要，尤其在宝宝牙齿长出后，对食物中营养素的需要量也逐渐增加，需要一些有形的食物满足牙齿的咀嚼功能，此时及时添加辅食就是很自然、也很必要的事了。

第四节 幼儿的早教养护

一、早教要点

1岁1～2个月

1. 多方向行走，发展动作能力。
2. 搭积木，玩套塔、形板，促进手的精细动作能力的发展。
3. 认颜色、形状、图片，学涂鸦，辨大小。
4. 听故事、儿歌，唱数字歌，启发宝宝用语言表达自己的要求。
5. 提供宝宝与同伴交往的机会，促进语言和社交能力。
6. 理解宝宝的语言和动作，满足宝宝的正当要求。
7. 培养独立生活能力和习惯。

1岁3～4个月

1. 经常带宝宝到户外活动，提高宝宝独立走、跑的能力。
2. 鼓励宝宝玩动手游戏，如搭积木、玩插塑、涂涂画画。父母切不可因怕脏乱而干涉。
3. 多给宝宝讲故事，唱儿歌，鼓励宝宝说出自己的名字、年龄及常见物品名称。
4. 认动物，学动物叫。
5. 用语调、动作及表情适时对宝宝的行为给予称赞和批评。
6. 教宝宝学习穿、脱衣服，配合洗浴。

1岁5～6个月

1. 学习分类、比较。

❷ 角色游戏：如购物扮演。

❸ 养成良好的睡眠、饮食习惯。

❹ 鼓励宝宝做妈妈干家务的小帮手。

❺ 对不停探索的小家伙，注意安全防意外。

1岁7～8个月

❶ 练习前后翻滚、越障碍物。

❷ 学折纸、穿珠子、拆装玩具、捏橡皮泥、用棍取物。

❸ 给宝宝讲故事，鼓励其回答问题。

❹ 认识圆形、方形、三角形；懂方位：上、下；了解对应关系，会配对。

❺ 进入第一反抗期，注意良好个性培养；培养等待、容忍的品行——“延迟满足”。

❻ 培养宝宝爱劳动的好习惯及生活自理能力。

1岁9～10个月

❶ 练习奔跑、跳跃、抛接球、拍大皮球，促进动作协调发展。

❷ 理解对应关系、所属关系，学习数数概念：大小、多少、高矮。

❸ 背儿歌或诗歌数首，看图讲故事。

1岁11～12个月

❶ 增加跑、跳、攀登、投接球活动，会双足跳。

❷ 看图讲故事，回答问题，复述见闻；会称呼人。

❸ 给扑克牌分类接龙，认颜色一种以上。

❹ 两周岁发育测评。

2岁1～3个月

1. 鼓励宝宝跑、跳、上下楼梯，以增强体质，促进大脑协调发展。
2. 鼓励宝宝随意涂鸦、模仿画画，拼插造型，以发展想象力和创造思维。
3. 教宝宝复述见闻、说完整句子、背儿歌、按节奏唱歌；会自我介绍：名字、年龄、性别，会说出父母的名字。
4. 培养宝宝的观察能力，如认识事物的特点和自然现象。
5. 让宝宝广交朋友，学习与同伴分享玩具和食品。
6. 从看图书、讲故事，养成爱学习的习惯，培养守规矩、懂礼貌的品格。

2岁4～6个月

1. 玩泥塑、拼插造形、涂涂画画、摆弄积木等活动，促进手—眼—脑的协调能力，开发创造性思维。
2. 理解：前后、左右、多少、长短、高矮、快慢等概念。
3. 从听故事到学习故事中的关键汉字，开展“汉字游戏”。
4. 配合儿歌读数字，结合实物学数数。培养宝宝独立意识、自尊心、自信心、同情心以及自控能力。

2岁7～9个月

1. 鼓励宝宝接球、攀登、玩沙等各项运动，提高动作协调能力。教宝宝穿珠子、剪纸，发展手的精细动作。
2. 看图找错、配对、找对应关系，发展观察力和想象力。看图讲故事并提问，激发阅读兴趣。
3. 口手一致数数，背数20以上。建立规矩，理解时间概念。参加家务小劳动，学习购物。

2岁10～12个月

1. 参加较复杂的运动游戏，如亲子单脚蹦、踢球入门、走“S”形线等。学用剪刀，按画线剪，画人脸2～3处。
2. 复述经历、学习较复杂用语表达。
3. 教宝宝交往用语、交往技巧，了解一些行为规则。
4. 加强宝宝自理生活能力的培养，切忌过度保护，包办代替。
5. 3岁宝宝会表现明显的个性和兴趣，要因势利导。
6. 及时做入宝宝园前的心理准备，以免入托后宝宝不适应。

早教小贴士

以玩为主，以玩带教

1～3岁的宝宝主要还是以玩为主，父母不要把这些早教内容做成标准课程，要根据宝宝的爱好，积极引导，让宝宝在开心的玩当中接受教育。

二、宝宝的运动早教

1. 1岁半之前行走自如

继续练习独立行走，使宝宝从蹒跚地走几步，逐渐到较长距离稳定地行走。如宝宝拉着拖车类的玩具走路，与同伴比赛谁走得快；采用让他扔球、捡球，跑来跑去找玩具等游戏的方法训练宝宝的综合动作能力。

练习手脚和全身的动作协调。如让宝宝爬上几级不太高的矮滑梯或台阶，然后再扶住滑下来，反复练习。

早教小贴士

宝宝在一起活动不要穿开裆裤

很多小区都有专门给宝宝玩的滑梯、秋千、木马等设施，宝宝在这些设施上练习运动的时候不要穿开裆裤，以免交叉感染。

此时宝宝开始有了主动性，父母应和宝宝开展一些动手游戏，以促进手一眼一脑协调能力的快速发展，学会许多操作技能。

宝宝会走了以后，父母和宝宝在地上玩多种动作游戏，如与宝宝玩球、踢球等，这样可锻炼宝宝在独立行走中自如地做各种动作。可让宝宝推着宝宝车玩，教他推车前进，转弯等，还可练习侧身走，后退走，父母在一旁保护，并不断表扬他走得真棒。

父母牵着宝宝扶栏杆上下楼梯。让宝宝自己扶好楼梯扶手，一步登上，两足站稳再向上迈步。熟练后放手也先从上楼梯开始。自己上楼梯后，父母再牵着宝宝慢慢学习一步步往下迈，两足在台阶站稳之后，再伸足往下迈。宝宝一面迈步，父母一面鼓励“宝宝真勇敢”。

如宝宝行走比较自如，可有意识地让宝宝练习自己上台阶或楼梯，从较矮的台阶开始，让宝宝不扶人只扶物自己上，逐渐再训练自己下楼梯。

2. 培养1岁宝宝的运动小游戏

倒豆子，数豆子

备两个广口瓶子，其中一个放上豆子数粒，让宝宝练习倒豆，从一个瓶子倒到另一个瓶子。开始时，父母扶住瓶，以免瓶子倒，稍微扶一下往里倒的那只手，对准瓶口往里倒，慢慢就不往瓶外撒了。

备两个小盘和两个瓶子，让宝宝把盘子中的豆子捡到瓶子里，亲子同捡，看谁快。宝宝如果都能放到瓶子里，就鼓励他，或发小红五星以示奖励。

盖盖子

将用过的盒子、瓶子、杯子当玩具。父母先示范打开一个瓶盖，再盖上。然后让宝宝模仿。宝宝打开一个，再盖上，父母再给他另一个不同的，他又打开，盖上，练得熟练后，再练习给不同大小形状的瓶子配盖。宝宝在这种开开、盖上、配盖的简单游戏中，极大促进了动作智商的发展。

套塔

父母示范，将一个彩环套在垂直的塑料桩（或木桩）上，然后让宝宝模仿一个一个往上套，套上一个，鼓励宝宝，如拍手，或者说“啊，宝宝真棒”，“啊！套上了”，“噢，宝宝成功了”。待宝宝熟练后，便可让宝宝按颜色或者大小顺序套成彩色塔。

3. 宝宝学跑、跳

父母拉着宝宝一只手教他慢跑步，可与宝宝同跑，让他模仿你跑，逐渐站在宝宝前面拍手叫他跑过来。如果父母不帮助，他不会自己停止。学会跑步双足跳下一级台阶，父母用双手牵着宝宝从最后一级台阶跳下。宝宝渐渐学会单手牵着跳下台阶，更喜欢在散步时由父母牵着手双足往前跳跃。

让宝宝拖着玩具倒退走，或做“你来我退”的游戏，练习能较稳定及持续地倒退走。与宝宝玩捉迷藏、找妈妈的游戏。在追逐中有意识地让宝宝练习跑和停，渐渐地宝宝学会在停之前放慢速度，使自己站稳，不至于因速度快、头重脚轻而向前摔倒。

父母拉着宝宝的双手与他对面站立，先示范双脚跳一次，然后与宝宝同跳，开始练习时可拉着宝宝的两只手，让他双脚跳，逐渐由一手牵着跳到扶物跳，进一步让他自己跳。反复练习，对脑平衡系统的协调发展十分重要。

4. 1岁多的宝宝会扔东西是运动的进步

宝宝在发育的进程中，手的探索动作的发育是一个重要的方面。1岁左右时，宝宝手的伸肌发育趋于成熟，能随意松手，或是自然地向前方抛球。

这个时期，他的思维也有很大进步，能有意识地抛掷玩具来观察玩具落地的情景，并对此感兴趣；通过抛掷不同质地的玩具，如绒毛狗、皮球、积木块，他自己尝试和区别物体的性质；父母不停地为他拾玩具，促进他与成人间的交往。扔东西对宝宝而言，是必经的一个成长阶段，对于宝宝的智力和心理成长都有很大好处。

在宝宝刚开始扔东西的时候，父母应当给予大量的表扬，这样可以增强小宝宝的自信心和快乐情绪，让他能快乐愉快地玩、轻松地接受知识。但当他慢慢长大后，应注意逐渐淡化他的扔东西行为，以免养成不良的习惯。

你可以设计各种扔东西的游戏，让他扔个够，把坏习惯变成一种技能。如扔球、掷沙包等，并可教给他各种投掷技能。也可以和宝宝一扔一拣做个互动的游戏，宝宝会非常喜欢，情绪也会十分高涨。

你要理解宝宝扔东西行为，耐心配合，促进宝宝的手、眼协调能力和智力的发展。

早教小贴士

把扔东西变成游戏

宝宝扔东西的时候特别高兴，父母则可能担心：要是养成坏习惯的话怎么办？我们可以把扔东西变成一种游戏，你可以选择那些耐摔打、有弹性的玩具给宝宝玩，每次不要给宝宝过多的玩具，比如橡皮球或者气球，软的塑胶娃娃等。

三、宝宝的语言训练早教

1. 单个字学习

大多数宝宝在1岁左右都能说出一个字，如爸、妈、走、不等，有的还能说再见、回家、要吃等。到了1岁半以后，就会说3～4个字的句子，能用两个词重复地讲，如“爸爸、不要、不要”以表示自己不要的东西，“我的娃娃”，“妈妈的娃娃”等，把眼前的事情，用语言表达出来，语言发展进入突发期。

宝宝的说话能力相差很大，有的宝宝18个月才会说1个单字，而有的宝宝已能背诵儿歌，这并不一定是智力有差异，关键是缺乏父母的教育和训练。

宝宝语言的发展有自身的阶段性，从单个字，多词句到完整句子，父母在对宝宝进行语言教育时，要结合这一规律，正确地教育引导宝宝语言向较高水平发展。

大多数宝宝是从他当时见过、听过和接触过的东西中学习语言的，父母要把握时机，通过画片、实物等，耐心反复地教育宝宝认识事物，增加词汇；多讲故事，故事能给宝宝带来欢乐，使他感到值得跟着学；还可以制造欢乐的气氛，利用想象力和音调使宝宝跟着模仿，如“火车来了，轰隆，轰隆”。

9～10个月的宝宝已经能听懂父母的话，应该在愉快的气氛中教宝宝模仿成人发音。对1岁左右的宝宝，父母要给他创造更多的说话机会。要多和宝宝聊天，在谈话中要不断增加新的词汇，要读书给宝宝听，要和宝宝多做游戏，其间鼓励宝宝说话。

学习发音时，父母应一个字一个字地慢慢教，一定要有耐心，进行多次、反复练习，不能急于求成。当宝宝努力发声时，父母应显得高兴，要表扬他，鼓励他。

如果宝宝仍用表情或手势、动作提出要求，父母就不要理睬他，要拒绝他，促使他

早教小贴士

表情帮助宝宝学习语言

父母在教宝宝时，一定要表情丰富，让宝宝看清自己发音的口型、嘴的动作，加深他对语言、语调的感受，使宝宝能区别复杂的音调，逐渐模仿成人的发音。

不得不使用语言，如果宝宝发音不准，先猜猜宝宝发出来的词句是什么意思，然后用正确的语言向他作示范，帮助他讲清楚，绝对不能笑话他，否则他会不愿意或不敢说话了。

父母要关心满1周岁的宝宝的语言发展并培养其语言兴趣，只有多听、多说、多练，才能熟练掌握语言，运用自如。

2. 教宝宝说话的几个小方法

要东西必须说出来

1岁的宝宝已经懂得很多意思，但语言表达仍处于单词句期，习惯用动作表达需要和欲望。如想出去玩，用手指门，想喝饮料用手指冰箱，就是懒得说出来，很多父母采取及时或快速满足的办法，宝宝就越来越懒得用语言表达。父母应当采取“延迟满足”的办法，促使宝宝用语言表达意思，教宝宝用“是”或“不是”，“要”或“不要”，并配合点头或摇头动作，坚持“说出来再给”。

给宝宝“下任务”，并表扬他

根据宝宝不肯闲着，喜欢做事，好听表扬的特点，每天都给宝宝一些展示自己才能的机会，吩咐其做些小事，如“给爸爸拿拖鞋来”，“给娃娃洗脸”，“哄娃娃睡觉”等，宝宝十分高兴地做各种小事情，因为做好事都会得到“真能干”的夸奖。

模仿动物叫

给宝宝讲“动物音乐会”的故事，让宝宝模仿动物叫，如拿出小猫玩具，发出“喵喵”的叫声；拿出小羊的图画，发出“咩咩”的声音，宝宝听到声音觉得好笑，就会跟着学叫；以后凡是拿出玩具或图画，宝宝都会很快乐地发出特有的叫声，会大大提升开口说话的兴趣。

指名字

在帮助宝宝认识自己和家里人的基础上，教宝宝学说家庭成员的名字。先教他一个人名字，反复练习，会说后再教第二个人的名字，接着鼓励宝宝区别这些名字。如“宝宝把糖拿给××”，“把球送给×××”等。他做对了，要夸奖他。

3. 教宝宝说完整的句子

不断增加宝宝的词汇量，并引导宝宝将物名与动作地点联系起来，如和宝宝一起看画片后，告诉他把画片放到盒子里，然后将盒子再放到桌子上面。

1岁半以后宝宝的言语能力发展很快，由原来的单词句逐渐发展到跟父母学舌，但是，语言的句子还不完善，被称为电报句。如“妈妈走”，“走”的含义很多，另外往往顺序颠倒，如“两只耳朵有”等。这时的父母应利用游戏，促进宝宝的语言发展。

选择宝宝已熟悉的物品，给他一些简单的指示，如“吃饭前，洗洗手”，“喝完奶，擦擦嘴”，训练他能听从指示，做到后要表扬他。如宝宝做不到，要带着他去做。

继续练习说名字。如父母用提问的方式问宝宝“你叫什么？”鼓励他说出自己的名字和小朋友的名字。也可以用呼叫的方式喊他的姓名，让他作“有”的回答。反复练习。

在宝宝学会押韵最后一个字的基础上，常常先学会儿歌的三个字的第一句话。如果最后一句有特殊的动作也较易学会。

教宝宝准确地说出自己的名字（包括姓），并使宝宝能够说出小朋友的名字、爸爸的名字和妈妈的名字。但是一般情况下要让宝宝称呼自己的父母为“爸爸”和“妈妈”，不直呼名字。

宝宝往往用名字形容自己的东西。拿属于宝宝自己的东西，鼓励他说“我的衣服”，“我的床”，“我的鞋子”，而代替“宝宝的衣服”，“宝宝的床”，“宝宝的鞋子”等，这是宝宝自我意识的萌芽。说对了要称赞他，亲吻他。

4. 看图说话

给宝宝看画片，根据图意编故事给他听，反复3～5次后，让他看着画片（同一张画）讲出这个故事，要鼓励他说出故事中的一个词或短句，如“小鸟飞”、“火车跑”等。

5. 学会交流

有人问“你几岁啦”时，宝宝会说“我2岁”，而不是“你2岁”。这是很大的进步，宝宝懂得“你”和“我”的意义。

宝宝玩布娃娃时，嘴里不断地讲一些让人听不太懂的话，有时学父母的口气“噢，乖乖，不哭”、“饿啦，吃奶”等；有时自言自语或者发出古怪的声音等与娃娃交流。

早教小贴士

要经常鼓励宝宝

宝宝每学会一个词或者一句话，都要真心鼓励他，并经常诱导他重复说，这样宝宝很快就会记住。

四、宝宝的认知能力早教

1. 认形状

父母示范将圆形、方形、三角形板放人相应的洞内，宝宝开始模仿。先让宝宝拿一个圆形板，开始可能放不准，放几次才放进去，你要鼓励他，他会十分高兴地连拍手带笑，兴趣促使他继续放方形板、三角形板，最后总会放进去。

2. 认颜色

父母有计划地和宝宝开展认色游戏，先认红色（或黄色）。可以把日常接触的常用物品分类，创造认颜色的环境，如把红帽子、红毛衣、红袜子、红汽车、红气球、红旗等放在一起，问宝宝“哪个是红的”，待宝宝认识后，可以让宝宝从不同色物品中挑出红的，重复多次记住后再认别的颜色。

将不同颜色的塑料玩具摆在桌上，如果宝宝连续几

次都确实能挑出红色，就可以再教第二种。

3. 分大小

先选两个大小差异明显的实物放在一起，告诉宝宝哪个大，哪个小，并要让他摸一摸，比一比，让他把大的拿给妈妈。你还可以念首儿歌，以增强记忆，提高思维能力，如：排排坐，分苹果，大的给奶奶，小的留给我。把实物（如水果）分成数量差异较大的两堆，让宝宝认哪堆多，哪堆少，同时用手指数一数这一堆比另一堆多多少。

4. 看图识物

经常给宝宝看宝宝图书，并读给宝宝听，使他能正确认识和听懂各种名称，父母提问时能用手指出。

5. 认识自己的东西

宝宝的用品要放在固定位置，让宝宝找自己的毛巾、水杯、帽子等，也可进一步让宝宝指认妈妈的一两种物品。

6. 看图片，看图画书

搜集动物图片若干张，一张一张地教给宝宝认识，注意把动物外形的主要特征教给宝宝认识。开始训练先教给他认识一种，然后再教他认识第二种、第三种，看看他对哪一种最感兴趣，边认边模仿它的动作和叫声，使学习充满乐趣。

多给宝宝看图画书，用宝宝能理解的语言，讲一些简单的事物关系。宝宝懂得什么是好，什么是不好，记住故事情节。同宝宝一起看书时边看边问，你会发现宝宝有心领神会的能力，能用声音和表情回答。看书时让宝宝自己翻书。

7. 学会拿笔

让宝宝学画，教宝宝正确的握笔姿势，并让宝宝模仿画出清楚的笔道。

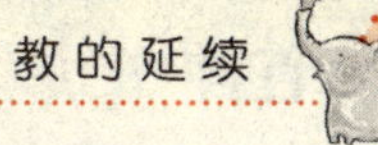

8. 认识冷热感觉

握住宝宝的手用手背试着触摸热粥碗，然后问他：“烫吗？”多次练习后能形成条件反射，再遇到热粥、热水时他知道烫而缩手，还能说出“烫”这个词。再让宝宝尝冰棍说“真凉”，用对比强化感觉。猜用布盖着的东西，如碗、勺子及玩具，让宝宝通过手的触觉去辨认物品。

9. 认数字

宝宝开始学习用两个手指表示2，竖起拇指和食指表示要两块饼干及两块糖果。会摆两块积木表示2。父母可趁势让宝宝认数1和2。口念手点数1～5，逐渐增加。

早教小贴士

小玩具，大用处

有些父母给宝宝买玩具只买一些新潮的、昂贵的，比如电动机器人等，其实一些很便宜的小玩具对宝宝认知能力的锻炼用处非常大，比如数字卡片、几何形状的积木等，可能只有几块钱，可是千万不要忽略这些玩具的作用。

五、宝宝与人相处的社交能力

1. 分辨表情

宝宝拿糖给父母吃，要表现出高兴的样子，使他知道做父母高兴的事；宝宝做了不该做的事时，要一面制止，一面表现出气愤的样子，并说“妈妈生气了”，使他看到父母表情后终止自己不应有的行为。

2. 独自玩

在父母视线范围内，为宝宝准备他喜欢的玩具和活动用具，让他独自玩。宝宝提问时，要实事求是认真回答，不能搪塞或敷衍了事。

3. 和小伙伴分享，玩耍

经常讲小动物分享物品的故事给宝宝听，在宝宝情绪好的时候，给他两块糖，告诉他拿一块给小朋友。宝宝若按要求做了，要夸奖他。为宝宝提供与同伴一起玩的机会，如到邻居家串门，再安排需要两人合作的游戏，如盖房子、拍手、拉大锯等。

分享不仅仅局限为一件物品，还有快乐、成功、喜悦等。与人分享不是自发的、与生俱来的，因而在宝宝刚刚出现自我意识的时候就要培养他，让他很容易地学会与人分享。

平时，你可以抓住生活中的每一个细节，多用具体的事情来教会您的宝宝如何分享。比如，买回来好吃的东西，要告诉宝宝跟父母一起分享；有小朋友来家里玩，要告诉宝宝把玩具拿出来和大家一起玩；做游戏的时候，邀请宝宝一起参加，并告诉宝宝他也可以邀请你跟他一起玩，尤其是要告诉他和小朋友互相帮助。

当你的宝宝还没有学会跟别人分享的时候，你一定要鼓励他；当你的宝宝已经学会

早教小贴士

父母要做好榜样，让宝宝利用他天才的模仿力学会分享什么和怎样分享。如果你是个乐于分享的妈妈，那么只要他看在眼里，不需花太多的时间教育，宝宝也会是个善于分享的乖宝宝。

了跟别人分享时，你一定要表扬他；当你的宝宝已经习惯跟别人分享时，你仍然要时常与他一起体会分享的快乐！这样，你的宝宝就会一直被鼓励和由此带来的快乐包围着，那么他的行为也就会被加倍地强化了。

4. 玩过家家游戏

训练宝宝能与父母合作运动。如让宝宝骑到父母的肩上，抓住宝宝的双手说："请乘客坐好，飞往北京的飞机就要起飞了。"父母在地上走几步再转两圈说："北京机场到了，请下飞机。"让宝宝下来。

通过亲子"过家家"游戏，让宝宝充当服务员，如充当售货员，给娃娃拿东西等。

5. 会叫人

在与人交往中，使宝宝在提示下能用语言称呼、问好、说"再见"等，当宝宝帮助或想帮助别人做事时，要支持他。他也会说"上街""喝水""玩汽车"等来表达个人要求，会用两个词重复地讲以表示自己不要的东西，如"爸爸、不要、不要"，或用"我的娃娃""妈妈的娃娃"等，把眼前的事情，用语言表达出来。

6. 有简单的是非观

在日常生活与人交往中，父母与宝宝一起评论简单的是非问题，让宝宝自己分辨好事和坏事。要及时表扬宝宝所做的每一件好事，用眼神和手势示意，防止宝宝做不应做的事，并利用讲故事和打比方的办法让宝宝猜想事情的后果。

7. 学习的时候别忘了安全

1岁半到2岁的宝宝最容易发生事故，其中最多的事故有交通事故、烫伤和厨房意外。这个阶段的宝宝，走路能力较强，对周围的事都感兴趣，什么地方都想走进去，看个究竟，但他还不懂什么事情有危险，所以容易发生意外。

宝宝喜欢到街上玩，但他不懂红绿灯信号，不会注意来往的车辆。宝宝好动的天性，很容易挣脱父母的手，自己跑到马路的中央，因此父母必须时刻警惕宝宝的举动，防止意外，同时还要不断地教他交通安全知识。

厨房虽然比较小，但处处都可以动手操作，是宝宝尝试新技能的场地。揭、盖、转、掐、抓、敲、倒、品尝味道，样样都可在厨房得到满足。但是，这种学习方法很危险，由于宝宝对危险的无知，往往容易发生意外。

在做饭时，特别要注意宝宝是否在厨房。要把热锅、热水、油、调料放在宝宝拿不到的地方，还要防止宝宝站在父母脚旁边，以免把父母绊倒后热汤烫着宝宝，或热油飞溅到宝宝头上。平时要把厨房门锁上，防止宝宝自己进去动刀、动碗，碰伤他。各种清洗液都有毒，不能放在厨房的地上，以防宝宝误食。绝对不能让宝宝独自进厨房。

六、宝宝的生活自理能力

1. 控制大小便

训练宝宝能主动控制大小便，大小便时能用语言表达，并自己主动去坐便盆。

2. 自己脱衣服

鼓励宝宝自己脱鞋帽，并放到固定地方，教宝宝脱鞋袜。在脱衣服时，让宝宝和父母很好配合，如父母脱去一只袖子，宝宝自己把上衣脱下。

3. 养成好的吃饭习惯

养成定时定点吃饭的饮食习惯。饭前1小时内不吃零食，平时零食不能吃得过多，热量不能过高。不能进食过多凉食、冷饮，防伤脾胃，以保护肠胃功能。吃饭时忌看电视、书及手持玩具。

父母应该努力为宝宝习惯吃各种食物创造条件，即使父母自己不吃的某种食物，也要给宝宝吃，并且尽量不表现出来，绝不能因自己不吃而影响宝宝。

父母也不要以某种食物（宝宝喜欢挑吃的食物）作为对宝宝的奖励，这样会助长宝宝挑食的毛病。

培养宝宝自己拿勺吃饭的习惯，让宝宝座位和桌子靠近，系好围嘴，使他尽量少撒或不撒饭食，把饭送到嘴里，鼓励他自己吃饭，不要养成边吃边玩的习惯。

4. 按时洗手、洗脸

训练宝宝养成良好生活习惯。如饭前和睡醒后，要坚持给宝宝洗脸、洗手。告诉他经常洗脸、洗手不生病，干净又漂亮，使宝宝对洗脸、洗手感兴趣，不捂着脸反抗。

5. 照料娃娃，培养爱心

模仿母亲照料自己那样，看看娃娃是否饿了、冷了，有什么需要。用关怀的动作表示情感，照料娃娃以培养同情心。如看到其他宝宝哭泣会过去安抚；也能受他人痛苦的感染，做出痛苦的表情，想办法安慰和减少他人的痛苦。

所以不要反对男宝宝玩娃娃，每个宝宝都会喜欢会说话的娃娃和会说话的动物。

早教小贴士

宝宝吃饭左撇子没必要纠正

宝宝左撇子往往最先体现在吃饭拿勺子或者筷子上，有些父母看到自己的宝宝是左撇子，千方百计想把他纠正过来。

擅长用右手的人，左半球为“优势半球”，擅长用左手的人，右半球为“优势半球”。

强迫左撇子改用右手，大脑中的“优势半球”并未改变，这无形中加重了宝宝大脑功能的负担，容易在两半球的功能调整中造成紊乱，例如说话不清、口吃、书写迟钝等，甚至使智力发育受到影响。所以，左撇子不必纠正，应顺其自然、随其所愿。

6. 认路回家

每次带宝宝上街都要让宝宝学认街上的商店、邮筒、大的广告画和建筑物等标志，回家时让宝宝在前面带路。

开心驿站　培养独立宝宝

教宝宝克服依赖情绪的绝招：

宝宝在出生后的头一两年生活不能自理，吃、喝、拉、撒、睡都需要父母照料，此时对父母的依赖是正常现象。宝宝随着年龄的增长，身心发育日趋完善，表现出越来越强的独立意识。大部分宝宝想尝试着自己做些事情，从这时开始父母就要注意宝宝独立性的培养。

1. 放手让他做事情。

要纠正宝宝的依赖性应从一点一滴做起，凡是宝宝自己能做的事情，父母要放手让他自己去做，不要怕他做不好，做坏了不要去责骂他，父母要加以引导，比如训练宝宝自己穿脱衣服，洗脸洗脚，刷牙漱口，自己收拾整理玩具等。

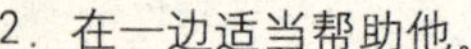

2. 在一边适当帮助他。

父母可以在一旁指导或示范，鼓励宝宝有始有终地把事情做好。只有这样接触实际东西，增加感性认识，才能使宝宝的思维得到发展，锻炼独立生活的能力，逐步克服依赖心理。

3. 不要吝啬你的夸奖。

宝宝最怕的是指责，如果你过分批评他了，很可能他就失去了自己做的兴趣，而你不断地鼓励他，夸奖他，他就会干劲十足。

4. 让他接受集体的锻炼。

如果在家里不易纠正，可以把宝宝送到幼儿园，最好送全日制幼儿园，通过和小朋友在一起生活，互相学习，逐渐纠正宝宝对父母的依赖。

起初宝宝只能认识自己家门口，以后从胡同口就能认路，渐渐地就能从附近的一些标志上来认识胡同口而找到自己的家。经常去的奶奶家和姥姥家及熟人家的路也能辨认出来。

七、宝宝的饮食健康

1. 1～3岁不同时期宝宝的营养方案

1岁1～3个月

宝宝处于以乳类为主食向普通食物转化的时期，这个阶段的哺喂原则是营养要全面，以保证身体生长需要；三餐热量要根据宝宝活动的规律合理分配；食物品种要多样化，一周内的食谱尽量不重复，以保证宝宝良好的食欲。

宝宝这个时候可以吃大部分谷类食品了，小米、玉米中含胡萝卜素，谷类的胚芽和谷皮中含有维生素E，应该让宝宝适量摄入。但是，谷类中某些人体必需氨基酸的含量低，不是理想的蛋白质来源。而豆类中含有大量这类营养物质，因此，谷类与豆类一起吃可以达到互补的效果。

过咸的食物；含味精多的食物；含过氧化脂质的食物，如腊肉、熏鱼等；含铅的食物，如爆米花、松花蛋等；含铝的食物，如油条、油饼等会影响宝宝的大脑发育。

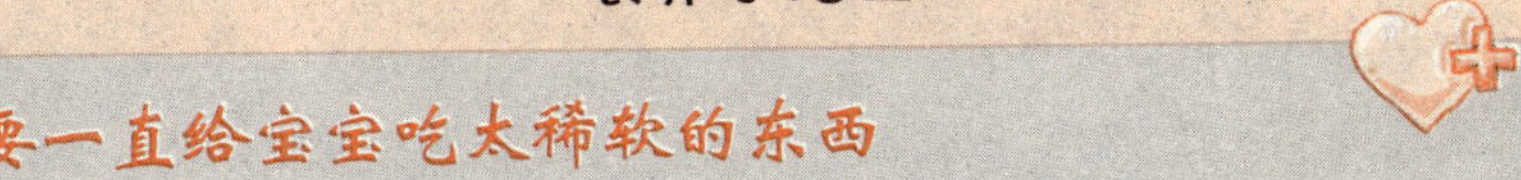

喂养小贴士

不要一直给宝宝吃太稀软的东西

喂宝宝时，尽量不要用馒头蘸汤或软饭里加汤的方式。因为这样会导致宝宝咀嚼能力变差，同时汤水也会冲淡胃液，影响宝宝肠胃的消化功能。长期这样喂宝宝，会造成营养不良。

1岁4～6个月

此阶段宝宝的消化器官尚在完善中，虽然已经在吃普通食物，但不能与成人饮食相同，应强调碎、软、新鲜，忌食煎炸、过甜、过咸、过酸和刺激性的食品。主食以谷类为主，要勤换花样；保证肉、蛋、奶各类蛋白质的供应，以满足这个时期身体发育的需要。

维生素A和D属于脂溶维生素，可以在体内储存，但达到一定浓度后会出现中毒症状，进而造成肾脏功能的损害及身体软组织的钙化。所以，补充此类维生素一定要遵守医生确定的量。

另外，不提倡睡前吃得过饱，否则晚餐进食太多，睡觉易做噩梦，影响宝宝的消化吸收。

喂养小贴士

这个阶段不要怕宝宝挑食

许多学步宝宝的食欲比以前有所下降，有的则表现为挑食。而且，这个时期宝宝对食物的喜好表现得没有规律，不要要求宝宝总是以同样的方式吃东西。这几个月不要怕宝宝挑食，可以由着他的小性子，爱吃什么就吃什么。

1岁7～9个月

这个阶段宝宝的乳牙已经大部分出齐，消化能力进一步提高。在膳食安排上可以比照成人的饮食内容。此后，乳品不再是宝宝的主食，但尽量保证每天饮用牛奶，以获取更佳的蛋白质。宝宝的食品应当尽量细、软、烂，以利于营养成分的吸收。

酸牛奶保留了原奶中的所有营养成分，而且酪蛋白凝块比原奶更小，同时还提高了宝宝胃内的酸度，因此对宝宝的消化吸收更有利。

经常吃汤泡饭容易得胃病。宝宝活动量大，消耗的水分多，往往因贪玩顾不上喝水，吃饭时感到干渴。父母应在饭前0.5～1小时让宝宝喝些水，吃饭的时候不要让他用汤或水泡饭。

喂养小贴士

不要给宝宝吃有核的东西

这个阶段的宝宝吞咽功能尚不完善。花生米及其他类似食品，如有核的枣、瓜子等不要让宝宝食用，以免误吞入气管，发生危险。干果类可以碾碎后给宝宝吃。

1岁10～12个月

这个阶段宝宝的主食以米、面、杂粮等谷类为主，是热能的主要来源；蛋白质主要来自肉、蛋、乳类、鱼类等食物；钙、铁和其他矿物质主要来自蔬菜，部分来自动物性食品；维生素主要来自水果、蔬菜。膳食要做到碎、软、烂，鱼肉要去骨去刺；花生、核桃要制成酱；不要吃刺激性食品。

与植物类食品相比较，宝宝更容易从肉类食品中摄取铁质，所以要强调肉类的重要性，平均每天给宝宝吃15～30克的肉食。

对于处在生长发育阶段的宝宝，肌体新陈代谢旺盛，所需各种营养素相对较成人多，故脂肪也不可缺少。

喂养小贴士

不要给宝宝吃太多

不要给宝宝吃得过多，否则会造成宝宝伤食，使消化功能紊乱，加重胃、肠、肝、脾、胰等消化器官和大脑控制消化吸收的胃肠神经及食欲中枢的负担，而使大脑皮质的语言、记忆、思维等中枢神经智能活动处于抑制状态。

2岁1～3个月

2岁以后，宝宝的营养需求比以前有了较大的提高，每天所需的总热量达到1200～1300千卡，其中蛋白质、脂肪和糖类的重量比例约为1：0.6：4～5。由于胃容量的增加和消化能力的完善，从现在起每天的餐点仍为5次，每次的量适当增多。同时，父母要有意识地让宝宝接触粗纤维食品。

可以经常让宝宝吃些深海的鱼类，因为其中富含对宝宝脑部发育非常重要的DHA成分。巧克力蛋白质含量偏低，脂肪含量偏高，营养成分的比例不符合儿童生长发育的需要，在饭前吃巧克力会影响宝宝食欲。

喂养小贴士

如何让宝宝远离食品污染

宝宝的食物要选择那些无农药污染、无霉变、硝酸盐含量低且新鲜干净的食物。对于已经买回家的可疑的蔬菜，可以用蔬菜清洗剂或小苏打浸泡后再用清水冲洗干净。根茎类蔬菜和水果，一律要削皮后再烹调或食用。

2岁4～6个月

这个时期的哺喂原则与前阶段近似，每天所需的总热量达到1200～1300千卡，其中蛋白质、脂肪和糖类的比例约为1∶0.8∶4～5。有些宝宝已经完成了每天餐点由5次向4次的转变。养成独立进食的习惯可以使宝宝专心吃好每一餐，是保证营养充分摄入的需要。

粗粮中含有宝宝生长发育需要的赖氨酸和蛋氨酸，这两种蛋白质人体不能合成，因此这个阶段以后可以适当给宝宝吃些粗粮。

幼儿机体处于不断生长发育阶段，新陈代谢旺盛，需要的营养素也多，再加上消化机能尚不健全，所以烹调方法和技术相当重要，精心的烹调能增强幼儿的胃口，满足营养的需要，保证宝宝健康成长。

喂养小贴士

少给宝宝吃半成品或成品食品

尽量少用半成品和市场上出售的熟食，如香肠、火腿、罐头食品等，因为其中的食品添加剂、防腐剂不利于宝宝的生长发育。

2岁7～9个月

2岁半以后，宝宝每天所需的蛋白质、脂肪和糖类的比例约为1∶0.8∶4～5，总热量达到1300千卡，每天应当进食主餐3次，点心1次，坚持喝奶，同时适量吃些应季水果。继续强化独立进餐的良好习惯。

这么大的宝宝已经完成了由液体食物向固体食物的过渡，为了保证钙的吸收，每天最好能饮用400～500毫升牛奶。同时多吃含钙高的食品，每天保证一定时间的日照。

父母不可拿果露代替水果经常给宝宝喝，果露中的营养成分远比水果所含营养成分低，而且水果中的硬形物质，比如纤维素、果胶等都对宝宝的消化系统发育有好处，而且这些物质会在宝宝体内起到调节作用。

喂养小贴士

2岁开始注意不要让宝宝吃太多糖

如果糖分摄取过多，体内的维生素B族就会因帮助糖分代谢而消耗掉，从而引起神经系统的维生素B族缺乏，产生嗜糖性精神烦躁症状。所以，不要让宝宝过多地吃糖。

2岁10～12个月

这个阶段的宝宝每天所需的营养比以前略有增加，总热量可以达到1350千卡左右。普遍已经能够独立进餐，但会有边吃边玩的现象，父母要有耐心，让宝宝慢慢用餐，以保证宝宝真正吃饱，避免出现可能的进食不当导致的营养不良。

这个阶段的宝宝肠胃功能还处在不断完善的过程中，要鼓励宝宝充分咀嚼，以减轻胃肠道消化食物的负担，保护胃肠道，促进营养素的充分吸收和利用。

宝宝在两岁半后户外活动增加，饮食种类逐渐多样化。因此，对于健康的宝宝来说，就不需要专门补充维生素D和钙剂了。

喂养小贴士

怎样给宝宝吃零食

❶ 选择那些能补偿主食中所缺营养物质的零食；

❷ 最多每日不超过两次；正餐前半小时至1小时不让宝宝吃零食；

❸ 睡前忌吃零食，保持口腔卫生；

❹ 尽量不让宝宝吃烟熏、火烤、油炸类的零食。

3岁1～3个月

蛋白质是宝宝发育的主要原料，可以给宝宝多吃些肉、蛋、奶类和豆类食品；按每千克体重计，宝宝每天摄入的热量应当比成年人要高。标准粉和糙米的营养价值比精粉和精米高，还应当保证每天一定量的蔬菜和水果。

喂养小贴士

开始教育宝宝养成良好的饮食习惯

就餐时，要多对宝宝讲解食物的营养，告诉宝宝哪种食物对身体有什么好处，这样可以培养宝宝初步的科学进食观念和营养观念。宝宝已经会自己拿食物吃了，所以，要看好宝宝，不要养成在饭前喝水、吃零食和吃冷饮的习惯。

3岁4～6个月

这个阶段的宝宝消化器官基本上发育完善，在膳食安排上可以借鉴成年人的饮食内容。膳食的加工要求清淡而不失营养，同时根据季节的变化，多吃应季食品。

提高宝宝的食欲其实很简单。当宝宝正在摆弄玩具时，要提前几分钟告诉他过会儿就要吃饭了。要用夸张的、兴奋的语气，让宝宝觉得那是一件让人期待的事。

不提倡多吃反季节蔬菜、水果。因为这些食品都是在大棚中栽培的，为了达到高产的目的，会施用较多的肥料和添加剂，同时在运输时会采取一些化学保鲜措施。

喂养小贴士

吃多少、何时吃，宝宝说了算；吃什么，家长说了算

饥饿时，吃东西才能达到消化、吸收的最佳效果。而什么时候饥饿只有宝宝自己清楚。对于吃什么，就要由家长来把关了，因为宝宝往往不知道吃什么对健康成长有好处。家长可以适当引导宝宝定时吃饭。

3岁7～9个月

此阶段宝宝活动能力增强，热量消耗更多，要注意适时予以补充。由于自行进食增多，要给宝宝养成饭前洗手的习惯，防止病从口入。早、中、晚三餐均要营养平衡，合理搭配。提倡粗粮细做的方式，同时根据宝宝体检结果，有针对性地适当强化弱项营养。

夏季要给宝宝多饮水，饭菜要清淡，提倡凉拌，可以保留更多的营养成分；冬季应多选热量高的牛羊肉，同时注意天然维生素的补充。

不要将零食作为奖励、惩罚、安慰或讨好宝宝的手段，长期以往，宝宝会形成一种错觉，以为奖励的东西都是好东西，无形之中在心理上产生一种认知感，这些食物是好吃的，并且喜欢吃。吃零食不要距离正餐太近，应在两餐中间吃，以免影响食欲。也不要在临睡时吃，以免增加消化系统负担，影响睡眠。

喂养小贴士

少用铝制餐具

经常使用铝锅炒菜、铝壶烧开水会使宝宝摄铝量增大，不利于大脑发育，因此不要常用铝炊具。

3岁10～12个月

此阶段宝宝的饮食能力提高较快，每天的热量和营养摄入以能满足生长需要为限度，不要让宝宝过胖了。可以采取高蛋白、稍低脂肪和糖类的原则，可以适当增加粗纤维类食品的摄人，有利于营养的均衡。继续保持定时用餐的习惯，少吃零食和冷饮。

家长要鼓励宝宝多运动，可以带宝宝做些活动量大的游戏。能量消耗多了，新陈代谢快了，宝宝胃口自然就好。

喂养小贴士

尽量让宝宝少喝成品饮料

不仅是碳酸饮料，其他果茶、配制型果汁等配方饮料在消毒贮存过程中，维生素消耗很大，其中添加的某些成分还必须经由肝脏解毒排出，经常饮用会损害宝宝娇嫩的肝脏。

2. 什么时候可以停止给宝宝喂饭

有的家长担心宝宝吃不饱而喂饭，一直喂到2～4岁甚至进了小学还在喂，等家长认为宝宝大了可以自己吃而不喂时，宝宝会有被冷落的感觉，他们认为喂饭是疼爱的表现，突然不喂了说明不关心他了，进而产生不满情绪，严重的甚至拒食。这时父母往往会作出让步，恢复喂饭，宝宝认识到这种方法有效，会把吃饭作为和大人交换条件的筹码，导致这种习惯难以改掉。所以，应该在宝宝两岁之前尽量让他学会自己吃饭。

3. 宝宝进餐不专注是正常的吗

给宝宝吃的自由。有些家长看着宝宝吃饭漫不经心，常常抱怨，喋喋不休地劝宝宝多吃，把鱼、肉、虾、蛋不停地夹给宝宝，这样做容易使宝宝产生逆反心理。事实上，宝宝1周岁后，对食物的兴趣开始减弱，对周围的多种事物感到新鲜，吃饭时不专心，这是一种正常现象；另一方面，宝宝的食欲并不像有的家长所认为的每餐都是恒定的，而是每天都有所波动。如果家长认为一天一定要吃多少，吃不完就强迫喂，其结果必然导致或者加重厌食。宝宝厌食有多种原因，有的是由疾病引起的，有的与宝宝心理因素有关，家长可以找医生来诊断，盲目给宝宝喂食是无益的。

4. 宝宝挑食怎么办

随着记忆力的发展，味觉进一步发育，1岁左右的宝宝对食物有了喜恶，会挑剔，易出现偏食和挑食。对于偏食挑食的宝宝，要向他灌输吃一些食物的好处和不吃的坏处。同时，家长可提供多种食物，允许宝宝在营养价值相似的情况下选择，例如不喜欢吃鸡蛋，可用其他蛋代替；不喜欢吃猪肉可提供别的肉类。对宝宝不喜欢吃的食品，不要强迫，可采取一些措施让他慢慢接受。如一些宝宝不愿吃蔬菜，家长可以变换蔬菜的品种、烹饪方法和菜肴搭配，因为好奇心往往可以使宝宝愿意去尝试新的食物。其次，家长要言传身教，父母津津有味地享用蔬菜，会引起宝宝的兴趣。有的家长希望宝宝多吃些，喜欢用味鲜的食物替代一般的食物，一直上升到高级海鲜，实际上，这种盲目的升级代替是不可取的。因为到一定程度，宝宝也会对海鲜拒食，到最后没有什么食物可以挑选了。所以，家长不能盲目满足宝宝的要求，要从营养和科学的角度考虑宝宝的饮食。

5. 宝宝用手抓饭吃怎么办

很多宝宝喜欢用小手抓饭吃，但是由于家长认为这样很不卫生，很多家长会硬性制止宝宝抓饭吃，其实抓饭吃对宝宝有诸多益处。要是不恰当地制止，反而带来很多负性作用，挑食便是其中的一种。

研究表明，1岁左右的婴幼儿正处在学习自己吃饭的时期，学吃饭实质上也是一种兴趣的培养，这和看书、玩耍没有什么两样。从科学角度来说，在人类的食谱里根本就没有宝宝不喜欢吃的食物。宝宝对食物感兴趣的程度更多地取决于他与食物接触的频率，而不是食物的种类。只有反复接触，才能使婴幼儿对食物越来越熟悉，越来越有好感，以致将来不容易养成挑食的习惯。

另外，用手抓吃食物带来的愉悦感，也会使宝宝更喜欢学会自己动手进食，并增强进食的自信心，促进食欲，还可促进宝宝手指的灵活性，促进肌肉发育。如果父母担心不卫生，只要注意将宝宝的小手洗干净，就可以让他尽情地“玩”食物。待宝宝逐渐长大，手指肌肉发育到一定程度，可以很好地拿筷子，他们就会不再用手抓饭吃了，所以没有必要担心宝宝养成用手抓饭吃的不文明习惯。

6. 养成宝宝“文明就餐”的习惯

1. 给宝宝带上一个大围嘴，或者围上一件旧衣服，这样可以有效地保护宝宝的小衣服不会被污染。
2. 准备两块湿毛巾，及时擦干净宝宝弄脏的小手小脸。
3. 每次只给宝宝少量小块的食物，这样既方便宝宝进食，也防止宝宝将食物弄得到处都是。
4. 尽量为宝宝提供那种不会弄脏小手指的食物，比如可以选择面包、米饭、水果丁、煮烂的蔬菜等，这样可以降低宝宝将衣物和餐桌弄得一团糟的概率。

早教小贴士

任何好习惯的培养都离不开父母的鼓励、表扬和以身作则，换句话说，宝宝的饮食习惯是可控的，而这个主动权掌握在父母手里。

7. 宝宝喝饮料好吗

由于市场上的饮料五花八门，并且大多数的饮料都声称具有诸如保健、益智、营养等功能，于是许多家长不惜多花钱，也要让宝宝喝“有益健康”的东西，有时甚至将饮料取代水。那么，让宝宝喝什么好呢？我们看看常见的市售饮料的成分吧。

汽水，也就是碳酸水，是由糖、水、柠檬酸、小苏打制成，也有充二氧化碳的。根据品名不同，在其中还会添加不同的香精和色素。常喝碳酸饮料对宝宝钙的吸收不利。果汁，分为原果汁和果味型饮料两种，原果汁是鲜水果直接压榨而来，由于来源受限，

故而价格高、品种少。包装好的果汁饮料在制作过程中，通常要加入一定的防腐剂。大多数名为果汁的饮料都是果味型果汁，是由水、糖、乳化果味香精及相应的色素制成。太空水与矿泉水，太空水为纯水，矿泉水含有一定的微量元素，两者均不含糖。但是，在生产中如果被污染，则对宝宝不利，所以，从全盘考虑，它们并不一定优于白开水。所以最好还是给宝宝饮用白开水，那么喝多少呢？宝宝到了1岁，活动量大了，需水量增多。此时，应该让宝宝每天至少喝3次水，每次水量在100～200毫升。天气干燥及夏天时还要相应增加。过了1岁，宝宝每天的水量就应在500毫升以上。

虽然喝白开水是最好的补充水的方式，也不是说别的水不能喝，为了满足宝宝喜欢甜味，喜欢漂亮颜色的要求，我们还可以为宝宝自制一些果汁。比如，西瓜汁、橘子汁、乌梅汁等。在夏天，还可以给宝宝做些防暑饮料，如绿豆汤、冬瓜汤等。

8. 怎样让宝宝喜欢吃蔬菜

青菜含有大量的维生素和纤维素，长期不吃青菜容易引起便秘、维生素缺乏等症状，影响宝宝的健康。因此，家长应从小开始培养宝宝爱吃菜的良好习惯。

❶ 做菜时要讲究烹调技术和方法，要适合儿童的年龄特点。由于宝宝年龄小，牙齿发育不好，咀嚼能力差，做菜时应把菜切得碎些，炖得烂些。注意色彩搭配，平时经常变换花样，引起宝宝的食欲。

❷ 和宝宝一起吃饭，饭前可给宝宝大致讲解各种菜的营养价值，对幼儿身体发育的作用。平时尽量少给宝宝吃零食，并且多让宝宝参加体育锻炼。只有这样，宝宝才有食欲，才愿吃菜。

❸ 对不愿吃菜的宝宝可先让他喝菜汤，适应之后逐渐加菜，尽量一次分量少一些，逐渐增加。家长对宝宝的点滴进步应及时鼓励，增强他们的自信心。